개정판

도시행정론

임 재 현

도서출판 대영문화사

개정판을 내면서

이 책의 개정판을 출간하자는 제의를 받고, 이 책으로 강의를 하면서 수정 혹은 보완 등이 필요한 부분에 대해 그동안 생각했던 것을 종합적으로 검토해 보았다. 전체적으로 너무 많은 주제, 설명이 부족한 부분, 어색한 표현 등을 포함하여 많은 점들이 떠올랐다. 무엇보다도 욕심이 과해 너무 많은 주제를 다루다 보니 한 학기 동안 이 책의 모든 부분을 강의하는 것은 사실상 불가능하다는 결론에 이르러, 도시정부가 다루어야 할 주요 정책 중에서 현재보다 미래에 더 큰 관심을 가지게 될 정책만을 남기고, 나머지 도시정책 분야는 과감하게 제외하기로 최종 결정하였다. 많은 노력이 담긴 부분이라 많이 아쉽기는 하지만……

개정판 제의를 받자, 많은 분들에게 다시 한 번 고마운 마음을 느끼게 되었다. 먼저, 매우 힘든 상황임에도 불구하고 많은 교수님들과 후학들이 이 책을 사랑해주셨기 때문에, 개정판을 집필하게 되었기에 이 분들에게 감사의 인사를 드리지 않을 수 없다.

또한 하늘에 계신 존경하고 사랑하는 아버님과 어머님, 항상 내 곁을 지키고 있는 사랑하는 아내, 자신들의 길을 열심히 걸어가고 있는 자랑스러운 자식들, 나를 위해 항상 기도해주는 사랑하는 동생들과 그 가족들, 격려를 아끼지 않는 처가 형제들, 책을 집필하는 동안 재롱으로 스트레스를 날려준 이쁜 흰둥이와 나리에게 고마운 마음을 전하고 싶다.

그리고 이 개정판이 출고되도록 도움을 주신 대영문화사의 임춘환 사장님, 임현준 부장님, 장선옥 선생님에게도 감사의 인사를 드리고 싶다.

2022년 11월
저자 임재현 씀

초판 머리말

20년이 넘는 기간 동안 도시행정을 강의하면서 많은 것을 배우고 느꼈다. 무엇보다도 세계화 · 정보지식화 · 지방화라는 거대한 변화에 신속하고 유연하게 대응한 도시는 지속적으로 성장하여 메가시티 또는 세계도시가 되는 반면에, 변화에 적절하게 대처하지 못한 도시는 쇠퇴의 길을 걷게 되었다는 점이 뇌리를 떠나지 않는다. 이러한 상황에서 한국의 도시들은 지금의 변화에 제대로 적응하고 있는가 하는 생각을 하고 또 한다. 주택정책에 맞추어 도시정책을 세우던 예전과 비교하면 지금의 도시행정은 많이 나아졌지만, 아직도 개선되어야 할 점이 매우 많다고 생각한다. 이러한 현실을 생각할수록 도시행정에 조금이라도 기여하고 후학들에게 도움이 되는 책을 남겨놓고 싶다는 생각이 끊이지를 않았다. 도시행정을 공부하는 학생들에게 많은 도움을 주는 훌륭한 저서들이 많지만, 변화의 시대에 맞는 새로운 내용을 담은 책이 필요하다는 생각에서 미루었던 집필을 시작하기로 마음을 먹었다. 그동안 강의를 위해 계속해서 모았던 자료를 정리하고 게재했던 도시행정 관련 논문을 다시 검토하면서 책의 내용을 가다듬었다.

이 책의 특징은 두 부분으로 나누어진다는 것이다. 첫 번째 부분은 '도시'에 관한 것이고, 두 번째 부분은 '도시행정'에 관한 것이다.

첫 번째 부분은 '도시'에 관한 내용이 논의된다. 도시행정은 도시문제를 해결하여 시민들이 건강하고 쾌적한 삶을 영위할 수 있도록 도시정책을 수립 · 집행하는 것이다. 따라서 도시를 모르면서 도시행정을 논할 수는 없다. 도시는 환경에 따라 지속적으로 변하는 동적인 공간이기 때문에 도시를 제대로 이해하는 것이 쉽지는 않다. 그럼에도 불구하고, 도시를 제대로 파악 · 분석해야 적절한 도시정책을 수립할 수 있기 때문에, 도시에 대한 공부가 도시행정에 대한 공부보다 선행되어야 한다. 도시에 대한 많은 내용들 중에서 무엇보다 중요한 것은 도시가 어떠한 방향으로 변하며 선진국의 도시는 무엇을 지향하고 있는가에 대한 것이다. 많은 훌륭한 도시행정 저서들이 이 부분을 조금 소홀히 취급하고 있는 것이 아닌가 하는 생각에서, 이 책에서는 도시화 과정을 자세하게 다루고자 한다. 도시마다 도시화 과정의 각 단계를 거치는 기간은 다르지만, 모든 도시들은 이 책에서 다룰 도시화 과정을 거쳤고 거치고 있으며 앞으로 거치리라 예상된다. 이에 대해 공부하면 앞으로 한국의 도시들은 어떠한 과정을 겪을 것이며, 그 과정에서의 주요 문제들이 무엇인지를 파악하기가 쉬워진다. 이는 도시정책을 수립하는 데 매우 유용한 지식이 될 것이다. 또한 서구 국가의 도시들이 도시정책에서 핵심적 내용으로 다루고 있는 도심재생의 문제도 이 책에서 논의된다. 한국의 경우에도 많은 도시들에서 도심의 쇠퇴가 문제가 되고 있는 시점이며 앞으로 매우 중요한 과제로 등장할 것이다. 이에 따라 이 책에서는 도심재생을 위한 주요 정책들을 검토함으로써 조만간에 한국 도시들의 주요 정책적 이슈가 될 도심재생 문제에 미리 대비하고자 한다. 또한 사회변화에 따라 산업사회의 도시와 후기산업사회의 도시들은 많은 점에서 차이를 보이고 있는데, 이들 간의 대표적인 차이점을 검토하고, 아울러 전 세계의 도시들이 지향하는 세계도시와 메가시티에 대해 논의하고자 한다. 이는 한국 도시들이 앞으로 지향해야 하는 방향과 그에 따른 주요 과제들을 이해하는 데 도움이 될 것이다.

두 번째 부분에서는 '도시행정'에 관한 내용이 논의된다. 다른 훌륭한 저서들과 비교할 때 도시행정에 대한 이 책의 특징은 도시마케팅, 도시문화정책, 지속가능한 도시정책을 포함시켰다는 점이다. 현재는 도시들 간의 경쟁이 매우 심한 상황이다. 이러한 경쟁에서 이기기 위해 세계의 대부분의 도시들은 첨단산업, 초국적 기업, 유동자본 등을 유치하기 위해 도시마케팅에 혼신의 노력을 기울이고 있다. 도시마케팅의 핵심 내용을 도시문화가 주도하고 지속가능한 정책이 지원하고 있다. 도시마케팅, 도시문화, 지속가능한 정책은 뗄 수 없는 관계를 맺으면서 도시 발전의 중추적인 역할을 수행하고 있다. 그러나 한국의 도시들은 이 부분에서 초보적인 행동을 되풀이하고 있다. 이는 도시경쟁력을 약화시키는 원인이 될 수 있다. 따라서 이에 대한 전문지식을 습득함으로써 도시경쟁력 향상에 이바지할 수 있도록 하기 위해 이러한 내용들을 이 책에 포함시킨다.

이러한 특징을 지니고 있는 이 책은 필자의 고뇌와 성과와 노력이 망라된 책이다. 따라서 필자는 나름의 보람을 느끼는 한편, 도시정책과 관련된 공무원들이 도시문제를 해결하고 도시의 발전을 꾀하는 정책을 수립하는 데에 크게 기여하고, 도시행정을 공부하는 후학들이 도시와 도시행정에 대한 지식과 능력을 향상시키는 데 많이 이바지하였으면 하는 바램을 가져본다.

마지막으로, 이 책을 발간하면서 도움을 주신 많은 분들에게 감사의 말씀을 전하고 싶다. 먼저, 몇 년 전에 돌아가신 아버님과 이 책의 탈고 직전에 돌아가신 어머님께 깊이 감사를 드리고 싶다. 가장 사랑하고 고마움을 느끼는 두 분께 감사와 사랑의 마음을 전하고 싶어서 이 책을 집필하기로 마음을 먹었다. 그럼에도 불구하고, 두 분께서 하늘나라에서 책의 출간을 보시겠지만 이 땅에서는 출간을 보시지 못한 점이 너무 아쉽다. 그리고 이 책을 출간함에 있어서 용기와 아낌없는 지원을 해준 나의 영원한 벗인 사랑하는 아내에게도 고마운 마음을 전하고 싶다. 내용을 이해하기 쉽게 고치고 교정을 해준 노고를 절대 잊지 않을 것이다. 또한 자랑스러운 장남과 차남, 그리고 누구보다 아름답고 사랑스러운 동생들에게도 고마운 마음을 꼭 전하고 싶다. 이 책의 출간을 위해 기도하고 격려와 응원을 아끼지 않는 장남, 차남, 동생들, 항상 나를 걱정해 주는 매제들이 있었기에 책을 출간할 수 있었다. 마지막으로, 이 책을 출판할 수 있도록 많은 지원을 아끼지 않으신 대영문화사의 임춘환 사장님과 정재훈 과장님, 빈틈없는 교정작업을 하신 장선옥 선생님, 그리고 대영문화사 관계자분들에게도 고마운 마음을 전하고 싶고, 박사과정에 있는 권준이와 이 책의 발간에 많은 도움을 주신 다른 분들에게도 고맙다는 인사를 하고 싶다.

2016년 8월

청파동 언덕 연구실에서

저자 씀

차례

제 2 부 도시행정

제 1 부

도시

제1장 사회변화와 도시

제1절

도시의 정의

인류의 역사는 소규모 공동체를 형성하면서 발전을 시작했다고 하여도 과언이 아니다. 소규모 공동체가 점차 확대되면서 다양한 형태의 정주지(定住地)로 발전하였다. 즉, 소규모 공동체에 사람들이 모이면 촌락이 되고, 촌락이 발전하면 소도시, 소도시에 인구가 집중되면 중도시, 중도시가 발전하면 대도시가 된다. 비도시지역인 촌락에는 농촌, 어촌, 산촌 등이 있다. 이 중에서 농촌이 가장 많을 뿐만 아니라 어촌과 산촌도 농촌의 기능을 동시에 수행하는 경우가 많다. 따라서 도시를 연구하는 학자들은 물론이고, 일반인들에게 인간의 대표적인 거주형태가 무엇인지를 질문하면, 대부분은 다양한 형태의 정주지 중에서 농촌과 도시를 떠올린다. 즉, 도시에 대비되는 대표적인 촌락을 농촌으로 인식하는 것이 일반적인 경향이다.1)

도시의 기원에 관하여 연구한 차일드(Childe, 1950: 4-7)에 따르면, 인간이 도구를 이용하여 농경생활을 시작하면서, 즉 '농업혁명'이 일어나면서 농산물의 잉여현상이 발생하였다. 농산물의 잉여현상은 모든 사람들이 농업활동을 할 필요가 없게 만들었다. 이러한 사람들은 비농업활동에 종사하고, 비농업 종사자들이 늘어나면서 비농업활동을 수행하기 좋은 중심지역이 발달하였다. 이 중심지역이 확대되면

1) 이 책에서도 가장 대표적인 비도시지역을 농촌으로 인식하고, 이해를 쉽게 하기 위해서 촌락 대신에 농촌으로 표현하기로 한다.

서 도시가 형성되었다. 그는 이러한 변화를 '도시혁명'이라 하고, 도시혁명의 대표적인 지역으로 티그리스강과 유프라테스강 사이의 메소포타미아 문명, 인더스강 유역의 인더스 문명, 황하강 유역의 황하 문명, 그리고 나일강 유역의 이집트 문명을 지적하였다.

도시의 기능적 측면을 살펴보면, 아시아와 서구 국가의 초창기 도시 기능은 유사하였으나 시간이 흐르면서 점차 차이가 나타났다. 즉, 처음에는 도시가 관청 소재지로서의 정치 중심지, 그리고 시장(market)으로서의 상업 중심지라는 기능을 동시에 가지고 있었다. 그리하여, 근대 이전의 도시는 이 두 가지 기능을 중심으로 발달하였다. 특히, 아시아의 오래된 도시에서는 여전히 이러한 기능들이 유지되고 있다. 한편, 서구 국가에서는 시간이 지나면서 도시의 다른 측면이 강조되었다. 영어의 'city'와 불어의 'cité'가 모두 고대 로마의 '도시' 또는 '로마 시민권'이라는 뜻을 가진 'civitas'를 어원으로 한다는 점에서 알 수 있듯이, 서구 사회의 도시는 그리스의 도시국가 이후로 시민공동체 또는 시민 경제활동 중심지의 성격을 강하게 띠었다.

어떠한 기능이 강조되든 간에 도시는 농촌과 구별되는 여러 특징들을 보유하고 있다. 도시는 정치적·행정적·경제적·사회적·문화적·종교적·예술적·군사적 활동의 중심이 되는 장소로 인식되었고, 이리하여 다양한 형태의 도시, 즉 정치·행정도시, 경제도시, 문화도시, 종교도시, 예술도시, 군사도시 등이 발달되었다.

그러나 현대적 의미의 도시는 18세기 산업혁명과 함께 탄생하였다. 산업혁명이 시작되면서 많은 산업들이 기존에 있던 도시들, 즉 앞에서 언급된 정치·행정도시, 경제도시, 문화도시, 종교도시, 예술도시, 군사도시 등을 중심으로 발전하였고, '일자리'를 찾아 인구들이 그 도시들로 이주하면서 현대적 의미의 도시들이 탄생하였다.

이러한 발달 과정을 가진 도시들은 처해진 상황에 따라 다른 양상의 도시화 과정을 밟아오면서, 인구규모가 수백 명에서부터 1천만 명이 넘는 초거대 도시인 메가시티(megacity)[2]에 이르기까지 매우 다양함은 물론이고, 복잡한 여러 기능들이 도시별로 다르게 수행되고 있다. 이리하여, 오늘날 전 세계는 국가의 발달 정도에 상관없이 '도시 문명의 시대'에 들어서 있다고 해도 과언이 아니다.

지금까지 살펴본 바와 같이 모든 도시들이 동일한 과정과 동일한 형태로 탄생하고 발전되는 것은 아니기 때문에, 보는 관점에 따라 도시에 대한 정의는 다양하

2) 제10장 메가시티에서 구체적으로 서술됨.

게 정의될 수 있다. 도시에 대한 정의는 다양하게 내려져 왔으나, 다음과 같은 두 가지 유형, 즉 정태적인 정의와 동태적인 정의로 나누어 정의를 해보는 것도 의미가 있다. 이에 대해 살펴보면 다음과 같다.

1. 도시에 대한 정태적 정의

도시를 정태적으로 정의하는 방법은 전통적으로 많이 이용되어 왔으며, 이해하기 쉽고 편리하기 때문에 지금도 이용되고 있다. 도시를 정태적으로 정의하는 대표적인 기준에는 정치·행정적 기준, 경제적 기준, 사회적 기준, 인구규모 기준 등이 있다.

1) 정치·행정적 기준

정치·행정적 기준에 의한 도시란 정치적 중심지 혹은 행정적 중심지를 의미한다. 특정 지역의 인구규모가 작으면 동질성, 귀속감, 애정, 응집력 등으로 대표되는 1차적인 대인 관계가 중시된다. 다양한 이유에서 해당 지역에 인구가 모여 일정 규모 이상의 도시가 되면 이질성, 배타성, 경쟁성 등으로 대표되는 2차적 관계가 점차 확대된다. 1차적 관계가 주도하는 농촌의 경우에는 주민들의 자발성과 도덕적 통제에 의해 질서가 유지될 수 있었지만, 2차적 관계가 중심이 되는 도시의 경우에는 자발성과 도덕에 의해 사회질서를 효과적으로 유지하는 것이 어렵게 되고, 이를 대신하여 공식적인 통제 메커니즘(mechanism)이 발달하게 된다. 공식적 통제 메커니즘이 효과적으로 운영되기 위해서는 정치적 혹은 행정적 기능이 발달해야 한다. 따라서 정치·행정적 기준에 의하면 도시는 정치·행정 중심지이다.

베버(Weber, 1966: 51)도 정치·행정적 측면에서 도시를 방위시설(defence setup), 시장(market), 독립된 재판소(court), 결사체 조직, 자율권 등이 내재해 있는 밀집된 주거지역으로 인식하면서, 서양의 도시는 시장 중심지인 데 반해, 동양의 도시는 정치·행정 중심지, 즉 통치권 행사의 중심으로서 대부분 관청 중심적인 특징을 지닌다고 주장한다. 이는 동양사회가 물을 이용한 쌀농사 중심의 '수리사회'이기 때문에 효율적인 물 관리를 위해 주민을 조직화할 능력이 있는 관청을 중심으로 도시가 형성되었기 때문이라고 설명한다. 한국의 경우, 도시라는 단어에는 도읍(都邑)

과 시장(市場)의 의미가 동시에 내표되어 있다. 도읍은 정치 또는 행정의 중심지라는 의미이고, 시장은 경제의 중심지라는 의미이다. 예를 들어, 조선 시대의 규모가 큰 도시에 속하는 한성, 공주, 대구, 전주, 평양, 의주 등은 정치·행정 중심지이면서 동시에 전국적인 상거래의 중심지이기도 하였다. 그러나 한국의 경우, 도시의 두 가지 성격 중에서 정치·행정 중심지로서의 성격이 우선이고, 경제 중심지로서의 성격은 부차적이었다. 이 점에서는 중국의 경우도 동일하다.

2) 경제적 기준

경제적 기준에 의한 도시는 전체 인구의 많은 부분이 농업이 아닌 공업 혹은 상업에 종사하면서 규모가 큰 정주지이다. 즉, 시장이 형성되어 있고 상공업활동을 통해 주민들의 일상적 수요가 충족되면서 주민들이 모여 있는 곳이 도시이다. 따라서 경제적 기준에 의해 도시를 정의할 때 중요한 점은 해당 지역의 주민들은 물론이고, 주변 지역의 주민들의 일상적인 수요를 충족시키는 역할을 수행하는 대규모 시장의 존재 여부이다.

그러나 경제적 기준에 의해 도시를 정의하는 것의 중요성은 지역에 따라 그리고 시대에 따라 다르게 나타났다. 동양보다는 서양에서 그리고 산업혁명 이전보다는 산업혁명 이후에 경제 중심지로서의 도시의 중요성이 더욱 크게 인식되어 왔다. 동양보다는 서양에서 도시를 경제 중심지로 인식하는 경향이 강했다는 것에 대해서는 앞에서 이미 설명했다. 다만, 동양에서도 경제 발전을 위한 노력을 시작하면서 경제 중심지로서의 도시의 중요성이 점차 부각되어 왔다.

종합하면, 산업혁명 이후 경제 중심지로서의 도시의 중요성이 더욱 확대되었다. 산업혁명으로 인해 기계문명이 발달하고 제품의 대량생산이 가능해지면서, 대량생산을 위해 고용 기회가 증대되었으며, 이는 많은 사람들로 하여금 도시로 몰리게 하여 도시가 발달하게 되었다. 도시의 발달은 도시의 기능에서도 큰 변화를 일으켜서 시장 기능이 중시되었다.

3) 인구규모 기준

도시에 대한 정태적인 기준 중에서 일반적으로 가장 많이 이용되는 기준이 인구규모 기준이다. 이 기준은 명확하고 이해가 쉽기 때문에 전통적으로 가장 많이 사용되어 왔으며, 지금도 대부분의 나라에서 자주 활용되고 있다. 한 국가를 기준으로 할 때, 농촌에 비해 도시의 인구규모가 크다는 것은 의심의 여지가 없다. 그러나 어느 정도의 인구규모를 가질 때 도시라 칭하는지에 대해서는 나라마다 다르다. 나라별 도시의 인구규모 기준을 대략적으로 살펴보면 다음과 같다. 덴마크는 250명 이상, 프랑스와 독일은 2,000명 이상, 미국은 2,500명 이상, 그리스는 10,000명 이상인 지역을 도시라 한다. 일본은 50,000명 이상을 도시의 기준으로 삼고 있다. UN에서는 인구 20,000명 이상을 '도시지역(urban)', 100,000명 이상이면 '시(city)', 그리고 500만 명 이상이면 '대도시권(metropolises)'으로 규정한다. 한국에서는 읍(邑)은 20,000명 이상이고, 시(市)는 50,000명 이상이어야 한다. 이처럼 나라에 따라 도시의 최저 인구규모는 매우 다양하다. 그러나 점차 크게 증대되고 있는 유동인구, 경제활동, 사회활동 등을 고려하면 특정 도시에 거주하는 인구규모는 큰 의미가 없다는 의견도 있다.

2. 도시에 대한 동태적 정의

도시를 동태적으로 정의하는 사람들의 공통적인 입장은 도시란 끊임없이 환경과 교호작용을 하면서 변화한다는 것을 강조한다는 것이다. 이러한 견해를 취하는 대표적인 사람들로는 베버(M. Weber), 멈포드(L. Mumford), 쉬노어(L. F. Schnore), 워스(L. Wirth) 등을 들 수 있다. 이들의 도시에 대한 정의를 간략하게 살펴보면 다음과 같다.

베버(Weber, 1966: 51)에 의하면, 도시는 특정 요소에 의해 구성된 정체적 현상이 아니라 여러 다양한 요소들이 상호작용을 하고 있는 공간이다. 멈포드(Mumford, 1961: 96)는 도시를 정치적·경제적·사회적 기능들이 모여 있으면서 인간의 삶을 담는 그릇으로 정의한다. 즉, 그는 도시를 다양한 활동들이 질서정연하게 발생하는 조직화된 유기체(organism)에 비유하고 있다. 그러나 그는 도시를 일반적인 유기체처럼 성장, 쇠퇴, 소멸의 과정을 거치는 것이 아니라, 환경에 따라 끊임없이 변화하고 변형하는 유기체로 인식하고 있다. 쉬노어(Schnore, 1964: 37-48)는 도시를 비농업활동에 많은 사람들이 종사하는 특수한 형태의 공동체로서 상호 의존성을 지니는 것으로 정의하고 있다. 가치, 도덕, 관습, 행태 등에 따라 도시는 변화한다고 주장하였다.

도시사회학의 대표적인 학파인 시카고학파(Chicago School)를 이끌었던 학자들 중의 한 사람인 워스(L. Wirth)는 사회학적 관점에서 도시를 정의한 대표적인 학자이다. 워스(Wirth, 1938)에 의하면, 도시는 사회적으로 이질적인 개체들이 대규모로 밀집하여 활동하는 정주지이다. 그는 도시의 대표적인 특징을 '생활양식으로서의 어바니즘(Urbanism as a way of life)'이라고 제안하면서, 이것이 정태적인 정주지인 농촌과 가장 구별되는 특징이라고 했다. 즉, 도시에서는 생활양식이 다양하고 복잡하며, 인문환경이 우수하여 이질적 개체들이 많이 밀집되어 있고, 아울러 사회적 분화가 활발하며, 이동성이 크고, 비인격적 · 일시적 · 형식적인 인간관계가 강하다.

위에서 살펴본 선행 연구들의 도시에 대한 정의들을 종합하면 다음과 같이 도시를 정의할 수 있다. 도시는 여러 이질적인 개체들이 상호작용을 하면서 환경변화에 적응하는 동태적 공간이다. 도시에 이질적인 개체들이 모여 있기 때문에, 사회집단 간의 갈등이 유발될 가능성이 상대적으로 농촌보다 높다. 즉, 경제적 · 사회적 · 문화적으로 분절화(fragmentation)될 가능성이 높다. 특히, 이질적 개체들이 환경변화에 적응하는 과정에서 분절화는 더욱 심하게 나타날 수 있다. 이러한 분절화 현상은 1970년대 이후 많은 관심을 받고 있는 세계도시(world city)3)에서 더욱 확연히 나타난다.

3. 도시화(Urbanization)와 어바니즘(Urbanism)

위에서 도시에 대한 다양한 정의들을 살펴보았다. 인식의 차이에 따라 다양하게 정의될 수 있지만, 도시는 이질적 개체들이 집합적으로 모여 있는 공간이면서, 동시에 개체 간 그리고 개체들과 환경이 상호작용하는 동태적 공간임에는 틀림이 없다. 따라서 시카고학파라고 명명되는 도시생태학을 필두로 도시를 정의하는 것과 관련하여 반드시 알고 있어야 할 개념으로 '도시화(urbanization)'와 '어바니즘(urbanism, 도시성)'을 지적하고 있다.

도시로의 변화는 도시화와 어바니즘에 의해 명확히 알 수 있다. 즉, 도시화 정도는 인구규모의 변화를 의미하는 도시화를 통해서 그리고 생활양식의 변화를 의미하는 어바니즘을 통해서 파악될 수 있다(박수영, 1996).

3) 세계도시는 제2장 제4절 세계도시론에서 자세히 설명된다.

1) 도시화(Urbanization)

'도시화(urbanization)'는 도시 내의 다양한 요소들이 상호작용을 통해 변화해가는 실증적 종합현상으로서, 전체 인구 중에서 도시지역에 거주하는 인구의 비율로 표시된다. 즉, 도시화란 인구의 집중 현상을 의미한다.

세계 전체의 도시화 비율은 1950년도에 29.2%에서 2000년도에는 46.6%로 증대하였으며, 그리고 2030년도에는 세계 전체 인구의 60% 이상이 도시지역에 거주하게 될 것으로 추정된다. 국가들마다 그들이 경험하는 도시화의 수준과 정도는 다르다. 특히, 도시화와 산업화를 비교하면 선진국과 개발도상국 간에는 도시화 정도가 뚜렷하게 구별된다. 선진국의 경우, 1950년도에 53.8%의 도시화율이 2000년도에는 74.4%로 나타나 상승률이 약 38.3%이었다. 개발도상국의 도시화율은 1950년도 17.0%에서 2000년도에는 약 39.3%로 변하여 약 131.2% 상승하였다. 한국의 도시화율은 1950년도 18.3%에서 2000년도에는 약 86.9%로 변하여 약 374.9% 상승하였다.

일반적으로 선진국에서는 도시화가 산업화와 비례하여 나타나는 경우가 일반적이기 때문에, 산업화 정도에 따라 도시화 정도를 예측 가능하게 한다. 그러나 개발도상국 중에는 산업화 정도에 비해 상대적으로 도시화 정도가 매우 빠르게 진행되는 국가들이 있다.

선진국에서의 도시화 현상은 한두 개의 도시가 아니라 여러 도시들에 인구가 집중되는 특징을 보인다. 선진국과 달리 개발도상국의 도시화 현상은 하나의 도시 혹은 소수의 도시에 인구가 집중되면서 이 도시들이 나머지 도시들을 지배하는 현상을 보이는 경우가 많다. 이를 종주화 현상(primacy) 혹은 종주도시화(urban primacy)라 한다. 일반적으로 종주화라고 할 때는 주로 개발도상국에서 나타나고 있는 단일 도시의 종주화 현상을 의미한다. 이 단일 도시를 수위도시(primate city)라

표 1-1 한국과 세계의 도시화율 비교

구분 \ 연도	1950	1960	1970	1990	2000
세계 전체	29.2%	34.2%	37.1%	42.6%	46.6%
선진국	53.8%	60.5%	66.6%	72.5%	74.4%
개발도상국	17.0%	22.2%	25.4%	33.6%	39.3%
한국	18.3%	33.8%	49.8%	79.6%	86.9%

고 한다.

종주도시화의 가장 큰 문제점은 단일의 기형적인 거대 도시의 존재로 인하여 지역 간 불균형이 심하다는 것이다. 정치 · 경제 · 사회 · 문화적 활동이 수위도시를 위시한 소수의 도시에 집중되어 다른 지역들의 발전이 지체될 수밖에 없다. 이는 궁극적으로 소외된 지역에 거주하는 주민들의 불만을 발생시켜 국민통합을 어렵게 할 수 있기 때문에 바람직한 현상은 아니다. 세계적으로 대표적인 종주도시로는 멕시코시티, 방콕 등을 꼽을 수 있다.

종주도시화는 두 가지 방법으로 측정한다. 첫 번째 방법은 수위도(首位度)를 측정하는 것으로서, 한 국가에서 제1의 도시와 제2의 도시인구를 대비하는 것이다. 이는 종주도시지수라고도 불리우며, 일반적으로 많이 이용되고 있는 방법이다. 두 번째 방법은 도시인구학자 데이비스(K. Davis)에 의해 처음으로 고안된 방식이어서 'Davis Index'라고도 불리는 것으로서, 한 국가의 도시체계에서 네 개의 가장 큰 도시들 중 제2, 3, 4위의 도시인구 총합에 대한 제1의 도시인구의 비율로 산정된다.

$$\text{수위도} = \frac{\text{제1위 도시의 인구규모}}{\text{제2위 도시의 인구규모}}$$

2) 어바니즘(Urbanism)

도시로의 변화는 전원적 · 목가적 생활양식에서 도시적 · 산업적 생활양식으로의 전환을 의미한다. 어떤 국가, 특히 개발도상국에서는 도시의 인구 증가율이 높다 하더라도 농촌의 인구 증가율이 도시의 인구 증가율보다 더 높은 경우가 있을 수 있다. 이 경우에는 도시화 현상이라 할 수 없다. 왜냐하면, 상대적으로 더 많은 사람들이 비도시적인 생활양식을 영위하기 때문이다. 이러한 관점에서 볼 때 '어바니즘(urbanism, 도시성)'은 도시를 잘 묘사하는 주요한 개념이라 할 수 있다(Wirth, 1938). 어바니즘은 예전에는 '도시성'으로 표현되었지만 최근에 등장한 'new urbanism'을 '뉴어바니즘'으로 표현되는 경향이 있어서, 이 책에서는 도시성 대신에 '어바니즘'으로 표현한다. 워스(Wirth, 1938)는 어바니즘을 '도시에서의 생활양식(a way of life associated with living in cities)'이라고 정의하였다. 그는 어바니즘을 나타내는 대표적인 특징들로 경쟁(competition), 성과(achievement), 전문화(specialization), 피상성

(superficiality), 익명성(anonymity), 독립성(independence) 등을 제시하였다.

3) 도시화와 어바니즘: 선진국과 개발도상국

도시화와 어바니즘은 우리가 도시를 이해하는 데 크게 이바지한 개념이다. 따라서 이와 관련된 많은 연구들이 있었다. 그 연구들 중에는, 도시화와 어바니즘의 관점에서 선진국과 개발도상국을 비교하여 흥미로운 사실을 발견한 다음과 같은 연구도 있었다(Palen, 1981: 7-8).

선진국은 높은 수준의 산업화를 이루고 있지만, 산업화 수준과 비교할 때 도시화율은 상대적으로 낮다. 하지만, 도시에 거주하는 주민들의 도시적 생활양식은 높다. 반면에, 개발도상국은 산업화 정도와 비교해서 상대적으로 높은 도시화율을 보이는 경향이 있다. 그러나 도시에 거주하는 대부분의 주민들은 농촌적 생활양식을 유지하는 이중적 생활을 하고 있다.

제2절

사회변화와 도시

20세기에 들어와서 인류는 사회의 변화 속도가 매우 빨라지는 것을 경험하였다. 그러한 경향은 더욱 심해져서, 20세기 후반에 들어서는 유례가 없을 정도로 변화의 폭이 확대되고 변화의 속도가 더욱 빨라지고 있다. 이러한 추세를 보고 혹자는 21세기를 '속도의 시대(decades of velocity)'가 되리라 예측하였다. 소위 '변화의 소용돌이'에 인류가 휘말려 있다고 해도 과언이 아니다. 이러한 변화를 주도하는 대표적인 현상으로 세계화(전 지구화), 정보지식화, 지방화를 지적할 수 있다. 이러한 사회변화들은 매우 다양한 분야, 조금 과장하여 표현하면 인류와 관련된 모든 분야에서 매우 중요한 변화를 야기하고 있다. 도시에서도 예상하지 못했던 변화가 발생함은 당연한 일이다. 사회변화는 위기임과 동시에 기회가 될 수 있기 때문에, 도시들이 이에 어떻게 적응하느냐에 따라 발전의 기회가 될 수도 있고 쇠퇴의 출발점이 될 수도 있다. 따라서 주요한 사회변화의 내용을 살펴보고 그 변화들과 도시의 관계를 검토하는 것은 의미가 있는 일이다.

1. 전 세계적인 사회변화

1) 세계화(전 지구화, Globalization)[4]

(1) 세계화의 의미

20세기 후반에 교통 · 통신과 과학 · 기술의 획기적인 발전으로 인해 인류와 물자의 이동이 활발해지면서 공간이 심리적으로 압축되고 또한 특정 국가 혹은 특정 지역의 문제가 실시간에 전 세계에 영향을 미치는 '파급의 연쇄성'이 크게 증대되었다. 예를 들어, 특정 국가의 주식시장 혹은 환율의 변화는 실시간으로 전 세계에 영향을 미칠 정도이다. 이는 세계가 '동시 생활권'이 되고 개방체제로 변하고 있음을 의미한다.

세계화와 비슷한 의미로 1970년대부터 많이 사용되어 온 국제화(internation-alizaion)라는 단어가 있다. 세계화와 국제화는 개방사회를 추구하기 때문에 현재도 이들을 구별하지 않고 사용하는 사람들도 있지만, 엄격하게 말하면 두 현상은 다르다. 즉, 국제화는 경제적 측면이 강조된 개방사회를 추구하는 반면에, 세계화는 경제적 측면은 물론이고, 정치, 사회, 문화, 환경, 교육 등 사회 전반에 걸친 활동이 국가 경계를 넘어 전 지구적으로 확대되는 개방사회를 추구한다. 세계화는 경쟁이 더욱 심화되는 사회임을 의미한다. 국가 간의 경쟁, 지역 간의 경쟁, 지역과 국가 간의 경쟁, 지역과 타 국가 간의 경쟁, 지역과 타 국가의 지역 간의 경쟁이 활발하게 이루어져서 무한경쟁사회로 진행된다.

(2) 세계화의 유형

개방사회를 추구하는 세계화는 경제적 측면, 문화적 측면, 사고적 측면, 정치적 측면, 조직적 측면, 환경적 측면 등을 포함하여 다양한 영역에서 다양한 형태로 진행되었다. 바본즈(S. Babones)는 경제적 세계화, 문화적 세계화, 정치적 세계화를 세계화의 세 가지 주요 차원으로 보았다(Babones, 2008: 146).

---

4) 학문적으로는 '전 지구화'라는 단어가 통용되고 있으며, 한국에서는 '전 지구화'를 김영삼 정부 시절부터 '세계화'라고 부르고 있다.

① 경제적 세계화

경제적 측면에서의 세계화는 다양한 형태로 나타나고 있지만, 이들을 종합해보면 지금까지 세 단계로 진행되고 있다. 상품의 세계화에서 시작하여, 초국적 기업의 세계화를 거쳐서, 금융자본의 세계화로 전개되었다(임재현, 2021: 5-7).

첫 번째로 나타난 경제적 세계화는 상품의 세계화이다. 상품의 세계화는 특정 국가의 특정 기업에서 생산된 상품이 해당 국가의 경계를 넘어서 전 세계에서 판매되는 현상을 말한다. 즉, 특정 국가에서 생산된 상품들이 해당 국가 내에서 판매 경쟁을 하는 것은 물론이고, 세계시장에서 다양한 기업들의 다양한 상품들과 판매 경쟁을 하는 것을 의미한다. 판매 경쟁에서 살아남기 위해 기업들은 상품에 대한 수요조사를 바탕으로 상품의 질적 수준을 높이는 한편, '규모의 경제'와 '범위의 경제'를 통해 가격경쟁력을 갖추면서, 창의적이고 다양한 형태의 마케팅 전략을 활발하게 실시해야 한다.

규모의 경제(economy of scale)와 범위의 경제(economy of scope)

규모의 경제(economy of scale)는 생산량을 늘릴수록 단위당 생산비가 감소하는 현상을 말한다.

범위의 경제(economy of scope)는 생산의 범위가 늘어날 경우 비용이 절감되는 효과이다. 즉, 어떤 기업이 원리와 설계가 비슷한 제품들을 생산할 때 제품별로 다른 생산라인을 이용하는 것이 아니라 같은 생산라인을 활용하여 생산함으로써 비용을 절약시키는 것을 말한다.

두 번째로 나타난 경제적 세계화는 초국적 기업의 세계화이다. 초국적 기업이 전 지구적으로 이동·확산되는 현상이 초국적 기업의 세계화이다. 초국적 기업이란 본국을 기반으로 세계적으로 자본을 축적하기 위해 복수의 국가에서 법인을 등록하고 거대한 조직과 전략을 보유하면서 경영활동을 벌이는 기업을 의미하며, 다국적 기업(Multinational Corporation)이라고도 불린다. 초국적 기업의 세계화는 상품의 세계화가 끝나고 난 이후에 나타나는 현상이 아니다. 여전히 상품의 세계화는 진행되면서, 상품의 세계화에 대한 전략적 방안으로 초국적 기업의 세계화가 나타난다. 다시 말하면, 상품의 생산 경쟁과 판매 경쟁이 전 세계로 확대·심화됨에 따라 기업은 생존 · 발전을 위해 전 세계의 모든 시장을 대상으로 생산 경쟁과 판매 경쟁을 벌일 수밖에 없다. 따라서 기업은 세계의 많은 다른 기업들과 경쟁과 협력의 관계를 맺으면서 생산전략과 판매전략을 수립해야 한다. 이러한 전략의 일환으로 등장한 것이 기업의 해외 직접투자인데, 해외 직접투자의 중요성에 대한 관심이 커지면서 초국적 기업이 등장하였고 빠른 속도로 확산되고 있다.

세 번째로 나타난 경제적 세계화는 금융자본의 세계화이다. 경제를 둘러싼 국가와 시장의 경쟁은 국가실패와 시장실패를 거듭하면서 엎치락 뒤치락하다가 1970년대 후반부터 시장이 주도하는 분위기가 되었다. 이 상황에서 금융자본이 전 지구적으로 빠르게 이동하는 현상이 나타났는데, 이것을 금융자본의 세계화 혹은 글로벌 자본주의화라고 부른다. 글로벌 자본주의는 글로벌 금융시장이 팽창한 것으로서, 금융자본의 역할을 크게 증대시켰다. 글로벌 자본주의는 상품의 세계화와 초국적 기업의 세계화보다 인류에 미치는 영향이 크리라 평가되고 있다.

글로벌 자본주의는 경영의 유연성 강조, 기업의 탈집중화와 네트워크화 촉진, 노동보다 자본의 중요성 강조, 노동운동의 영향력 축소, 국가의 시장에 대한 규제 완화, 복지국가 축소, 전 지구적 경쟁 확대 등을 특징으로 한다. 이를 한마디로 정리하면, 국가의 힘은 약화되고 시장의 힘은 강화되는 것이다. 글로벌 자본주의는 미국의 주도 하에 운영되고 있다고 할 수 있다. 즉, 미국이 국제기구를 통해 미국식 자본주의를 따르도록 조정하고 있으며, 특히 IMF는 관리대상국에게 미국식 자본주의를 수용하도록 강요하고 있다. 미국식 자본주의는 금융시장 중심적이고, 장기적인 발전보다 단기 수익을 중시하는 경향이 있다(임재현, 2021: 7).

글로벌 자본주의에 대해서는 찬반 양론이 뚜렷하게 대립되고 있지만, 이에 대한 비판적인 시각이 더 많은 편이다. 글로벌 자본주의화를 옹호하는 사람들은 무역과 투자가 자유화되면 인적 · 물적 교류가 촉진될 것이고, 이로 인해 개발도상국 제품이 선진국으로 더 많이 수출되며 따라서 선진국이 개발도상국에 대한 투자를 확대할 것이라고 주장한다. 이로 인한 효과는 개발도상국의 도시들에게도 영향을 미친다고 한다.

그러나 현실은 이들의 주장과 다르게 전개되고 있다. 세계은행(IBRD)을 비롯한 많은 기구와 개인의 보고서와 연구는 경제가 통합될수록 국가 간, 지역 간, 개인 간의 양극화현상이 더 확대되고 있다고 주장하고 있다. 초국적 기업의 경우도 개발도상국보다는 선진국 중심으로 투자가 이루어지고 있으며, 개발도상국에 대한 투자는 생산설비투자보다는 우량기업을 M&A하는 투자가 더 많으며, 초국적 기업의 R&D 투자는 주로 본국에서 이루어지고 있다. 또한 현재의 글로벌 자본주의는 국제사회의 통합을 해치는 경향이 있다는 주장도 제기되고 있다. 즉, IMF와 세계은행(IBRD)의 구조조정은 채무국에 민영화와 자유주의 정책을 강요하여 왔으며, 이로 인해 가장 큰 이익을 보는 쪽은 해외 투자가들이다. 결국, 금융자본의 자유로운 이동은 투기가 판치는 일종의 카지노사회를 만들었고, 개발도상국의 취약한 구조는 금융투자가나 투기자본의 사냥감이 되었다. 이로 인해, 선진국과 개발도상국 간에는 반감이 고조되고 있다고 한다. 신자유주의의 신봉자인 그레이(J. Gray)는 『가짜 여명(*False Dawn*)』에서 현재의 세계 변화는 잘못된 목표를 향해 가고 있다고 한다(김승진 옮김, 2016). 그는 자유시장은 강한 국가 없이는 존속이 어렵기 때문에, 민주주의와 자유시장은 동반자적 관계가 아니라 대립적인 관계라고 주장한다. 따라서 미국식 글로벌 자본주의가 자유민주주의를 번영시키리라는 생각은 환상임을 인식해야 한다고 한다.

가짜 여명

자유민주주의와 자본주의는 동반자적 관계가 아니라 대립적인 관계이기 때문에, 글로벌 자본주의가 민주주의를 발전시킨다는 생각은 환상이다. 금융자본의 제한 없는 전 지구적 이동이 실제로 아시아 경제에 엄청난 타격을 초래했다. 미국의 강압과 IMF의 획일적 정책에 의해 브레이크 없이 질주하고 있는 글로벌 자본주의는 실패할 수밖에 없다. 그런데도 글로벌 자본주의가 지속되는 것은 경제만 잘되면 모든 일이 잘 풀린다고 믿기 때문이다. 즉, 인간적 가치를 고양하는 창조와 포섭보다는 파괴와 배제의 원리가 팽배하기 때문이다. 좋은 자본주의는 개별 나라와 개별 사회에서 전통·관습과 조화를 이루는 자본주의이다. 즉, 국가와 사회의 고유한 특성을 인정하고, 공동체와 연대를 배척하지 않으며, 차별이 없으면서 차이가 존재하는 자본주의이다.

출처: 존 그레이(2016)의 『가짜 여명(*False Dawn*)』에서 부분 발췌·재서술

② 문화적 세계화

교통·통신의 발달로 인해 공간적·시간적 거리가 축소되어 외국과의 교류가 활발해짐으로써 사람들은 다양한 문화를 쉽게 경험할 수 있게 되었다. 외국에 가지 않고도 세계 각국의 음식을 맛볼 수 있게 되었으며, 다양한 형태의 생활양식, 축제,

이벤트 등을 체험할 수 있다. 또한 정보를 빠르게 확산시키고 대규모로 공유할 수 있게 하는 전 지구적 네트워크는 세계인들이 공감하는 문화, 이벤트, 이미지, 스타일 등에 대한 세계적 호응을 이끌어낸다. 이처럼 세계의 다양한 문화가 상호작용하는 현상을 문화적 세계화라고 한다. 문화적 세계화에 대한 논의를 종합하면 크게 두 가지로 분류될 수 있다(임재현, 2021: 7-8).

첫째, 전 세계를 아우르는 하나의 거대한 세계문화가 형성되어 지역문화들이 동질화·획일화된다. 문화적 세계화가 처음으로 거론될 당시의 주된 담론은 미국을 비롯한 선진국이 자본의 우위를 바탕으로 문학, 예술, 음식 등의 일방적 유통경로를 장악함으로써 선진국의 대중문화가 세계 각 지역으로 침투하여 각 지역의 고유한 문화적 전통과 가치체계를 붕괴시키는 '문화적 침식'이 발생한다는 것이었다(김정수, 2017: 138-139). 이로 인해, '문화 제국주의'가 형성될 수 있다는 우려와 비판의 목소리가 주류를 이루었다. 실제로 미국의 헐리우드 영화나 팝송 등의 대중문화와 맥도널드나 코카콜라가 전 세계로 확산되면서 생활 전반에 걸쳐 큰 영향을 미쳐 지역사회의 고유한 문화가 침식되는 현상을 경험하였다. 이러한 현상이 확대되면 세계 어느 곳을 가더라도 비슷한 문화를 보게 되어 문화 소비의 측면에서 선택의 폭이 제약될 수 있다(김정수, 2017: 141-142).

둘째, 서구문물의 확산으로 인해 지역사회의 특수한 문화가 사라지는 '문화적 침식'이 발생하기도 하지만, 다른 한편으로는 서구문물을 접하는 지역사회나 지역주민이 그것을 무비판적으로 받아들이는 것이 아니라 자신들의 필요에 의해 선택하거나, 혹은 유입된 서구문물을 자기의 것으로 만들기도 한다(장 피에르 바르니에, 2008). 즉, 외부의 문화를 받아들이는 지역사회와 지역주민은 자신의 특수한 상황에 맞게 외부 문화를 수용·융합하는 과정에서 지역사회의 독자적 문화활동이 중요하다는 주장에 자극을 받아서 끊임없이 새로운 문화를 창조하고 재생산하기도 한다(Roberston, 1992). 따라서 문화적 세계화는 사라져가는 전통문화를 보존하거나 혹은 다양한 문화들 간의 차이를 없애고자 하는 것이 아니라, 그 차이를 인정하면서 다양한 문화가 서로 교류하고 혼합하고자 하는 현상으로 이해하기도 한다.

이처럼 문화적 세계화는 양면의 얼굴을 지니고 있다. 한편으로는 지구를 하나의 공동체로 만드는 단일문화체제를 형성할 수도 있고, 다른 한편으로는 다양한 문화·가치관·경험·표현 등이 서로 대등한 관계 속에서 유지·발전되는 다문화공존체제를 구축할 수도 있다(Street, 1997). 문화적 세계화가 어느 쪽으로 흘러갈지는 누구도 장담할 수 없다. 많은 사람들은 다문화공존체제를 선호하지만, 단일문화체제로 흘러갈 수도 있으므로, 이에 대한 경계심은 항상 유지해야 한다는 주장도 공존하고 있다.

③ 정치적 세계화

모델스키(G. Modelski) 외는 정치적 세계화를 세계정치체제를 확장하고, 이를 위해 무역을 포함한 다양한 분야에서 일어나는 지역 간의 거래를 관리하는 것이라고 정의한다(Modelski et al., 2007: 59). 스티거(M. Steger)는 전 세계에서 정치적 상호관계가 강화되고 확장되는 것을 정치적 세계화로 정의하였다(Steger, 2003: 56). 크라우치(C. Crouch)는 세계은행(IBRD), 국제통화기금(IMF), 세계무역기구(WTO)와 같은 글로벌 정부기구들의 세력이 증가하는 것을 의미하는 동시에, 국제 비정부기구들과 사회운동단체들 그리고 초국가적 네트워크의 영향력이 확대되는 것이 정치적 세계화라고 정의하였다(Crouch, 2012: 487).

정치적 세계화와 관련된 주요 주제에는 세계의 민주화와 세계시민사회의 창조(Delanty & Rumford, 2008: 426), 민족주의의 범위를 넘어서는 정치적 이동(Mooney & Evans, 2007: 194), 민족국가의 미래와 세계적 정부의 출현(Steger, 2003: 57) 등이 포함된다. 이러한 주제들이 특히 관심을 가지는 대표적인 세부 분야들을 보면, 개별 국가적 차원에서는 해결하기 힘든 빈곤, 부패, 인권, 환경, 전쟁, 테러 등이다. 정치적 세계화는 국제적 협조체제를 구축하여 이러한 세부 분야들에서 야기되는 문제점들에 대한 해결 방법을 모색하고자 하는 것이다.

2) 정보지식화

(1) 정보지식화의 의미

'정보혁명'이라고도 불리는 '정보화'가 일어난 시기는 나라에 따라 다르다. 가장 먼저 정보화가 발생한 나라는 미국이고, 그 시기는 1960년대 후반이다. 그 후 서유럽에서는 1970년대 초반, 일본은 1970년대 말, 우리나라는 1990년대 중반에 정보화가 일어난 것으로 알려져 있다.

자료, 정보, 지식

자료(data)는 정보를 구성하는 요소로 현실에 대해 관찰 혹은 측정을 하면서 수집한 단순한 사실들의 집합을 말한다.

정보(information)는 수집한 자료를 다양한 방법으로 가공·처리하여 의미 있게 사용할 수 있도록 한 것이다.

지식(knowledge)은 이미 만들어진 정보를 다양한 방법을 통해 해석하고 의미를 부여하면서 체계화·보편화하여 어떤 일에 활용하는 종합적인 사고이다.

정보혁명이 일어나면서 정보화라는 단어가 인구에 회자하였는데, 그 후 지식화라고 표현하기도 하고, 지식정보화라고 표현하기도 하며, 정보지식화라고 표현하기도 한다. 혹자는 현재의 정보지식화를 제3차 산업혁명이라고 칭하고 있다. 또한 점차 많은 국가들이 여기에서 더 나아간 제4차 산업혁명에 관심을 가지고 있다. 어떠한 단어를 사용해도 무방하지만, 애초에 자료, 정보, 지식이 발생하는 순서를 기반으로 이 책에서는 정보지식화라고 부르기로 한다.

제3차 산업혁명과 제4차 산업혁명

미국의 경제사회학자 제레미 리프킨(Jeremy Rifkin)은 제3차 산업혁명을 새로운 커뮤니케이션 기술과 새로운 에너지 체계를 결합함으로써 공유를 중심으로 한 수평적 권력구조로 재편되는 것이라고 하였다. 제3차 산업혁명은 그 핵심이 재생 에너지의 생성·저장·교환·공유와 인터넷의 결합을 강조하는 것이고, 또한 자발적·민주적인 환경에서 소셜미디어, 3D 프린터 등을 강조하고 소유에서 공유로의 사회변화를 요구하는 것이다. 즉, 협업을 강조하는 것으로서 창의성, 상호작용, 사회적 자본, 개방형 공유체제, 글로벌 네트워크 등을 중시한다. 제3차 산업혁명의 가장 큰 문제는 성장의 종말과 일자리의 감소인데, 이를 해결하기 위해 '협력과 공동체의 추구'라는 사회적 가치가 필요하다고 제안하고 있다.

현재의 우리가 살고 있는 제3차 산업혁명에서 더욱 진전된 제4차 산업혁명은 초고도로 발달한 정보통신기술을 활용하여 인공지능을 통한 자동화와 연결을 극대화되는 융합과 산업환경을 강조하는 것이다. 제4차 산업혁명은 사람과 사물 그리고 사물과 사물이 인터넷 통신망으로 연결되는 초연결성, 연결에 따라 발생하는 빅데이터를 분석하여 일정한 패턴을 파악하는 초지능성, 분석 결과를 바탕으로 인간의 행동을 예측하고 대응하는 예측 가능성을 중시한다.

정보지식화는 20세기 후반 정보통신기술의 발달을 계기로 정보와 지식의 중요성이 높아지는 현상을 일컫는다. 즉, 정보통신기술로 인해 정보와 지식의 생산·유통·소비가 생활의 중심이 되는 현상을 말한다. 다시 말하면, 산업 분야에서는 정보와 지식의 생산·처리·축적·유통 등을 담당하는 산업, 즉 정보지식산업이 발달하는 것을 말하고, 직업 분야에서는 정보와 지식과 관련된 전문직이나 기술직이 늘어나고 이들의 사회적 권력이 확대되는 현상을 가리킨다.

제4차 산업혁명 더 넥스트(The Next)

클라우스 슈밥은 『제4차 산업혁명』의 속편 격인 『제4차 산업혁명 더 넥스트(*The Next*)』에서 제4차 산업혁명이 몰고 온 정치·경제·사회 변화에 대해 세계가 어떻게 대응해야 하는지에 대해 세계의 오피니언 리더들의 의견을 종합하였다. 즉, 블록체인, 사물인터넷, 인공지능, 첨단소재, 적층가공기술, 생명공학, 가상현실과 증강현실, 우주기술 등을 포함한 제4차 산업혁명의 핵심 기술들은 세계에 큰 영향을 미치면서 새로운 시대를 열고 있다고 주장하면서, 이에 효과적으로 대응하기 위한 노력을 촉구하고 있다.

먼저, 제4차 산업혁명에 맞는 시스템을 만들 수 있는 기회가 열려 있음을 자각하고, 이 기회를 반드시 붙잡기 위해 총력을 다해야 한다. 만약 성공한다면 우리의 부는 더욱 공정하게 배분될 것이고, 불평등은 완화될 것이며, 사회 갈등과 정치 양극화를 완화할 사회적 신뢰가 다시 구축될 수 있을 것이다. 또한 이 시스템을 구축하기 위해서는 제4차 산업혁명의 핵심 기술을 먼저 이해하여야 한다. 그러나 기술 자체를 이해하는 데에서 그치면 안 된다. 제4차 산업혁명의 핵심 기술에 대한 이해를 바탕으로, 이것이 어떻게 사회 시스템을 변화시키는지를 분석하고, 또한 이를 응용할 수 있는 시스템을 구축하는 데에 집중하여야 한다. 시스템에 집중하는 리더가 그러지 않는 리더보다 우위에 설 것이다. 시스템에 대한 연구를 하지 않고 기술에만 집중하면 비즈니스, 정부, 사회 등을 포함한 우리와 밀접한 제도가 어떻게 변화하는지를 제대로 이해할 수 없다.

출처: 클라우스 슈밥(2018)의 『제4차 산업혁명 더 넥스트(*The Next*)』에서 부분 발췌·재서술

정보지식화로 인해 등장한 사회가 정보지식사회(information-knowledge society)이다. 정보지식사회에 대해서는 많은 사람들이 다양한 관점에서 정의를 하였다. 우리에게 널리 알려진 정보지식사회의 다른 명칭은 정보사회(information society), 지식사회(knowledge society), 지식정보사회(knowledge-information society), 후기산업사회(post-industrial society), 초산업사회(super-industrial society), 후기현대사회(post-modern society), 후기포드주의사회(post-fordist society), 후기문명사회(post-civilization society), 전자기술사회(technotronic society) 등이다.

이처럼 다양한 명칭을 지니고 있는 정보지식사회를 한마디로 정의하면, 정보와 지식이 사회를 움직이는 핵심적인 동력이 되는 사회이다. 다시 말하면, 정보·지식 관련 활동이 인간의 핵심적 활동으로 등장하며, 그 효과가 경제를 비롯한 사회 전반에 지대한 영향을 미치는 사회를 의미한다.

권력의 원천으로서의 지식

권력의 원천은 폭력, 부, 지식이라고 할 수 있다. 정보화가 진행되면서 권력의 원천에서도 변화가 발생한다. 권력의 원천이 폭력과 부에서 지식으로 급속하게 변하고 있다. 이제 지식은 권력의 원천일 뿐만 아니라 폭력과 부의 가장 중요한 요소이다.

출처: 앨빈 토플러(1991)의 『권력이동(*Powershift*)』에서 부분 발췌·재서술

(2) 정보지식화의 특징

위에서 보았듯이 정보지식화는 많은 측면에서 산업화와 다른 특징들을 보인다. 정보지식화의 대표적인 특징을 살펴보면 다음과 같다.

첫째, 산업화와 비교할 때 정보지식화는 전반적으로 상품과 서비스의 생명주기를 단축시킨다. 전통산업과 비교할 때 정보지식산업을 포함한 첨단산업은 관련 전문지식을 축적하는 데 소요되는 시간이 짧다. 정보·지식을 축적시키는 시간을 줄이는 것은 새로운 상품과 서비스를 개발하여 제공하는 데 걸리는 시간을 단축시킨다. 이로 인해, 새로운 상품과 서비스의 개발·생산·공급·소멸에 이르는 과정이 시간적으로 크게 단축된다.

둘째, 정보지식화는 'know-how' 중심에서 'know-where' 중심으로 변화하는 것을 촉진시킨다. 즉, 개인이나 조직이 스스로 핵심기술을 보유하는 것도 중요하지만, 그것보다 핵심기술을 소유한 전문가가 누구이며, 핵심기술을 보유한 조직은 어느 조직이고, 그들은 어느 지역에 있는지 등의 정보가 중요하며, 이러한 정보를 기반으로 이들과의 연계네트워크를 구축하여 가치를 창조하는 것을 중시한다.

셋째, 첨단산업에 종사하는 전문가들은 다른 업종 전문가들에 비해 직장을 옮기는 성향이 높다. 산업사회에서는 '평생직장'을 선호하는 경향이 강했으나, 최근에

는 '직장을 옮기는 것은 능력'이라는 말이 점차 확대될 정도로 직장을 옮기는 것을 바라보는 시각이 크게 변하고 있다. 이러한 직장 이주 현상, 특히 자율적인 직장 이주 현상은 첨단산업에서 자주 볼 수 있다. 따라서 첨단산업을 위한 전문가 육성 전략과 이주 전략은 전통산업의 이주 전략과 다르게 해야 한다.

초산업사회에서의 변화의 빠름과 다양성

산업사회에서 초산업사회(후기산업사회, 정보사회 혹은 정보지식사회)로 전환되는 과정에서 기술과 지식은 빠르게 변화하는데, 인간의 적응력은 이에 적절하게 적응하지 못하여 인간은 충격을 받는다. '미래의 충격'이란 인간이 겪게 될 문화적 충격이고, 급격한 사회변화가 낳은 산물이다.

초산업사회의 특징은 다음과 같다. 첫째, '변화의 가속화와 일시성'이다. 휴대전화를 예로 들면, 요즘 젊은이들은 신제품이 출시되면 신제품으로 쉽게 교체하는데, 끊임없이 그리고 빠르게 발전을 거듭하는 휴대전화산업의 특성상 쉽게 물건을 사고 버리는 현상은 필연적인 결과이다. 신상품이 등장하는 주기가 짧아지면서 우리 인간은 물건을 일시적인 소모품으로 인식하게 되었다. 둘째, '새로움'이다. 과학·기술의 발전이 없으면 새로움은 탄생되기 어렵다. 태양과 미생물의 다양한 활용, 인조인간(cyborg)의 탄생 등이 새로움의 대표적인 예이다. 셋째, '다양성'이다. 인간의 가치관이 개성화와 다양성을 중시하는 방향으로 바뀌기 때문에 초산업사회에서는 표준화된 대량생산체제가 아니라, 다품종소량생산체제가 부각된다. 따라서 어느 한 분야에만 몰두하는 '외골수'적 사고와 행태보다 다양한 분야를 포괄하는 '마당발'적 사고와 행태가 초산업사회에서 더욱 요구될 수 있다. 다양한 상품이 생산되었다 사라지는 만큼 다양한 직업도 생겨났다 사라지며, 가치관과 생활양식도 세분되고 있다.

중요한 문제는 선택 과잉의 문제다. 인류가 미래에 겪을 충격의 실체는 선택 과잉에 대한 적응력의 위기에서 비롯된다. '미래의 충격이란 육체적·심리적 고통'이다.

출처: 앨빈 토플러(1995)의 『미래쇼크(*Future Shock*)』에서 부분 발췌·재서술

3) 지방화

(1) 지방화의 의미

지방화는 일정한 지역을 바탕으로 법률이 정한 범위 내에서 지역주민이 구성한 지역단체를 통해 지역사무를 지역과 지역주민들의 의사와 책임 하에서 처리하는 활동과정이다. 즉, 법률에 의해 지방에게 배분된 지방사무(자치사무, 고유사무)를

수행하기 위해 필요한 행정적, 재정적, 그리고 법률적 권한을 실질적으로 지방에 부여하며 지방정책의 형성, 결정 및 집행과정에 주민이 참여할 수 있는 기회를 확대하는 것이 지방화의 본질이다.

중앙정부와 지방정부를 하나의 연속선 위에 놓고 둘의 관계를 보면, 한쪽 끝에는 지방화가 있고, 다른 쪽 끝에는 중앙집권화가 있다고 할 수 있다. 즉, 지방화와 중앙집권화는 개념적으로 상반된다고 볼 수 있다.

중앙집권화란 중앙정부가 지방과 관련된 정책을 결정하고 이를 집행할 지침을 마련하여 지방으로 하달하면, 지방정부는 중앙의 지침에 따라 지방정책을 집행하는 시스템이다. 중앙집권체제 하에서 지방정부는 중앙정부의 통제와 관리를 받는 하급기관적 역할을 수행한다. 따라서 지방정부는 중앙정부로부터 독립된 법인격을 소유하지 않기 때문에, 중앙집권체제 하의 지방정부는 지방자치단체가 아니다.

반면에, 지방화는 지방정부에게 중앙정부와는 별개의 독립된 법인격을 부여하는 것이기 때문에, 지방정부는 중앙정부의 하급기관이 아니다. 이 시스템 하의 지방정부는 주민이 직접 선출한 지방 대표자들을 중심으로 지방 문제를 상당한 정도로 자율적으로 해결하기 때문에 지방자치단체이다. 지방자치단체는 지방과 관련된 많은 정책결정권을 중앙정부로부터 이양받아 자율적으로 수행한다.

지방화에 있어서 고려해야 할 이슈 중의 하나는 지방자치단체에게 배타적 자율권을 인정하느냐는 것이다. 배타적 자율권이 부여되면, 특정 지방자치단체가 하는 일에 대해 중앙정부 혹은 상위 지방자치단체는 관여할 수 없게 된다. 즉, 지방자치단체가 시행하는 행정 혹은 정책에 대해 책임을 물을 수가 없게 된다. "권한이 있는 곳에는 책임이 있다"라는 말은 기초 상식에 속한다. 따라서 행정과 정책에 있어서 책임소재의 중요성이 간과되어서는 안 된다. 이러한 측면에서 볼 때, 지방화는 국가의 권력구조가 '일극 중심'에서 '다극 중심'의 형태로 변화하는 것을 의미하는 것과 동시에, 권한의 이전만이 아니라 책임의 이전을 내포하는 포괄적 개념이다. 따라서 지방화란 국가권력의 다극화 내지 다원화 현상일 뿐만 아니라, 지방의 문제에 대해 지방이 스스로 책임지는 책임의 다원화 현상을 의미한다고 보아야 한다(박종화, 2003: 112-113).

종합적으로 살펴보면, 지방화란 중앙 중심적인 인식과 질서에서 벗어나 지방이 상대적 자율성을 확보하면서 중앙과 지방 간, 그리고 지방 간 상호 협조체제를 구축하면서 중앙과 지방의 발전을 추구하는 것이다. 즉, 지방화란 국가의 내부관계에 있어서 결정권한이 중앙과 지방에 분산되고, 이에 대한 책임도 각자가 지는 것을 뜻한다. 중앙정부는 국가와 관련된 것을 결정하고 책임지며, 지방정부는 지방과 관련된 상당한 부분을 결정하고 책임지면서, 서로 간에 배타적 관계가 아니라 협력적 관계를 추구하는 것이 지방화이다.

(2) 지방화의 장점과 단점

① 지방화의 장점

일반적으로 경제가 발전하지 않은 국가에서는 사람들의 의식, 참여 정도, 행정력, 재정력 등의 문제로 지방화를 실시하기 어렵다. 경제가 발전한 국가에서는 집권화보다는 지방화를 추진하는 것이 유리할 경우가 많다. 지방화의 장점은 매우 많지만, 여기에서는 중요한 몇 가지만 검토하기로 한다.

첫째, 지방의 특수성과 실정에 맞는 지방행정을 실시할 수 있다. 중앙집권체제 하에서는 지역 관련 정책을 중앙에서 결정하는데, 중앙공무원들은 수많은 지역의 상황을 구체적으로 파악할 수 없기 때문에, 개별 지역의 특수성이나 상황을 고려한 지역정책을 만드는 것이 거의 불가능하다. 지방화가 이루어지면 지역과 관련된 많은 정책결정권이 지방자치단체로 이양되며, 권리가 주어진 만큼 지역발전의 책임도 지방자치단체에 있게 된다. 지방자치단체들은 지역의 특수성과 장점을 최대한 살릴 수 있는 지역정책을 결정·집행하여 지역의 발전을 꾀하려 한다.

둘째, 지방화는 지방의 창의력을 향상시키는 데 기여한다. 중앙집권체제 하에서는 중앙정부와 지방정부의 역할이 분명하여, 중앙정부는 지역정책을 결정하고 지방정부는 그 결정을 수행한다. 따라서 중앙정부는 지방정부를 지휘·통제하고, 지방정부는 중앙정부에 의존하는 관계가 형성된다. 이러한 예속적인 상황에서 지방이 창의력을 발현하기 어렵다. 그러나 세계화시대에서는 지방의 창의력이 절실하다. 토플러(A. Toffler)가 말했듯이 세계화가 진행되면 국가는 주권과 국가경계가 약화되는 '경계가 무른 후기국민국가(soft-edged post-nation state)'로 바뀐다. 지방은 스스로 생존을 위해 타 지방, 타 국가, 타 국가의 지방 등과 경쟁하여야 한다. 타 지역과 경쟁에서 이기기 위해서는 창의적인 아이디어가 그 어느 때보다 절실하다.

셋째, 지역정책과정에서 주민참여가 증진될 수 있다. 정책과정을 단계로 분류하는 것에 대해서는 논란이 있지만, 일반적으로 지역정책과정은 정책의제설정(policy formulation), 정책결정(policy making), 정책집행(policy implementation), 정책평가(policy evaluation) 등으로 분류될 수 있다. 지방화가 시행되면 주민들의 수요와 요구를 반영한 정책의제(agenda)가 형성되고, 주민들이 원하는 대안이 결정되며, 집행과정에서 주민들의 순응이 확보되기 용이하고, 주민만족도 조사가 실시됨으로써 지역정책과정에 주민들의 참여가 활성화될 수 있다.

넷째, 지방화는 지역사회에서 종합행정을 가능하게 한다. 중앙집권체제 하에서 지방정부는 중앙정부가 결정 · 지시하는 것을 집행만 하는 하급기관, 즉 중앙부처의 각종 출장소의 집합이라고 해도 과언이 아니다. 따라서 중앙의 많은 부처들로부터 지시사항들이 하달될 때마다 지침을 따르기 때문에 중복행정이 발생될 수 있다. 그러나 지방화가 되면 지방정부 스스로 종합계획을 만들면서 행정업무를 수행하기 때문에 종합행정이 가능해진다.

다섯째, 지역문제가 신속하게 처리될 수 있다. 지방자치단체에게 이양된 지역정책을 결정할 때 관련 중앙부처의 허가 혹은 승인을 받을 필요가 없고, 지방자치단체가 스스로 결정하고 바로 집행할 수 있기 때문에 업무가 신속하게 처리된다.

여섯째, 지방공무원의 능력을 신장시킬 수 있다. 지방화는 많은 지역정책결정 권한과 동시에 책임을 지방자치단체에게 이양한다. 권한이 있는 곳에 의무가 있으므로 지방공무원들은 중앙정부에 의존하는 관행에서 벗어나 지역문제를 스스로 해결하기 위해 노력할 수밖에 없다. 이러한 과정에서 지방공무원들의 지역문제에 대한 인지능력과 관리능력이 향상될 수 있다.

Tilberg 시의 성과평가제도 도입

네덜란드의 틸버그(Tilberg) 시는 중앙정부의 반대에도 불구하고, 시가 처해 있는 재정적 어려움을 탈피하기 위해 다양한 아이디어를 모은 끝에 성과평가제도를 과감히 도입하였다. 그리하여, 매년 시공무원들은 자신의 업무목표량을 정하고, 시는 전체적으로 업무달성상황을 종합하여 시의회에 주기적으로 보고하며, 회계연도 말에 최종적인 업무달성도를 평가하여 이를 연봉이나 승진과 연계시겼다. 성과평가제도를 성공적으로 정착시킴으로써 틸버그 시의 재정건전성은 눈에 띄게 좋아졌으며, 이 제도를 반대하던 중앙정부조차 중앙공무원을 파견하여 성공사례를 배우고자 하였다.

일곱째, 지방화는 지방자치단체들 간에 경쟁을 유도함으로써 지방자치단체들의 경영효율성을 향상시키는 한편, 중앙정부의 업무 부담을 경감시킨다. 지방화는 지역문제를 지방 스스로 해결하고자 하는 시스템이기 때문에, 지방자치단체들은 경쟁에서 뒤떨어지지 않기 위해 지속적으로 최선을 다해야 한다. 경쟁에서 이기기 위해 지방자치단체들은 다양한 아이디어들을 창출하고 시행함으로써 경영의 효율성을 높일 수 있다. 또한 지방화는 지역문제를 가능한 한 지방자치단체에 맡기는 시스템이기 때문에, 중앙정부의 업무 부담을 경감시켜 국가적 차원의 일에 전념할 수 있게 한다.

Visalia 시의 예산지출 아이디어를 통한 경영효율성 향상

미국의 도시들이 역도시화 단계에 들어서면서 교외화 단계부터 시작된 재정적 어려움이 더욱 심해졌다. 캘리포니아(California) 주 정부는 이러한 상황을 타개하기 위하여 세율 인상을 단행하려 하였다. 이에 캘리포니아 주 주민들은 주민발의를 통해 세율 인상을 방지하는 법안 수정안을 제정하였다. 이것이 'Proposition 13(주민발의 13)'이다. 'Proposition 13'의 주요 내용은 부동산 자산에 붙는 어떤 세금도 현금으로 환산한 총 금액의 1%를 넘지 못하고, 소득세율과 재산세율을 인상하기 위해서는 주민 2/3 이상의 동의가 필요하며, 세금 기준연도를 부동산 가격이 가장 낮았던 1976년으로 한다는 것이다. 'Proposition 13'은 납세자의 권리를 위한 조세저항(tax revolt)이다.

캘리포니아 주의 조그만 도시인 바이잘리아(Visalia) 시도 이러한 상황에서 벗어나지 못하여 재정적으로 매우 궁핍한 상태이었다. 이에 바이잘리아 시는 예산의 이월과 전용을 허용하는 아이디어를 전격적으로 시행하였다. 이후 바이잘리아 시의 재정상태가 매우 양호해졌다.

여덟째, 주민들의 정치적 참여를 활성화시킨다. 지방화가 추진되면 주민대표자는 주민에 의해 선출되는데, 선거는 주민들의 정치적 참여의 한 형태이기 때문에 주민들의 정치적 참여의 기회를 확대시킨다. 또한 선거에 의해 선출된 주민대표자들은 주민의 의사를 경청하려 하고, 이는 주민들의 정치적 참여를 촉진시킬 수 있다. 주민들의 정치적 참여가 활성화되면 주민들의 정치적 욕구가 충족되고, 나아가서 독재정치와 전제정치의 가능성을 줄이는 한편, 풀뿌리민주주의(grass-roots democracy)를 실현시킬 수 있게 된다.

아홉째, 지방화는 민주주의의 학교로서의 역할을 한다. 지방화가 실시되면 주민들과 지방공무원들이 민주주의를 배울 수 있는 기회가 늘어난다. 주민들은 주민참여를 통해 민주시민으로서의 소양, 즉 주인의식, 참여의식, 비판의식, 타협 등을 배울 수 있는 기회를 많이 가지게 된다. 또한 지방공무원들은 지금까지 익숙해 있던 주민들에게 서비스를 베푼다는 의미인 시혜자(施惠者)의 자세를 버리고 민주행정과 봉사정신을 배우게 된다.

열째, 민주적 사회개혁을 달성하기 용이해진다. 개혁은 기득권층의 반대를 겪기 때문에 목적을 달성하기가 쉽지 않다. 그럼에도 불구하고, 대부분의 정권에서는 개혁을 시도하며, 개혁을 빨리 달성하기 위해 하드웨어(hardware)적, 일시적, 충격적, 전국적인 방법을 선호한다. 그러나 이러한 개혁방법으로는 성공적인 개혁을 이루는 데 한계가 있다. 즉, 소프트웨어(software)적, 지속적, 점증적, 지역적인 방법을 이용할 때 개혁의 성공가능성은 높아진다. 전국적이 아니라 지역 단위의 사회개혁을 시도하여 이것이 성공하면 전국적으로 개혁을 확대하는 것이 성공의 가능성도 높일 뿐만 아니라, 처음부터 전국적인 개혁을 시도하여 실패했을 때 발생되는 지나치게 높은 비용에 대한 부담을 최소화시킬 수 있다.

② 지방화의 단점

지방화는 위와 같은 많은 장점들을 포함하고 있기 때문에, 잘 활용하면 우리에게 많은 혜택을 주는 것이 분명하다. 그러나 아무리 좋은 제도이더라도 이를 제대로 활용하지 못하면 다음과 같은 비용들을 부담할 수도 있다.

첫째, 지방화는 기본적으로 경쟁시스템을 지향하는 것인데, 이로 인해 지방자치단체들 간에 불균형이 심화될 가능성이 높아진다. 지방화가 실시되면 지역정책의 성공은 지역의 발전으로 이어지는 한편, 지역정책의 실패에 대한 책임은 일차적으로 지방자치단체와 주민들에게 귀속된다. 따라서 지방자치단체들 간의 경쟁이 격화될 수밖에 없으며, 그 결과로 지방자치단체들 간의 행정적 그리고 재정적 격차를 확대시킨다. 지방정책이 성공한 지방자치단체에는 더 많은 산업과 사람들이 유입되어 재정 상황은 더 좋아지는 데 반해서, 지방정책이 실패한 지방자치단체에는 기업과 사람들의 유출이 심해지면서 재정 상황은 더욱 나빠진다. 이리하여, 지방자치단체들 간의 행정적 격차와 재정적 격차는 더욱 확대된다.

둘째, 지방화는 지역이기주의를 심화시킬 가능성을 높인다. 중앙집권시대에서도 지역주의는 발생된다. 그러나 중앙집권시대와 지방화시대에서의 지역이기주의의 범위와 강도는 확연하게 다르다. 중앙집권시대이든 혹은 지방화시대이든 간에

지역을 하나로 뭉치는 역할을 해야 하는 사람은 도시의 경우 시장(mayor)이다. 그러나 중앙집권시대에서의 시장은 중앙정부로부터 임명을 받기 때문에, 주민들의 요구보다는 중앙정부의 의견에 민감할 수밖에 없다. 따라서 지역적 이익을 추진하기 위한 지역의 결속력이 약하다. 반면, 지방화시대에서는 다음 선거를 의식할 수밖에 없는 시장이 앞장서서 주민들을 결속시켜 전국적인 이익보다 지역적인 이익에 집착하는 경향을 자주 보았다.

셋째, 전국적 이익과 지역적 이익이 충돌할 때 많은 지방자치단체들은 지역적 이익에 집중함으로써 전국적 규모의 사업이 어려움을 겪을 가능성이 커진다. 이는 위에서 언급된 지역이기주의가 확대·심화되는 연장선상에 있다고 볼 수 있는 것으로서, 실제로 지방자치단체들과 지역주민들은 전국적 이익의 중요성을 인지함에도 불구하고 지역이익을 우선시하여 전국적 사업을 추진하는 데 장애요소로 작용하기도 한다.

넷째, 지방화는 전국적 행정의 통일성을 꾀하기 어려운 상황을 조장할 수 있다. 예를 들면, 오랜 기간 동안 부동산에 대한 과세는 건물의 평수가 주요 평가 요인인 과세표준가를 기준으로 정해졌는데, 이로 인해 실제로 비싸게 거래되는 서울 강남지역의 작은 평수의 아파트보다 상대적으로 매매가격이 싼 강북지역의 넓은 평수의 아파트에 더 많은 세금이 부과되었다. 이에 대한 비판의 목소리가 높아지자, 2000년대 초에 정부는 부동산 관련 세액 기준을 실매매가격 수준으로 올리겠다고 발표하였다. 이에 서울 서초구를 비롯한 일부 지방자치단체들이 주민들의 세 부담을 경감시키기 위해 탄력세율을 적용하였고, 다른 지방자치단체들은 탄력세율을 적용하지 않았다. 지방화가 실시되면서 지방자치단체들이 자신의 목소리를 내면서 조세행정의 통일성을 이루는 데 어려움이 발생한 대표적인 사례이다.

2. 사회변화 속의 도시

'거대한 소용돌이'라고도 표현되는 사회변화, 즉 세계화, 정보지식화, 지방화에 대해 살펴보았다. 이 변화들의 가장 중요한 특징은 경쟁체제를 촉진시키는 것이다. 이에 대해 간략하게 설명하면 다음과 같다.

세계화는 세계를 단일시장화하는 변화이다. 단일시장이 되면 관세장벽 등과 같은 국가의 보호울타리가 약화되므로 상품 간의 경쟁과 기업 간의 경쟁이 확대되고,

자본 유치를 둘러싼 국가 간 그리고 지역 간의 경쟁이 치열해진다.

정보지식화는 정보나 지식과 같은 유동적 자원이 사회의 중심이 되는 변화이다. 정보와 지식의 생산 · 처리 · 축적 · 유통이 신속하게 이루어지기 때문에, 실시간으로 세계에 영향을 미치는 경우가 많다. 즉, 세계의 모든 공간을 동태적 공간으로 만든다. 이러한 상황에서는, 필요한 정보와 지식을 누가 더 빨리 획득하느냐 그리고 필요한 정보와 지식을 가진 사람이나 조직과 누가 더 빨리 네트워크를 형성하느냐가 국가와 지역의 생존과 발전에 큰 영향을 미친다.

지방화는 근본적으로 경쟁시스템이라고 할 수 있다. 지방화가 실시되면 지방자치단체는 중앙집권시대에서와 같은 중앙정부의 지원을 기대하기 어렵기 때문에, 지역의 생존과 발전을 위해 스스로 노력해야 한다. 한정된 자원을 둘러싸고 지방자치단체 간의 경쟁이 발생하는 것은 당연한 일이다.

이처럼 위에서 언급한 사회변화는 경쟁사회, 즉 개방사회를 지향하는 방향으로 진행되고 있다. 폐쇄사회에서는 지역이 고립적으로 생존 · 성장할 수 있지만, 경쟁이 확대되는 개방체제 하에서는 환경변화에 얼마나 신속하게 대응 · 적응하느냐가 국가와 지역의 생존과 발전에 중요한 요인이 된다. 도시도 이러한 변화에서 예외가 될 수는 없다. 어떤 측면에서는 도시가 농촌보다 이러한 경쟁 상황에 상대적으로 더 노출되어 있다고 볼 수도 있다. 이러한 변화에 따른 도시를 둘러싼 변화에 대해 살펴보면 다음과 같다.

1) 도시의 역할 확대

세계화 · 정보지식화 · 지방화라는 변화는 공간의 개념을 정적(static) 공간의 개념에서 동태적(dynamic) 공간의 개념으로 변화시킨다. 산업사회에서는 토지를 중심으로 경제활동이 수행되기 때문에, 공간이 부동적인 것으로 인식되었다. 그러나 세계화 · 정보지식화 · 지방화라는 변화를 맞은 사회에서는 시간적 · 장소적 한계를 초월한 활동이 중시되기 때문에, 공간이 동태적인 것으로 파악된다. 즉, 카스텔(M. Castells)이 지적한 바와 같이 공간에 대한 인식이 '장소의 공간(space of place)'에서 '유통의 공간(space of flow)'으로 변화한다. '유통의 공간'이란 지식이나 정보와 같은 유동적 자원으로 구성되는 공간을 말한다. 대표적인 예가 가상공간(cyber space)이다. 그는 유통의 공간이 활성화되면 사물과 정보와 지식이 역동적으로 유통되는 사회가 만들어지고, 따라서 국가 기능의 분리 혹은 해체가 유도된다고 주장하였다. 그렇다고 해서 국가를 무시해도 된다는 의미는 아니다. 국가는 종래의 지배적 · 주도적 위치에서 촉진자적 역할, 지원자적 역할, 보완자적 역할을 하도록 변해야 한다는 의미이다. 즉, 국가는 국가 전체와 관련된 업무에 집중하면서 도시를 지원하고 보완하는 역할을 해야 한다.

국가 역할의 변화는 도시의 역할 증대로 귀결되고 있다. 세계화 · 정보지식화 · 지방화라는 거대하고 급속한 변화에 적절하고 신속하게 대응하기 위해서는 국가 차원이 아닌 도시 차원의 대응 전략이 요구된다. 국가는 규모가 커서 대응 속도가 느리고, 변화에 적응하는 유연성이 부족하며, 차별화보다 획일화를 추구하는 경향이 있다. 따라서 국가 차원의 대응은 소기의 목적을 달성하기 어려울 수 있다. 상대적으로 도시는 규모가 작고 유연하며 차별화를 추구하기 쉽기 때문에, 급속한 변화에 신속하고 효율적으로 대응하기 용이하다.

이처럼 유통의 공간이 형성되면 변화에 적응하기 위한 방안으로 도시의 중요성이 부각되는 것은 물론이고, 도시 내적으로도 행정서비스 제공에 있어서 도시정부의 역할이 증대된다. 유통의 공간에서는 시민들이 세계의 많은 도시들의 행정서비스에 대한 정보를 실시간으로 공유하기 때문에, 양적으로 많은 행정서비스 그리고 질적으로 높은 수준의 행정서비스를 요구하게 된다. 유통의 공간에서는 시민들의 행정서비스를 충족시키는 일차적인 책임을 도시정부가 맡아야 한다. 이것이 도시정부의 존재의 이유이기 때문이다. 그러나 세계의 모든 도시가 크든 적든 간에 재정적 압박을 받고 있다. 이러한 상황에서 더 많고 더 높은 수준의 행정서비스를 제공하는 것은 쉬운 일이 결코 아니다. 도시정부는 시민의 욕구를 충족시키기 위해서 다양하고 창의적인 아이디어에 기반한 정책을 개발해야 한다.

창의적인 정책을 개발하기 위해서는 도시정부가 혼자 도시정책을 개발하려고 해서는 안 된다. 창의적인 정책은 소수의 공무원이 밀실에서 개발하는 것보다 전문가와 이해관계당사자 등을 포함한 다양한 사람들이 도시정책개발과정에 참여할 때 개발될 가능성이 높다. 다양한 사람들의 참여를 유도하기 위해서는 다음과 같은 노력이 필요하다. 먼저, 도시정부가 시민에 대해 권위적 인식과 행태를 버리고 시민을 동반자로 인식하여야 한다. 또한 도시정부는 시민참여를 촉진하기 위한 제도적 장치를 마련하여야 한다. 그리고 시민들도 자신이 거주하는 도시에 대한 주인의식을 가지면서 도시정책에 대한 비판의식을 가져야 하며, 도시정부는 이를 위해 시민들에게 교육을 실시하고, 또한 관련 정보를 공개하는 노력을 기울여야 한다.

2) 국가의 역할 축소

세계화, 정보지식화, 지방화는 국가의 역할을 축소시킨다. 먼저, 상품 판매를 둘러싼 경쟁이 확대될수록 그리고 초국적 기업의 활동이 증가될수록, 국가의 산업보호자로서의 역할이 축소될 수밖에 없다. 상품 판매의 경우, 이러한 변화가 진행되면 소비자들은 수많은 기업의 다양한 상품들을 접촉할 기회를 더 많이 가지게 됨으로써 소비자의 선택의 기회가 확대되고, 따라서 기업의 활동이 매우 중요해진다. 산업사회에서는 상품을 결정할 때 국가 브랜드 가치를 중시하는 경향이 있었다. 한국에서도 예전에 '미제', '일제', '독일제'를 선호하는 경향이 있었고, 최근에 와서는 개발도상국에서 '한국제'를 좋아하는 경향이 뚜렷하다. 그러나 최근의 사회변화는 소비자들의 의식과 행태를 변화시키고 상품의 접촉 기회를 증대시킴으로써, 상품 선택의 기준을 변화시키고 있다. 예전에는 '국산품 장려' 등의 캠페인에서 알 수 있듯이 상품 선택의 중요한 기준에는 국가가 있었다. 그러나 최근에는 기업의 이미지와 기업이 입주한 도시의 이미지와 경쟁력이 상품 선택의 중요한 기준으로 작용하는 경향이 있다. 예를 들어, 포도주 애호가들은 프랑스산, 미국산 혹은 칠레산이냐는 것보다 어느 도시에서 만들어진 것이냐를 더 중시하는 경향이 있다. 또한 동일한 상표를 가진 동일한 상품이라도 한국의 도시에서 생산된 것이냐 혹은 중국의 도시에서 생산된 것이냐에 따라 가격에 차이가 나기도 한다.

특히, 초국적 분업과 초국적 교류가 확대됨으로써 초국적 기업의 활동이 국가 내에서 그리고 범지구적 차원에서 중요하게 인식되고 있다. 초국적 기업들은 좋은 이미지와 경쟁력을 확보하기 위해 적극적으로 노력하고 있다. 2011년에 시작되어 전 세계를 떠들썩하게 했던 삼성전자와 애플의 '특허전쟁'의 경우에도 양사는 결과에 따라서 혁신기업이 될 수도 있고 모방기업이 될 수도 있기 때문에, 혁신기업의 이미지와 경쟁력을 확보하기 위해 최선을 다하는 모습을 보였다.

초국적 기업 간의 경쟁이 확대되는 것과 더불어, 많은 국가와 도시들은 경제 발전을 위해 초국적 기업의 유치를 원한다. 그런데 초국적 기업은 국가를 협상상대자로 할 때보다 개별 도시정부를 협상상대자로 할 때 더 많은 이익을 취할 수 있다. 국가는 초국적 기업의 유치를 원하면서 동시에 국가가 정하는 특정 지역에 유치하기를 원한다. 그러나 많은 도시정부들은 자신의 지역에 초국적 기업을 유치하기를 원하기 때문에, 초국적 기업이 원하는 바를 가능한 한 수용하는 경향이 있다. 이리하여, 초국적 기업은 도시정부들과 협상하기를 원하고 또한 국가도 초국적 기업이 다른 나라로 가는 것을 원하지 않기 때문에, 초국적 기업이 원하는 바를 들어주는 경향이 있다. 이는 국가의 역할을 축소시킨다. 금융자본을 유치하는 경우에도 초국적 기업의 유치에서 발생하는 것과 동일한 현상이 발생하고 있다. 물론, 금융자본의 유치에서 국가의 역할을 무시할 수는 없지만, 점차 국가보다 개별 도시정부의 역할이 더욱 중시되고 있다. 이러한 경향은 지방화가 실시될수록 더욱 강해진다.

또한 정보지식화로 인해 정보와 지식의 유통이 빨라지고 또한 정보와 지식의 공존화가 확대됨에 따라 국가의 역할이 감소된다. 토플러(A. Toffler)는 사회변화에 따라 국가는 '경계가 무른 후기국민국가(soft-edged post-nation state)'로 변할 것이라고 말한 바가 있다. 이는 개방체제에서는 국가의 경계와 주권의 중요성이 약화되기 때문에 예전과 같이 '단일 민족국가로서의 연대감'을 기대하기 어렵다는 의미이다. 연대감은 국가 차원보다 도시 차원에서 형성되기가 쉽기 때문에, 연대감 형성에서 도시정부의 역할이 점차 중시된다.

3) 세계도시의 부상

세계도시(World City)의 중요성이 강조되고 있다. 세계도시에 대해서는 제2장에서 구체적으로 검토한다. 교통과 과학 · 기술의 발전은 실질적인 공간의 변화를 이끌지는 않았지만, 심리적으로 공간의 압축 현상을 발생시켰다. 또한 정보와 지식의 생산 · 유통 · 소비가 신속하게 진행되고, 많은 사람, 조직, 도시, 국가들이 정보와 지식을 공유하게 되었다. 이는 사람, 물류, 자본의 이동을 범세계적으로 확대시키고 있다. 이러한 변화는 국가 경계를 넘어선 초국적 활동을 증대시켰다. 초국적 활동의 중심지로서 세계도시가 등장하였고, 세계도시의 중요성을 점차 많은 사람, 도시, 국가들이 인식하게 되었다.

이로 인해, 세계도시는 21세기 국가경쟁력을 결정하는 중요한 요인으로 인식되고 있다. 21세기 국가경쟁력을 결정하는 요인은 인식에 따라 매우 다양하게 제시되고 있다. 그 중에는 인적 자본, 종합통신망을 포함한 사회기반시설, 세계도시의 수 등이 포함되어 있고, 또한 이를 강조하는 사람들이 적지 않다. 세계도시는 특정 분야에서 세계를 통제할 수 있는 역량을 지닌 도시를 의미하므로, 세계도시를 많이 보유한 국가일수록 국가경쟁력이 높아지는 것은 당연한 일이다. 이에 따라, 많은 국가들은 국가경쟁력을 향상시키기 위해서 세계도시를 육성하기 위한 다양한 방안들을 시도하고 있다. 현재 많은 국가들은 자국 내에 세계도시를 육성하기 위해 자국 내의 대도시를 대상으로 메가시티(Mega City)를 육성하는 전략을 계획·실행하고 있다. 세계도시는 세계의 많은 도시들이 경쟁하여 탄생하는 도시이기 때문에, 특정 국가의 노력만으로 세계도시를 만드는 것은 한계에 직면할 수 밖에 없다. 따라서 국가적 차원의 노력만으로도 가능한 메가시티를 만들어, 이 메가시티가 다른 메가시티들과 경쟁을 통하여 세계도시가 되도록 하고 있다. 메가시티에 대해서는 제10장에서 검토한다.

또한 위에서 언급한 것처럼 도시 간의 경쟁이 확대됨에 따라 상대적으로 정보지식 기반시설이 더 잘 구축된 대도시일수록 경쟁에서 우위를 점하기 용이하기 때문에 도시들은 대도시로의 변화를 꾀한다. 이러한 상황에서 특정 국가의 대도시들은 대도시로서의 현재의 위치에 만족하지 않고, 메가시티를 거쳐 세계도시로 발돋움하기 위해 다양한 측면에서 노력하는 경향을 보이고 있다.

4) 도시 간 경쟁 확대

정보와 지식의 입지자유성으로 인해 도시 간의 경쟁이 확대되었다. 교통, 과학, 정보통신기술이 발전함에 따라 운송비용의 중요성은 감소하였고, 도시 간 정보·지식 접근성 측면에서도 격차가 줄어들게 되었다. 따라서 공간의 독점적 가치, 즉 입지의 중요성이 떨어지고 자유입지의 경향이 확대되었다. 그렇다고 해서 입지의 중요성이 완전히 없어졌다는 의미는 아니다. 입지의 중요성이 절대적 개념에서 상대적 개념으로 변한 것이다. 예를 들어, 산업입지의 측면에서 보면 예전에는 농촌에 비해 도시가 절대적으로 유리한 위치에 있었던 반면에, 세계화·정보지식화·지방화라는 변화를 맞으면서 도시는 절대적으로 유리한 위치가 아니라 상대적으로 유리한 위치에 있게 되었다. 산업사회에서 도시가 아닌 지역은 경쟁에서 절대적으로 불리한 위치에 있었지만, 이제는 노력의 여하에 따라 도시와 경쟁할 수 있는 위치에 있게 되었다는 의미이다.

그렇다고 하더라도 도시의 중요성이 사라진 것은 물론 아니다. 경제, 정치, 행정, 교육, 문화 등을 포함하여 여전히 많은 측면에서 중요성을 유지하고 있다. 예를 들어, 위에서 잠시 언급된 세계도시와 메가시티도 비도시지역에서 갑자기 나타난 것이 아니고 도시, 특히 대도시를 기반으로 형성된 것이다. 또한 첨단산업도시들도 대부분 대도시 주변 지역에 위치하는 경향이 있다. 유동자본들도 농촌보다는 도시에 투자하는 경향이 있다. 이는 여전히 도시가 가지는 이점이 많이 있다는 것을 증명하는 현상이다.

도시의 이점이 유지되고 있다고 하더라도 모든 도시들이 비슷한 이점을 가지는 것도 아니다. 또한 도시의 생존과 발전을 위한 자원은 무한한 것이 아니고 유한하다. 따라서 세계도시 혹은 메가시티가 되기 위해서 혹은 첨단산업과 유동자본을 유치하기 위해서 혹은 생존을 위해서 도시들은 서로 경쟁할 수밖에 없다. 더구나, 세계화·정보지식화·지방화라는 변화는 그 속성상 도시 간의 경쟁을 더욱 확대시킨다. 도시 간의 경쟁에서 생존·발전하기 위해서 많은 도시들은 내적으로 도시의 장점을 살릴 수 있는 다양하고 참신한 정책을 개발·시행하기 위해 집중하는 한편, 외적으로 다른 도시들과 상생을 위한 네트워크를 구축하려고 끊임없이 노력하고 있다.

네트워크 사회의 도래

지구적 경제는 정보, 자본, 문화적 소통이 거의 즉각적으로 흐르고 교환되는 특징을 지닌다. 1998년 약 53,000개의 다국적 기업이 세계 총생산의 20~30%, 세계 무역의 66~70%를 차지하였으며, 다국적 기업은 준자율적 조직으로 세분화되면서 네트워크화되는 특징을 보인다. 이로 인해, 국가, 국가적 정체성, 국가 이익 등은 덜 중요하게 된다. 이러한 변화는 지식에 기반하면서 네트워크 중심의 조직을 강조하게 되고, 앞으로의 사회는 네트워크 사회가 될 것이며, 네트워크 사회는 혁신을 꾀할 수 있는 역동적 사회이다.

출처: 마뉴엘 카스텔(2003)의 『네트워크 사회의 도래』에서 발췌·요약

제2장 도시이론

도시행정은 도시에 대한 행정이기 때문에, 도시행정을 이해하기 위해서 그리고 적절한 도시정책을 설계하기 위해서는 먼저 도시에 대한 주요 이론들을 살펴볼 필요가 있다. 지금까지 제기된 많은 도시이론들 중에서 대표적인 것은 도시에 대한 체계적인 연구를 처음으로 수행한 것으로 평가받고 있는 '도시생태학', 1960년대 도시에 관한 많은 연구들에게 큰 영향을 미친 '도시주거지 상쇄모형', 1970년대 이후 도시에 나타난 새로운 변화를 적절하게 분석한 '후기현대도시론', 세계적 차원에서 도시 간의 계층을 역설한 '세계도시론' 등이 있다. 이들에 대해 살펴보면 다음과 같다.

제1절 도시생태학

시카고학파(Chicago School)가 주장한 도시생태학은 어바니즘(urbanism, 도시성)을 강조하는 이론이다. 도시생태학은 비판을 받기도 하지만, 현재까지의 도시이론 중에서 가장 체계적이라고 평가받기도 하였다. 또한 홀리(A. Hawley, 1950)는 유럽에 비해 미국에서 사회학의 태동이 늦었지만 미국에서 사회학이 빠르게 자리잡는 과정에서 필요한 이론을 도시생태학이 적절하게 제공하였다고 주장하였다. 종합적으로 평가할 때, 도시생태학은 최초의 도시사회이론이면서 동시에 미국 최초의 종합적 사회이론이라 할 수 있다. 도시생태학은 도시성장과 도시문화패턴에 관한 도시이론, 즉 도시거주자들이 환경에 적응하는 방식에 관해 이론적으로 연구하는 학문이다. 도시생태학의 주요 내용을 살펴보면 다음과 같다.

1. 공동체와 사회

인간 사회에서 인간 본성과 도덕적 통제는 항상 대립한다고 도시생태학자들은 주장한다. 도덕적 통제가 약화되면 인간의 열정, 본능, 욕망은 강해지고, 반대로 도덕적 통제가 강화되면 인간의 열정, 본능, 욕망은 약해진다는 것이다.

도시생태학자들의 이러한 주장은 뒤르켐(E. Durkheim)의 영향을 받았다. 뒤르켐은 인간 본성과 도덕적 통제에 대해 다음과 같이 말했다. 인간 사회가 발전하기 위해서 일정한 사회적 분열은 피할 수 없는데, 이러한 사회적 분열을 피하기 위해 지나치게 도덕적으로 통제하는 것은 사람들을 운명론에 빠지게 하거나 사회적 정체를 야기할 수 있다고 주장한다. 따라서 그는 도덕적 통제가 나쁘다고 할 수는 없지만 지나친 도덕적 통제는 바람직하지 않다고 보고 있다. 즉, 사람들은 육체적으로 의미가 있는 것이 아니라 변화하는 환경 속에서 상호관계를 맺는 존재로서 의미가 있기 때문에 인간 사회는 본질적으로 관계적인데, 이러한 관계 속에서 나타나는 사회적 분열에 대한 지나친 도덕적 통제는 인간 사회의 본질을 부정하는 것이고 사회 발전에 좋지 않다는 의미이다.

뒤르켐의 인간 사회에 대한 이러한 인식은 도시생태학의 대표적인 학자인 파크(R. E. Park)에게 큰 영향을 미쳤다. 파크(Park, 1952: 181)는 인간 사회란 두 유형의 관계, 즉 공동체적 관계와 사회적 관계를 가지고 있다고 말한다. 그의 견해에 따르면, 모든 인간은 절제되지 않고 교육되지 않은 열정, 본능, 욕망을 가지고 태어나며, 생존경쟁 속에서 살아가면서 타인과는 공리적인 관계를 유지한다. 즉, 인간의 본성은 공동체적 관계를 유지하고자 하고, 공동체 관계를 통해 사회적 합의와 사회적 목적을 추구하는 것이다. 인간은 개인의 자유를 최고로 보면서도 동시에 그 상위 개체인 사회의 집합적 이성에 종속된다고 인식함으로써 사회적 관계가 유지된다는 의미이다.

파크(Park, 1952)는 전통적인 도덕적 통제가 붕괴되는 것을 우려하면서도, 한편으로는 이를 긍정적으로 받아들이고 있다. 그는 이러한 복합적인 현상이 도시에서 두드러지게 나타난다고 보았다. 도시는 과거의 가족, 마을 등이 유지했던 사회적 결속을 약화시키는 동시에, 개인으로 하여금 도덕적 통제에서 벗어나 자유와 잠재성을 깨닫게 하며, 이로 인해 나타나는 사회적 분열은 새로운 출발점으로 작용한다고 주장하였다. 도시는 공동체라는 자연력과 정치적이고 의식적인 사회적 선택이 결합된 것으로 그는 인식하였다. 즉, 도시는 인간 본성을 표현한 것이지만 물리적 구조와 정신적 질서의 범위 안에서 인간 본성을 표현한 것이라는 의미이다.

2. 도시생태학의 내용

1) 침입-계승 과정

도시생태학은 정치적이고 인위적으로 만들어진 사회보다는 자연적으로 형성된 공동체에 중점을 두고 있는 이론이다(Park, 1952: 150). 새로운 요소가 공동체의 안정을 깨지 않는 한, 공동체는 평형상태를 유지하는 것으로 도시생태학은 인식하고 있다. 그러나 항상 변하는 도시의 내·외적 환경은 도시공동체의 안정을 와해시킬 수 있다. 어떤 이유에 의해서 평형상태가 깨어지면 경쟁 과정을 거치면서, 다시 문화적 규범이 정형화되는 평형상태가 회복된다(Park, 1952: 153-156). 예를 들어, 소도시에서 인구가 증가하는 변화가 발생하면 기존의 기능들이 분화되거나 혹은 새로운 기능들이 생성된다. 분화된 기능과 새롭게 생성된 기능들은 공간적으로 적소에 배치된다. 상업, 주거, 공장, 농업 등과 같은 기능들이 그 기능을 발휘하기에 가장 적절한 장소로 배치된다. 즉, 소도시일 때는 상업기능, 주거기능, 공업기능, 농업기능 등이 혼재되어 입지하다가, 점차 도시가 성장하고 커지면 기존의 기능들이 분화되거나 혹은 새로운 기능들이 생기면서, 지가와 지역별 접근성의 차이에 의해 상업기능끼리 모여 상업지역을 형성하고, 주거기능끼리 모여 주거지역을 형성하며, 공업기능끼리 공장지역을 형성하고, 농업기능끼리 모여 농업지역을 형성하면서 서로 떨어져 분포하게 된다. 이처럼 적소에 배치된 기능들은 상호 배타적인 관계가 아니라 상호 의존적인 관계를 보인다.

이러한 현상은 아래 표에서 보는 바와 같이 환경변화로 인해 시작된 침입(invasion)에서 시작하여 계승(succession)에 이르는 과정에 의해 설명될 수 있다. 다시 말하면, 내부의 성장이나 외부의 변화로 인해 새로운 침입자(혹은 기능)가 특정 지역에 침범하면 평형상태가 와해되고, 기존의 주민(혹은 기능)과 새로운 침입자(혹은 기능) 간에 집단적인 경쟁이 조직적으로 발생한다. 경쟁 과정에서 그 지역에 더욱 적합한 집단(혹은 기능)이 약자를 도태시키면서 그 지역을 지배한다. 이 과정에서 강자가 된 기존의 거주자(혹은 기능) 혹은 새로운 침입자(혹은 기능)가 도시의 모든 영역을 지배하는 것은 아니고, 자신에게 가장 적합한 영역만을 지배한다. 특정 지역은 그 지역에 가장 적합한 우세종(주민 혹은 기능)에 의해 지배되고, 침입으로 인해 발생한 불안정한 상태에서 벗어나 평형상태를 회복한다. 그리고 토지이용형태는 상호 의존적이다.

침입-계승 과정

환경변화
→ 기존의 주민보다 더 적합한 새로운 경쟁자의 침입(invasion)
→ 기존 주민과 침입자 간의 경쟁(competition)
→ 강자(우세종)가 약자를 도태시키고 영역을 지배(dominance)
→ 새로운 문화가 형성되어 평형상태를 회복하는 계승(succession)

침입에서 계승에 이르는 과정은 도시 내부의 다른 어떠한 지역보다 점이지대(漸移地帶)[1]에서 잘 나타난다. 도시생태학이 도시사회학의 주류를 이루던 시기에 점이지대에서 나타나는 침입-계승의 과정에서 발생하는 형태를 보면 점차 소득수준이 낮은 계층이 그 지역을 차지한다. 이를 하향식 여과 과정(filtering-down)[2]이라고 한다. 시카고학파의 대표적인 이론 중의 하나인 동심원이론[3]에 따르면, 점이지대는 중심업무지구(Central Business District: CBD)[4]와 접해 있는 바로 바깥쪽에

1) 서로 다른 지리적 특징을 가진 두 지역 사이에 위치하여 그 중간적인 성격을 나타내는 지역을 말한다. 전이지대, 천이지대, 혹은 황혼지대라고도 불리며, 주거환경이 극히 불량한 지역이다.
2) 하향식 여과과정(filtering-down)은 특정 지역에 거주하는 주민들의 소득 수준이 점차 낮아지거나 혹은 특정 지역에 있는 건물의 물리적 상태가 나빠지는 것을 말한다. 이에 대조적인 현상이 상향식 여과과정(filtering-up)인데, 이는 제4장 제5절에서 후술되는 재도시화(reurbanization)과정에서 나타난다.
3) 도시는 반드시 중심업무지구(Central Business District: CBD)를 중심으로 외연적으로 확산하면서 성장한다고 주장한다, 이 이론에 따르면 도시의 공간구조는 CBD를 중심으로 점차 바깥쪽으로 뻗어나가는데, 순서로 보면 점이지대, 근로자 주택지대, 중상층 주거지대, 통근자 지대가 차례로 나타난다. 이에 대해서는 제5장에서 구체적으로 검토한다.

위치한다. 점이지대는 이동성이 큰 지역이기 때문에 변화의 근원이기도 하지만, 하향식 여과 과정으로 인해 사회적 응집력이 결핍되고 인간 정신이 타락할 가능성이 높은 지역이다.

그런데 인간공동체에서 나타나는 침입-계승 과정은 특정 지역에 고유한 문화를 탄생시킨다(Mckenzie, 1967: 64-65). 모든 주민(혹은 기능)은 자신이 원하는 지역을 선택할 수 있는 이동성과 그 지역의 상태를 자신에게 유리하도록 적절하게 조절하거나 변화시킬 수 있는 목적성을 지니기 때문이다. 예를 들어, 침입자가 자신에게 적합한 지역으로 이동하면, 그 지역에 거주하고 있는 기존 주민과 침입자는 그 지역을 차지하기 위한 경쟁을 할 수밖에 없다. 기존 주민이든 침입자이든 간에 이 경쟁에서 승리한 주민이 그 지역을 지배하면서, 스스로의 생활과 활동에 유리하고 편리한 지역으로 만들려는 목적을 가지고 자신의 문화를 그 지역에 정착시킨다.

지금까지 소개한 침입-계승 과정을 종합하면 다음과 같다. 생물적 힘인 침입과 경쟁이 의식적으로 이루어지고, 집단적으로 조직화되며, 결국 그 지역을 차지한 집단이 자신의 문화적 규범을 구축한다. 이러한 과정을 겪으면서 다양한 지역에서 제각기 다른 문화 형태가 나타난다. 즉, 생물적 힘인 경쟁을 기초로 한 침입과 적응의 연쇄적 과정은 공동체로 하여금 자신에게 적합한 특정 영역을 차지하게 하고, 그 영역에 자신의 고유한 문화적 특성을 탄생시킨다. 그러나 침입이 침입자 마음대로 아무 곳에서나 발생하는 것은 아니다. 침입자는 자신이 거주할 수 있는 곳인지를 판단한 후 침입한다. 이 판단 과정에서 중요한 역할을 하는 것이 지역 고유의 문화이다. 다시 말하면, 지역 고유의 관습과 문화 안에서 침입이 발생된다. 이는 상부구조인 문화적 측면이 하부구조이면서 생물적 측면인 침입을 조절하고 통제한다는 의미이다. 문화가 침입에 큰 영향을 미치지만, 그렇다고 침입의 발생을 원천적으로 막을 수는 없다. 침입이 문화의 영향을 받지만, 때로는 문화를 무시할 수도 있다. 즉, 침입이 특정 지역의 관습과 문화를 수용하면서 발생할 수도 있고, 경우에 따라서는 그 지역의 관습과 문화와 충돌하면서 발생할 수도 있다.

한마디로 정리하면, 특정 지역의 문화적 규범을 고려하면서 침입이 발생하고, 지배의 과정을 거치면서 새롭게 특정 문화가 구축되는 계승이 발생한다. 그 후, 새롭게 구축된 문화와 관습으로부터 어느 정도의 조절과 통제를 받으면서 또다시 새

4) 중심상업지구라고 불리기도 하는데, 최근에는 중심업무지구로 불리는 경향이 있다.

로운 침입이 발생한다.

2) 사회관계에 영향을 미치는 요인

도시생태학의 주요 내용을 학문적으로 체계를 갖추어 정리한 논문인 「생활양식으로서의 도시성」[5]이 워스(L. Wirth)에 의하여 발표되었다. 워스(Wirth, 1938)의 주장을 요약하면 다음과 같다. 도시와 농촌은 기본적인 두 개의 인간군집 형태이다. 도시와 농촌은 연속선상의 두 개의 극으로서 분절적이라기보다 연속성이 있다. 도시에 정주하느냐 혹은 농촌에 정주하느냐는 것은 도시와 농촌을 잇는 연속선상의 위치의 차이라고 인식하고 있다. 도시라는 극에 가까울수록 도시가 되고, 농촌이라는 극에 가까울수록 농촌이 된다는 의미이다. 따라서 농촌이 도시로 성장하더라도 농촌적인 생활양식이 여전히 도시에 존재할 수 있고, 또한 도시적 생활양식도 배후지인 농촌으로 쉽게 확산될 수 있다.

그렇지만 인간관계를 변화시키는 요인들이 미치는 영향의 관점에서 보면 도시와 농촌 간에 차이가 존재한다. 인간관계의 형태를 변화시키는 요인들에는 규모, 밀도, 이질성이 있으며, 이 요인들이 사회관계의 형태에 미치는 영향을 분석하는 것이 도시와 농촌을 구별하는 데 중요한 역할을 하는 것으로 인식하고 있다. 이들에 대해 살펴보면 다음과 같다(Wirth, 1938).

첫째, 도시와 농촌은 인구규모에서 차이가 나며, 인구규모는 사람들의 행태와 관계를 변화시키는 중요한 요인이다. 예를 들어, 일반적으로 인간집단의 규모가 커질수록 개인은 많은 사람을 만날 기회는 증가하지만, 마음을 터놓고 지낼 수 있는 사람을 만날 기회는 줄어든다. 즉, 인구규모가 커질수록 혈연집단의 간섭에서 벗어나 더 많은 개인적 자유를 누릴 수 있는 기회가 확대되며, 2차적 관계의 중요성이 증대된다. 2차적 관계가 증대될수록 사람은 더 많은 사람, 그리고 훨씬 조직화된 집단과 교류하지만, 특정인에 대한 의존은 단편적이어서 그에 대한 의존도는 낮아진다. 그리고 대도시일수록 길에서 아는 사람을 만나는 것이 드물 정도로 익명성이 높아진다. 결국, 타인과의 관계는 비인간적이고 피상적이며 일시적이고 단편적인 특징을 보인다(Wilson & Schulz, 1978). 그로 인해, 타인에 대한 무관심이 높아지고

---

5) 이 논문은 많은 비판을 받음과 동시에 많은 사람들에 의해 사회학 관련 논문 중에서 가장 유명한 논문으로 평가되었다.

사회에 대한 협동정신, 도덕성, 인간성이 약화된다. 이의 결과로 삶에 대한 아노미 현상이 강화되는 한편, 약화된 도덕적 규제는 공식적 통제제도에 의해 대체된다.

둘째, 도시와 농촌은 인구밀도에서 차이가 나며, 인구밀도는 기능분화의 정도를 통해서 사회관계에 영향을 미친다. 농촌에 비해 도시의 인구밀도가 높다는 것은 한정된 도시공간에 인구가 증가했다는 의미이다. 인구가 증가하면 다양한 새로운 문제들이 발생하고, 이에 대응하는 방안 중의 하나가 기능분화이다. 실제로 농촌이 도시가 되어 인구규모가 커질수록 행정, 정치, 경제, 교육, 문화 등을 포함한 다양한 측면에서 기능들이 새롭게 생성되거나 분화된다. 예를 들어, 농촌지역에서는 주로 자급자족적인 생활을 하다가, 도시가 되면 관공서, 시장, 백화점, 공장 등이 생긴다.

이처럼 기능분화가 활발하게 이루어지면 개별적 자질보다 특정한 역할을 바탕으로 상호작용을 중시하는 사회관계가 강조된다. 특정 역할에 기초한 상호작용이 강조될수록 동질적 기능들은 의식적이든 무의식적이든 간에 같은 지역에 모이려 한다. 이로 인해, 도시의 각 지역은 특화된 기능을 가지고, 도시는 지역 간의 전이가 단절된 '모자이크 형태의 사회(mosaic of social world)'가 된다.

셋째, 이질성도 사회관계를 형성하는 과정에서 중요한 역할을 한다. 농촌에 거주하는 개인에 비해 도시에 거주하는 개인은 많은 단체에 참가하여 다양한 활동을 하지만, 도시에서 느끼는 이질성으로 인해서 어느 단체에도 몰두하지 못하는 경향을 보인다. 이로 인해, 개인은 신분 불안정과 심리적 불안을 더욱 느끼게 되고 또한 쉽게 무기력해진다. 이를 해소하기 위해 개인은 더 많은 단체에 가입하고자 한다. 이질성으로 인해 이러한 현상이 반복되면, 개인은 점점 많은 단체에 가입하고, 이로 인해 사회적 평균화가 발생한다. 사회적 평균화가 발생하는 이유는 개인이 도시의 사회적·정치적·경제적 활동에 참여하려면 자신의 개성 일부를 가입하고자 하는 단체의 요구에 맞추어야 하기 때문이다. 도시의 주요 특징인 이질성으로 인해 개인은 점차 무기력해지지만, 도시공동체는 유지되어야 한다. 도시공동체를 유지하기 위해서는 개인의 역할이 매우 중요하지만, 무기력해지고 평균화된 개인이 그 역할을 제대로 수행할 수 없기 때문에, 개인이 했던 역할을 대신 수행하는 기관, 즉 관공서의 기능이 강화된다.

3. 도시생태학에 대한 비판과 재조명

1) 도시생태학에 대한 비판

워스를 비롯한 도시생태학자들의 주장에 대해 많은 사람들이 비판을 제기하였으며, 특히 베리와 카사르다(Berry & Kasarda, 1977)는 인간생태학이 1950년대에 실질적인 종말을 보았다고 주장했다. 대표적인 비판을 살펴보면 다음과 같다.

첫째, 사람들의 이동성이 확대되면서 대도시에도 농촌적 생활양식, 즉 밀접한 혈연관계, 이웃 간의 개인적 우정 등이 존재하고, 농촌에도 도시적 생활양식이 나타난다. 농촌과 도시가 대척점에 있는 정주지로서 확연히 다른 특징을 지녔다는 도시생태학은 도시와 농촌 간의 혼재된 생활 양식을 설명하지 못한다.

둘째, 도시의 성장은 경쟁과 적자생존의 결과물이라는 도시생태학의 기본가정은 받아들일 수 있지만, 이를 버제스(E. W. Burgess)의 동심원이론으로 나타내는 것은 비현실적이다. 동심원이론은 이념형에 불과한 것이고, 실제로는 존재하지 않는다(Berry & Kasarda, 1977).

셋째, 도시생태학은 경제적 극대화라는 관점에서 입지행태를 설명함으로써, 정서적 합리성을 간과하는 잘못을 범하였다(Berry & Kasarda, 1977). 예를 들어, 파이어리(Firey, 1982: 129-136)의 분석에 따르면, 미국 보스턴(Boston)시의 비컨 힐(Beacon Hill) 지역은 중심업무지역에 인접해있는 상류계층지역임에도 불구하고, 주민들이 역사·문화적으로 유서 깊은 곳으로 인식하여 이윤이 높은 용도로 토지를 이용하지 않았으며, 또한 보스턴시가 교외화를 경험할 때도 비컨 힐 지역에서는 인구유출이 거의 없었다. 그는 이러한 현상의 원인으로 그 지역주민들의 지역에 대한 정서적 애착을 제시하였다. 경제적 측면을 강조하는 도시생태학은 비컨 힐 지역의 사례에 대해 적절하게 설명할 수 없다.

넷째, 제4장 제5절에서 설명되는 재도시화 현상을 설명하지 못한다. 사회가 변하면서 교외 지역으로 유출되던 사람과 기업이 중심도시로 회귀하는 현상이 1970년대 중반부터 일부 도시를 중심으로 나타났고, 시간이 흐를수록 많은 도시로 확대되었다. 도시생태학은 이에 대해 어떠한 설명 혹은 시사점도 제공하지 못하고 있다.

2) 도시생태학의 재조명

도시생태학에 대한 비판이 많이 제기되자, 도시생태학은 나름의 가치와 역할이 있다는 반론이 등장하였다. 도시생태학의 재조명을 주장하는 학자들은 그 논거로 환경에 적응하는 방식은 여전히 유효하다는 점과 도시와 농촌의 구분도 의미가 있다는 점을 제시한다. 이에 대해 구체적으로 살펴보면 다음과 같다.

(1) 도시생태학은 환경에 대한 인간의 적응 방식을 연구하는 학문

홀리(A. Hawley, 1950: 67)는 어떤 분야의 연구들이 과학으로 인정받기 위해서는 다른 분야에서 다루지 않는 문제들을 대상으로 연구하여야 한다고 주장한다. 그에 의하면, 도시생태학의 고유한 관점은 인간이 환경에 집합적이고 무의식적으로 적응하는 방법을 설명하는 데 있다. 즉, 도시생태학의 초점은 변화하는 외부 조건 하에서 인간이 집합적으로 적응하는 방식을 설명하는 데 있다는 것이다.

홀리(Hawley, 1950)는 인간이 환경에 적응하는 생태적 원리를 제시하였다. 즉, 인간집단이 환경과의 관계에서 기능적 평형상태를 유지하는 방법에는 '상호 의존(interdependence)', '중추 기능(key function)', '분화(differentiation)', '지배(dominance)' 등의 원칙들이 있다. 이에 대해 설명하면 다음과 같다.

첫째, 도시생태학이 강조하는 원칙 중의 하나인 '상호 의존의 원칙'이란 인간이 환경에 적응하는 과정에서 나타나는 구성원들의 상호 의존관계이다. 상호 의존관계는 '이종공생관계'와 '동종공생관계'로 구분된다. 이종공생관계는 기능적으로 다른 집단 간의 보완관계를 말한다. 다른 집단들이 상호 보완하는 관계를 맺고 있기 때문에 자신의 분야에서 특화가 가능하고, 또한 특화를 통해 전문성을 축적할 수 있어서 창조적 능력이 고취될 수 있으며 생산성이 향상될 수 있다. 대표적인 사례로, 법인집단(corporate groups)을 들 수 있다. 동종공생관계는 기능적으로 유사한 집단의 집합을 말한다. 이는 수적 우위를 강화함으로써 방어능력을 증대시킨다. 어떤 특징들을 공통적으로 가지고 있는 개인들의 집합인 범주집단(categoric groups)이 대표적인 사례이다.

일정 영역에서 일정 규모의 생태조직이 기능을 수행하는 패턴은 이종공생과 동종공생의 축에 따라 결정되는데, 그 패턴이 결코 단순하지는 않다. 법인집단과 범주집단은 나름대로의 기능을 수행하지만, 경우에 따라서 법인집단이 범주집단의 기능을 수행하기도 하고, 범주집단이 법인집단의 특성을 나타내기도 한다. 외부 위협이 존재할 때 이에 대응하기 위해 법인집단이 범주집단의 기능을 행하는 경우가 있고, 특화된 지배층을 만들기 위해 범주집단이 법인집단의 특성을 나타내기도 한다. 종합적으로 볼 때, 인간공동체는 인간집단으로 하여금 일상생활을 계속하게 만드는 이종공생과 동종공생 간의 관계에 의해 형성되는 체계이다.

둘째, '중추 기능의 법칙'을 통해 평형상태를 유지한다. 중추 기능이란 체계 안의 특정한 중심 단위가 집단을 환경에 적응시키기 위해 수행하는 여러 기능 중에서 가장 중요한 기능을 일컫는다. 일반적으로 중추 기능은 사기업에 의해 수행된다. 자본주의사회에서 집단과 자연환경 사이는 물리적 생산을 통해서 조정되고 집단과 사회환경 사이는 교환을 통해 조정되는데, 이러한 기능은 사기업이 주축이 되어 수행되기 때문이다.

셋째, '(기능적) 분화의 법칙'은 인간집단이 환경에 적응하는 중요한 방식이다. 중추 기능이 적절한 생산력을 갖출 경우, 분화는 경쟁이나 교통 · 통신의 발달로 인해 발생하는 인간집단과 환경 사이의 불균형을 회복시키는 역할을 하기 때문이다. 농업사회보다 산업사회에서 분화가 더욱 진전되고, 산업사회보다 후기산업사회에서 분화가 활발하게 진행된다는 것은 주지의 사실이다.

넷째, '지배의 법칙'을 통해 인간집단이 평형상태를 유지한다. 생태체계 내에서 중추적인 기능을 수행할수록 공간적으로 우세한 위치를 차지한다. 인간집단에서는 정치적 단위보다 경제적 단위가 우세하다. 상업 기능의 우세는 정치적, 공간적, 시간적으로 표현된다. 정치적으로는 공동체의 의사결정에 영향을 미치는 정도로 나타난다. 공간적으로는 중심성으로 나타난다. 중추 기능을 수행하는 지배적 단위는 중심에 입지하고, 다른 기능들은 상대적 우세성에 따라 분포된다. 시간적으로는 공동체활동 주기로 표시된다. 출퇴근 시간의 교통 혼잡이 그 예이다.

(2) 도시생태학은 도시와 농촌을 구별하는 의미를 부여하는 학문

앵글로색슨 문화에 있어서는 도시의 이미지와 농촌의 이미지는 매우 판이하였다. 도시에 대한 이미지는 긍정적이라기보다 부정적이다. 물론, 도시에 대한 긍정적인 이미지도 있다. 문명의 진보, 자유로움 등은 도시에 대한 대표적인 긍정적 이미지이다. 하지만, 긍정적인 이미지보다는 환경오염, 고독, 이기주의, 물질만능주의, 익명성 등으로 대표되는 부정적 이미지가 훨씬 강하였다. 반면에, 농촌에 대하여는 부정적인 측면보다 가족, 전통적인 도덕, 공동체 등과 같은 긍정적인 측면을 훨씬 더 강조하였다. 그리하여, 도시는 질서의 파괴자이고 해악의 존재인 반면에, 농촌은 질서의 옹호자이며 유익한 존재라는 인식이 확대되었다. 이와 같이 도시에 대한 이미지가 실추된 가장 중요한 이유는 산업화에서 찾을 수 있다. 산업화가 되면서 산업노동자가 도시로 급격하게 집중되면서 도시의 주거환경이 매우 열악하였기 때문이다. 침대를 공동으로 사용하고 빗물을 받아 식수로 사용하는 등의 도시 생활이 좋은 이미지를 줄 리가 없다. 경제가 발전하고 시민들의 의식이 변하면서 물질만능주의와 이기주의에 대한 반작용으로 도시에서도 소규모 공동체가 점차 활성화되어 시민들 간에 유대관계가 구축되고 있지만, 도시에 대한 반감은 지속적이고 광범위하게 확대되었다.

이러한 비판에 대해 도시생태학자들은 도시와 농촌의 구별이 근본적으로 의미가 없는 것이라면 "왜 서구 문화에서 도시와 농촌의 구별이 그렇게 중요한 위치를 차지하였는가?"라고 주장하면서 다음과 같이 반박을 하고 있다. 자본주의의 발달은 인본주의에서 물질주의를 분리시켜 타인을 인정하기보다는 이용하려 하고, 물질을 중요시함으로써 상호 간에 소외를 느끼게 하였다. 이리하여, 노동과 여가가 분리되고, 평일과 주말이 분리되며, 개인과 사회가 분리되고, 도시와 농촌이 분리되었다. 농촌의 이상은 전통적 · 인간적 · 자연적인 생활을 추구하는 것이고, 도시의 이상은 진보 · 현대화 · 발전을 추구하는 것이다. 농촌과 도시의 이상은 대립 상태에 있는 것이지만, 이와 같은 대립 상태를 유지하는 것은 이것이 유용하다고 느끼기 때문이다. 도시생태학이 도시와 농촌을 구별하는 것은 도시 생활에서 나타나는 바람직하지 못한 생활양식을 고치기 위한 방향성을 농촌 생활에서 찾고자 하는 데 있다. 즉, 자본주의 하의 도시 생활에서 우리는 소외된 존재임을 인식하고, 이를 해결하기 위해 숨겨져 있는 인간성, 즉 어린 시절의 추억, 위협받을 때 순간적으로 나타나는 공동체 의식 등을 상기시키는 데 도움을 얻고자 도시와 농촌을 구별한다.

제2절

도시주거지 상쇄모형

1. 상쇄모형의 내용

도시주거지 상쇄모형은 도시공간구조에 대한 대표적인 현대적 모형이다. 상쇄모형은 다른 도시공간구조 모형과 마찬가지로 신고전 경제학이 전제하는 가정들에 입각하고 있다. 대표적인 가정들은 다음과 같다.

- 도시지역은 평지에 위치한다.
- 토지의 모든 요소는 거리를 제외하고 동일하다.
- CBD는 도시 중심에 위치하여 모든 지역에서의 접근성이 가장 높다.
- 수송비는 거리와 직접적인 함수관계에 있다.
- 시장에서는 완전자유경쟁이 이루어진다.

상쇄모형은 신고전 미시경제이론에 기초를 두면서, 도시 내부 토지의 소비패턴을 분석하고, 도시의 토지이용과 입지와의 관계를 규명하기 위한 이론이다(황희연 · 백기영 · 변병설, 2002: 185-194). 이 모형은 19세기 초 독일의 튀넨(Von Thünen)의 농업토지이용모형을 더욱 발전시킨 것으로서, 알론소(W. Alonso, 1960, 1964), 크노스(D. Knos, 1962), 에반스(A. Evans, 1973) 등에 의해 완성되었다.

튀넨의 주장 이래로, CBD(중심업무지역)는 편리성과 접근성으로 인해 다른 지역보다 선호도가 높기 때문에, 이 지역에 대한 경쟁이 심하고, 이에 따라 CBD의 지가(토지 가격)와 지대(토지 임대료)는 주변 지역보다 높게 형성되는 것으로 알려져 있다. CBD에서 점차 외곽으로 나갈수록 중심성이 약해지기 때문에, 지가와 지대도 낮아진다는 것이다.

이를 알론소(Alonso, 1960, 1964)는 입찰지대곡선(bid-rent curve)의 개념을 이용하여 설명한다. 입찰지대곡선은 소비자가 토지에 대해 지불하고자 하는 최대 임대료를 의미하며, 그 형태는 무차별 곡선(indifference curve)과 유사하다. 입찰지대곡선으로 볼 때, 기울기가 급한 상업용 토지는 CBD 가까이에 위치하고, 기울기가 완

만한 주거용 토지는 상업용 토지보다 CBD에서 떨어져 위치한다. 이를 바탕으로 알론소(Alonso, 1960)는 모든 가구의 주거비 외의 지출이 동일하다고 가정하면서 토지의 가치와 통근비용 간의 관계를 설명하였다.

그의 주장의 핵심적 내용은 CBD에서 멀어질수록 토지의 가격이 하락하고 생활공간에 대한 만족도도 증가하지만, 경제적 · 시간적 통근비용이 증가하는데 이들은 균형을 이룬다는 것이다. 즉, 주택의 입지는 토지의 가치와 통근비용 간의 상쇄(trade-off)에 의해 결정된다고 한다. 이리하여, 이 이론은 상쇄모형(Trade-Off Model)이라 불린다.

상쇄모형의 내용

- CBD에서 멀어질수록 토지 가치는 하락하고 생활공간에 대한 만족도는 증가한다.
- CBD에서 멀어질수록 경제적 · 시간적 통근비용은 증가한다.
- 토지 가치의 하락 = 경제적 · 시간적 통근비용의 증가
- 상류계층은 쾌적한 생활공간을 택하고, 저소득계층은 통근비용을 줄이고자 한다.

상쇄모형에 따르면(Alonso, 1960), 상류계층 가구들은 보다 나은 생활공간에서 거주하기 위해 더 많은 통근비용을 기꺼이 지출하려 하기 때문에, CBD에서 떨어져 있는 주거환경 조건이 좋은 지역에 거주한다. 한편, 저소득계층 가구들은 통근비용을 줄이기 위해 지가와 인구밀도가 높으며 주거환경이 열악하지만, 상대적으로 CBD에 가까운 지역에 거주하는 경향이 있다.

2. 상쇄모형의 발전

상쇄모형에 입각하여 미국 켄사스(Kansas) 주 토피카(Topeka)의 지가 분포를 연구한 크노스(Knos, 1962)는 도시의 지가는 CBD에서 멀어질수록 감소하지만, 교통의 결절지점에서는 지가가 높아지는 경향을 보인다고 했다. 또한 그는 [그림 2-1]에서 보는 바와 같이 도시가 성장하면 도시의 지가는 상승하며, 그리고 실제지대곡선과 입찰지대곡선이 접하는 지점인 최적 입지점이 [그림 2-1]의 (b)와 (c)처럼 외곽으로 이동한다고 주장한다. 이는 도시가 성장함에 따라 동일한 활동이 점차 외곽으로 이동하는 것을 설명한다. 예를 들어, 도시 내부에 있던 제조업 활동이 도시가

그림 2-1 도심으로부터 거리에 따른 지가변동과 입지변화

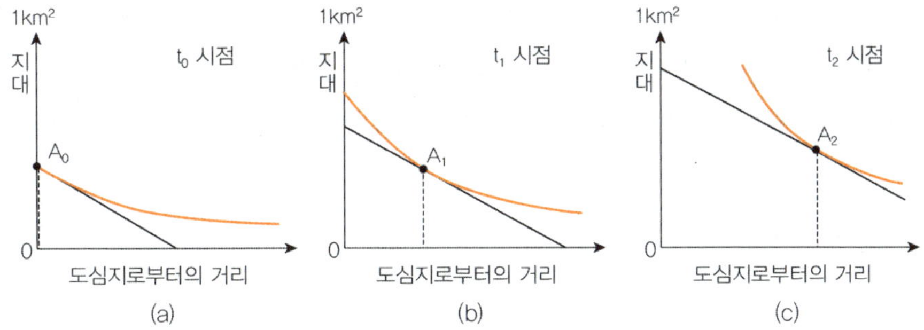

출처: 이희연(1991: 429).

성장함에 따라 외곽으로 이동하는 현상을 이 이론이 잘 설명한다(이희연, 1991: 428-429).

상쇄모형을 더욱 발전시킨 사람이 에반스(A. Evans)이다. 에반스(Evans, 1973)는 주거입지를 결정함에 있어서 사회경제적 요인의 중요성을 분석하고 동등한 수준의 가구들끼리 이웃 관계를 맺기를 원한다고 제안했다. 에반스(Evans, 1973)가 주장한 주요 내용은 다음과 같다.

첫째, 일부 고소득 전문직 종사자들이 쇠퇴를 거듭해 온 도시의 특정 저소득층 주거지역에 있는 주택들을 매입하여 고급스러운 현대식 주택으로 개량하여 상류층 주거지역으로 변화시킨다.

둘째, 자녀의 교육환경 등의 원인에 의해 자녀가 있는 가구들은 자녀가 없는 가구들보다 CBD에서 더 멀리 떨어져 거주하는 경향이 있다. 산업화와 도시화가 진행되면서 도시로 인구가 급격하게 이동하면서, 도시 내의 주거환경은 물론이고 교육환경도 매우 열악하게 된다. 이로 인해, 상류층에 속하면서 자녀 교육에 관심이 높은 가구들은 CBD에서 멀리 떨어져 있으면서 좋은 교육환경을 지닌 곳으로 이주하려 한다.

셋째, 사회의 발전과 도시의 발전은 단핵 도시의 가설을 모든 도시에 적용할 수 있다는 주장에 대해 의구심을 불러일으킨다. 도시가 커짐에 따라 부도심이 생성될 가능성이 높아지고, 부도심의 고용 정도에 따라 도시의 공간구조는 선형적 형태를 보인다.

3. 상쇄모형에 대한 평가

상쇄모형은 단핵 가설의 유용성에 의문을 제기함으로써 도시생태학에서 설명하지 못했던 도시공간구조의 변화를 분석하였다는 점에서 의의를 발견할 수 있다. 크노스(Knos, 1962)와 에반스(Evans, 1973)의 연구는 도시에서 부도심의 역할과 부도심의 지가 추이를 현실적으로 분석하고 있다. 또한 상쇄모형은 재도시화의 한 현상으로서 도시생태학에서는 전혀 거론되지 못했던 '젠트리피케이션(gentrification)'이 전문직 고소득층에 속하는 가구들에 의해 일어난다고 분석하고 있다. 그리고 이 모형은 비슷한 부류의 사람들끼리 모여 살고 싶어하는 '동류 그룹(peer group)'이론이 주거입지를 결정할 때도 영향을 미친다는 것을 설명하고 있다. 뿐만 아니라 자녀를 둔 가구들은 교육환경이 좋은 교외 지역을 선호한다고 주장한다. 이러한 주장들은 서구 사회에서 나타난 현실을 직접적으로 설명한 것이다. 이리하여, 상쇄모형은 주거입지분석에 많은 유용한 시사점들을 제공한다는 평가를 받고 있다.

그러나 상쇄모형에 대해 비판하는 학자들은 상쇄모형이 가정하는 완전한 경쟁은 비현실적이라는 점을 강조한다(황희연 · 백기영 · 변병설, 2002: 193-194). 주택구입을 원하는 사람들은 주거환경이나 주택가격 등을 포함하여 원하는 주택과 관련된 모든 정보를 소유한 가운데 매매를 결정하는 것이 아니라, 오히려 습관, 경험, 편의성 등에 의해 결정하거나 혹은 시간과 한정된 예산에 의해 영향을 받는 경향이 있다는 것이다. 또한 도시정부는 물론이고 유력한 주민과 지역기업들은 주택시장을 지배하고 조정하려 하기 때문에, 완전 경쟁을 전제로 한 상쇄모형은 비현실적이라는 것이다.

제3절

후기현대도시론

1. 후기현대도시의 등장

1) 후기현대도시(Post-Modern City)의 등장 배경

지난 수 세기 동안 도시는 크게 변화하였고, 거의 모든 도시활동이 그 변화과정의 영향을 받았다. 특히, 제1장에서 살펴본 주요한 사회변화인 세계화・정보지식화・지방화는 인류에게 지대한 영향을 미치고 있으며, 또한 도시 생활 전반에 영향을 미치는 매우 포괄적인 변화이면서 진행 속도가 유례없이 빠르다. 도시에 나타난 대표적인 변화를 살펴보면 다음과 같다.

첫째, 정보와 지식이 중요시되고 범세계적인 이동성이 확대하는 '유통의 공간'이 활성화됨에 따라 도시의 역할이 확대되었다. 대표적인 사례를 들면, 유통의 공간에서는 시민들이 도시행정서비스에 대한 정보를 범세계적이면서 실시간으로 공유하기 때문에, 도시행정서비스에 대한 요구가 시간이 흐를수록 양적으로 확대되고 질적으로 고급스러워지면서 다양하고 차별적으로 변하는 경향을 보인다. 이러한 욕구의 변화에도 불구하고, 모든 도시를 획일적으로 인식하는 국가가 이를 충족시키는 과정에서 주도적인 역할을 하면 효율성, 효과성, 만족도가 떨어질 수밖에 없다. 따라서 시민들의 도시행정서비스를 충족시키기 위한 일차적인 책임을 도시정부가 맡아야 한다. 이는 도시의 역할을 증대시킨다.

둘째, 세계도시(World City)와 메가시티(Mega City)에 대한 관심이 급부상하였다. 교통・과학・정보통신기술 등의 발전은 심리적으로 공간의 압축 현상을 발생시켰고, 또한 정보와 지식의 생산・유통・소비가 신속하게 진행되면서 다양한 정보와 지식이 실시간으로 범세계적으로 공유되었다. 이는 사람, 물류, 기업, 자본의 이동을 국가 경계를 넘어서서 발생시키는 초국적 활동을 증대시켰다. 이로 인해, 초국적 활동의 중심지로서 세계도시와 메가시티가 등장하였고, 세계도시와 메가시티의 중요성이 점차 확대되었다. 세계도시에 대해서는 다음 절에서 구체적으로 검토하고, 메가시티에 대해서는 제10장에서 살펴보기로 한다.

셋째, 도시 간의 경쟁이 확대・심화되고 있다. 세계화와 정보・지식의 입지자유성으로 인해 도시 간의 경쟁이 확대되었다. 먼저, 세계화의 한 유형인 경제적 세계화는 신포드주의(네오포디즘: neo-Fordism)를 촉진시켰다. 신기술, 전문화, 혁신을 강조하는 신포드주의는 탈산업화와 이로 인한 전통적 산업도시의 쇠퇴, 대도시의 다핵화, 신국제분업을 촉진시켰다.

먼저, 급속히 발전한 컴퓨터, 정보지식 기술 등을 포함한 전자혁명으로 인해 많은 도시들은 그동안 성장을 견인해왔던 제조업 중심에서 탈피하여 첨단산업, 서비스업, 문화산업 등을 육성하려는 방향으로 산업정책을 전환하였다. 이러한 변화를 거부한 제조업 도시들은 쇠퇴를 경험하였다.

그리고 신포드주의는 다음과 같은 두 가지 측면에서 대도시를 다핵구조로 만들었다. 먼저, 정보통신기술의 발달에 따라 신기술의 도입을 강조하는 신포드주의는 제품을 연구하는 구상기능과 제품을 생산하는 실행기능의 분리를 가속화하였다. 분리된 구상기능은 대도시에 집중하는 경향을 보였다. 또한 대면접촉이 필요한 프런트오피스(Front office) 기능은 정보접근성 측면에서 유리한 대도시에 집중되었다. 이리하여, 구상기능, 프런트오피스 기능 등이 집적된 대도시의 특정 지역은 새로운 핵으로 자리매김함으로써 대도시는 다핵구조를 형성하게 되었다.

또한 신포드주의는 대도시의 분업화에서 나아가서 신국제분업체제를 구축하는 것을 촉진시켰다. 신국제분업이란 선진국은 구상기능을 맡고, 개발도상국은 실행기능을 담당하여 하나의 완제품을 생산하는 분업체제를 말한다. 이리하여, 선진국의 도시들은 구상기능을 확보하기 위해 연구 · 개발에 필요한 인적 · 물적 자원을 둘러싸고 경쟁을 하고, 그리고 개발도상국의 도시들은 실행기능을 수행하기 위한 제조시설을 유치하기 위해서 경쟁을 벌이는 상황이 전개되었다. 이러한 과정에서 초국적 기업이 등장함으로써 선진국의 도시들은 초국적 기업의 본사를 유치하려 하고, 개발도상국의 도시들은 초국적 기업의 지사, 공장 등을 유치하려는 경쟁을 벌이게 되었다.

신포드주의(Neo-Fordism)와 후기포드주의(Neo-Fordism)

신포드주의는 대량생산시스템인 포디즘의 문제가 통제력 약화에 있다고 보고, 이를 기초로 포디즘을 부분적으로 수정한 새로운 생산방식을 말한다. 작업의 분절화와 숙련 · 미숙련 노동 간의 양극화가 특징인 포디즘의 폐해를 바로잡기 위해 도입되었다. 신포드주의는 작업 단위를 통합하고, 단위 작업 시간의 연장을 통해 세분화된 노동 분업을 완화하며, 작업 과정에 노동자의 참여를 유도하고, 신기술을 도입하는 등 혁신과 전문화를 지향하는 생산방식이다.

후기포드주의는 더 높은 혁신과 더욱 고도화된 생산과정을 추구하고, 노동의 책임과 생산 목표의 공유를 중시하며, 사용자에게 관심을 집중하는 것을 강조한다. 이를 위해, 후기포드주의는 팀체제 강화 등을 포함한 '평면구조(flat structure)'의 구축, 권한과 책임의 이양을 통한 협조적 노사관계 중시, 리엔지니어링(업무재구축: re-engineering)을 통한 직무 통합과 핵심 경영요소의 향상 등을 강조하여 다품종소량생산체제를 구축하고 이를 통해 유연성을 강화하는 것을 지향한다.

넷째, 기업이 도시 외곽으로 이주하는 현상이 증대되었다. 산업화로 인해 사람과 기업이 중심도시로 유입됨에 따라 중심도시의 지가(토지 가격)와 지대(토지 임대료)가 상승하였다. 이는 생산단가에 부정적으로 작용한다. 그러나 기업은 도시가 가지는 독점적 위치로 인해 도시를 벗어나기 어려웠다. 점차 교통·통신이 발달하고 사람·물류의 이동성이 증대함에 따라 도시 내부에 있던 기업 중에서 경쟁력이 지속적으로 쇠퇴한 기업, 특히 제조업을 중심으로 도시 외부로 이동하는 현상이 뚜렷하게 나타났다.

그리고 후기포드주의와 유연생산체제의 등장이 기업의 탈중심도시 현상을 확대시켰다. 소비자의 취향과 행태가 개성화·다양화로 변하는 상황을 맞이함에 따라 대량생산체제를 추구하는 포디즘적 생산방식이 아니라, 분업화·첨단화·다양화·고급화·다품종소량생산을 강조하는 후기포드주의 방식이 관심을 끌게 되었다. 이러한 상황에서 과학과 기술이 급속하게 발전함에 따라 소비자의 개성화·다양화를 충족시킬 수 있는 유연생산체제가 등장하면서 후기포디즘(Post-Fordism)이 힘을 얻게 되었다. 후기포드주의와 유연생산체제를 실현하기 위해서는 다양한 전문업체들이 인접하여 입지하면서 상호 협조할 수 있어야 한다. 따라서 새로운 생산방식을 수용할 수 있는 혁신적인 문화, 연계 산업들이 인접하여 입지할 수 있을 정도의 넓은 공간, 전문가를 유인할 수 있는 쾌적한 환경조건 등이 기업입지의 주요 요소로 부상하게 된다(임재현, 2021: 206). 그러나 구도심은 점차 보수화되어 혁신을 수용하지 않고, 비싼 지가로 인해 충분한 공간을 확보하기도 어려우며, 전문가를 유인할 수 있는 조건들을 구비하지 못하고 있다. 기업은 이를 충족시키면서 동시에 시장접근성 등과 같이 기업활동에 필수적인 요소들도 확보할 수 있는 중심도시의 외곽지역이 큰 관심을 가지게 된다.

또한 새로 출현한 경제활동이 중심도시의 외곽지역에 집중하는 형태를 보이고 있다. 컴퓨터, 의학, 생명공학, 전자통신 등과 같이 고도의 숙련 노동력과 쾌적한 산업환경을 필요로 하는 첨단기술 분야가 등장함으로써 전통적인 제조업이 발달한 중심도시가 아니라 중심도시에서 떨어져 있으면서 자연환경이 좋은 외곽지역에 있는 도시, 대학과의 연계 유리한 도시, 전문협력업체들이 인접하여 입지할 수 있을 정도의 넓은 공간을 보유한 도시 등이 부상하였다. 통신기술이 발달하여 생산, 관리, 영업 등 기업활동의 많은 부분에서 고도의 정보처리기술이나 통신기술을 많이 이용하게 되면서 생산과 경영이 분리 배치되고, 재택근무 등으로 전통적인 가정-

직장의 입지패턴과 통근패턴에 변화가 발생하였다.

다섯째, 중심도시를 중심으로 탈중심화 현상과 재중심화 현상이 발생하였다. 탈중심화로 인해 중심도시 외곽지역에서 눈에 띌 정도로 발전하는 지역들이 나타났다. 제4장에서 검토할 교외화 · 역도시화에 따라 주거지역이 도시 외곽으로 확산되었고 또한 도시 외곽에 자족도시들이 증가하는 변화가 발생하였다. 이에 따라 도시 외곽지역에서 상류주거지역이 늘어나고 또한 고용, 사무실, 상점 등이 증가하였다. 이는 중심도시를 대신하여 교외 지역의 역할을 증대시켰다. 한편, 1970년대 중반부터 그동안 쇠퇴를 거듭하던 중심도시들 중의 일부가 재도시화에 성공하는 모습을 보였다. 중심도시 내에 상류주거지역이 늘어나고, 생산자서비스업을 포함한 새로운 형태의 경제활동들이 활성화되며, 에지시티(edge city)와 콤팩트시티(compact city)[6)]가 등장하였다.

2) 후기현대도시의 등장

앞에서 설명한 '변화의 격랑' 속에서 휩싸인 도시는 내부적으로 커다란 변화를 겪을 수밖에 없었다. 그동안 중심도시들은 교외화와 역도시화를 경험하면서 중상층과 기업이 대거 탈중심도시에 동참함으로써, 중심도시의 재정이 매우 나빠져서 도시 전체적으로 '빈곤의 늪'에 허덕이는 상황이 되었다. 그런 와중에 교통의 발달, 탈도시화와 재도시화, 새로운 산업의 등장, 후기포드주의와 유연생산체제로 이행, 구상기능과 실행기능의 분리, 포스트 모더니즘으로 인한 미학적 소비공간의 형성과 소비 촉진 등으로 도시구조가 광역화 · 다핵화되었다. 그러나 모든 중심도시들의 쇠퇴 형상이 동일한 것이 아니고, 개별 중심도시의 상황에 따라 다양한 형태로 쇠퇴가 진행되었다. 이러한 상황에서 시행된 재도시화 정책은 개별 도시가 처한 상황에 따라 다른 형태로 진행되었다. 즉, 모든 도시의 공간구조의 변화가 일관된 패턴을 보이는 것이 아니라 개별 도시마다 매우 다른 패턴으로 진행되었다. 구체적으로 말하면, 기존 중심도시의 배후지역을 벗어나 접근성 좋은 곳에 에지시티가 생기고, 후기포드주의를 중시하는 경제의 재구조화를 시행함으로써 산업클러스트가 구축되며, 후기현대주의로 인해 공간의 미학화가 진행되고, 이질적 사회집단 간의 파편화된 도시공간이 확대되는 등 개별 도시마다 다른 특징과 다른 형태의 재도시화

---

6) 에지시티(edge city)와 콤팩트시티(compact city)는 아래의 '후기현대도시의 특징'에서 설명한다.

가 진행되었다. 즉, 하늘에 떠다니는 별과 같이 어수선한 형태, 즉 '성운형 대도시(galactic metropolis)'의 형태를 보이고 있다. 이러한 형태를 보이는 도시가 후기현대도시이다.

그러나 모든 도시가 후기현대도시의 특징을 보이는 것은 아니다. 주로 도시재생에 성공한 도시를 중심으로 후기현대도시의 특징이 시간을 두고 서서히 나타나고 있다. 도시재생에 성공한 도시는 산업사회의 도시와 많은 점에서 차별이 뚜렷한 도시구조를 지니게 되었다. 산업사회(현대사회, 포디즘사회)의 도시에 관심을 가졌던 시카고학파와 비교할 때, LA 학파는 후기산업사회(정보지식사회, 후기현대사회, 후기포디즘사회)의 도시에 대해 분석하고 있다. 시카고학파와 LA 학파는 상호 경쟁 혹은 비판하는 관계라기보다는 시대적 흐름에 따라 분류된 것이라고 보는 것이 적절하다. LA 학파가 관심을 가지는 도시가 후기현대도시(Post-Modern City)이다. 후기현대도시는 사회문화적 측면에서는 후기현대도시이고, 산업적 측면에서는 후기포디즘도시(Post-Fordism City)이다.

3) 후기현대도시의 중요성

위에서 살펴본 원인들로 인해 후기현대도시가 등장하였다. 아래에서 살펴보는 바와 같이, 후기현대도시는 많은 점에서 산업사회의 도시들과 다르며, 이러한 차이점이 사회변화에 대한 적응력을 높인다. 좀 더 구체적으로 사회변화 속에서 후기현대도시가 중요한 이유를 살펴보면 다음과 같다.

첫째, 급속한 변화 속에서는 규모가 큰 국가보다 규모가 작은 지역, 특히 창의적인 아이디어를 창출하면서 신속하게 변화에 대응할 능력이 있는 후기현대도시의 역할이 점차 확대된다. 국가는 우리가 겪고 있는 변화의 소용돌이에 적응하기에는 지나치게 경직된 구조를 가지고 있고, 아울러 다양성과 차별성으로 대표되는 시대적 요구를 충족시키기에는 너무 크다. 한편, 후기현대도시는 국가에 비해 규모가 작을 뿐만 아니라, 지역의 장·단점과 처해진 상황을 중앙정부보다 더 잘 알기 때문에 환경변화에 신속하고 효율적으로 대응할 수 있고, 대응에 소요되는 시간과 비용도 줄일 수 있다는 장점을 가지고 있다. 또한 후기현대도시는 다민족과 다인종이 거주하기 때문에 이질성이 강하고, 정보·지식활동에 능통한 젊은층과 전문인력이 많이 거주하기 때문에 동태적이고 창의성이 강하다. 이로 인해, 후기현대도시는 적응력 측면에서 다른 어떤 도시보다 강하다.

둘째, 경쟁에서 유리한 상황을 만들기 위해서는 혁신을 추구하면서 타 지역과의 차별성을 확보해야 하는데, 이러한 측면에서 후기현대도시가 경쟁력을 가진다. 최근의 사회·경제적 조류는 이그나티에프(M. Ignatieff)가 '3분 문화'라고 했듯이 유동적, 순간적, 단절적인 특징을 보이고 있다. 이러한 특징을 보이는 변화에 단순하게 대응하는 것만으로는 경쟁에서 우위를 차지하기 어려울 수 있다. 무엇보다 중요한 것은 슘페터(J. Schumpeter)가 강조한 '창조적 파괴', 즉 '혁신'을 추구하는 것이다. 다시 말하면, 고유의 환경과 경쟁력이 있는 분야를 중심으로 지역의 내재적 특성을 혁신적으로 개발하면서, 그 내재적 특성을 중심으로 세계 네트워크와 연계하여야 한다. 그렇지 않고 모방에 의존하면 지역의 특성은 점차 상실되어 경쟁력이 없어진다. 그러나 후기현대도시는 후술하는 바와 같이 시장지향적이고, 민·관협조체제를 중시하며, 첨단산업의 유치에 공을 들이고, '범위의 경제'를 강조하며, 전문 인력의 유치에 신경을 쓰고, 미적 감각을 중시하는 등의 노력을 하기 때문에 혁신을 통해 차별성을 확보하기 쉽다.

셋째, '변화의 소용돌이'라고도 일컬어지는 현재의 급속한 변화에 대해 능동적이고 적극적인 대응이 요구되는데, 이러한 대응은 후기현대도시에서 나타날 가능성이 매우 높다. 능동적이고 적극적인 대응은 현재의 상황에 안주하는 것이 아니라, 현재의 상황을 타개하여 보다 나은 상황을 창출하려는 노력이다. 동질성이 강한 지역에서는 이러한 노력이 나타나기 어렵다. 반면에, 이질성으로 인해 갈등이 혼란의 상황으로 확산되지 않는 범위 내에서는 로저스(E. Rogers)가 말한 것처럼 이질성이 강한 지역에서 능동성과 적극성이 나타날 가능성이 높다(김영석·강내원·박현구 옮김, 2005). 후기현대도시는 도시화, 교외화, 역도시화, 재도시화의 과정을 거치면서 많은 사람들의 유입과 유출을 경험하였기 때문에, 이질성이 매우 높은 특징을 보인다. 이질적인 사람들과의 교류는 갈등을 유발하기도 하지만, 다른 한편으로는 사고의 깊이와 폭을 확대시킨다. 갈등을 해결하고 타인을 이해하려고 노력하는 가운데 능동적이고 혁신적인 대응이 발현되기 쉽다.

이질성과 혁신

대인 간 확산 네트워크에서 동질성이 높은 경우에는 수평적 확산이 쉽게 일어나는 반면, 수직적 확산이 어려울 수 있다. 이는 혁신 확산의 범위를 제한할 수 있다. 그렇기 때문에 어느 정도의 이질성은 혁신의 확산에 도움이 된다. 혁신이라는 것 자체가 새로운 것이며, 그렇기 때문에 어느 정도 이질적인 것이다.

동질성이 높은 네트워크는 많은 노력이 없이 형성되기 쉽지만, 혁신을 확산시키고자 하는 관점에서 볼 때 그 가치는 떨어진다. 반면에, 사회적 · 공간적으로 이질성이 큰 사람들로 구성된 네트워크는 구축은 어렵지만 혁신의 확산에는 강력한 힘을 가진다.

따라서 혁신을 원한다면 현재의 네트워크에 안주하지 말고, 사회적 · 물리적으로 이질성이 강한 네트워크를 형성하는 것이 중요하다. 이것이 '느슨한 연결의 강력함(strength of weak ties)'이다.

출처: 에버렛 로저스(2005)의 『개혁의 확산』(김영석 · 강내원 · 박현구 옮김)에서 부분 발췌 · 재서술

넷째, 후기현대도시는 전문인력을 확보하는 데 유리하다. 21세기가 '문화의 시대'라는 말은 많은 사람들에게 익숙할 정도로 널리 퍼져 있으며, 문화의 시대에서는 문화에 대한 관심이 높아지는 것은 물론이고, 문화가 우리의 생활 전반에 미치는 영향이 큰 사회를 말한다. 문화의 시대에서는 생활양식과 생산활동에서도 큰 변화가 발생되어, 문화활동과 휴식활동이 중시되고 고부가가치를 창출하는 서비스업이 부상한다. 즉, 기술과 감각과 문화가 어우러지는 생활과 산업이 중시된다. 이는 많은 사람들의 협력을 필요로 하지만, 무엇보다도 이를 주도할 수 있는 창의적인 아이디어를 창출할 능력이 있는 전문인력을 필요로 한다. 전문인력의 확보를 위해서 교육환경이 중요함은 설명이 필요하지 않다. 특히, 최근의 지역경쟁력 확보에서 중요한 화두를 던지고 있는 지역혁신체제(Regional Innovation System: RIS)를 구축하기 위한 전략으로 우수한 과학기술대학의 유치 혹은 설립이 거론되는 것은 교육환경의 중요성을 시사하고 있다. 우수한 교육환경을 가진 도시는 창의적인 아이디어를 창출할 수 있는 능력을 가진 인재를 배출할 가능성이 높기 때문에 경쟁력 확보에 유리하다. 세계적인 혁신의 대명사라고 알려져 있는 '실리콘 밸리', '루트 128'도 각각 스탠포드대학, MIT 공대와 같은 우수한 대학을 보유하고 있다는 데에서도 이를 알 수 있다. 그러나 교육환경만 좋으면 전문인력을 확보할 수 있다고 단언할

수는 없다. 전문인력은 교육환경 외에도 생활의 질을 높이는 다른 요소들을 갖춘 지역을 선호하기 때문이다. 좋은 교육환경은 물론이고 쾌적한 자연조건, 질적 수준이 높은 주거환경, 높은 수준의 문화·여가 시설, 우수한 정보인프라 등을 포함하여 생활의 질을 높일 수 있는 여건을 구비해야 전문인력을 확보하기에 용이하다. 도시재생에 성공한 후기현대도시가 이러한 환경을 더 잘 구비하고 있음은 주지의 사실이다.

다섯째, 경쟁을 확대·심화시키고 있는 현재의 변화는 물적 자원에 비해 정보·지식의 중요성을 상대적으로 강조하고 있다. 물적 자원이 생산과정에서 여전히 중요한 역할을 수행하고 있지만, 상대적으로 정보·지식, 즉 수요의 변화를 확인하고, 수요 소재지를 파악하며, 신속한 물류 이동을 위한 정보를 획득하고, 신기술 개발과 경쟁 기업의 동향을 분석하는 일 등이 더욱 중요해졌다. 그리하여, 정보·지식의 이점을 생산과정에서 최대한 활용할 수 있는 역량을 지니는 지역, 특히 정보·지식 기반시설이 갖추어져 있고 정보·지식의 획득과 처리를 전문적으로 수행할 수 있는 전문가들을 많이 보유하고 있는 후기현대도시의 중요성이 부각되고 있다.

여섯째, 정보·지식은 입지자유적(foot-loose) 특성을 가지기 때문에, '집적 효과'의 중요성이 약화되어 도시의 중요성이 절대적에서 상대적으로 바뀐다는 주장도 사실이지만, 정보·지식 인프라의 측면에서 보면 도시의 중요성이 오히려 증대되고 있다. 현재는 정보·지식의 유통량이 폭발적으로 증가하고 있지만, 정보·지식의 입지자유적 특성으로 인해 어디에서든지 정보·지식을 획득하고 활용할 수 있다. 이로 인해, 산업사회에서 도시가 누렸던 '집적 효과'가 감소될 수 있다는 의견이 있다. 그러나 매일, 매시간 수많은 정보·지식이 쏟아져 나오는 '정보·지식의 폭포현상'에서 좋은 정보·지식을 선택·활용하기 위해서는 정보·지식 인프라가 매우 중요하다. 그리고 교육·여가·주거 등의 환경이 좋은 도시에는 정보·지식 전문가들이 많이 거주한다. 따라서 이러한 여건을 어떤 도시들보다 잘 구비하고 있는 후기현대도시는 정보·지식을 활용하여 도시의 발전과 시민들의 생활의 질 향상은 물론이고, 국가와 세계의 발전에 더욱 이바지할 것이다.

2. 후기현대도시론의 주요 내용

후기현대도시는 산업사회의 도시와 많은 점에서 구별이 되지만, LA 학파 연구자들은 특히 세 가지 측면, 즉 에지시티, 교외 도심, 세계도시에 대해 크게 관심을 가진다.

먼저, 가로우(J. Garreau)는 20세기 후반에 새롭게 출현한 도시 형태에 큰 관심을 보였다. 교통 여건이 좋으면서, 산업화가 되기 전의 시골이고, 대규모 상업・제조・소매・교육・여가・주거 시설들로 점유되어 있으면서, 낮은 인구밀도를 유지하는 지역을 〈워싱턴포스트〉에서 근무하던 가로우가 대도시 가장자리(edge)에 주로 많이 나타난다고 해서 '에지시티'라고 처음으로 불렀다(Garreau, 1992). 에지시티는 거대도시의 외곽지역 가운데 주요 고속도로가 교차하여 접근성이 양호한 곳에 연구, 금융, 정보지식산업 등이 발달하면서 부상한 자족도시로서, 모도시와의 임계지대에 걸쳐 있으면서 어느 도시에도 종속되지 않는 경계에 입지하기 때문에 '경계도시'라고도 불린다.

한편, 반스(J. Vance)는 '도시권역모델(Urban Realms Model)'을 제시하였는데, '페퍼로니 피자모델'이라고도 불린다. 도시권역모델의 핵심은 전통적인 도심과는 별개로 독립적이고 자족적인 교외 중심지인 '교외 도심'이 존재한다는 것이다. 교외 도심은 에지시티와 비슷한 개념이다.

교외 도심은 기존 도심에 집적되어 있던 고차의 경제활동들이 교통의 발달과 도시의 확대로 교외로 이전해 나가면서 고차의 경제활동들이 집적된 새로운 중심지를 의미한다. 교외 도심은 도시 외부에 있으면서 도시 내의 상권 등에 영향력을 행사하는 곳이다. 각종 시설의 밀집도가 낮고, 보행보다는 자동차 중심이며, 지가가 기존 도심의 지가를 넘어서고, 고차의 서비스 기능을 제공하지만 정부 기능은 매우 약하다. 해리스(C. Harris)와 울만(E. Ullman)의 다핵이론(Multi-Nuclei Theory)[7]을 현대적으로 수정한 모형이다.

또한 소자(E. Soja)는 '세계도시모델'을 제시하였다. 그는 세계도시모델에서 탈중심화와 재중심화로 인해 분절화된 다핵구조가 형성되고 있음을 강조하고 있다(Soja, 1996). 이에 대해서는 다음 절에서 구체적으로 검토하기로 하고, 여기에서는 후기현대도시론의 주요 내용에 대해 살펴보기로 한다.

---

7) 제5장 제3절에서 검토한다.

1) 유연한 경제

후기현대도시론은 경제 조직이나 생산과정에서 유연성이 증가함을 강조한다. 소비자 간에 상품에 대한 정보의 교환·공유가 신속하고 활발하게 진행됨에 따라 소비자의 취향과 행태가 개성화·다양화로 변하는 상황을 맞이함에 따라 대량생산체제를 추구하는 포디즘적 생산방식으로는 이러한 변화를 충족시키기 어렵게 되었다. 이러한 상황에서 과학과 기술이 급속하게 발전함에 따라 소비자의 개성화·다양화를 충족시킬 수 있는 유연생산체제가 등장하였다. 유연생산체제를 구축하는 것이 가능해짐에 따라 후기포디주의가 힘을 얻게 되었다. 후기포드주의는 분업화·첨단화·다양화·고급화·다품종소량생산을 강조한다.

유연생산체제와 후기포드주의는 경제 조직이나 생산과정에서 유례가 없는 커다란 변화를 발생시켰다. 대표적인 변화가 서비스업과 새로운 산업의 획기적인 발전이다.

서비스 부문이 큰 폭으로 증가하고 새로운 산업이 빠른 속도로 성장한 것도 그러한 변화에 속한다. 서비스 부문은 소비자서비스 부문과 생산자서비스 부문으로 나누어지는데, 소비자서비스업은 물론이고 그동안 생소했던 생산자서비스업의 괄목할 정도로 성장하고 있다. 생산자서비스는 기업에 법률, 금융, 광고, 컨설팅, 회계 등을 제공하는 서비스업을 말한다. 세계의 유명한 혁신도시들에서는 생산자서비스업이 눈에 띄게 활성화되고 있다.

경쟁사회를 맞이하여 도시들이 경쟁력을 구비하기 위해 새로운 산업을 육성하려고 끊임없이 노력한 결과, 대표적인 신산업에 속하는 첨단산업, 애니메이션, 영화산업 등이 크게 발전하였다.

첨단산업의 다양한 특징에는 다음과 같이 신기술을 바탕으로 지식집약적이며 미래지향적인 특징이 포함된다(임재현, 2021: 219). 산업의 변천 과정을 보면, 노동집약적 산업에서 포드주의(Fordism)[8]에 의해 기술집약적 산업으로 바뀌었다가, 다시 정보혁명으로 인해 지식집약적 산업으로 변화하였다. 지식집약적이란 자본이나 노동력보다는 지식이 경쟁력과 성장의 원천이 된다는 의미를 지니는 단어로서, 기

---

8) 헨리 포드(Henry Ford)에 의해 고안된 분업에 기반한 연속공정을 강조하는 근대적 생산시스템이면서 산업사회의 패러다임으로서, 대량생산을 가능하게 하여 경제성장을 유도하고 대중문화의 발달에 기여했다는 평가를 받았으나 지식기반경제시대를 맞아 포스트포드주의 개념으로 대체되고 있다.

업·조직·개인이 효율적으로 지식을 창출·획득·전달·공유할 수 있어야 하기 때문에, 경험과 지식이 노동자 개인에게 축적되는 것보다 데이터베이스에 축적되는 것을 강조하는 개념이다. 미래지향적이란 인류의 미래를 위해야 한다는 의미를 가진다. 이러한 변화로 인해서, 최근에 들어 선진국은 일곱 분야, 즉 IT(Information Technology), BT(Bio Technology), ET(Environment Technology), CT(Culture Technology), NT(Nano Technology), RT(Robot Technology), ST(Space Technology) 등을 육성하기 위한 정책적 노력에 집중하고 있다.

20세기 후반에 들면서 영화 산업과 애니메이션 산업은 빠르게 성장하고 있다. 예를 들어, 박스오피스에 따르면 국내에서 상영된 영화의 경우, 역대 관람객 1위는 '명량(2014년 상영)'으로서 약 1,760만 명이 관람하였고, 역대 2위는 약 1,626만 명이 관람한 '극한직업(2019년 개봉)'이었다(2021년 12월 26일 기준). 국내에서 상영된 애니메이션의 경우, 관람객 역대 1위는 '겨울왕국2'로서 관람객이 약 1,070만 명이었고, 역대 2위는 약 1,030만 명이 관람한 '겨울왕국'이었다(2019년 12월 기준). 또한 매출액 기준으로 전 세계적 역대 1위는 '겨울왕국2'로서 약 14억 5,002만 달러를 기록하였고, 역대 2위는 약 12억 7,600만 달러의 매출을 올린 '겨울왕국'이었다. 이처럼 폭발적인 관객의 수와 매출액에 힘입어 발전을 거듭하고 있다. 이리하여, 단순한 예술의 장르를 넘어 거대한 엔터테인먼트 산업으로 변하고 있다. 엔터테인먼트는 하나의 콘텐츠로 영화, 드라마, 연극, 캐릭터 등 다양한 분야에 활용할 수 있기 때문에 'one source multi use'의 특징을 가진다. 이는 확장성이 매우 큰 분야이기 때문에 우리나라 정부도 창조산업, 혁신산업 등의 이름으로 엔터테인먼트 산업을 육성하기 위해 다양한 지원책을 내놓고 있다.

이러한 변화로 인해 도시 내에서는 다음과 같은 변화가 인지된다고 LA 학파는 주장하고 있다. 첫째, 도시들이 생존과 발전을 위해 경제에서 유연성을 향상시키는 데 집중하고 있다. 첨단산업을 유치하려는 노력이 많은 도시에서 발견되고 있고, 또한 생산자서비스업, 애니메이션 산업, 영화 산업 등을 육성하는 데 공을 들이는 도시도 증가하고 있다. 둘째, 제조업이 번창했던 구산업지역과 신산업지역 간의 갈등이 빈번해지고 있다. 구산업지역은 보수적이고, 지가가 높기 때문에 새로운 산업이 정착하기 힘들다. 그런데 구산업지역은 시장접근성, 인력 확보 등 여러 측면에서 장점을 지니고 있기 때문에, 새로운 산업은 이러한 장점을 얻고자 한다. 이러한 복잡한 상황으로 인해 새로운 산업은 구산업지역의 외곽지역을 선호하는 경향을 보인다. 새로운 산업이 정착하는 외곽지역은 정부차원의 지원과 유동자본의 유치 등으로 빠르게 성장하지만, 구산업지역은 성장이 눈에 띄게 더디거나 혹은 퇴보한다. 이로 인해, 두 지역 간에 갈등이 나타난다. 셋째, 소수의 고소득 전문가와 다수의 저소득 노동자 간의 갈등이 증가한다. 첨단산업, 생산자서비스업, 영화 산업, 애니메이션 산업 등에 종사하는 소수의 전문가의 소득은 매우 높은 반면에, 도시지역의 다양한 분야에서 근무하는 일반근로자의 소득 수준은 상대적으로 매우 낮다. 이러한 차이는 상대적 박탈감을 유도할 수 있고, 이로 인해 갈등이 확대될 수 있다.

2) 세계 경제에서 도시 역할 증대

세계 경제의 연계성과 영향력이 증대하고, 이로 인해서 세계 경제 내에서의 도시의 역할이 확대된다. 먼저, 세계가 단일시장화하고 또한 세계 경제의 구성요소 간의 연결성이 커지고 있다. 즉, 세계가 하나의 커다란 시장으로 변하고 있고, 또한 생산과정에서 전 세계적 분업체제가 형성되고 있다. 이는 기업 간, 도시 간, 국가 간의 연계성을 높이고 있다. 이들 간의 연계성이 높을수록, 특정 국가 혹은 특정 도시에서 발생하는 특정 사건은 거의 실시간으로 다른 국가 혹은 다른 도시에 영향을 미칠 정도로 상호 간의 영향력이 커지고 있다. 세계 경제의 구성요소들 상호 간에 연계성과 영향력이 확대될수록 국가 간, 도시 간 경쟁이 확대·심화된다. 경쟁에서 살아남기 위해 많은 도시들은 자신의 장점과 특성을 살린 도시정책을 개발·시행하는 데 총력을 다한다. 이러한 노력에 성공한 도시들은 도시경쟁력이 향상되면서 세계 경제에서 자신의 역할을 확대시킬 가능성이 높다.

또한 세계 경제의 발전과 세계화로 인해서 초국적 기업이 크게 증가하여 왔다. 초국적 기업은 지사, 공장 등의 입지를 결정할 협상파트너로 국가가 아닌 인프라, 인적 자원, 시장접근성 등에서 유리한 도시를 선호한다. 그 이유는 초국적 기업의 입장에서 보면 국가와 협상하는 것보다 국가 내의 상대적으로 유리한 조건을 구비한 복수의 도시들과 협상할 때 더 많은 이익을 챙길 수 있기 때문이다. 협상 테이블에 앉는 복수의 도시들은 초국적 기업을 자신의 지역에 유치하기 위해 다른 도시보다 더 많은 혜택을 제시하고, 경우에 따라서는 출혈경쟁이 발생할 수도 있다. 이는 초국적 기업의 이윤을 증대시키는 한편, 국가의 역할을 크게 변화시키면서 동시에 도시의 역할을 증대시키는 데 이바지할 것이다.

그리고 교통 · 과학 · 정보통신기술이 발전함에 따라 운송비용의 중요성은 감소하면서 도시 간 정보 · 지식 접근성의 격차가 줄어들었다. 이는 기업의 입지 조건에 큰 변화를 발생시켰다. 즉, 특정 도시에 기업들이 모일 때 발생하는 '집적 효과(agglomeration effect)'가 약화되었다. 한편, 도시의 생존과 발전을 위해 필요한 인적 · 물적 자원은 무한한 것이 아니고 유한하다. 따라서 도시는 한정된 자원을 둘러싸고 생존 · 발전을 위해서 타 도시와의 경쟁에서 유리한 위치를 점하고자 노력한다. 이러한 노력에 성공한 도시는 세계 경제에서의 역할이 확대된다.

반면, 세계적인 변화를 외면하면서 제조업을 고집하는 도시는 점차 쇠퇴하였다. 대표적인 지역이 산업사회에서 철강의 메카라고 불리던 피츠버그(Pittsburgh), 자동차의 메카로 유명한 디트로이트(Detroit)이다. 이리하여, 이 두 도시에서는 주력산업이 쇠퇴하고 그 여파로 지역서비스산업도 도태하여 도시의 경쟁력이 크게 퇴보하였다. 이리하여, 두 도시를 잇는 지역을 '대설지대(snow-belt)', '한랭지대(frost-belt)'라고 부르게 되었다. 이는 지역경제가 활성화되는 지역을 일컫는 '선벨트(sun-belt)'와 대비되는 개념이다. 이 두 도시는 여기에서 더 나아가서 '유령도시(ghost town)'라는 악명까지 얻은 바 있다.

이를 본 많은 도시들은 첨단산업, 문화산업, 서비스산업, 유동자본 등을 유치하기 위한 경쟁에 뛰어들었다. 즉, 급속히 발전한 컴퓨터, 정보지식 기술 등을 포함한 전자혁명으로 인해 많은 도시들은 그동안 성장을 견인해왔던 제조업 중심에서 탈피하여 첨단산업, 서비스업, 문화산업 등을 육성하려는 방향으로 산업정책을 전환하였다.

이처럼, 사회변화에 적응한 도시와 사회변화를 경시한 도시의 결말은 너무 크게 대비된다. 사회변화에 맞추어 도시기능의 전환을 꾀한 도시는 대도시로 발돋움하고, 사회변화에 적응한 대도시는 세계 경제에서 역할이 증대되면서 세계도시(world city, global city)로 성장한다. 대표적인 도시가 보스턴(Boston)시이다. 보스턴시는 산업사회에서 미국의 산업화를 이끌었던 대표적인 제조업 도시이었다. 그런 보스턴시가 제조업 중심의 경제정책에서 벗어나서 교육중심도시, 금융중심도시로 탈바꿈하는 동시에 외곽지역인 Route 128에 IT와 BT를 접목시킨 세계적인 혁신지역을 육성하여 대표적인 세계도시가 되었다.

3) 에지시티(edge-city) 혹은 스텔스시티(stealth-city)의 출현

(1) 에지시티의 등장과 특징

20세기 후반, 새로운 도시 형태가 출현하였다. 복수의 지방자치단체들의 경계에 위치한 시골 지역에 낮은 인구밀도와 잘 발달된 도로와 주차장을 갖추고 있으면서, 주거시설과 상업시설을 포함한 다양한 시설들이 집적한 곳이 등장하였다. 이곳을 가로우(J. Garreau)는 경계지역에 위치한다고 해서 '에지시티(edge-city)'라고 처음으로 불렀으며, 스텔스시티(stealth-city)라고 불리기도 한다.

에지시티에 대한 여러 정의를 종합해보면 다음과 같다. 에지시티란 대도시를 포함한 복수의 지방자치단체들의 경계에 위치하면서 교통망이 잘 갖추어진 곳이고, 부유한 소비자가 중심이 되어 포괄적 · 사적인 종합계획 하에 각종 도시기능(상업, 업무, 교육, 주거, 여가 기능 등)이 집적하는 곳으로서, 하나의 도시이지만 실제적인 도시는 아닌 곳이다. 에지시티는 전원적인 조경과 각종 편의시설이 종합화되어 있는 '후기교외 지역'이다. 후기교외 지역은 전통적인 교외 지역과 대비되는 교외 지역이라는 의미를 가진다. 즉, 전통적인 교외 지역은 도시지역이 확장된 것으로서 주거기능만 수행하지만, 에지시티는 자족기능을 수행하는 곳이기 때문에 후기교외 지역 혹은 도시의 대안적 형태라고 불린다. 에지시티는 도시가 구비해야 하는 모든 모습을 갖추고 있는 하나의 도시이지만, 명확한 행정구역을 가지고 있지 않기 때문에 실제적인 도시는 아니다.

이러한 특징을 보이는 에지시티가 출현하자 선진국의 도시들이 큰 관심을 가지게 되었고, 이어서 개발도상국의 도시들도 이러한 방향으로 도시를 개발하려는 움직임을 보였다. 특히, 선진국과 개발도상국에서 경제적으로 번영하고 있는 도시들이 이러한 도시 형태를 추구하는 데 앞장을 섰다.

에지시티(Edge City)

이 개발 형태를 1991년에 〈워싱턴포스트〉에서 근무하던 가로우(J. Garreau)는 '대도시 가장자리(edge)에 많이 나타난다'는 생각에서 '에지시티(edge city)'라고 처음으로 불렀다. 미국의 에지시티는 위성도시가 아니라 경제적으로 독립한 도시집적이다.

에지시티는 워싱턴 D.C.(Washington, D.C.)에 처음 생긴 후 폭발적으로 확산되었다. 워싱턴 D.C.는 16개의 에지시티로 둘러싸여 있다. 그 중에서 버지니아(Virginia) 주의 페어팩스(Fairfax)에는 5개의 에지시티들이 형성되어 있는데, 이 에지시티들은 미국 최고의 소득 수준을 보이는 전형적인 고소득층 교외주택지들로 유명하다. 이곳에서의 생활은 미국인의 이상이라고 알려져 있다. 이들 중 '타이슨즈 코너(Tysons Corner)'는 미국 동부 최대의 쇼핑몰인데, 중국 외교단과 관련된 유명한 일화가 있다. 워싱턴 D.C.에 도착한 중국 외교단이 "가장 먼저 가고 싶다"고 희망한 곳이 타이슨즈 코너였다. "타이슨즈 코너를 방문하지 않고는 미국을 경험했다고 말할 수 없다"라고 말할 정도로 세계적으로 유명한 곳이다.

에지시티에는 어떠한 합법적인 도시명도 붙어 있지 않다. 그 이유는 여러 지방자치단체들의 경계에 걸쳐 있어서, 전통적인 도시 관점에서 볼 때 명확한 행정구역을 가지고 있지 않기 때문이다. 그러나 전통적인 지방자치단체는 존재하지는 않지만, 특정 목적을 수행하는 자치기관 형태의 민간정부(private government)가 존재한다. 민간정부의 힘은 때로는 구도심의 공공정부를 압도하기도 한다.

출처: Joel Garreau(1991)의 『*Edge City—Life on the New Frontier*』와 일본정책투자은행 편(2002)에서 일부 발췌 · 재서술

(2) 에지시티에 대한 비판

에지시티의 등장은 한편으로는 큰 관심을 보이면서도 다른 한편으로는 비판도 제기되었다. 에지시티에 대한 비판은 후기현대도시론의 내용은 아니지만, 도시 개발에 있어서 우리에게 시사하는 내용과 최근 도시개발의 주요 트렌드인 '콤팩트시티(compact city)'의 등장 배경이라는 점에서 매우 중요한 사안이기 때문에, 여기에서 간략하게 살펴보기로 한다. 에지시티에 대한 대표적인 비판을 살펴보면 다음과 같다.

첫째, 도심의 어메니티(amenity, 쾌적성)와 커뮤니티 정체성을 약화시킨다. 도심의 어메니티란 교통 · 산보 등의 편리성은 물론이고 푸른 숲 · 깨끗한 공기 · 맑은 물을 갖춘 아름답고 깨끗한 도시경관, 수준 높은 여가시설 · 교육시설, 풍부한 문화자원 등이 주는 쾌적성을 말한다. 이에는 도심에 살고 있는 사람들의 따뜻함도 포함된다. 커뮤니티 정체성이란 자신과 특정 공동체를 일치시키려는 태도를 의미하는데, 이를 구축하기 위한 요인에는 장소, 역사 · 문화, 인적 교류, 상징 등이 포함된다. 도심의 어메니티와 정체성은 도심에 거주하고 있는 사람들이 서로를 사랑하고 아끼며 또한 도심에 있는 여러 자원들을 유지하기 위해 공동으로 노력할 때 높아질 수 있다. 그런데 에지시티가 생긴다는 것은 도심에 거주하던 상류층이 도심을

떠나 그 곳에 거주하기 위해 사적으로 투자한다는 의미이다. 상류층이 에지시티로 이주하면 할수록 도심에 형성되어 있는 공동체가 허물어지는 것은 물론이고, 도심의 쾌적성을 제공하는 여러 자원을 유지하기 위한 투자도 줄어들 것이다.

둘째, 도시 '스프롤(sprawl: 팽창) 현상'의 또 다른 모습에 불과하다. 스프롤 현상이란 대도시의 급격한 성장으로 교외 지역이 무계획적이고 무질서하게 발전하는 현상을 일컫는 것이다. 인구분포의 측면에서 스프롤 현상을 살펴보면 중심도시의 인구는 감소하면서 주변 지역의 인구는 증가하는데, 그 모양이 도넛 모양이어서 '도넛(doughnut) 현상'이라고도 불린다.

스프롤 현상은 도시계획과 도시관리 등이 불량한 상태에서 무계획적이고 무질서하게 개발이 일어나는 현상으로, 도시 시설이나 설비가 부족한 채로 도시가 무질서하게 교외로 확산되는 것을 말한다. 따라서 이 지역은 태풍이나 홍수 등과 같은 자연재해에 매우 취약하고, 또한 보건위생적 측면에서도 많은 문제가 나타날 수밖에 없다. 이로 인해 향후에 이를 정비하기 위한 노력이 있어야 하는데, 매우 무질서하게 개발되었기 때문에 생각보다 많은 예산과 자원을 필요로 한다. 즉, 스프롤 현상은 예산과 자원을 낭비하는 비효율을 초래한다.

에지시티는 무계획적・무질서적인 개발은 아니지만 예산의 비효율적 낭비라는 측면에서 스프롤 현상의 또 다른 측면이라는 비판을 받는다. 즉, 에지시티가 생기면 에지시티에는 그 곳에 거주하는 상류층들을 위한 새로운 기반시설을 구축하게 된다. 이로 인해, 도심에 있던 기존 시설의 이용은 줄어든다. 이러한 상황에서 기존 시설을 그대로 유지하려면 유지비용이 현 상태 혹은 그 이상으로 필요하고, 유지비용을 지속적으로 줄이면 종국적으로는 기존 시설이 폐허가 된다. 이는 예산과 자원을 비효율적으로 사용하는 것, 즉 예산과 자원의 낭비라고 할 수 있다.

셋째, 부자들만을 위한 곳으로서 자본주의 사회의 부정적인 측면을 보여주는 공간이다. 후기현대도시의 많은 곳이 '빈곤의 늪'이라고 불릴 정도로 경제가 좋지 않은 상황인데, 에지시티는 최상류층을 위한 다양한 최고급 시설들을 보유하고 있다. 이로 인해, 도시계획가와 도시디자이너들은 자본주의 사회의 '빈익빈 부익부'를 극명하게 보여주고 있다고 지적하고 있다.

넷째, 에지시티는 '지속가능한 도시'가 아니다. 지속가능한 도시란 환경, 경제, 사회가 조화를 이루어서 환경적으로 쾌적하고 안전하면서 동시에 자원과 에너지 사용이 최소화되어 지속가능한 발전이 이루어질 수 있는 도시를 의미한다. 그러나 에지시티는 적어도 환경적인 측면과 인구통계학적 측면에서는 지속가능한 도시가 될 수 없다. 먼저, 환경적인 측면에서 보면, 에지시티는 에너지의 대량 소비를 조장한다. 에지시티가 자족기능을 수행하지만, 도심과의 상호관계가 완전히 단절되지는 않는다. 예를 들어, 후기현대도시의 도심에는 초국적 기업의 본부가 있으며, 본부에 근무하는 사람 중의 일부는 에지시티에 거주하면서 도심으로 출퇴근한다. 또한 에지시티 거주자들은 최상류층에 속하기 때문에 다양한 이유로 도심을 빈번하게 오가기도 한다. 이로 인해, 에너지 소비가 증가되기 때문에 지속가능한 도시와는 거리가 멀다. 인구통계학적 측면에서 보면, 점차 고령사회가 도래하는데 에지시티가 출현한 시점을 보면 에지시티 거주자 중에서 적지 않은 비율이 고령자에 속한다. 고령자는 대형 의료시설 등을 포함한 다양한 편의시설을 이용해야 할 경우가 증대한다. 문제는 고령자가 될수록 자동차 운전이 어려워진다는 것이다. 따라서 이들이 대형 의료시설이나 다른 필요한 시설 주변으로 이주하게 된다. 예전과 같이 에지시티에 대한 수요가 많으면 별 문제가 없겠지만, 후술하는 바와 같이 콤팩트시티가 대세인 상황에서는 에지시티에 대한 수요가 줄어들 수밖에 없다. 이럴 경우, 에지시티 내에서 주민의 유출이 많은 곳은 쇠퇴하고, 경우에 따라서는 폐허가 될 가능성을 부인하기 어렵다. 그러므로 에지시티는 지속가능한 도시 형태가 아니다.

(3) 콤팩트시티(compact city) 확대

콤팩트시티는 후기현대도시론의 내용은 아니지만, 현재의 많은 도시들이 추구하는 개발 형태이기 때문에, 여기에서 간략하게 살펴보기로 한다. 20세기 후반부터, 특히 21세기에 들면서 환경에 대한 관심이 범세계적으로 매우 증대하고 있다. 이리하여, '지속가능성(sustainability)'이 세간의 화두가 되었고, 도시의 경우에도 '지속가능한 도시'에 대한 관심이 폭발적으로 증가하고 있다. '지속가능한 도시'를 지향하는 도시가 콤팩트시티이고, 최근 들어 콤팩트시티가 도시 형태의 신조류를 형성하고 있다. 콤팩트시티는 외연적 확산이 아니라 축소고밀화를 지향하는 도시로서, 스프롤 현상이 발생되는 인구팽창기가 아니라 도시인구가 감소하고 고령화사회가 되는 상황에서 추구 가능한 도시 형태이다.

21세기 '환경의 시대'를 맞이하여 생태학적 관점을 강조하는 콤팩트시티에 대해 관심을 가지는 것은 당연한 일이다. 미국과 영국을 필두로 하여 선진국과 개발도상국의 많은 도시들이 콤팩트시티를 추구하고 있다. 콤팩트시티는 미국에서는 뉴어바니즘(new urbanism), 그리고 영국에서는 어반빌리지(urban village)로 구체화되었다.

미국의 도시개발정책은 에지시티에 초점을 맞추다가 여기에서 벗어나 뉴어바니즘으로 전환하였다. 뉴어바니즘이란 '스마트 성장(smart growth)'을 강조하는 것이다. 1980년대 이후 도시정책의 커다란 흐름 중의 하나가 '지속가능한 발전'인데, '스마트 성장'은 그것의 연장이다. 스마트 성장은 중심부와 교외를 종합적으로 분석하여 도시를 효율적으로 관리하고 환경부하를 최소화하는 것을 목적으로 한다. 스마트 성장은 버몬트(Vermont) 주, 메릴랜드(Maryland) 주 등 주정부 주도 하에 시작되었으나, 그 후 환경보호국(EPA)이 중심이 되고, NPO(비영리단체; Non-Profit Organization) 등과 연계하여 전국적으로 추진되고 있다.

한편, 영국은 그동안 지속적으로 추구했던 전원도시 정책에서 탈피하여 어반빌리지 정책을 도시개발의 방향으로 삼았다. 어반빌리지는 그린벨트 개발을 억제하고, 도심부를 재생시키는 것에 중점을 두는 정책이다.

콤팩트시티는 환경적 측면과 생활의 질 측면에서 다음과 같은 장점을 가지고 있다. 환경적 측면에서 살펴보면, 콤팩트시티가 건설될 경우 많은 사람들이 모여 살게 되고, 이는 사람들의 이동거리를 줄이고 대중교통의 이용률을 증가시킬 수 있다. 따라서 에너지가 소비와 CO_2 배출이 줄어듦으로써 도시 전체의 환경부하가 감소한다. 생활의 질 측면에서 보면, 삶의 질과 관련하여 필요한 시설(병원, 가게 등)을 이용하기 쉽고, 빈집을 줄임으로써 커뮤니티 형성에 이바지하며, 치안 능력을 향상시킴으로써 '더불어 살기 좋은 도시'로 나아가는 데 이바지한다.

4) 공간적 격리 패턴 확대

새롭고 다양한 공간적 격리 패턴이 발생한다. 종래의 격리는 인종과 소득에 의한 격리가 주를 이루었으나, 이외에도 점차 다양한 기준에 의한 공간적 분절화가 나타난다.

세계화와 정보지식화가 되면서 소득에 따른 격리 현상은 더욱 확대되는 경향을 보인다. 기본적으로 상류층과 저소득층은 주거지역에서 차이가 나지만, 세계화와 정보지식화가 진행될수록 앞에서 언급한 바와 같이 전문직 고소득자와 일반 저소득자 간의 소득 격차가 더욱 커진다. 소득 격차가 커질수록 두 집단 간의 교류는 더욱 멀어진다.

또한 사회변화에 따라 인적 교류가 활발해지면서 인종에 의한 분절화 현상도 더욱 심해진다. 외국인이 소수일 경우에는 이들이 밀집한 주거지역은 있을 수 없으나, 외국인이 점차 많아지면서 이들은 특정 지역으로 밀집되는 경향을 보인다. 대표적인 사례가 경기도 안산시 원곡동이다. 물론, 원곡동은 '국경없는 마을'로 유명하지만, 이곳에 외국인들이 밀집하고 있는 것도 사실이다. 2021년 7월 현재, 원곡동의 주민등록 인구는 6,156명이지만 등록된 외국인은 20,248명일 정도로 외국인들이 밀집하고 있다. 경기도의 다른 지역보다 외국인들의 밀집 정도가 강하고, 생활 형태와 마을의 분위기도 차이를 보인다. 그러나 다행스럽게도 원곡동 내부를 보면 외국인 노동자, 코시안(한국인+동남아시아인), 원곡동 마을 사람들이 '국경없는 마을'을 만들어가고 있다.

아울러, 교육 · 환경 · 문화 등을 포함하여 다양한 측면에서 새로운 공간적 분절 현상이 나타나는 경향을 보인다. 교육에 의한 분절화는 많은 지역에서 경험하고 있다. 서울의 경우에도 대치동, 목동, 상계동 등은 학원이 밀집한 지역으로 유명하고, 교육열이 강한 우리나라 사람들은 자녀 교육을 위하여 가능하다면 이 지역으로 이주하려고 한다. 이는 세계 여러 도시에서 발생되는 현상이다. 미국의 경우에도 동일한 도시 내에서 도로를 사이에 두고 학교가 다르기 때문에, 주택가격에 큰 차이가 발생하는 경우가 많다. 한편, 소득의 차이로 인해 교육의 차이가 발생하고, 이로 인해 격리 현상으로 연결될 가능성도 존재한다. 정보와 지식이 소득 창출에 주요 역할을 하는 정보지식사회에서는 소득 차이는 소득 차이에서 그치지 않고 교육 차이로 이어지고, 이는 소득 격차를 더 크게 확대시키고 격리 현상을 확대시킬 가능성이 높다. 물론, 부모가 상류층에 속하지만, 교육을 잘 받거나 능력 있는 사람과 그렇지 못한 사람은 중 · 장기적으로 주거지역이 다를 수 있다. 주변에 부모 재산만 믿는 사람들이 쇠퇴의 길을 걷는 경우 많다. 한편, 저소득층 중에서도 교육이나 능력 개발에 노력한 사람들은 좋은 주거지역에서 거주하는 경우도 자주 목격된다. 정보지식사회에서는 개천에서 용 나는 경우가 감소되고 있지만, 불가능한 것은 절대 아니다. 그렇지만 부모의 경제적 영향력이 자녀 교육에 영향을 미치고, 이는 공간적 격리 현상으로 이어지는 것도 사실이다.

환경에 의한 분절화도 진행되고 있다. 깨끗한 공기, 조망권 등이 잘 갖추어진 지역에 상류층이 거주하고, 홍수, 태풍 등 환경재해에 취약한 지역에 저소득층이 밀집하고 있다. 또한 문화에 의한 공간적 격리 현상도 나타나고 있다. 영화, 음식,

음악, 도서, 패션, 인테리어 등의 차원에서 모든 주거지역이 동일할 수 없다. 문화적 여건이 좋은 지역과 문화적 여건이 나쁜 지역 간에 항시 인적 교류가 활성화되기는 어렵다. 소비에 의한 분절화 현상도 보인다. 소비의 '부익부 빈익빈' 현상이 심화되면서 소비양극화가 확대되고 있다. 이로 인한 공간적 분절화도 보이고 있다. 즉, 고급사치재나 외제품의 소비가 큰 지역과 상대적으로 저가생필품 소비를 주로 하는 지역 간의 격리 현상이 나타나고 있다.

5) 모던(modern)과 포스트모던(post-modern)의 혼합

후기현대도시(post-modern city)가 현대도시(modern city)와 많은 점에서 차이가 나지만, 기존의 현대도시가 후기현대도시가 되는 즉시 모든 측면에서 후기현대도시적 특징을 가지는 것은 아니다. 즉, 후기현대도시가 되더라도 기존의 공간구조, 기존의 건물 등을 한꺼번에 모두 후기현대도시의 특징에 따라 바꾸는 것은 불가능하다. 예를 들어, 도시 내의 모든 사용 가능한 건물을 파괴시키고, 후기현대도시의 특징을 지니는 건물로 바꾸는 것은 불가능하다. 설령, 가능하다고 하더라도 이는 국가, 도시, 개인 등을 포함한 모두에게 피해를 주는 엄청난 낭비적 행위이다. 따라서 모던(현대)적 특징을 가진 건물의 실질적인 수명 혹은 기능적인 수명이 끝날 때까지 그 건물을 계속 사용하는 것이 바람직하다. 이러한 이유로 인해서 후기현대도시가 되더라도 전체적인 구조는 여전히 모던시티적이지만, 가능한 것부터 서서히 포스트모던적으로 변화되어 모던시티의 구조와 포스트모던시티의 구조가 혼합되는 형태가 된다. 점차 시간이 지날수록 포스트모던시티의 특징이 더욱 확연해진다.

3. 후기현대도시의 특징

변화의 소용돌이 속에서 도시는 매우 중요한 역할을 수행한다는 점을 위에서 강조했다. 거대한 변화에 성공적으로 대응한 도시인 후기현대도시의 특징은 산업사회의 도시인 현대도시의 특징과 비교하면 확연히 알 수 있다.

도시생태학이 연구한 도시는 정돈된 형태의 도시구조를 가졌으나, 후기현대도시는 단일 핵을 중심으로 점차 외연적으로 확장해 나가는 기존 대도시의 성장 패턴을 따르는 것이 아니다. 후기현대도시가 등장하는 시기를 보면, 도심에서는 인구와 기업이 교외 지역으로 이주하고, 교외 지역에서는 무분별한 개발이 진행되는 도시 스프롤 현상이 나타난다. 따라서 도심은 인구와 기업의 유출로 인해서 재정적으로 점차 강한 압박을 받게 되고, 환경적으로는 빈집이나 빈 건물이 나타나면서 점차 심한 공동화현상을 겪게 된다. 그런데 재정적 압박 혹은 공동화현상의 범위, 속도, 정도는 개별 도시마다 다르고 개별 도시 내의 공간마다 다르다. 이러한 상황을 경험하면서 중심도시는 경제적으로나 환경적으로나 낙후된 도시 내의 공간을 대상으로 수많은 대형 주거시설과 상업시설의 개발을 통해 도시재생정책을 실시한다. 즉, 도시 내의 사회 · 경제 · 환경적으로 낙후된 일부 공간을 대상으로 개별 도시의 상황에 따라 도시재생정책을 실시하는데, 일정한 패턴이 없이 도시마다 다른 도시재생방식을 취한다. 도시재생정책을 성공적으로 달성한 후기현대도시의 공간 형태와 구조는 후기현대도시마다 다르다. 예를 들어, 도심(중심부)과 도심의 동쪽 방향, 도심과 도심의 서쪽 방향, 도심과 도심의 남쪽 방향, 혹은 도심과 도심의 북쪽 방향으로 재생된 지역이 많이 보이는 등 후기현대도시마다 도시재생이 다른 형태로 나타나고 있다. 즉, 후기현대도시는 하나의 일관된 실체를 갖기보다는 형태상 분절적이며, 구조적으로 무질서한 특징을 보인다. 후기현대도시의 공간 형태와 구조가 마치 깜깜한 우주에서 반짝이면서 떠돌아다니는 별들의 패턴을 닮았다고 하여, 후기현대도시를 '성운형 대도시(galactic metropolis)'로 부르기도 한다. 후기현대도시와 현대도시의 주요 특징들은 다음과 같다. 그러나 후기현대도시가 현대적 특징을 모두 버리고 완전히 새로운 후기현대적 성격을 갖는 것은 아니다. 오히려 현대적 요소들이 여전히 더 강하면서, 시간이 흐르면서 후기현대적 요소와 현대적 요소가 어우러져 나타나고 있다.

1) 도시구조

도시구조의 측면에서 볼 때, 현대도시는 유사한 기능들이 모여 하나의 지역을 형성하는 동질적인 기능적 지구제가 형성되어 있다. 또한 상업 기능, 주거 기능 등을 포함한 여러 기능들이 상호 의존적인 관계를 맺고 있지만, 그 관계 속에서 상업 기능이 주도적인 역할을 수행한다.

반면, 후기현대도시는 무질서한 다결절(multinodular) 구조를 보인다. 하늘을 떠돌아다니는 별처럼 무질서하면서 중심적인 역할을 하는 지역이 많다. 도시 전체는 경제적으로 매우 어려운 빈곤의 넓은 바다여서 깜깜한 우주와 같은데, 고도로 스펙터클(spectacle)한 중심업무지역, 첨단산업지역, 후기교외 지역(에지시티) 등은 밤하늘의 별들처럼 반짝인다. 별들처럼 반짝이는 지역들이 결절적 역할을 수행한다.

이처럼 후기현대도시가 다결절 구조를 보이는 이유는 다양하지만, 대표적인 이유는 신포드주의에서 찾을 수 있다. 정보통신기술의 발달에 따라 신기술의 도입을 강조하는 신포드주의는 제품을 연구하는 구상기능과 제품을 생산하는 실행기능의 분리를 가속화하였다. 분리된 구상기능과 이를 지원하기 위한 생산자서비스업은 대도시에 집중하는 경향을 보였다. 또한 대면접촉이 필요한 프런트오피스(front office) 기능은 정보접근성 측면에서 유리한 대도시에 집중하게 하고, 대면접촉이 필요하지 않는 백오피스(back office) 기능은 교외 지역으로 이전하도록 하였다. 프런트오피스는 고객이나 시장과 직접 대면하는 부서 혹은 업무를 말하고, 백오피스는 일선 업무 이외에 후방에서 일선 업무를 지원하고 도와주는 부서 또는 업무를 의미한다. 이리하여, 구상기능, 생산자서비스업, 프런트오피스 기능 등이 집적된 대도시의 특정 지역은 새로운 결절로 자리매김함으로써 대도시는 다결절 구조를 형성하게 되었다.

2) 건축과 경관

현대도시는 기능적인 측면을 중시하면서 건축하고, 건축양식이 대량생산적이다. 산업사회에서 건축된 건물들은 기능적 효율성과 편리성의 측면을 강조하고 있다. 그리고 어떤 건축양식이 효율적이고 편리하다고 알려지면 대부분의 건물들이 그 양식을 따른다. 또한 경제적 성장이 무엇보다 우선한다는 경제제일주의와 자연은 인간을 위해 존재한다는 인간위주의 정신이 너무 강해 자연을 개발의 대상으로 생각하기 때문에 경관에 대한 관심이 높지 않다.

그러나 후기현대도시에서의 건물은 웅장하고 화려하면서 기이하다. 특히, 대도시의 도심은 웅장한 초대형 건물들의 숲에 쌓여 하늘을 보기 힘들 정도이고, 개개의 건물들은 판박이가 아니라 화려하면서도 기이한 형태를 취하고 있다. 일반인들의 효율성과 편리성이 아니라 건축전문가들의 취향에 따른 건물들이 많이 생긴다. 또한 개인과 지역과 국가의 정체성 확보가 강조되면서 자신의 것을 지키고 존중하는 분위기가 조성되어, 문화유산을 활용하여 건축하는 경향이 강하다. 산업사회와 달리, 인간과 자연의 공생을 주장하는 지구주의 정신이 확대되면서 친환경적인 건물, 즉 주변 경관을 중시하는 건물이 눈에 띄게 많아진다.

3) 도시정부

현대도시의 정부는 관리주의적인 특징을 가지고 있다. 도시정부는 도시 내의 자원들을 사회목적을 달성하기 위해 재배부하고, 많은 시민들이 원하는 요구와 수요를 충족시키며, 필수적인 공공서비스를 스스로 제공하고, 도시문제들을 해결하려고 한다.

후기현대도시의 정부는 기업가주의적인 특징이 강하다. 도시정부는 국제적으로 이동하는 자본과 투자를 유인하기 위해 지역의 모든 자원들을 동원하여 지역마케팅을 펼치고, 확대되는 경쟁에서 생존과 발전을 위해 군림하려던 자세를 버리고 민간부문과의 협력을 강화하며, 도시공공서비스를 효율적으로 공급하기 위해 필수적인 도시공공서비스조차도 시장체제를 통해 공급하려 한다.

4) 경제

경제적 측면에서 볼 때, 현대도시는 공업중심적이다. 도시경제를 발전시키기 위한 첫 번째 수단으로 공업부문을 집중적으로 육성하려 한다. 그리하여, 대량생산체제를 도입하여 규모의 경제를 달성하려 하고, 소비보다 생산을 중시한다.

후기현대도시의 경제는 서비스지향적인 특징을 보인다. 유연생산체제를 도입하여 범위의 경제를 추구하고, 텔레커뮤니케이션에 기반하며, 금융 기능을 중시하고, 소비지향적인 시스템을 구축한다.

5) 도시계획

현대도시에서는 사회적 목적을 달성하기 위해 총체적 도시계획이 선호되는 경향이 강하다. 도시정부는 도시를 발전시키고 시민들의 생활의 질을 향상시키기 위해 도시가 지니고 있는 인적 자원과 물적 자원을 동원하여 도시공간을 효율적으로 활용하고자 한다. 이를 위해, 도시정부는 도시를 하나의 공간으로 보고 전체적인 입장에서 도시계획을 실시한다.

그러나 후기현대도시에서는 사회적 목적보다는 미학적 목적을 위해 도시가 설계된다. 미학적 목적을 충족시킬 수 있다면 도시공간의 효율적 이용을 고집하지 않고, 심지어 도시공간의 분절현상도 기꺼이 받아들이려 한다.

6) 문화와 사회

현대도시에서는 계층적 분화가 발생한다. '가진 자'와 '가지지 못한 자' 간의 소득 계층적 분화와 인종적 분화가 점차 확대된다. 그러면서 동일 집단의 내적 동질성을 바탕으로 응집력이 강화되면서 다른 집단을 배척하는 경향이 나타난다.

앞에서 설명한 바와 같이, 후기현대도시에서는 분화가 더욱 확대 · 심화된다. 현대사회에서 발생된 소득 계층적 양극화와 인종적 분화가 더욱 심화되는 것은 물론이고 분화의 패턴이 다양화된다. 교육 · 환경 · 문화 · 소비를 포함한 다양한 분야에서 분절화가 확대된다. 이러한 분절화는 분절적 현상에서 끝나는 것이 아니라, 집단적 갈등을 심화시키기도 한다.

제4절

세계도시론

도시와 관련된 이론들 중에서 가장 오랫동안 도시의 체계와 변화 등에 영향을 미친 이론으로 평가받는 도시생태학은 세계화와 같은 최근의 변화에 따라 도시가 어떻게 달라지는지를 파악하지 못한다는 비판을 받았다. 이에 따라, 세계적 차원을 중시하면서 도시를 연구하는 이론들이 등장하였다. 대표적인 이론들로 월러스테인(Wallerstein, 1974)의 세계체제론과 프뢰벨, 하인리히와 크레에(Fröbel, Heinrichs & Kreye, 1980)의 신국제분업론 등을 들 수 있다.

세계체제론의 핵심 내용은 다음과 같다(Wallerstein, 1974). 인류의 역사를 통해서 볼 때, 대표적인 체제가 미니체제와 세계체제이다. 세계체제는 하나의 정치체제만을 인정하는 세계제국과 시장경제에 기초하는 세계 경제로 나누어진다. 인류 역사상 많은 다양한 체제가 존재하였지만, 세계 경제가 확장되면서 세계체제는 다른 체제들을 거의 모두 흡수하였다. 이리하여, 미니체제라고 할 수 있는 고립된 소규모 자립경제를 제외하면 세계체제만이 유일한 시스템이다.

신국제분업론은 세계를 하나의 공장으로 생각하고 기업의 이윤을 극대화하기 위하여 단순한 공장 이전이 아니라, 생산공정 자체를 분리하여 글로벌 차원에서 재배치된 자본과 노동에 각 공정을 할당하면서 적절히 연결시키는 것을 강조하는 이론이다(Fröbel, Heinrichs & Kreye, 1980).

이 이론들은 도시 내부 요인보다 세계적 차원에서 발생된 요인을 지나치게 중시하는 경향을 보였다. 도시 외부 요인의 중요성을 무시할 수는 없지만, 도시 내부에서 발생한 다양한 정치적 요인, 행정적 요인, 경제적 요인, 사회적 요인, 문화적 요인, 환경적 요인 등을 간과해서는 안 된다.

이러한 인식 하에서 세계도시론은 두 가지 요인, 즉 외부적 요인과 내부적 요인을 이해하는 데에서 출발하였다(Sassen, 1988; 남영우, 2006: 53). 세계도시는 외부적 요인의 영향을 받는다. 초국적 기업의 활동과 세계자본의 흐름이 활성화되면서 지구적 차원에서 도시 계층이 형성되고, 도시들 중 상위에 속하는 도시가 중심성을 가지면서 세계도시가 된다. 동시에 도시의 내부적 관점도 중요하다. 지구적 차원의 중심성을 보유한 세계도시의 내부에 저소득층이 열악한 조건에서 일하면서 거주하는 주변부가 재생산된다는 점을 간과해서는 안 된다. 이와 같이 외부적 관점과 내부적 관점을 중시하면서 세계도시론에 대한 논의가 출발한다.

세계도시론은 LA 학파가 주장하는 후기현대도시론의 주요 연구 분야에 속하지만, 점차 많은 연구자들의 관심을 받으면서 더욱 발전하였다. 세계도시론의 구체적인 내용을 살펴보면 다음과 같다.

1. 세계도시의 의미

1) 세계도시의 정의

1960년대 후반부터 시작된 정보지식화의 물결과 1970년대 시작된 세계화의 물결은 인류의 의식과 생활행태는 물론이고, 도시공간과 공동체에도 큰 변화를 야기하였다. 교통과 정보통신기술이 비약적으로 발전을 거듭함에 따라 정보지식화가 진행되었고, 정보지식화는 공간적 제약을 크게 감소시켜 '시・공간의 압축' 현상을 발생시켰고(Harvey, 2001: 94), 정보네트워크로 연결된 '흐름의 공간(space of flow)'을 구축하였다(Castells, 1994: 124). 또한 1970년대에 불어닥친 심각한 경제 불황은 경제 · 정치 · 문화 등을 포함한 사회 전 부문에서 개방사회를 추구하는 세계화를 촉진시켰다. 공간적인 입장에서 볼 때, 세계화는 국가 간의 연계성을 증대시키고 초국적 기업들의 활동을 활성화하여 생산체계를 글로벌화함으로써 세계시장을 단일시장으로 만들었다.

이러한 변화들은 국민국가의 역할을 감퇴시키면서 동시에 도시들에게 국가로부터 상대적으로 자율적인 네트워크를 형성할 수 있는 기회를 제공하였다(Harvey, 2001: 111). 아울러, 1940년대부터 시작된 교외화(suburbanization)와 1960년대 후반부터 시작된 역도시화(desurbanization)의 조류 속에서 쇠퇴를 거듭하던 북미와 서유럽의 대도시들이 1975년경부터 도시의 쇠퇴를 반전시키는 도시재생(urban regeneration) 혹은 도시부흥(urban renaissance)이라고 불리는 재도시화(reurbanization) 전략을 시도하였다(Downs, 1981). 재도시화에 성공한 도시들은 타 도시들과 구축한 네트워크를 활성화시키면서 더욱 발전하여 세계도시가 되었다.

1990년대 들어와서 우리나라에 널리 소개된 '세계도시(world city)'라는 용어는 독일의 괴테(J. W. von Goethe)가 표현한 'Weltstadt'에서 유래한다. 'Weltstadt'는 런던, 파리, 비엔나, 로마 등과 같이 과거의 제국주의 시대를 주도하던 대도시들의 문화적 영향력을 서술하기 위한 목적으로 사용되었다. 1915년 지데스(F. Geddes)가 세계도시라는 용어를 사용한 이후, 홀과 프리드먼(Hall & Friedmann) 등이 세계도시에 대해 심도 있게 연구하였다(남영우 외, 2009: 354-355). 산업화시대의 도시의 발전 배경이 제조업 부문의 발달에 기반을 두고 있다면, 세계도시의 발전 배경은 지난 40여 년의 매우 짧은 시간 동안 두드러지게 나타난 생산자서비스 부문의 급격한 신장이다.

홀(Hall, 1966)은 그의 저서 『세계 도시(*The World Cities*)』에서 대도시가 미래지향적인 계획을 수립하는 과정을 설명하면서, 세계도시를 "국제적으로 대표적인 기능들을 가진 국가별 중심도시"라고 정의하였다. 즉, 세계도시는 각 국가의 중심도시로서 세계적으로 경쟁력이 있는 도시를 뜻한다. 1980년대 들어와서 세계도시의 이론을 집대성한 프리드먼(Friedmann, 1986)에 의하면, 세계도시는 도시 간의 결합에 의해 복잡한 공간적 계층구조를 가지며, 범세계적인 생산과 시장 체계가 공간적으로 접합되고, 세계자본이 집중되며, 노동자들이 최종적으로 이주하기를 원하는 목적지이다. 사센(Sassen, 2001)은 세계도시를 세계 경제와 관련된 의사결정을 행하는 장소이며, 세계자본이 집중되고 축적되는 장소라고 정의한다. 로스와 트레치(Ross & Trach, 1983)는 상호 의존적 네트워크 내에서 세계자본을 접합시키거나 문화상품 생산을 집적시킴으로써 범세계적으로 자원을 배분하는 정점에 위치하면서 글로벌 통제기능을 담당하는 도시를 세계도시라고 정의한다.

세계도시에 대한 다양한 견해들을 종합하여 보면, 세계도시란 초국적 기업의 본사와 국제적인 금융·회계·법률·컨설팅·정보·미디어 등 생산자서비스업이 집중된 결절지로서 전 세계 경제활동을 조절·통제할 수 있는 중심지이면서, 범세계적인 정치·행정·문화에 막강한 영향력을 발휘하는 도시이다.

2) 세계도시의 형태

개별 세계도시의 형태는 매우 다양하기 때문에 하나의 정형화된 모형을 제시하는 것은 불가능하다. 다만, 세계도시에 대한 이해를 돕고자 많이 활용되고 있는 형태를 소개하면 [그림 2-2]와 같다.

중심부는 초국적 기업의 본부 등이 자리잡고 있어서 범세계적인 통제중심지 역

그림 2-2 세계도시 모식도

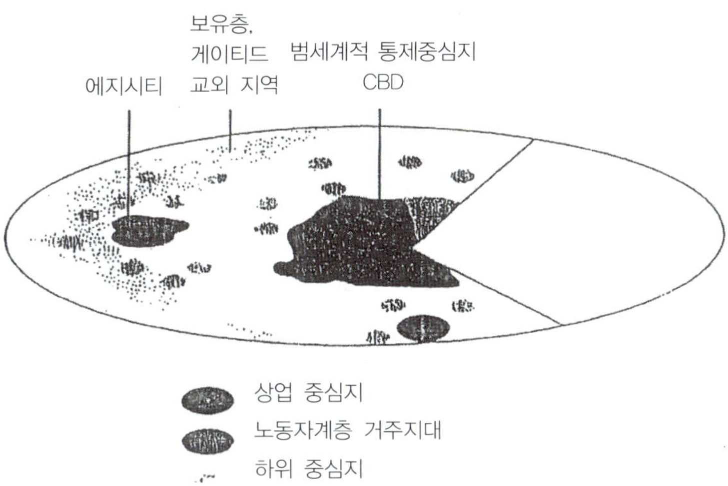

출처: Graham & Marvin(1996: 334).

할을 한다. 군데군데 에지시티와 부유층이 거주하는 폐쇄적 공동체인 게이티드시티가 존재한다. 그리고 도시 주변부에 노동자계층의 거주지대가 분산되어 있다.

2. 세계도시의 계층

세계도시는 외부와의 교역에 적극적이며, 주요 산업은 서비스업이고, 세계 각지에서 몰려든 이민자와 외지인이 많으며, 다양한 문화의 융합으로 인해 도시의 경쟁력이 높다는 공통점을 지닌다. 그러나 모든 세계도시들의 영향력이 동일하다고 생각하는 사람들은 없다. 세계도시의 계층에 대한 대표적인 연구들을 살펴보면 다음과 같다.

프리드먼(Friedmann, 1986)은 <표 2-1>에서 보는 바와 같이 세계도시를 '1차 세계도시'와 '2차 세계도시'로 분류하면서, 이 도시들은 중심부 국가에도 존재하고 반주변부 국가에도 존재하는 것으로 분석한다.

녹스와 애그뉴(Knox & Agnew, 1989)는 [그림 2-3]에서 보는 바와 같이 세계도시를 '최상위 세계도시(Dominant World City)', '주요 세계도시(Major World City)', '하위 세계도시(Secondary World City)'로 구분하고 있다. 최상위 세계도시에는 뉴욕, 런던, 동경이 포함되었고, 주요 세계도시로는 L.A., 시카고, 파리, 로테르담, 브뤼셀, 프랑크푸르트, 취리히 등을 제시하였다. 하위 세계도시는 샌프란시스코, 토론토, 리우데자네이루, 비엔나, 마드리드, 서울, 홍콩, 싱가포르, 타이베이, 오사카 등이다.

표 2-1 Friedmann의 세계도시 계층

	중심부 국가	반주변부 국가
1차 세계도시	런던, 파리, 로테르담, 프랑크푸르트, 취리히, 뉴욕, 시카고, L.A., 동경	상파울루, 싱가포르
2차 세계도시	브뤼셀, 밀라노, 비엔나, 마드리드, 토론토, 마이애미, 휴스턴, 샌프란시스코, 시드니	요하네스버그, 부에노스아이레스, 리우데자네이루, 카라카스, 멕시코시티, 홍콩, 타이베이, 마닐라, 방콕, 서울

출처: Friedmann(1986: 72).

그림 2-3 Knox와 Agnew의 세계도시와 계층체계

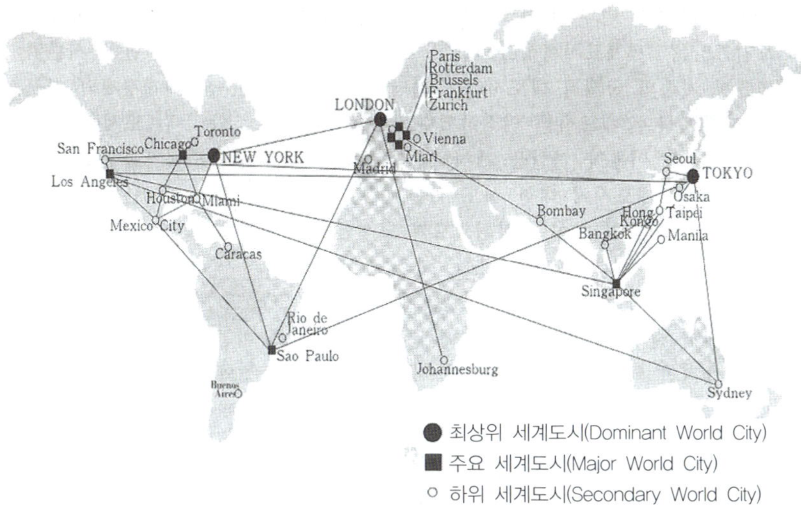

출처: Knox & Agnew(1989: 61).

표 2-2 Taylor의 세계도시 유형

전 지구적 도시 (Global City)	종합 기능 세계도시	상	뉴욕, 런던
		중	L.A., 파리, 샌프란시스코
		하	암스테르담, 보스턴, 시카고, 마드리드, 밀라노, 모스크바, 토론토
	특정 기능 전문 세계도시	경제	홍콩, 싱가포르, 동경
		정치·사회	브뤼셀, 제네바, 워싱턴
세계도시 (World City)	부분적 결절 세계도시	문화	베를린, 코펜하겐, 멜버른, 뮌헨, 오슬로, 로마, 스톡홀름
		정치	방콕, 베이징, 빈
		사회	마닐라, 나이로비, 오타와
	범세계적 리딩 도시	경제	프랑크푸르트, 마이애미, 뮌헨, 오사카, 싱가포르, 시드니, 취리히
		비경제	아비잔, 아디스아바바, 애틀랜타, 바슬, 바르셀로나, 카이로, 덴버, 하라레, 리옹, 마닐라, 멕시코시티, 뭄바이, 뉴델리, 상해

출처: Taylor(2005: 1605).

<표 2-2>에서 보는 바와 같이, 테일러(Taylor, 2005: 1593-1608)는 세계도시를 '전 지구적 도시(global city)'와 '세계도시(world city)'로 구분하고, '전 지구적 도시'는 다시 '종합 기능 세계도시'와 '특정 기능 전문 세계도시', 그리고 세계도시는 '부분적 결절 세계도시'와 '범세계적 리딩 도시'로 세분하였다.

종합 기능 세계도시 중에서 '상' 단계에 있는 도시는 뉴욕과 런던이고, '중' 단계에 있는 도시는 L.A., 파리, 샌프란시스코이며, '하' 단계에 있는 도시는 암스테르담, 보스턴, 시카고, 마드리드, 밀라노, 모스크바, 토론토라고 제시하였다. 특정 기능 전문 세계도시는 경제 전문 세계도시와 정치 · 사회 전문 세계도시로 분류하면서, 경제 전문 세계도시는 홍콩, 싱가포르, 동경이고, 정치 · 사회 전문 세계도시는 브뤼셀, 제네바, 워싱턴이라고 하였다. 부분적 결절 세계도시는 문화, 정치, 사회의 측면에서 분류하면서, 문화 결절 세계도시는 베를린, 코펜하겐, 멜버른, 뮌헨, 오슬로, 로마, 스톡홀름이고, 정치 결절 세계도시는 방콕, 베이징, 빈이며, 사회 결절 세계도시는 마닐라, 나이로비, 오타와라고 분석하였다. 범세계적 리딩 도시 중에서 경제적 리딩 도시는 프랑크푸르트, 마이애미, 뮌헨, 오사카, 싱가포르, 시드니, 취리히이고, 비경제적 리딩 도시는 아비잔, 아디스아바바, 애틀랜타, 바슬, 바르셀로나, 카이로, 덴버, 하라레, 리옹, 마닐라, 멕시코시티, 뭄바이, 뉴델리, 상해라고 주장하였다.

3. 세계도시의 특징

세계도시는 경제적인 측면뿐만 아니라 다양한 측면에서 다른 도시들과 뚜렷한 차이를 보이고 있다. 이에 대해 프리드먼(Friedmann, 1986)은 다음과 같은 가설을 제시하였다.

- 특정 도시가 세계 경제에 통합된 형태 · 범위, 그리고 수행 기능은 그 도시의 구조적 변화에 결정적인 영향을 미친다.
- 세계적인 핵심 도시들은 생산과 시장의 거점 지역으로서 범세계적 자본에 의해 운용되고, 이로 인해 세계도시 계층이 형성된다.
- 세계도시의 범세계적인 통제기능은 도시의 산업과 고용구조에 직접적인 영향을 미친다.
- 세계도시는 국제자본이 집중되고 축적되는 중심지이다.

• 세계도시들은 이민자들이 모여드는 장소이다.
• 세계도시에는 산업자본주의의 모순인 공간적 · 계급적 양극화가 존재한다.
• 세계도시의 성장은 국가의 재정 능력을 초과하는 사회적 비용을 유발한다.

프리드먼의 가설이 모든 세계도시에 적용되는 것은 아니다. 그러나 그의 가설은 세계도시의 특징을 짐작하는 데 기여한다. 세계도시의 특징에 대해 분석한 많은 연구들을 보면, 모든 세계도시의 특징이 동일한 것은 아니다. 그러나 세계도시는 재구조화 과정을 통해 형성되기 때문에, 정도의 차이는 있을지라도 다음과 같은 특징을 보이는 경향이 있다.

1) 적극적 · 협력적 도시정책

전통적으로 도시정부는 관리주의적인 경향을 보여 왔다. 도시정부는 도시사회가 지향하는 목적을 달성하기 위해 자원을 효율적으로 배분하고, 시민들에게 필수적인 도시공공서비스를 직접 제공하였다. 그러나 사회변화에 따라 국가 간 그리고 도시 간 경쟁이 심화되자, 도시정부는 기업가적 정부로의 변화를 꾀할 수밖에 없었다. 많은 도시가 이러한 노력을 기울이고 있지만, 노력의 범위와 정도, 그리고 결과에서는 분명한 차이가 나타난다. 세계도시는 다른 어떤 도시보다 혁신을 위한 노력에 매진하였으며, 그 결과로 큰 결실을 맺었다고 할 수 있다. 도시정책적 측면에서 볼 때, 세계도시의 대표적인 특징은 적극적이면서 협력적인 도시정책이다.

첫째, 그동안 대부분의 도시들은 도시에서 발생한 문제들을 해결하는 데 주력하는 소극적인 도시정책을 추진하였다. 세계도시는 여기에서 벗어나 국제적으로 이동하는 유동자본을 유치하기 위해 도시가 지니는 모든 자원을 이용하여 '장소마케팅'을 펼치는 적극적인 도시정책을 추진하여 소기의 목적을 달성하였다. 장소마케팅이란 지역의 다양한 주체들이 산업 재구조화를 통해 지역사회를 재활성화시키기 위해 지역의 수요자인 기업, 주민, 관광객들의 구미에 맞도록 지역의 제도 · 시설 · 이미지를 개선하여 이들을 유치하려는 전력이다. 제조업 중심의 도시들은 장소마케팅을 통해 신산업, 즉 첨단산업, 금융업, 여가 · 레저산업 등을 유치할 기회를 잡은 경우가 많았다. 장소마케팅을 통해 유동자본을 유치하여 성공적으로 재도약한 도시들은 세계도시로 거듭날 기회가 높아졌으며, 세계도시가 된 도시들은 이러한 전략을 지속적으로 시행하고 있다.

둘째, 세계도시는 고유의 차별성을 중심으로 세계와의 연계성을 확보하고 있다. 교통·통신의 발달로 공간에 대한 심리적 압축 현상이 나타나고 경제활동이 전 지구적으로 확대되는 상황에서 많은 도시들은 변화에 신속하고 능동적으로 대응하기 위한 혁신, 즉 슘페터(J. Schumpeter)가 말한 '창조적 파괴'를 추구하려고 노력하였다. 세계도시들은 이러한 변화를 인식하여 혁신을 추진하는 한편, 이를 바탕으로 타 지역과 구별되는 차별성을 확보하면서 전 지구적 차원의 협력체제와 분업체제를 구축하고자 노력하였다. 즉, 세계적인 네트워크가 확대되는 상황에서 세계도시는 주류에서 벗어나지 않기 위한 변화를 추구하면서 동시에 세계네트워크에서 지속적으로 중심적 역할을 수행하기 위해, 고유의 재화와 서비스를 중심으로 독창적 경쟁력을 확보하고자 중·장기적이고 체계적인 정책을 추진하였다.

셋째, 심화된 경쟁으로 인해 세계도시는 도시의 모든 구성원들 간의 협력체제를 구축하기 위해 정책적인 노력을 기울였다. 지역 간 그리고 국가 간 확대되는 경쟁은 모든 지역경제의 불확실성을 높이고, 이는 지역경제에 영향을 미치는 요인들을 증가시켰다. 농촌보다는 도시일수록 그리고 소도시보다는 대도시일수록, 경제와 관련된 불확실성은 더욱 높아져 왔다. 이러한 복잡한 상황은 세계도시에서 더욱 강하게 나타나고, 세계도시정부만으로는 도시에 산적한 문제들을 효과적·효율적으로 해결하기 어렵게 만들었다. 이리하여, 세계도시정부는 위기를 기회로 생각하면서 세계도시가 지니고 있는 모든 자원들을 총체적으로 결집하는 노력을 기울였다. 그 중의 가장 핵심이 공공부문과 민간부문의 협력을 강화하는 것이었다. 세계도시정부는 도시 내에 있는 기업, 대학, 연구기관 등에서 활동하는 다양한 주체들의 '협력 네트워크'를 강화하면서 이를 기반으로 혁신을 추구하여 경쟁력을 향상시키고자 노력하였다.

2) 경제적 재구조화

세계도시의 특징 중의 또 다른 하나는 경제적 재구조화와 관련이 있다(남영우, 2006: 99-100). 세계 경제의 상호 연결성과 영향력이 증대됨에 따라 국가 간 그리고 지역 간 경쟁이 확대되는 상황에서 국가 내에서 경쟁력을 보유한 지역의 중요성이 점차 강조되었다. 모든 국가 혹은 사회에 널리 적용되는 것은 아니지만, 일반적으로 농촌보다는 도시가 경쟁력을 보유할 가능성이 높기 때문에 도시의 중요성이 더욱 커졌다. 또한 세계 경제가 발전함에 따라 초국적 기업도 매우 빠른 속도로 증가하고 있는데, 초국적 기업은 국가가 아닌 지역, 특히 전문인력, 기반시설, 교육·문화·여가 시설, 주거환경 등에서 유리한 도시를 협상의 파트너로 고려하는 경향이 강하다. 경쟁력을 갖춘 도시들은 초국적 기업이나 유동자본을 유치하기 위하여 서로 경쟁하며, 심지어 경쟁이 지나칠 경우 '출혈경쟁'을 감수하기도 한다.

이러한 상황에서 경쟁력을 갖추기 위해 도시들은 경제적 재구조화를 단행하고자 하였다. 경제적 재구조화에 성공한 도시들은 세계에서 역할이 증대되는 세계도시로 도약할 기회를 가지게 되었다. 경제적 재구조화는 다양한 형태로 나타날 수 있지만, 특히 다음과 같은 특징들로 나타나는 경향을 보인다.

첫째, 세계도시에서는 경제 조직이나 생산에 있어서 유연성이 증가한다. 즉, 세계도시는 유연적 생산, 범위의 경제, 금융 중심, 소비지향을 추구하는 경제시스템을 구축하고자 하였다. 이를 위한 대표적인 정책적 노력이 생산비용을 낮추는 조치, 규제를 유연하게 하려는 정책, 과학기술을 이용하여 유연한 생산방식을 도입하는 것이다. 세계도시는 경쟁력을 유지하기 위해 유동자본을 지속적으로 유치하여야 한다. 유동자본은 임금이 지나치게 높거나 노동조합의 활동이 비합리적이거나 규제가 심한 지역에 대한 투자를 자제하려는 경향이 있다. 따라서 세계도시는 임금과 노동생산성이 균형을 이루고 노동조합의 활동이 지나치지 않도록 하면서 불필요한 규제를 최소화하려고 노력하였다. 또한 생산방식의 분업화, 생산제품의 다양화·첨단화·고급화, 다품종소량생산체제, 조직구조의 혁신 등을 추구하는 유연한 생산방식을 중시한다. 사람의 인식론적 경향이 다양화와 개성화를 추구하면서 범위의 경제가 중시되고, 수요 중심의 경제정책이 요구되었다. 이에 따라, 세계도시는 전문성, 다양성 등을 추구하는 유연생산방식을 중시하는 경제적 재구조화를 단행하는 경향을 보였다.

둘째, 각종 서비스 부문이 증가하고 신산업이 등장한다. 산업사회에서 도시경제의 특징을 한마디로 표현하면 공업적이라 할 수 있다. 대량생산, 규모의 경제, 생산에 초점을 맞추는 공업 중심의 경제라고 할 수 있다. 그러나 경쟁이 심화되면서 도시들은 다음과 같은 중요한 상황, 즉 도시의 외부환경과 도시시스템 간의 상호작용이 유기적으로 이루어져야 하는 상황, 입지자유적인 정보의 특성으로 도시의 집적경제효과가 의문시되는 상황, 빠르게 변화하는 소비자들의 기호와 취향에 대응해야 하는 상황에 직면하게 되었다. 이러한 변화에 대응하기 위해 세계도시의 경제는 서비스적 특징을 지니게 되었다. 서비스 부문의 경우, 소비자서비스가 확대되는 것은 물론이고, 생산자서비스도 비약적으로 발전하였다. 앞에서 설명한 바와 같이, 생산자서비스란 생산활동을 지원하는 서비스로서 경영지원, 금융지원, 재정지원, 회계지원, 법률지원, 정보지원, 미디어지원, 기술지원 등을 말한다.

또한 세계도시에서는 신산업이 부각된다. 세계도시의 산업정책은 기존의 전통적인 산업에서 벗어나 새로운 고부가가치산업을 추구하는 방향으로 바뀐다. 대표적인 신산업에는 IT(Information Technology), BT(Biology Technology), CT(Culture Technology), NT(Nano Technology), ET(Environment Technology) ST(Space Technology), RT(Robot Technology), 애니메이션, 영화산업 등이 포함된다. 세계도시 중에서 신산업으로 유명한 대표적인 곳이 뉴욕의 실리콘 앨리(Silicon Alley)이다. 신산업의 성장은 신산업을 지원하는 다양한 분야를 발전시킨다. 부동산업, 건설업, 호텔, 레스토랑, 기타 문화·여가 시설 등이 여기에 해당된다. 또한 사람과 물류의 국제적 이동을 원활하게 하도록 지원하는 부문이 많이 생긴다.

이러한 경제적 재구조화를 이룬 도시에서는 서비스 부문과 신산업은 성장하지만, 제조업 부문은 전망이 밝지 못한 것이 일반적이다. 또한 보수가 낮으면서 고용의 안정성도 보장받지 못하는 노동자들이 가장 많이 거주하는 곳이 세계도시인 것도 현실이다. 이리하여, 급속히 성장하는 산업과 급격하게 쇠퇴하는 제조업이 상존하고, 또한 노동자의 소득과 직업 분배에 있어서도 양극화가 존재하는 경향이 있다(김인, 2005: 91; Sassen, 1991). 이는 도시 내의 신산업지역과 구산업지역 간의 갈등을 일으키기도 하고, 소수의 고소득 전문가와 다수의 저소득 노동자 간의 갈등을 유발하기도 한다.

실리콘 앨리(Silicon Alley)

"실리콘 앨리가 떠오르고 있다(Silicon Alley is soaring)"라는 2012년 1월 25일자 〈뉴욕포스트〉의 기사 제목을 보고, 많은 사람들은 "아직도 '실리콘 밸리(Silicon Valley)'가 뭔지 몰라서 철자가 틀리나?" 등의 생각을 하였을 것이다. 하지만, 이는 잘못된 생각이다.

다른 대도시와 마찬가지로, 뉴욕시도 교외화와 역도시화의 바람을 타고 도심공동화가 빠르게 진행되었다. 그 과정에서 뉴욕시는 도심의 기능을 회복하기 위한 다양한 정책을 시도하였으나, 금융업, 법률서비스업, 호텔숙박업이 주도하는 뉴욕시의 경제기반은 뉴욕시를 재부흥시키기 어려웠다. 이러한 상황에서 1980년대 후반의 주식 폭락과 경기 침체는 맨해튼의 부동산 개발과 재활성화 열기를 크게 약화시켰고 기업들의 유출을 확대시켰다.

1990년대에 마이클 블룸버그(Michael Bloomberg) 전 뉴욕시장은 '메이드 인 뉴욕(Made in NY)' 캠페인을 벌이면서 뉴욕 시내 초고속인터넷망사업을 구축하는 등 다양한 IT산업 부양책을 도입했다. 이를 기반으로 뉴욕시는 '실리콘 앨리'를 조성하였다. 실리콘 앨리는 뉴욕 맨해튼과 브루클린의 인터넷 및 뉴미디어 콘텐츠 벤처기업들이 밀집한 지역을 가리킨다. 이 지역에 입지한 기업들은 재무 건전성을 강조하면서 낭비를 줄이고 업무효율성을 높이는 등의 자발적 노력을 기울였다. 이와 함께 뉴욕시의 정책도 디지털 도시로의 변화에 크게 기여했다. 이로 인해, 실리콘 앨리에 인터넷 전문기획가, 디자이너, 방송 PD, 출판관계자, 영화관계자 등이 모이기 시작하였고, 이들이 지혜를 모아 인터넷을 이용한 뉴미디어 산업을 육성하려는 노력을 꾸준히 기울여 왔다. 지금은 실리콘 앨리가 보스턴의 Route 128, 샌프란시스코의 실리콘 밸리와 함께 미국 3대 기술센터로의 위치를 확립하면서, 동시에 미국 멀티미디어 콘텐츠산업의 메카가 되었으며, 수많은 뉴미디어 기업들이 생겨나는 벤처 창업지로서의 명성을 확보하고 있다. 〈뉴욕타임즈〉는 2006년 3월 12일자 기사에서 "맨해튼의 창업기업이 버섯처럼 번져가고 있다(Start-ups are again popping up like mush-rooms in Manhattan)"라고 표현한 바 있으며, 2009년에는 광고, 뉴미디어, 금융기술 분야의 창업기업들이 가장 선호하는 지역으로 인정받기도 했다.

"성공의 열쇠는 새로운 아이디어를 시장화해내는 능력"이라는 실리콘 밸리의 주장에 대해, 실리콘 앨리 측은 "우리의 목표는 결코 제2인자가 아니라, 현재 실리콘 밸리가 차지하고 있는 제1인자가 되는 것이다"라는 반응을 보이고 있다.

출처: http://shinsanity1.tistory.com/39에서 부분 발췌 · 재서술

3) 사회적 재구조화

세계도시에서는 사회적 계층의 양극화가 확대 · 심화된다. 비록 숫자는 적지만 고소득 전문직종에 종사하는 엘리트들이 세계도시의 상류층을 형성하고, 세계도시는 이들의 수요를 충족시키는 데 집중하는 경향을 보인다. 도시정부는 더 많은 유동자본과 전문직 엘리트를 도시로 유인하기 위해 도시 내의 불량주거지역을 정비하는 등의 다양한 노력을 통해 도시를 재생시키려고 한다. 도시재생은 도시 내의 접근성이 좋은 일부 불량주거지역을 고소득 전문직 엘리트들이 거주할 수 있는 고급 콘도미니엄이나 고급 단독주택들로 구성된 상류주거지역으로 변화시킨다. 이 지역은 쾌적한 자연환경, 우수한 교육시설, 다양한 문화 · 여가시설이 입지하며, 그

주변에 고급 상가지역이 형성된다.

이로 인해, 저소득층과 소수 집단이 더욱 외곽으로 내몰리게 되며, 이 과정에서 도시의 사회적 · 공간적 성극화 현상이 확연하게 나타난다(김인, 2005: 102). 물론, 산업사회에서도 계층분화 현상이 나타나고, 동일 집단의 강한 동질성은 다른 집단을 배제함으로써 심각한 사회문제를 일으킨다. 그러나 세계도시에서는 다양한 분야에서 고도로 분절된 성극화 현상이 확대 · 심화된다. 이러한 현상이 나타나는 주된 이유는 다음과 같다. 세계도시에서는 초국적 기업의 범세계적 통제기능, 연구기능이 강화됨으로써 고소득 전문직 종사자가 늘어나는 반면에, 제조업의 쇠퇴로 중간계층이 몰락하는 가운데 기존의 저소득층이 세계도시에 계속하여 거주하는 것은 물론이고, 개발도상국 이민자들을 포함하여 저소득층에 속하는 더 많은 사람들이 세계도시로 이주한다. 이들은 도시의 외곽지역에 위치하는 열악한 환경의 주거지역에서 거주하면서 좋은 교육을 받지 못하고, 문화 · 여가시설을 이용할 기회를 가지지 못한다. 이들은 세계 경제의 중추에서 소외된 채 아무런 희망도 없는 생활을 영위하는 영구적인 하류층에 속하는 사람들로서, 시스템의 희생양이라고 할 수 있다(남영우, 2006: 100-101). 결국, 세계도시에서 명확하게 나타나는 사회적 현상은 바로 사회계층의 양극화이다(김인, 2005: 90-91; Friedmann & Wolff, 1982: 320-322).

사회계층의 양극화는 '이중 도시'와 '폐쇄적 공동체'를 발생시킨다. 이중 도시는 주거지 양극화로 인한 현상이다. 이중 도시는 한편으로는 상류계층이 거주하면서 다른 한편으로는 경제적 세계화로 인해 중산층이 몰락하고, 노동시장의 유연화로 인해 비정규직이 양산되면서 주거지가 양극화된 것을 의미한다. 다른 측면에서 이중 도시를 설명하면, 전 세계와 동시에 접촉 가능한 정보 엘리트들과 정보에서 소외된 사람들이 나타나는 두 양상의 도시이다. 폐쇄적 공동체는 '빗장도시'라고도 불리는데, 이는 저소득층이 상류주거지역으로 들어오는 것을 막기 위해 내부가 보이지 않는 빗장을 설치한 상류계층의 폐쇄적 공동체를 말한다. 후기현대도시론에서 설명한 '게이티드 시티'가 대표적이다. 이는 폐쇄적 공동체를 더욱 극명하게 보여주는 것이라 할 수 있다.

4) 공간적 재구조화

비슷한 부류끼리 모이고자 하는 경향으로 인해 사회적 재구조화는 공간적 격리 형태로 이어지는 경향이 있다. 세계도시 내부에서 상류층과 하류층의 근무지와 주거지가 각기 다른 지역에서 형성된다(남영우, 2006: 100-101). 즉, 세계도시의 내부구조는 초국적 엘리트의 필요에 따라 조성된 지배계급의 아성과 같은 공간과 영구적으로 열악한 환경을 가진 피지배계급의 초라한 게토(getto) 공간으로 분리된다(남영우, 2006: 102). 세계도시 내의 공간적 격리현상은 앞에서 제시한 [그림 2-2]의 세계도시 모식도에서 알 수 있다.

세계도시는 고차 산업 유치를 위해 접근성이 좋은 도심 부근의 일부 낙후 지역을 새로운 성장 산업을 위한 업무 공간으로 재구조화하였다. 도시재생 프로그램에 의해 새롭게 형성된 업무·상업지역은 열악한 업무·상업환경을 지니는 기타 지역과는 거의 교류를 하지 않을 정도로 격리되어 있다.

세계도시에서는 경제적 격리 현상뿐만 아니라 교육적 불평등, 문화적 불평등, 환경적 불평등 등을 포함한 다양한 형태의 불평등이 확대·심화되면서 공간적 격리로 구조화된다. 이처럼 공간적으로 격리된 상황에서 세계도시를 지배하는 것은 고소득 소비자들의 가치와 기호이다. 수준 높은 교육시설, 미식 요리점, 고급 부티크, 호화스러운 인테리어 가게, 비싼 레저·문화시설 등이 고소득 소비자들을 위해 발전한다(김인, 2005: 104; Meyer, 1991).

또한 전문직 고소득자들은 도시 내의 재구조화에 성공한 초현대적 생활환경을 지닌 상류주거지역 혹은 교외 상류주거지역에서 폐쇄적인 공동체를 이루고 거주하며, 저소득 노동자들은 교외의 저소득층 주거지역에 주로 거주하거나, 혹은 중심업무지구 주변의 일부 낙후된 지역에 거주한다.

공간적인 재구조화가 발생하는 세계도시에서 새롭게 등장한 공간이 에지시티(edge-city)이다. 앞에서 설명하였듯이, 에지시티는 미국의 대도시 교외 지역에서 나타난 새로운 도시 형태로서 스텔스시티(stealth-city)라고도 불린다. 최초의 에지시티는 워싱턴 D.C.(Washington, D.C.) 근방에 생긴 상업시설이 발전하여 주거기능을 비롯하여 상업기능, 업무기능 등의 다양한 도시기능들을 집적하면서 나타났다. 에지시티는 상류층들이 모여 있는 곳으로서 주변 지역과는 분절되어 있다.

5) 정치적 갈등

세계도시에서 발생하는 정치적 갈등은 단순한 성질의 갈등이 아니라 다차원적인 성질을 지니고 있다. 위에서 살펴본 바와 같이, 세계도시의 출현은 도시 내에 거주하는 사람들의 삶의 공간과 경제적 공간을 재구조화한다. 경제적 공간은 자본의 논리에 따르고, 삶의 공간은 배타적 속성을 지닌다. 자본의 힘에 의해 자신의 경제적 활동 영역을 침해당하는 집단이나 부유층에 의해 주거지를 침해당하는 집단들은 도시의 공간을 재구조화하는 과정에서 격렬하게 반대할 소지가 있다. 세계도시에서는 수많은 이익집단들과 계층들이 혼란스럽게 뒤엉켜서 교차하기 때문에, 세계도시에서 발생하는 갈등은 특정 공간에 고립되어 나타나는 것이 아니라, 매우 다양한 공간들에 연계되면서 지속적으로 발생한다. 또한 세계도시에는 다양한 인종과 민족들이 공존하기 때문에 민족적·인종적 적대관계가 발생할 가능성이 크다. 이 적대관계는 계급 간 갈등과 연계되면서 갈등의 양상을 강화시키거나 왜곡시킴으로써, 정치적 갈등을 더욱 복잡하게 만든다. 민족적·인종적 갈등 외에 테러, 유괴, 폭동 등 다양한 형태의 극심한 갈등이 발생하는데, 이들은 대부분 노동자계급 내에서 발생한다(김인, 2005: 106; Friedmann, 1982). 어떠한 형태이든 간에 세계도시에서 정치적 갈등이 발생되면, 세계적 관심과 모든 세계적 힘의 구도가 여기에 집중되고, 세계도시는 다국 간 갈등의 한 가운데에 놓이게 되어 정치적 갈등은 더욱 복잡해지고 혼란스럽게 된다. 즉, 세계도시에서는 수많은 갈등이 존재하며, 갈등을 둘러싼 투쟁은 동시다발적으로 발생하고 있다(남영우, 2006: 103).

제3장 도시화 과정 이론

도시행정과 도시정책의 기반이 되는 도시가 어떻게 변하는지를 파악하지 못하면 도시행정과 도시정책을 제대로 이해하기 힘들다. 도시의 변화는 시대별로, 그리고 국가별로 다양하게 나타나기 때문에 파악하기가 쉽지 않다. 그럼에도 불구하고, 일반적으로 적용가능한 도시의 변화 패턴이 있으리라는 가정 하에서 그동안 도시화 과정에 대한 많은 연구들이 있었다. 도시화 과정에 대한 대표적인 이론으로는 톰슨(W. Thompson)의 도시성장단계모형과 클라센과 팰링크(Klaassen & Paelinck)의 도시발전단계모형을 꼽을 수 있다. 이 두 모형의 주요 내용을 검토해 보기로 한다.

제1절 Thompson의 도시성장단계모형

톰슨(W. Thompson)의 도시성장단계모형은 수출기반을 중시하는 모형(export-base model)으로 알려져 있다. 도시의 경제는 수출이 확대되면서 발전하는데 도시가 경제 발전의 어느 단계에 있느냐에 따라서 도시성장도 영향을 받는다고 주장하는 모형이다. 톰슨은 도시성장단계를 다음과 같이 다섯 단계, 즉 수출 전문화 단계, 복합수출산업 단계, 지역경제 성숙 단계, 도시 고차기능 확대 단계, 고도의 기술 및 전문 도시 단계로 분류하고 있다(조정제, 1991: 30).

1. Thompson 모형의 핵심 내용

1) 수출 전문화 단계

어떤 도시에 도시경제를 주도할 만한 산업이 존재하지 않는 상황에서, 특정 산업 혹은 기업이 그 도시에 유치되면 수출 전문화 단계에 진입하게 된다. 어떠한 산업 혹은 기업이 해당 도시에 유치되느냐는 것은 노동력 공급, 부존자원, 시장접근성 등의 측면에서 결정된다고 톰슨은 주장한다. 아직 도시경제가 성숙하기 전이므로 자본이 축적되어 있지 않다. 따라서 투자재원은 그 도시에서 조달되지 못하고 외부에 의존하는 것이 일반적이다. 유치된 산업 혹은 기업이 제품을 생산하고 수출량을 확대함에 따라, 그 산업 혹은 기업이 해당 도시의 경제를 주도하는 단계이다. 전문화된 제품의 수출량이 확대됨에 따라 도시에 인구가 점차 유입되고, 이에 따라 주거지역이 확대되면서 동시에 다양한 도시기반시설이 갖추어진다.

2) 복합 수출산업 단계

전 단계인 수출 전문화 단계에서 해당 도시에 유치된 산업 혹은 기업이 성장하면서, 그 산업 혹은 기업을 중심으로 수출산업군(export complex)이 형성되는 단계이다. 수출 전문화 단계에서 성장한 산업과 기업이 타 도시 혹은 타 국가로 수출하는 제품의 수량이 크게 증가함에 따라 고용 창출의 기회가 확대된다. 이에 따라, 직장을 찾는 사람들이 해당 도시에 더욱 많이 모이게 되고, 그 산업 혹은 기업은 산업인력을 원활하게 공급받음으로써 더욱 발전한다. 이로 인해, 그 산업 혹은 기업을 지원하는 기업이 설립되는 것은 물론이고, 그 산업 혹은 기업에서 생산된 제품을 가공하여 다른 제품을 생산하는 부차적 기업이 해당 도시에서 활동하게 된다. 이는 승수효과를 발생시켜 수출산업의 범위를 확대시키고, 나아가서 그 도시에서 수출하는 제품의 종류와 수량을 확대시킨다.

3) 지역경제 성숙 단계

수출산업군을 통한 수출 제품의 범위와 양이 확대되면서 해당 도시는 수출의존도가 점차 커진다. 이는 해당 도시가 타 지역으로 수출하는 총액의 비중이 타 지역으로부터 수입하는 총액의 비중보다 점점 더 커진다는 것을 의미한다. 결국, 해당 도시로 유입되는 자금이 유출되는 자금보다 많아짐으로써 해당 도시는 점차 자본이 풍족해진다. 축적되는 자본으로 인해 해당 도시의 평균 소득 수준은 향상되고, 다양한 종류의 지역산업, 특히 소비산업이 성장할 수 있는 기회가 확대된다. 이러한 과정을 통해 생산과 소비가 동시에 발전하면서 해당 도시의 경제자립도가 향상된다.

4) 도시 고차기능 확대 단계

세 번째 단계에 이르는 동안 도시의 경제는 크게 발전하고, 시민들의 소득 수준이 매우 높아졌으며, 시민들은 더 높은 수준의 생활을 기대하게 된다. 이에 도시정부는 높은 수준의 도시기반시설을 구축하고 동시에 교육, 문화, 여가 등의 고차기능 서비스를 제공한다. 아울러, 해당 도시는 재정력이 약한 주변 지역에서 반드시 필요로 하지만, 스스로 제공하기 힘든 서비스들을 주변 지역에 공급하면서 결절지역(結節地域, a node connecting and controlling neighboring urban areas)의 역할을 수행하게 된다. 결절지역이란 인접된 도시들을 연결하고 통제할 수 있는 도시를 일컫는다.

5) 고도의 기술 및 전문 도시 단계

이 단계에 진입한 도시는 그동안 축적된 고유의 기술과 전문성을 바탕으로 타 도시와 차별되는 특화된 경제기능을 수행한다. 이 단계에 진입한 도시는 지역중심 대도시의 역할을 맡게 된다.

2. Thompson 모형에 대한 평가

톰슨 모형은 장점과 단점을 가지고 있다. 톰슨 모형의 장점은 수출기반모형을 중심으로 하여 도시발전과정을 산업의 성장과 구조의 변화과정과 연계하여 파악하는 점이다. 즉, 산업이 발전함에 따라 도시의 발전도 달라진다는 것이다.

하지만, 이 모형은 다음과 같은 점에서 비판을 받고 있다. 첫째, 이 모형은 노동력, 부존자원 등의 생산요소가 풍부한 지역을 중심으로 산업이 발전한다고 가정하는데, 이는 적절하지 않은 가정이라는 비판이 있다. 리차드슨(R. W. Richardson)은 수요가 풍부한 지역을 전제로 모형을 정립하는 것이 더욱 타당하며, 생산요소의 경우에는 부존 상태와 질에 따라 영향이 달라진다고 주장한다. 둘째, 이 모형은 이론에 중점을 둔 추상적인 모형이기 때문에, 도시성장을 분석함에 있어서 현실적으로 유용성이 낮다. 수업시간에 학생들의 이해는 높일 수 있을지 몰라도, 실제로 도시성장을 분석하는 연구에서는 많이 사용되지 않고 있다.

제2절

Klaassen과 Paelinck의 도시발전단계모형

이 모형은 유럽의 여러 도시들이 발전해나가는 경험적 사실들을 기초로 클라센과 팰링크(Klaassen & Paelinck, 1979: 1095-1104)가 만든 것이다. <표 3-1>에서 보는 바와 같이 이 모형은 도시의 발전단계를 크게 성장기와 쇠퇴기로 구분하고, 성장기와 쇠퇴기를 각각 2단계로 분류하여 총 4단계로 세분해서 도시화(urbanization) 단계, 교외화(suburbanization) 단계, 역도시화(disurbanization) 단계,[1] 재도시화(reurbanization) 단계로 분류하며, 이 4단계는 집중 양태와 분산 양태에 따라 다시 8단계로 세분된다. 이에 대해 살펴보면 다음과 같다.

표 3-1 Klaassen과 Paelinck의 도시발전단계

구분	성장기				쇠퇴기			
	도시화		교외화		역도시화		재도시화	
	절대적 집중	상대적 집중	상대적 분산	절대적 분산	절대적 분산	상대적 분산	상대적 집중	절대적 집중
단계	1	2	3	4	5	6	7	8
중심인구	++	++	+	−	−−	−−	−	+
교외인구	−	+	++	++	+	−	−−	−−
도시권전체인구	+	+++	+++	+	−	−−−	−−−	−

주) '+'는 증가, '++'는 대폭증가, '−'는 감소, '−−'는 대폭감소.

1) 유럽에서 클라센과 팰링크에 의해 이 단계가 처음으로 소개될 때는 desurbanization으로 표현되었으나, 미국에 이 단계가 소개되면서 disurbanization과 같이 사용되었다.

1. 도시화 단계

성장기는 중심지역과 교외 지역을 합한 도시권 전체의 인구가 증가하는 단계이다. 성장기는 도시화 단계와 교외화 단계로 분류된다. 도시화 단계는 중심도시로 인구가 집중되는 경향을 보이는 단계이다. 도시화 단계는 집중의 양태에 따라 전기와 후기로 구분된다.

도시화 전기 단계는 인구가 절대적으로 집중하는 단계이다. 교외 지역은 인구가 감소하는데 중심지역의 인구는 증가함으로써, 중심지역의 인구집중도가 확실하고 강하게 인식되는 단계이다. 교외 지역의 인구 감소보다 중심지역의 인구 증가가 더욱 크기 때문에 도시권 전체의 인구가 증가하는 단계이다.

도시화 후기 단계는 인구가 상대적으로 집중하는 단계로서, 중심지역에 인구가 집중되는 경향이 지속되면서 그 확산효과가 교외 지역까지 미쳐서 도시권 전체의 인구가 매우 큰 폭으로 증가하는 단계이다. 중심지역의 인구는 물론이고, 교외 지역의 인구도 증가하여 두 지역은 인구 증가라는 측면에서 동일한 경향을 보이지만, 인구집중의 정도에서 차이가 나는 상대적 집중을 보이는 단계이다.

2. 교외화 단계

성장기의 두 번째 단계는 교외화 단계로서 중심도시로 인구가 집중되는 것보다 교외 지역으로 인구가 분산되는 경향을 강하게 보이는 단계이다. 교외화 단계는 분산의 양태에 따라 전기와 후기로 구분할 수 있다.

교외화 전기 단계는 상대적 분산 단계, 즉 중심도시와 교외 지역 모두에서 인구가 증가하는데, 교외 지역 인구 증가가 중심도시의 인구 증가보다 큼으로써 인구가 중심도시로 집중되기보다 교외 지역으로 분산되는 경향이 보이는 단계이다.

교외화 후기 단계는 절대적 분산 단계이다. 중심도시의 인구는 감소하지만, 교외 지역에서는 인구 증가가 지속적으로 나타나는 단계이다. 교외화의 후기에 들면 교외 지역에서는 인구가 증가하지만, 중심지역에서는 인구가 감소하여 인구의 분산 경향을 확연하게 알 수 있다. 교외 지역의 인구는 지속적으로 큰 폭의 증가를 보이지만, 중심지역의 인구가 조금씩 감소함으로써 전 단계와 비교할 때 도시권 전체의 인구증가폭은 시간이 지날수록 감소한다.

3. 역도시화 단계

클라센과 팰링크(Klaassen & Paelinck) 모형에 의하면, 성장기에 이어서 쇠퇴기가 나타난다. 쇠퇴기는 중심도시와 교외 지역을 합한 도시권 전체의 인구가 감소하는 단계이다. 쇠퇴기는 역도시화 단계와 재도시화 단계로 구분된다. 역도시화 단계는 인구가 분산되는 경향이 나타나는 단계이다. 역도시화 단계는 분산의 양태에 따라 전기와 후기로 구분된다.

역도시화의 전기 단계는 인구가 절대적으로 분산되는 단계이다. 교외 지역에서는 인구증가율은 감소하지만 인구는 여전히 증가하는 반면에, 중심도시에서는 인구가 급격하게 감소함으로써 교외 지역으로의 인구 분산이 확실하고 강하게 인식되는 단계이다. 교외 지역의 인구 증가보다 중심지역의 인구 감소가 더 큼으로써, 도시권 전체의 인구가 감소하기 시작하는 단계이다.

역도시화의 후기 단계는 인구가 상대적으로 분산되는 단계이다. 중심도시에서는 인구가 급격하게 감소하는 경향이 지속되고 교외 지역에서도 인구 감소 현상이 나타나, 도시권 전체의 인구가 매우 큰 폭으로 감소하는 단계이다. 중심도시의 인구는 물론이고 교외 지역의 인구도 감소하여 두 지역은 인구 감소라는 측면에서 동일한 경향을 보이지만, 인구 감소의 정도에서 차이가 나는 상대적 분산을 보이는 단계이다.

4. 재도시화 단계

쇠퇴기의 두 번째 단계이면서 이 모형의 마지막 단계는 재도시화 단계이다. 중심지역에서는 인구 감소 현상이 약해지다가 다시 인구가 증가하는 반면에, 교외 지역에서는 인구가 크게 감소하여, 인구가 중심도시로 집중하는 현상이 조금씩 나타나는 단계이다. 재도시화 단계는 집중의 양태에 따라 전기와 후기로 구분된다.

재도시화 전기 단계는 상대적 집중 단계, 즉 중심지역과 교외 지역 모두에서 인구가 감소하지만 교외 지역 인구는 큰 폭으로 감소하는 반면에, 중심지역의 인구 감소는 완화됨으로써 중심지역으로 인구가 집중될 수 있는 가능성이 보이는 단계이다.

재도시화 후기 단계는 절대적 집중 단계이다. 중심지역에서는 인구가 증가하기 시작하지만, 교외 지역에서는 인구가 지속적으로 감소하는 단계이다. 따라서 이 단계에 진입하면 인구가 중심도시로 집중하는 경향을 확연하게 알 수 있다. 교외 지역의 인구는 지속적으로 큰 폭의 감소를 보이지만, 중심지역의 인구가 조금씩 증가함으로써 도시권 전체의 인구는 약간 감소하지만 감소율은 줄어든다.

5. Klaassen과 Paelinck 모형에 대한 평가

톰슨의 모형과 마찬가지로 클라센과 팰링크 모형도 장점과 단점을 가지고 있다. 이 모형의 장점은 유럽의 도시들이 발전하는 과정을 분석하면서 만들어졌기 때문에 현실성이 매우 높다는 점이다. 그래서 이 모형은 단계별 도시화 수준을 평가하는 연구와 국가 간 도시화 수준을 비교하는 연구에서 많이 활용된다. 특히, 유럽에서의 도시성장에 관한 연구에서는 이 모형이 자주 활용된다.

이 모형의 단점은 유럽의 도시들이 실제로 성장하는 것을 관찰하면서 만들어졌기 때문에 이 모형을 지원하는 이론이 빈곤하다는 점이다.

제4장 도시화 과정

클라센과 팰링크(Klaassen & Paelinck) 모형에서 논의된 바와 같이, 도시화 과정은 4단계, 즉 도시화 단계(urbanization), 교외화 단계(suburbanization), 역도시화 단계(disurbanization), 재도시화 단계(reurbanization)로 구분하여 살펴보는 연구들이 많다. 물론, 나라마다 진행되는 특징은 다양할 수 있으나, 진행 방향은 유사하게 나타나고 있다. 이 장에서는 전체적인 관점에서 도시의 성장 과정을 살펴본 후에 도시화 단계, 교외화 단계, 역도시화 단계, 재도시화 단계의 주요 내용을 살펴보기로 한다.

제1절 도시의 성장

1. 도시의 성장 과정

농촌지역에 여러 가지 이유로 사람과 산업시설들이 모이면 도시화가 진행되면서 농촌은 도시로 성장한다. 이 도시는 중심도시가 되어 성장하면서 더 많은 사람들과 산업시설이 모여들고 시민들의 소득 수준이 상승한다. 사람들이 급격하게 유입되는 상황에 대해 도시정부는 효율적으로 대처할 수 있는 시간과 재원이 없어서 도시 내에 불량주거지역이 확대된다. 이에 따라, 통근에 소요되는 시간과 비용보다

환경을 더욱 중시하는 일부 중상층들이 주변의 교외 지역으로 이동하는 교외화가 시작된다. 한편으로는 중상층을 중심으로 교외화가 시작되면서, 다른 한편으로는 농촌의 저소득층이 대거 중심도시로 모여들면 중심도시를 포함한 도시권 전체는 인구규모적으로 더욱 확대되고 그 여파는 주변 교외 지역에도 영향을 미쳐서, 교외 지역이 확장되는 것은 물론이고, 도시적 특징도 확대된다. 중심도시가 더욱 성장하여 대도시가 되면, 대도시의 과밀화를 완화하기 위해 대도시의 기능을 분담하는 위성도시가 형성된다. 위성도시는 대도시의 확장에 따라 계획적으로 만들어지기도 하고, 자연스럽게 나타나기도 한다. 계획적인 위성도시는 상업 기능과 공업 기능을 주변 지역으로 분산시켜 주변 지역에 고용기회를 높임으로써 일자리를 찾는 사람들이 자연스럽게 중심도시에서 위성도시로 이주하도록 유도하는 목적을 지닌다. 이와 아울러, 중심도시 주민 중에서 쾌적한 주거환경을 찾아 이주하려는 주민들이 중심도시 주변에 모이면서, 자연환경과 더불어 인위적인 환경도 갖추어진 위성도시가 형성되기도 한다. 행정적으로 중심도시로부터 자립적인 지위를 가지는 위성도시는 중심도시와 분리시킬 수 없을 정도로 밀접한 관계를 맺으면서 다양한 기능을 분담하지만, 일상생활의 많은 부분을 중심도시에 의존하고 있다. 이리하여, 대도시권이 형성된다.

교외 지역이 더욱 성장하여 대도시권이 확대될수록, 상류층을 중심으로 교외 지역 주변에 위치하는 자연환경이 좋은 배후 농촌지역으로 이동하는 역도시화가 진행된다. 또한 중심도시, 교외 지역, 농촌지역 간의 교류도 확대된다. 이러한 과정 동안에 중심도시는 재정적으로 어려움을 겪으면서 쇠퇴하는 경험을 한다. 중심도시는 쇠퇴를 멈추고 재부흥하기 위해 다양한 노력을 기울인다. 이러한 노력이 성공을 거두어 도시가 재생되면 메가시티(megacity)가 되고 상황에 따라 세계도시가 된다.

2. 대도시의 형성과 역할

대도시권이 성장하면 메트로폴리스(metropolis)와 메갈로폴리스(megalopolis)가 된다. 메트로폴리스는 거대 도시 또는 100만 도시라고도 불린다. 20세기에 들어와서 산업화와 도시화가 급속하게 진행되고, 교통・통신이 발달하면서 도시의 기능은 다양해지고 도시기반시설도 잘 구축되어진다. 아울러, 정보의 획득도 유리하여 경제활동이 용이해짐으로써 도시로 많은 인구가 유입되고, 사람과 물자의 이동이 활발해지면서 도시의 규모는 더욱 커진다. 따라서 도시는 주변 지역으로 크게 확장되어 광역화를 이루게 된다. 대도시 중에서 인구 100만 명이 넘는 거대 도시를 메트로폴리스라고 한다. 그리스어의 모시(母市, mother city)에 어원을 둔 메트로폴리스는 경제활동을 포함한 다양한 도시활동들을 주변 지역으로까지 확산시킴으로써, 그 지역 전체의 정치 · 행정 · 경제 · 사회 · 교육 · 문화 · 정보 등을 통괄하는 도시이다.

도시가 팽창되면 때로는 2개 이상의 중심도시가 주변 지역에 영향을 미쳐서 더 넓은 권역을 형성하게 되는데, 이때 영향권에 포함되는 모든 지역을 포괄하여 대도시권(metropolitan area)이라고 한다. 특히, 복수의 메트로폴리스가 연결될 경우에 메갈로폴리스가 나타난다. 즉, 개별적으로 기능하던 메트로폴리스가 교통의 발달로 서로 연결되면서 기능적으로 일체화된 거대 도시권, 즉 연담 도시 또는 메갈로폴리스(megalopolis)가 형성된다. 메갈로폴리스는 한 국가 내에는 물론이고, 세계의 중심지적 역할을 수행한다.

지금까지 농촌에서 도시를 거쳐 대도시가 되는 도시의 일반적인 성장 과정을 개괄적으로 검토하였다. 모든 도시가 이러한 과정을 경험하는 것은 아니다. 도시화 단계에 머무르는 도시도 있고, 교외화 단계에 있는 도시도 있으며, 역도시화 단계를 경험하는 도시도 있고, 재도시화 단계에 있는 도시도 있다. 또한 재도시화에 성공하여 국가 내에서 가장 중추적인 역할을 하는 메가시티가 된 도시도 있고, 세계 속에서 역할을 확대하여 세계도시가 된 도시도 있다. 이처럼 다양한 형태의 도시가 나타나는 것은 도시화, 교외화, 역도시화, 재도시화 단계에서 나타나는 문제들에 대해 얼마나 적절하게 대응했느냐는 것과 직결될 수 있다. 따라서 다음에서는 도시화 단계, 교외화 단계, 역도시화 단계, 재도시화 단계에 대해 구체적으로 살펴보기로 한다.

제2절

도시화(Urbanization)

1. 도시화의 개념과 원인

영국에서 정치·행정도시, 상업도시, 문화도시, 종교도시, 군사도시 등과 같이 산업혁명 이전부터 존재하던 기존의 도시를 중심으로 산업화가 진행되었듯이, 많은 다른 나라들에서도 기존에 존재하는 다양한 도시들을 중심으로 산업화가 추진되었다. 한국의 경우에도 1962년에 시작된 제1차 경제개발5개년계획을 추진할 때 기존의 도시들 중에서 일부 도시를 중심으로 산업화가 진행되었다.

기존의 도시를 중심으로 산업화가 일어나는 이유는 매우 다양하다. 대표적인 이유는 다음과 정리될 수 있다.

첫째, 기존의 도시는 이미 도시기반시설을 어느 정도 갖추고 있기 때문에, 이를 이용하면 산업화를 추진하는 데 도움이 된다. 산업화를 추구할 시점에는 일반적으로 자본이 충분히 축적되어 있지 않다. 그런데 산업화를 추진하려면 도로, 항만, 공항, 공장 등의 산업기반시설이 필요하다. 충분하지 못한 자본을 이러한 시설을 구축하는 데 투자하게 되면 공장 건설비용이나 공장 운용자금이 부족하게 되어 산업화를 추진하는 데 많은 애로가 발생할 수 있다. 따라서 산업화를 효율적으로 추진하기 위해서는 기존 도시의 기반시설을 이용하는 것이 바람직하다.

둘째, 비도시지역과 비교할 때 도시에는 주거시설, 교육시설, 문화시설, 여가시설 등이 많이 제공되어 있다. 주거시설이 충분하지 않으면 근로자들은 휴식을 취하기 어렵게 되어 노동생산성이 떨어지는 것은 물론이고, 건강에도 좋지 않은 영향을 미칠 수 있다. 교육시설에 대한 높은 접근성은 우수한 노동력을 확보하기 용이하고, 근로자 자녀들의 교육환경을 높일 수 있다. 문화·여가 시설이 좋을수록, 근로자의 스트레스를 줄이고 노동생산성을 향상시키는 것은 물론이고, 근로자와 가족들의 삶의 질을 높이는 기회를 증진시킬 수 있다.

셋째, 집적효과(agglomeration effect)[1]를 기대할 수 있다. 집적효과는 위에서 지

1) 집적이란 같은 종류의 산업이 한곳에 집중되어 들어서는 현상을 가리킨다. 한 지역에 같은 업종이 연계되어 들어서면 도시기반시설의 이용, 원료 구입, 노동력 확보, 정보·기술 교환 등 다양한

적한 도시기반시설의 이용, 인력 확보 등을 포함하여 여러 측면에서 논의가 가능하지만, 여기에서는 정보·기술의 획득, 수송비 절감, 시장 접근성의 측면에서 살펴보기로 한다. 관련 산업이 도시에 집적하게 되면 다양한 정보와 기술을 교환하기가 용이해진다. 하나의 제품은 여러 부품으로 구성되는 경우가 대부분인데, 관련 부품 회사들과 완성품 회사들이 한 지역에 모여 있으면 부품 수송비가 절감된다. 또한 제품을 생산하는 이유는 판매를 통한 수익 창출에 있기 때문에 시장에의 접근성도 매우 중요하다. 이러한 여러 측면의 집적효과는 생산비용과 판매비용을 감소시키고, 이는 기업의 이윤을 높이는 데 기여한다.

기존의 도시에서 산업화가 발생하면 도시에 인구가 증가하는 도시화가 진행된다. 도시에서의 인구 증가는 두 가지 요인, 즉 자연적 증가와 사회적 증가에 의해 발생한다. 자연적 증가는 사망률보다 높은 출생률에 의해 나타난다. 사회적 증가는 농촌에서 도시로의 인구이동에 의한 것이다. 이를 '이촌향도(離村向都)[2] 현상'이라고 한다. 도시화 단계에서 나타나는 인구이동의 가장 중요한 특징은 이촌향도 현상이다. 이촌향도 현상은 일회성으로 끝나는 것이 아니라 지속적으로 발생하는 경향이 있다. 국가 전체적으로 볼 때, 이촌향도라는 거대한 밀물이 중심도시로 지속적으로 밀려오는 것이 일반적인 현상이다. 이촌향도 현상이 발생하는 가장 중요한 원인은 '소득을 위한 직장 찾기'에 있다. 도시를 중심으로 발생한 산업화는 노동력에 대한 수요를 높이기 때문에, 농촌에 거주하는 사람들은 도시로 이주하여 직장을 구하려 한다. 도시의 우수한 교육환경과 문화환경도 이촌향도의 원인이 되는 경우가 있다. 이들이 도시가 가지는 인입요인(pull factors; 도시적 요인, 직접적 요인)에 해당한다. 인입요인과 아울러, 촌락이 가지고 있는 압출요인(push factors; 농촌적 요인, 간접적 요인), 즉 농촌의 소득 감소와 일자리 감소도 이촌향도의 원인이 된다.

형태의 집적 이익을 가져오는 것이다. 그러나 집적이 과도하게 이루어지면 사회적 비용 증가로 불이익이 나타나게 된다. 대표적인 집적 불이익은 인구 과밀, 부동산 가격의 상승, 교통 체증, 주택난 등이다.

2) 이촌향도를 이농향도(離農向都)라고도 한다. '이농'이라는 표현은 촌락의 대표적인 형태가 농촌이라는 인식에서 유래된 것인데, 실제로 도시에 유입되는 인구는 농촌 출신은 물론이고, 어촌과 산촌 출신도 있다. 따라서 이 책에서는 이촌향도라고 표현한다.

2. 도시화 단계에서의 도시지역의 변화

도시화가 진행되는 과정에서 도시 내의 중심업무지역(Central Business District: CBD),[3] 즉 도심은 업무 기능, 상업 기능과 더불어 주거 기능의 역할을 한다. 도심 내의 지가(토지 가격)와 지대(토지 임대가격)는 다른 지역보다 높게 형성되는 것이 일반적이다. 이를 뒷받침하는 이론이 튀넨(Thünen)모형이다. 튀넨모형은 그동안 많은 연구자들로부터 끊임없이 도전을 받았지만 이론적으로 그리고 실제적으로 여전히 유효한 모형으로 인정을 받고 있다. 튀넨(J. H. von Thünen)의 모형에 의하면, 지가와 지대는 도심에서의 거리에 반비례한다([그림 4-1] 참조). 즉, 도심에서 외곽으로 나갈수록 지가와 지대는 떨어진다. 이는 주거지역의 지가와 지대에도 적용되어, 도심 내의 주거지역의 지가와 지대도 다른 주거지역의 지가와 지대에 비해 높다. 따라서 도심 내의 주거지역에는 높은 지가와 지대를 감당할 수 있는 중상층이 거주한다.

도시에서 출생한 사람들은 가족의 소득 수준에 따라 주거지역이 결정될 것이다. 그러나 직장을 찾아서 농촌에서 이주해 온 사람들은 자산 혹은 소득이 매우 낮거나 혹은 거의 없는 수준이기 때문에, 주택을 구입할 능력이 전혀 없을 뿐만 아니라 주택의 임대료를 감당하기도 힘들어 자신이 원하는 곳에서 거주하기가 쉽지 않다. 이들은 임대료가 싼 주거지역을 선택하려 하면서도 자신의 직장과 가까운 곳에

그림 4-1 Thünen의 모형

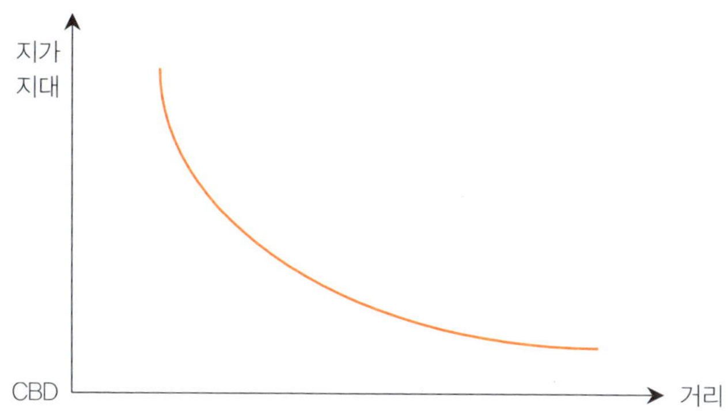

3) 중심상업지역이라고도 한다.

거주하기를 원한다. 결국, 중심업무지역(CBD) 주변에 있는 주거지역이나 공장 주변의 주거지역에 거주하게 된다.

모든 나라에서 그러하듯이, 이촌향도 현상은 일회성에 그치는 것이 아니라 지속적으로 진행된다. 따라서 중심업무지역 주변이나 공장 주변에 있는 주거지역에 인구가 집중되며, 인구집중에 의한 인구밀도의 증가는 주거환경, 건강, 범죄 등 여러 측면에서 부작용을 발생시킨다. 이로 인해, 자연스럽게 근로자들의 주거지역이 도시 내의 외곽지역으로 점차 확산된다. 도시 내의 외곽지역으로 주거지역이 확산되는 것은 근로자들에게도 관심 있는 현상이다. 위에서 언급된 튀넨의 모형에 따르면, 외곽지역은 지가가 싸서 임대료가 낮기 때문에 자산이나 소득이 거의 없거나 낮은 대부분의 근로자들에게 매력적인 주거지역이 될 수 있다. 그러나 주거지역이 외곽지역으로 확산되는 데는 한계가 있다. 도보 혹은 대중교통을 이용할 수밖에 없는 대부분의 근로자들이 교통망이 적절하게 구축되어 있지 않은 외곽지역에 거주하는 것은 현실적으로 불가능하기 때문이다(Berg et al., 1982: 25).

3. 도시화 단계에서의 도시문제와 주요 도시정책

1) 도시문제와 도시교통정책

지속적으로 이촌향도 현상이 진행됨에도 불구하고 도시 내의 외곽지역으로 주거지역이 확산하는 것은 한계가 있기 때문에, 도심에 속한 상류주거지역을 제외한 도시 내의 모든 주거지역에는 인구가 계속하여 증가하고 인구밀도는 급격하게 높아진다. 이로 인해, 불량주거지역이 확대되는 것은 물론이고, 범죄가 증가하고 전염병이 빠른 속도로 확산하는 등의 많은 문제들이 발생한다. 시민들은 도시정부가 이러한 문제들을 해결할 것을 기대하게 된다.

이러한 문제들을 해결하기 위해서는 다양한 측면에서 많은 정책적 노력이 필요하며, 이러한 노력에는 필연적으로 자본이 요구된다. 그러나 이 시기는 총량경제성장[4]을 추구하는 때이다. 즉, 충분하지 못한 자본으로 경제규모를 확대시키기 위해 국가적 차원에서 모든 역량을 집결하는 시기이다. 경제성장에 대부분의 자본을 투

---

4) 이 시대의 경제정책은 생산량을 확대하는 데 초점을 두기 때문에, 경공업 위주의 경제성장을 추진한다.

자하기 때문에, 도시에 거주하는 시민들의 모든 요구들을 충족시킬 자본이 절대적으로 부족할 수밖에 없다. 그렇다고 해서 도시 시민들의 그러한 요구들을 완전히 무시할 수도 없는 상황이다. 이러한 현실에 직면하면 각 나라마다 그리고 각 도시마다 이에 대한 대처가 다를 수 있지만, 일반적으로 도시정부는 인구밀도를 완화하는 것이 가장 중요한 해결방법이라고 진단하면서 교통시스템을 가장 먼저 정비하려 한다. 철도, 전차 혹은 버스 시스템을 정비하면 도시 내에 거주하는 사람들의 주거지역이 선로, 정거장, 정류장 등을 중심으로 새롭게 형성되면서 점차 외곽으로 확대된다(Berg et al., 1982: 26-27). 이를 나타내는 것이 제5장에서 후술되는 호이트(H. Hoyt)의 선형이론(부채꼴이론, sector theory)이다. 새로운 주거지역이 형성된다는 것은 도시정부가 도로, 학교, 공원, 상·하수도, 전기, 가스 등을 포함한 도시기반시설과 이에 따른 다양한 공공서비스를 제공해야 함을 의미한다. 이러한 시설들과 서비스들이 제공되지 않으면 주거지역으로서의 역할을 할 수 없기 때문이다. 이러한 시설들을 구축하고 또한 이러한 공공서비스들을 제공하기 위해서는 인력이 필요하기 때문에 새로운 일자리들이 창출된다. 산업화가 진행되는 도시에는 공장들이 입지하기 때문에 일자리가 많이 생기는데, 거기에다가 새롭게 형성되는 주거지역에 도시기반시설들과 공공서비스를 제공하는 데 필요한 신규 일자리의 발생은 도시의 고용창출 능력을 더욱 증가시킨다. 이로 인해, 이촌향도 현상은 더욱 촉진된다.

새로운 주거지역을 형성하기 위해서는 주거지 개발계획, 택지 소유자와의 합의, 기존 시설 철거, 택지 조성, 주택 건설 등의 여러 복잡한 과정들을 거쳐야 하고, 개별 과정에는 많은 시간이 투자되어야 한다. 그러나 이촌향도 현상은 빠르게 지속적으로 진행되기 때문에 도시 내의 주거지역의 인구밀도는 계속 높아진다.

인구밀도가 높아질수록, 도시의 주거환경은 점차 열악해질 수밖에 없다. 불량주택이 양산되고, 이로 인해 불량주거지역이 확대된다. 이러한 상황이 되면 주택문제에 대한 주민들의 불만이 크게 높아질 수 있다. 이에 도시정부는 주택문제, 특히 불량주거지역과 주택 부족 등을 해결하려고 노력한다. 그러나 앞에서 언급한 바와 같이, 이 시대는 총량경제성장의 시대이어서 전 국가적으로 모든 역량을 경제성장에 집중하기 때문에, 자본회전율이 떨어지는 주택 부문에 대한 투자는 제한적으로 이루어질 수밖에 없다. 이러한 제한적인 주택정책들이 시민들의 기대를 충족시킬 수는 없다.

2) 대표적인 도시주택정책

이 시기에 시행되는 대표적인 주택정책들을 살펴보면 주택건설 촉진, 불량주거지역 정비, 주택가격 제한 등이다. 도시화 단계에 있는 모든 도시들이 이러한 주택정책들을 모두 실시하는 것은 아니다. 도시가 처한 상황에 따라 이러한 주택정책 모두를 실시하는 도시들도 있고, 실시하지 않는 도시들도 있으며, 또한 위의 주택정책들 중에서 하나 혹은 둘만 실시하는 도시들도 있다. 이러한 주택정책들을 실시하더라도 내용 면에서는 도시마다 차이가 있을 수도 있다. 이를 유의하면서, 위에서 언급된 주요 주택정책들에 대해 살펴보면 다음과 같다.

(1) 주택건설 촉진

이 시기의 대표적인 주택문제는 주택의 절대적 부족이다(McGuire, 1981). 특히, 경제가 발전하고 있는 도시에서는 주택부족 문제가 더욱 심각해진다. 실제로 산업화·도시화가 진행되면서 한국은 물론이고, 많은 나라들의 도시들에서 주택부족 현상이 매우 심각하였다. 주택부족 문제가 심각해지면 주택가격이 급격히 상승하고, 전염병이 빠르게 확산되며, 범죄가 많아진다. 또한 주택부족 문제는 근로자들에게 충분한 휴식을 제공하지 못하는 상황을 발생시켜 중·장기적으로 노동생산성을 떨어뜨릴 수 있다. 주택부족 문제는 이러한 부차적인 문제들을 유발하기 때문에, 정부는 이를 해결하기 위한 정책적 방안을 실시할 수밖에 없다.

주택정책의 사이클

제1단계: 주택건설 촉진

경제 발전정책을 추진하는 과정에서 소외되었던 분야인 주택 분야에서 주택부족 문제가 심각해지자, 정부가 주택건설을 촉진하는 정책을 추진하는 단계이다.

제2단계: 주택 크기 확대

경제 발전이 가시화되기 시작하면서 국민들의 소득이 증가하게 되면 소형 주택보다 중대형 주택에 대한 선호도가 커진다. 이에 따라, 주택정책도 중대형 주택의 건설에 초점을 맞춘다.

제3단계: 주거환경 쾌적성 확보

소득 수준이 더욱 확대되면 국민의 주거환경에 대한 관심이 높아진다. 따라서 정부는 더 좋은 주거환경을 조성하기 위한 정책을 시행한다.

제4단계: 주택소유권 확대와 저소득층 주택정책
마지막 주택정책 단계는 주택소유를 확대하는 정책과 아울러 저소득층의 주거문제를 해결하기 위한 다양한 주택정책을 실시한다.

출처: McGuire(1981)에서 부분 발췌 · 재서술

주택부족 문제를 해결하기 위해서는 정부 차원에서 주택을 건설할 수도 있지만 이에는 한계가 있다. 따라서 정부는 민간건설회사가 주택을 많이 건설하도록 유도하는 정책을 사용한다. 주택건설을 촉진하기 위한 대표적인 방법으로는 건설회사에게 금융지원을 하거나, 세제 혜택을 주거나, 택지를 지원하는 것 등을 들 수 있다.

주택건설 촉진 정책이 계획대로 추진되면 적어도 두 가지 긍정적인 효과를 기대할 수 있다. 첫째, 증대되고 있는 주택수요를 충족시킬 수 있다. 도시화가 진행될 때 많은 가구들의 가장들은 소위 '내 집 마련'이라는 꿈을 실현하기 위해 열심히 직장생활을 한다. 주택부문에서는 실수요도 존재하지만, 이러한 가장들은 잠재적인 수요이다. 잠재적인 수요자들은 점차 시간이 흐를수록 실수요자로 변하여 주택수요가 지속적으로 증대된다. 주택건설을 촉진하면 이러한 수요를 충족시키며, 이는 가족들의 정신적인 만족으로 이어질 수 있다.

둘째, 주택가격을 안정시킬 수 있다. 이 당시는 주택부족 현상이 심각하기 때문에 주택가격이 지속적으로 상승한다. 주택가격의 상승은 '내 집 마련의 꿈'을 가지고 열심히 일하는 사람들의 꿈을 지체시키거나 혹은 좌절시킬 수 있을 뿐만 아니라, 물가를 상승시킬 가능성도 높아지고, 자산의 불평등을 심화시킬 수도 있다. 주택가격 상승은 이러한 부작용을 유발할 수 있기 때문에, 정부는 주택건설을 촉진하여 주택공급을 증대시킴으로써 주택가격을 안정시키고자 한다.

그러나 주택건설 촉진 정책은 문제점도 지니고 있다. 먼저, 정부가 건설경기 부양을 지나치게 강조하면 국민들은 주택부족의 심각성을 인지하게 되고, 따라서 주택을 포함한 부동산의 가격이 오르리라 예상할 수 있다. 또한 국민들은 정부에서 발표하는 주택을 건설하더라도 주택부족 문제를 완전히 해소하기 어렵다는 사실을 파악할 수 있다. 이는 향후에도 주택가격이 오를 것이라는 기대를 국민들이 가지게 한다. 이러한 기대는 국민들로 하여금 주택구입시기를 앞당기게 하거나, 밴드웨건 효과(Bandwagon Effect)와 베블렌효과(Veblen Effect)로 대표되는 가수요를 발생시킨

다. 이는 주택수요를 급격하게 증가시킨다. 한정된 주택공급 하에서 주택수요가 증가하면 주택가격은 상승할 수밖에 없다.

주택건설 촉진의 또 다른 문제점은 중대형 주택건설에 집중하여 소형 주택이 부족해진다는 것이다. 위에서 언급한 바와 같이 이 시기에는 총량경제성장에 집중하여서 주택정책에 대한 재정적 지원에 한계가 있다. 이러한 상황 하에서 주택건설을 촉진하기 위해서는 건설업체의 수익성을 보장하여야 한다. 건설업체는 수익을 위해 소형 주택보다 매매가 용이하고 수익성이 높은 중대형 주택을 건설하는 것을 선호한다. 따라서 정부는 중대형 주택을 건설하는 것을 용인할 수밖에 없다. 이로 인해, 서민이 거주하는 소형 주택의 부족 현상은 해소되기 어렵다.

주택부문의 가수요: 밴드웨건효과(Bandwagon Effect)

밴드웨건은 원래 서커스 행렬의 선두에서 대열을 선도하고 분위기를 띄우는 악대차(樂隊車)를 말한다. 옛날 미국의 서부개척시대에 금광 붐이 발생했을 때 금광으로 사람을 몰고 가는 악대마차에서 유래되었다. 이러한 어원에서 유래된 밴드웨건효과는 의사결정에 있어서 강자 혹은 다수가 선택하는 것을 따라하는 심리적 현상, 즉 타인의 선택을 추종해서 자신도 동일하게 결정하는 현상을 말한다. 주택시장에서 주택수요, 나아가서 가수요가 크게 증가하면 주택가격이 급격하게 상승하여 주택을 구입한 사람들의 재산가치는 크게 상승하고, 주택구입에 관심이 없었던 사람들은 상대적으로 박탈감을 느끼는 상황이 발생한다. 따라서 주택구입에 관심이 없던 사람들조차 주택구입에 동참하는 경우를 자주 볼 수 있다.

주택부문의 가수요: 베블렌효과(Veblen Effect)

미국의 사회학자인 베블렌(T. Veblen)이 1899년에 출간한 『유한계급론』에서 상류층들이 물질만능주의에 빠져 자신들의 사회적 지위를 과시하기 위해 지각없이 소비하는 행태를 지적하는 과정에서 베블렌효과를 말했다. 베블렌효과는 상류층 소비자들에 의해 이루어지는 소비행태로서 가격이 오르는 데도 수요가 증가하는 것을 말한다. 주택시장에서 주택가격이 상승하면 주택수요량은 감소해야 하는 것이 일반적인 현상이지만, 주택가격이 지속적으로 상승하리라는 기대심리가 작용할 경우에는 주택수요량, 특히 고급주택에 대한 수요량이 더욱 증대되면서 다른 주택에 대한 수요량까지 증대시킬 수 있다.

(2) 불량주거지역 정비

도시화 단계에서 자주 시행되는 주택정책에는 불량주거지역 정비가 포함된다. 우리의 경우, 그동안 추진되었던 대표적인 불량주거지역 정비방법으로는 합동재개발, 주거환경개선사업, 주택재개발사업, 주택재건축사업 등이 있다.

합동재개발은 1973년부터 시행된 자력재개발에 대한 비판에서 나왔다. 자력재개발이란 지방정부가 공공시설 설치와 행정적 지원을 담당하고, 주택개량은 주민들의 자력에 의해 이루도록 하는 사업이다. 자력재개발의 가장 큰 문제점이 개발이익이 존재하지 않는 단순개량사업이다. 이로 인해, 기대했던 효과를 거두지 못하자 오늘날의 재개발과 유사한 합동재개발을 1983년부터 도입 · 시행하였다. 합동재개발은 토지소유자들이 조합을 결성하여 시공사와 함께 사업을 시행하는 방식으로 현재의 재개발의 모체가 되는 제도이다. 자력재개발과 달리 합동재개발의 경우, 조합과 시공사는 개발이익을 얻게 된다. 또한 정부는 세수입의 증대와 주거환경 개선이라는 이익을 얻게 된다.

2003년에 제정된 「도시 및 주거환경정비법」은 노후 · 불량건축물을 효율적으로 개량함으로써 도시기능을 회복하거나 주거환경을 개선하는 것을 목적으로 한다. 이 법은 주거환경개선사업, 주택재개발사업, 주택재건축사업, 도시환경정비사업, 주거환경관리사업, 가로주택정비사업을 포함하고 있다. 주거환경개선사업은 정비기반시설이 극히 열악하고 노후 · 불량건축물이 과도하게 밀집한 도시 저소득층 주거지역의 주거환경을 개선하기 위한 사업이다. 주택재개발사업은 정비기반시설이 열악하고, 노후 · 불량건축물이 밀집한 지역의 주거환경을 개선하기 위한 사업이다. 주택재건축사업은 정비기반시설은 양호하나 노후 · 불량건축물이 밀집한 지역의 주거환경을 개선하기 위한 사업이다. 도시환경정비사업은 토지의 효율적 이용과 도시기능의 회복 등이 필요한 상업 · 공업지역에서 도시환경을 개선하기 위한 사업이다. 주거환경관리사업은 단독주택이나 다세대주택 등이 밀집한 지역의 주거환경을 보전 · 정비 · 개량하기 위한 사업이다. 가로주택정비사업은 노후 · 불량건축물이 밀집한 가로구역에서 종전의 가로를 유지하면서, 소규모로 주거환경을 개선하기 위한 사업이다.

불량주거지역의 유형

이론적으로 불량주거지역은 두 유형, 즉 slum과 squatter로 분류될 수 있다. 이들에 대한 특징을 살펴보면 다음과 같다.

- 슬럼(Slum)

  합법적으로 인정되는 불량주거지역이다. 따라서 불량주거지역으로 존재하는 기간이 장기적이다. Slum에 거주하는 사람들의 대부분은 내일에 대한 희망을 가지지 않으면서 살아간다.

- 스쿼터(Squatter)

  불법적인 불량주거지역이다. 정부로부터 주거지역으로 인정받지 않은 지역에 임시적으로 거주하기 위한 목적으로 형성된 주거지역이다. 언제든지 파괴될 수 있기 때문에 불량주거지역으로 존재하는 기간이 단기적일 수 있다. Squatter에 거주하는 사람들은 내일에 대한 희망을 가지고 열심히 일하는 특징을 보인다.

불량주거지역을 정비할 때 기대되는 효과는 주거 수준을 향상시키는 것과 도시를 정비하는 것이다. 불량주거지역은 슬럼(slum)과 스쿼터(squatter)로 나누어지지만, 어떤 유형의 불량주거지역이든 간에 주거환경이 매우 열악하다. 따라서 불량주거지역에 거주하는 주민들의 불만은 높을 수밖에 없다. 더구나, 불량주거지역에서 전염병이 발병하면 빠른 속도로 도시 내의 다른 주거지역으로 확산되고 범죄가 발생될 가능성도 높다. 이러한 현실은 불량주거지역에 거주하는 주민들뿐만 아니라, 다른 주거지역에 거주하는 주민들의 불만과 불안감도 증대시킨다. 이로 인해, 불량주거지역을 정비해야 한다는 목소리가 지속적으로 높아지기 때문에, 정부는 불량주거지역을 정비하여 주거환경을 개선시키고자 한다. 또한 불량주거지역이 넓으면 넓을수록 도시경제를 발전시키기 위해 반드시 필요한 유동자본을 유치하기 힘들어진다. 유동자본의 입장에서 보면, 애향심과 응집력이 약한 불량주거지역이 많은 도시에 투자하면 수익을 보장받지 못할 가능성이 높기 때문에 그러한 도시에 대한 투자를 선호할 수가 없다. 그렇기 때문에 유동자본이 필요한 도시정부는 불량주거지역의 정비를 통해 도시를 재생시킴으로써 유동자본을 유치하려고 노력한다.

불량주거지역 정비는 기대효과도 있지만 문제점도 가지고 있다. 대표적인 불량주거지역 정비방법인 합동재개발사업, 주택재개발사업, 주택재건축사업, 주거환경개선사업 등의 문제점들을 살펴보면 다음과 같다. 합동재개발이 완료되면 불량주거지역이 새로운 아파트단지로 변하여 지금까지 내지 않던 관리비를 지불해야 하고, 현대식 슈퍼마켓이 생기면서 생필품의 가격이 높아진다. 관리비와 높은 물가 등으로 인해 저소득 원주민들의 정착률이 낮은 점과 세입자에 대한 대책이 전혀 없는 점이 합동재개발의 문제점으로 지적되어 왔다.

주택재개발사업과 주택재건축사업의 경우, 원주민들의 낮은 정착률, 부동산시장이 침체할 때 사업성이 떨어짐으로써 주민들의 추가부담금이 높은 점, 그리고 조합방식으로 인해 조합과 주민들 간, 주민들 간의 갈등과 대립 등이 문제점으로 지적되고 있다(방성훈 · 변창흠, 2012: 201).

주거환경개선사업의 경우, 공공지원이 충분하지 않기 때문에 주거환경의 개선 수준에 한계가 있어서 다시 불량주거지역으로 변할 가능성이 존재한다. 또한 주민의 경제적 · 사회적 여건과 주거환경 개선에 대한 수요를 간과하면서 주택의 물리적 개선에 치중하고 있다(김항집, 2011: 125-126).

(3) 주택가격 제한

또 다른 주택정책은 주택가격을 제한하는 것이다. 어떤 나라에서는 주택가격을 제한하는 것이 자유시장경제체제에 위배되는 것이라는 비판이 강하지만, 다른 나라에서는 주택가격을 제한해야 할 정도의 심각한 문제가 존재하기도 한다. 주택가격을 제한하느냐의 여부는 나라의 상황에 따라 결정된다. 주택가격을 제한하는 방법으로는 주택분양가상한제[5]와 원가연동제[6]가 많이 사용된다. 주택가격을 제한할 때 기대되는 효과는 주택가격의 상승을 억제하는 것이다. 그러나 이 제도는 다음과 같은 부작용들이 나타날 수 있다.

첫째, 분양가 규제는 제한된 자에게 시장가격보다 낮은 가격으로 주택을 분양하는 것이기 때문에 주택가격을 상승시킬 수 있다(임재현, 1993: 29). 여기에서 제한된 자란 모든 사람이 아니라 자격요건을 갖추고 있으면서 추첨 등을 통해 선발된 사람을 말한다. 이들은 시장가격보다 낮은 가격으로 분양을 받기 때문에 많은 혜택을 받게 된다. 이 혜택을 누리기 위해 구입 시기를 앞당기는 실수요자가 증가하는 것은 물론이고, 투자를 위한 가수요자도 증가한다. 이는 새로운 수요를 급격하게 증대시킨다. 주택의 공급은 한정되어 있는데, 공급을 능가하는 새로운 수요가

5) 주택분양가상한제는 분양가격의 상한선을 정하는 제도이다.
6) 택지비와 건축비 등 원가에 변동이 발생할 때, 이에 연동시켜 주택분양가격을 조절하는 제도이다.

발생하는 것은 가격 상승을 유발한다. 이리하여, 주택가격을 제한하고자 하는 원래의 목적이 달성되지 못할 수 있다.

둘째, 분양가 규제는 주택의 대형화를 초래했다(김정호 · 조영하, 1989). 최근에는 전혀 다른 변화가 나타나고 있지만, 그동안은 분양가를 규제하면 대형 주택이 주택 공급자와 수요자 모두에게 더 많은 수익을 주었기 때문이다. 대형 주택의 수요자는 자산과 소득 수준이 높기 때문에, 주택 매매가 활발하여 자본회전율이 높다. 그리고 동일한 건축자재를 사용할 경우 대형 주택은 상대적으로 평당 건축비가 낮으면서 분양가는 높다. 따라서 주택 공급자는 대형 주택을 건설할수록 더 많은 이윤을 확보할 수 있다. 또한 대형 주택은 프리미엄과 가격상승률이 높기 때문에, 대형 주택에 투자할수록 주택 수요자의 수익률도 높았다. 따라서 주택의 공급자와 수요자 모두가 대형 주택을 선호하였고, 건설회사는 대형 주택을 건설하기 위해 가능한 모든 능력을 동원하였다. 한국의 경우, 이러한 경향이 지속되었으나 최근에 들어와서 조세정책 등의 영향으로 대형 주택에 대한 선호도가 떨어져 이러한 부작용이 지속되고 있지는 않다. 그러나 대형 주택에 대한 선호도는 언제든지 바뀔 수 있다.

셋째, 두 번째로 제시한 부작용의 연장선상에서 나타나는 문제로서 분양가 규제는 주택 공급자의 비용 절감, 품질 향상 등의 노력을 약화시킨다. 주택 공급자의 궁극적인 목적은 수익 창출이다. 분양가가 규제되면 주택 공급자는 대형 주택을 많이 공급할수록 많은 수익을 창출할 수 있다. 따라서 대형 주택을 더 많이 공급하기 위한 방안을 찾기 위해 다양한 방법을 동원한다. 주택 공급자들은 힘들고 복잡한 생산성 향상을 위한 노력을 할 필요성을 느끼지 못한다.

넷째, 분양가 규제는 도시를 외연적으로 확산시키고 도심의 저밀도화를 촉진시킨다(김정호, 1988: 118-141). 분양가가 규제를 받는 상황에서 주택 공급자는 택지 가격이 비싼 도심에 주택을 공급하면 수익이 감소하기 때문에, 도심에 주택을 건설할 이유가 없다. 도심보다 택지 가격이 낮은 도시 내의 외곽지역에 주택을 건설하는 것이 더 많은 이윤을 창출한다. 그래서 도시의 주거지역이 외연적으로 확산된다. 또한 도시화가 진행될수록 도심에서는 예전의 업무 · 상업 · 주택 기능 중심에서 수익성이 떨어지는 주택 기능이 점차 감소되고, 업무 · 상업 기능이 확대되는 경향이 보인다. 도심의 주택 기능이 감소하는 것은 도심 내의 주거공간이 감소하는 것을 의미하기 때문에, 도심에 거주하는 거주자의 수가 점차 감소하여 도심의 저밀도화 현상이 나타난다.

다섯째, 분양가 규제는 건설업자에게 적정이윤을 보장하지 못하기 때문에 민간 부문의 주택공급을 감소시켜 주택가격을 상승시킨다(Dornbusch & Fisher, 1987). 분양가 규제로 인해 주택 공급자가 적정이윤을 얻기가 어려운 상황이 발생하면, 민간 주택건설회사는 주택건설을 줄일 수 있다. 민간주택의 공급이 감소하면 주택부족 현상이 심화될 수 있고, 이는 주택가격을 상승시키는 주요 요인이 될 수 있다.

제3절 교외화(Suburbanization)

1. 교외화의 개념과 원인

국가별로 교외화가 시작되는 시기는 다르다. 교외화가 가장 빨리 진행된 국가는 미국이다. 미국의 경우, 제2차 세계대전 이후부터 1950년대에 걸쳐 교외화가 활발하게 진행되었다. 미국에 이어 서유럽 국가, 한국, 일본 등을 비롯한 많은 나라에서 교외화가 진행되었다.

교외화는 도시에 거주하던 주민과 기업이 교외 지역, 즉 중심도시의 행정적 경계 주변으로 이동하는 것을 말한다. 도시화 단계에서는 중심도시로 사람과 기업이 밀물처럼 밀려오는 데 반해, 교외화 단계에서는 중심도시에서 사람과 기업이 썰물처럼 빠져나간다. 그렇다고 해서, 중심도시의 모든 사람과 기업이 빠져나가는 것은 아니다. 상류층이든, 중류층이든, 저소득층이든 혹은 기업이든 간에 교외화에 동참하지 않는 경우도 많다. 그들을 제외한 많은 시민과 기업이 중심도시를 벗어나 교외 지역으로 이동하는 현상이 지속되는 것이 교외화이다.

교외화가 진행되는 양태는 나라마다 그리고 도시마다 다르게 나타날 수 있다. 일반적으로 기업이동보다 인구이동의 측면에서 교외화가 진행되는 것을 뚜렷하게 알 수 있다. 인구이동의 측면에서 교외화의 일반적인 현상을 보면, 출·퇴근에 소요되는 시간과 비용보다 쾌적한 주거환경을 더욱 중시하는 고소득층이 먼저 교외 지역으로 이동하고, 이어서 중류층이 교외 지역으로 이주하며, 마지막으로 저소득층도 교외화의 흐름에 동참한다. 특히, 미국의 경우에는 중심도시의 주택부족 현상이 계속되는 상황에서 제2차 세계대전에 참전했다가 귀환한 병사들이 전쟁 중에 받은 높은 수준의 소득과 후술되는 정부 정책의 지원으로 교외 지역에서 전원적인 새로운 생활이 가능했기 때문에, 교외화가 더욱 활발하게 진행되었다. 또한 경기가 좋아져 생활의 여유가 있는 중·고소득자들이 전원적이며 넓은 저택을 찾아 교외로 이동하였다. 이로 인해, 교외화가 일회적이 아니라 지속적으로 발생하였다.

교외화를 일으키는 원인은 다양하고, 국가마다 그리고 도시마다 다를 수 있다. 가장 대표적인 원인으로는 압출요인(pushing factors; 도시적 요인, 직접적 요인), 인입요인(pulling factors; 교외 지역 요인, 간접적 요인), 교통·통신의 발달, 정부의 정책 등을 들 수 있다.

첫째, 도시가 가지고 있는 문제인 압출요인이 사람과 기업을 도시의 외부로 밀어낸다. 압출요인은 도시 내에서의 생활이나 다양한 활동에 부정적인 영향을 미칠 수 있는 중심도시의 여러 요소들이다. 대표적인 압출요인은 교통체증, 복잡성, 프라이버시 침해, 소음, 깨끗하지 못한 공기, 저소득층의 유입, 자녀들의 면학분위기 열악, 주택가격의 하락 등이다(Hawley & Zimmer, 1970: 31-33).

이 원인들 중에서 경제학자들은 주택가격이 하락하는 점, 그리고 사회학자들은 자녀들의 면학분위기가 나빠지는 점을 중요한 압출요인으로 본다(Downs, 1981: 50-52). 이에 대해 부연 설명을 하면 다음과 같다. 산업화가 추진되어 경제규모가 확대되면 도시는 산업인력의 부족현상을 겪게 된다. 이러한 상황에서 초기에 농촌에서 도시로 이주한 성실하고 능력 있는 근로자들은 빠른 승진을 경험한다. 경제발전과 빠른 승진은 근로자들의 소득 수준을 높여 중류층을 형성하게 한다. 소득수준이 높아지면 자연스럽게 좋은 주거환경에서 거주하고 싶어진다. 따라서 이들은 상류층이 거주하는 도심(중심업무지역) 내의 주거지역으로 이주하려고 한다. 중류층들이 자신의 주거지역으로 이주하는 것을 본 일부 상류층은 점점 나빠지는 도시의 교통문제, 환경문제 등과 더불어 향후 주택가격이 하락할 것이라는 우려와 자녀들의 면학분위기가 떨어질 것이라는 염려로 인해 교외 지역으로 이주한다. 좋은 주거환경을 찾아 일부 고소득층이 도심에서 교외 지역으로 이주하면, 그 빈자리에는 중류층이 이주하게 된다. 이를 목격한 다른 고소득층도 교외화에 동참하게 된다. 고소득층과 중류층 간에 발생하는 이러한 현상은 시간이 지나면 중류층과 저소득층 간에도 나타난다. 즉, 종전에는 상류층이 거주하였으나 현재 중류층이 거주하고 있는 도심 내의 주거지역에 저소득층이 천천히 이주해 오면, 상류층과 동일한 이유에 의해 중류층이 교외로 이주한다. 도심 내에 거주하던 중·고소득층의 교외 유출은 도심의 주택가격과 임대료를 떨어뜨리고, 범죄 발생률을 상승시키며, 학교 교육의 질을 악화시킨다(일본정책투자은행 편, 2002: 21-22).

둘째, 교외 지역이 가지고 있는 주거와 활동에 매력적인 요소인 인입요인이 중심도시에 거주하던 주민이나 기업을 교외 지역으로 끌어들인다. 대표적인 인입요인은 깨끗한 공기, 넓은 공간, 쾌적성, 프라이버시의 확보, 좋은 면학분위기, 주택가격 하락에 대한 우려 불식 등이다(Hawley & Zimmer, 1970: 31-33).

다른 인입요인들에 대해서는 부연 설명이 필요하지 않을 것이므로, 면학분위기와 주택가격에 대해 살펴보면 다음과 같다. 예를 들어, 미국의 경우 교외화가 발생되는 모든 교외 지역에서 공통적으로 발생되는 일은 아니지만, 적지 않은 교외 지역에서 새로 이주한 고소득층이 '배타적 지역지구제(exclusionary zoning)'를 실시한다. 배타적 지역지구제는 높은 조세를 부과하면서 수준 높은 공공서비스를 공급하는 상류주거지역에 저부담·고서비스를 선호하는 중·저소득계층이 유입되는 것을 방지하고자 하는 제도이다. 이리하여, 배타적 지역지구제는 'cadillac zoning'으로 불리기도 한다. 즉, 미국의 대표적인 고급승용차인 캐딜락을 탈 정도의 재산을 가진 사람들만이 살 수 있게 하는 제도라는 의미이다. 이 제도가 시행되고 있는 지역에서는 비슷한 사회경제적 지위에 있는 상류층들끼리 모여 있기 때문에 주택가격이 하락하는 것을 막을 수 있고, 아울러 교육환경이 좋은 사립학교를 설립하여 자녀들을 교육시키기 때문에 자녀들의 면학분위기도 높일 수 있다. 따라서 이러한 지역으로 고소득층의 이주가 더욱 촉진되었다.

셋째, 교통·통신의 발달, 특히 고속도로의 건설은 주거지역의 범위를 교외 지역까지 확대하는 데 기여하였다. 교외 지역에 거주하면서 도심으로의 통근을 가능하게 한 고속도로의 건설과 자동차교통의 발달은 교외화를 일으키는 주요 원인이었다. 미국의 예를 들어보면, 1956년 「연방보조고속도로법」이 제정된 이후 연방정부의 보조에 의해 많은 주간(州間, Interstates) 고속도로들이 건설되었다. 주간 고속도로들은 다음의 이유로 인해 일반 시민이 일상생활에서 빈번히 사용하는 필수적인 생활인프라가 되었다. 첫째, 미국의 주간 고속도로는 중심시가지를 우회하는 것이 아니라 중심시가지를 중심으로 방사선처럼 교외로 뻗어 있다. 둘째, 주간 고속도로는 프리웨이(freeway)라고 불리는 것처럼 원칙적으로 통행료가 무료이다. 셋째,

인구밀집지역에서 주간 고속도로는 매우 고밀한 네트워크를 형성하고 있기 때문에 도시교통시설의 성격을 지닌다. 이러한 특징들을 가진 주간 고속도로는 시민들의 이용을 원활하게 함으로써 생활인프라로 자리매김하게 되었다(일본정책투자은행 편, 2002: 23). 주간 고속도로의 구축이 확대됨으로써 자동차의 보급이 빠르게 촉진되어 미국은 자동차사회가 되었다. 자동차가 생활필수품이 되면서 이동의 범위가 확대되어 직주분리(職住分離)[7]가 큰 부담이 되지 않기 때문에 교외화가 확대되었다.

넷째, 주택모기지(mortgage)를 비롯한 다양한 정책들이 중·고소득층의 교외화를 더욱 촉진시켰다. 미국의 경우, 연방정부가 자가(自家)정책을 추진하기 위한 수단으로 장기적·안정적 주택자금대출을 확대하였다. 1934년에 연방주택청(Federal Housing Administration)이 설립된 이후 연방주택청의 보증에 의하여 대출 조건이 매우 좋아져서, 선금 지급률이 50%에서 10%로 낮아지고, 상환기간이 5~7년에서 최장 30년으로 늘어났다(일본정책투자은행 편, 2002: 21). 이후, 연방주택보증협회(Federal National Mortgage Association), Ginnie Mae(Government National Mortgage Association), Fannie Mae(The Federal National Mortgage Association), Freddie Mac(The Federal Home Loan Mortgage Corporation) 등의 기관들이 모기지 대출을 지원하게 되었다. 이러한 기관들의 지원을 받는 모기지 대출은행들은 모기지 제도를 안정적으로 운영하기 위해 은행규정으로 도심지역의 오래된 주택을 구입하는 것에 대해 대출하는 것을 금지하였다. 또한 정부가 운영하는 상대적으로 이자가 싼 모기지는 원칙적으로 신규 주택의 경우에만 대출해주었기 때문에, 신규 주택이 많은 교외 지역으로 사람들이 몰리면서 교외화가 빠르게 진행되었다. 또한 연방주택청과 재향군인관리청(Veterans Administration)이 제2차 세계대전 참전군인과 가족에게 교외 주택의 구매를 위한 대출을 실시함으로써, 참전군인과 가족이 교외 지역의 신규 주택을 구입하고자 하였다. 이처럼 신규 주택의 경우만 대출을 제공하는 민간은행과 정부대출기관들의 규정 때문에 제2차 세계대전 이후 미국은 급격한 교외화로 인한 스프롤(sprawl) 현상을 경험하게 되었다(http://vienna-jungdong.com/zbxe/10597).

---

7) 직장과 주거지역이 멀리 떨어져 있는 현상이다. 예를 들면, 직장은 중심도시의 도심에 있는데 거주지는 교외 지역에 있는 것을 말한다.

2. 교외화의 문제점

미국, 유럽, 한국, 일본 등을 비롯한 많은 나라에서 교외화 현상이 발생되었지만, 교외화 현상은 모든 나라에서 동일하게 나타나는 것이 아니라 나라마다 차이가 있다. 따라서 교외화로 인한 문제들도 나라마다 그리고 도시마다 다르게 나타난다. 그러나 정도의 차이가 있을 수 있지만 인구와 경제활동이 중심도시에서 교외로 이동하면 다음과 같은 문제들이 발생한다.

1) 도시공간의 비효율적 이용

교외화가 진행되면 중심도시 내에 있는 이용가능한 도시공간에 대한 수요가 감소함으로써 이들을 효율적으로 활용하지 못하는 문제가 발생한다. 즉, 도심과 교외 지역 사이에 있는 공간이 제대로 활용되지 못하는 경우가 발생한다. 전통적 이론에 따르면, 지가는 토지이용의 효율성을 반영하기 때문에 CBD에서의 거리에 반비례한다. 즉, CBD에서 멀어질수록 지가는 낮아진다. CBD와 주변 지역의 지가는 교외 지역보다 비싸기 때문에 주택건설단가가 높은 반면에, CBD에서 멀리 떨어져 있는 교외 지역은 낮은 지가로 인해 건설단가가 낮아진다. 따라서 주택공급자는 상대적으로 지가가 싼 교외 지역에 주택을 건설하는 것을 선호한다. 이로 인해, 도심에서 멀리 떨어진 교외 지역보다 상대적으로 도심에 가까이 위치해 있는 도시 내의 공간은 교외 지역보다 토지이용의 효율성이 높음에도 불구하고 개발되지 못하는 경우가 발생한다.

교외화는 이처럼 도시공간을 비효율적으로 이용하는 문제를 발생시킬 뿐만 아니라, 일시에 과도한 사회적 비용을 요구하는 부작용을 일으킨다. 많은 사람들과 산업시설들이 교외로 이주함에 따라 교외 지역에 주민들의 생활과 산업시설들을 위한 새로운 많은 기반시설들을 한꺼번에 대규모로 건설해야 한다. 도시정부가 직면하고 있는 다양한 많은 도시문제들을 해결해야 하는 상황에서, 교외 지역에 새로운 기반시설들을 건설하는 데 막대한 사회적 비용을 투자하는 것은 해당 도시정부는 물론이고 국가 전체적으로도 감당하기가 쉽지 않은 문제이다. 이 문제를 해결하기 위해 많은 고심을 거듭하다가 '비용확산개념(cost spreading concept)'을 도입하였다. 비용확산개념이란 시설에 대한 총 투자비용을 시설의 수명으로 나누어 현세대는 자신의 몫만 담당하고 나머지는 미래세대에 부과하는 것이다.

2) 도심 내 주거공동체 위기

교외화 현상은 도심 내의 주거공동체를 위협하고 나아가서 도시의 발전에 악영향을 미친다. 먼저, 도심에 거주하던 사람들이 많이 교외 지역으로 빠져나가면 도심 내 거주하는 사람들 간의 유대감이 약화되고, 또한 도심 주거지역의 정체성에 문제가 발생한다. 특히, 인구이동의 변동성이 큰 전이지대에서는 주민들 간의 애정이나 공동체의식보다 혼란이나 도덕적 해이가 더욱 확대될 수 있다.

이러한 변화는 도시의 발전에 부정적인 영향을 미칠 수 있다. 현재의 세계는 점차 경쟁이 확대되는 것을 경험하고 있다. 경쟁에서 생존·발전하기 위해 많은 도시는 도시의 문화자원까지 동원하면서 도시마케팅에 열중하고 있다. 이러한 상황에서 도시 주거공동체가 위기를 맞이하면 유동자본이나 첨단산업이 이 도시에 투자하지 않을 것이다.

3) 중심도시의 쇠퇴 심화

도심 내에 거주하던 많은 중상층이 교외로 이주하면 도심 내에 있는 주택을 비롯한 부동산 가격이 하락함으로써 도심이 쇠퇴하면서 교외화가 더욱 확산된다. 중·고소득자의 교외 유출은 도심 내의 주택가격과 임대료를 낮추고, 저소득층의 도심 유입을 촉발한다. 이의 결과로, 도심 내에는 범죄 발생률이 상승하고 학교교육의 질은 악화된다. 또한 교외화는 오랜 세월에 걸쳐 중심도시에 건설·유지되어 오던 도시기반시설, 즉 도로, 전기, 전화, 주택, 상·하수도, 병원, 학교, 문화시설, 위락시설, 사회복지시설 등의 활용도를 낮출 뿐만 아니라, 도심 내의 상점과 음식점의 고객 기반을 급속하게 떨어뜨린다. 이는 이 시설들의 이용으로 인해 발생하는 도시정부의 재정수입을 감소시킨다. 그리고 중심도시에서 일어나는 이러한 여러 변화들은 도심 내의 토지, 주택, 기타 시설들의 수요와 자산 가치를 더욱 하락시킨다. 시설 사용료와 부동산 가치의 하락은 지방세 수입에 부정적인 영향을 미치지만, 복지 지출은 지속적으로 증가한다. 이로 인해, 도시정부의 재정은 더욱 악화되고, 따라서 도시정부는 기존의 도시기반시설을 유지·관리하기가 어려울 뿐만 아니라, 경우에 따라서는 이를 방치한다. 즉, 중심도시는 점차 조세 기반을 잃게 되어 도시기반시설과 공공서비스를 향상시키는 것은 엄두도 내지 못하고, 그 유지조차 힘들게 되면서 총체적인 쇠퇴의 길로 접어든다. 정리하면, 중상층의 교외화로 인해 도시의 토지와 시설들의 이용이 줄어들면 도시 내의 부동산 가격이 하락하고, 이는 도시정부의 세수입을 감소시켜서 도시재정을 악화시키고, 따라서 도시정부가 제공하는 도시공공서비스의 수준이 낮아지며, 이로 인해 교외화에 동참하지 않았던 사람들과 기업들까지 교외화에 동참하는 악순환이 반복된다(Smith, 1986: 15-16). 이러한 상황이 오랜 기간 지속되면 도시의 일부 지역 혹은 전 지역이 '유령도시'가 될 정도로 쇠퇴할 수도 있다.

유령도시(Ghost Town)

예전에는 주민들이 거주하였으나 전쟁, 재해, 폐광, 사고 등 다양한 이유로 인해 더 이상 주민들이 거주하지 않는 도시를 일컫는 단어이다. 대표적인 유령도시는 다음과 같다.

- 미국은 주민이 거의 없는 마을이 여러 곳이 있는데, 대부분이 골드러시(gold rush) 등으로 번영하였다가 주민이 떠난 곳이다. 일부 유령도시 중에는 캘리포니아 주의 캘리코(Calico)처럼 관광지역으로 변화하기도 하였다.
- 우크라이나의 체르노빌(Chernobyl)은 원자력 발전소 사고로 인해 도시권에 출입이 금지되었으며, 현재 인구가 거의 없는 상태이다.
- 일본의 가쓰라오촌(葛尾村)은 2011년 후쿠시마 원자력 발전소에서 방사능이 대량 유출되어 주민들이 모두 떠났다.
- 일본의 하시마섬(端島)은 한때 일본에서 제일 큰 광산촌이었으나, 강제 동원된 한국인과 중국인의 대규모 사망에 대해 대한민국 정부와 중국 정부가 진상 조사를 시작하자 일본 정부는 1960년에 사람들의 출입을 막았다.
- 인도의 반가라(Bhangarh)는 1630년대에 새로 생긴 마을이지만 저주 때문에 주민들이 모두 떠난 것으로 알려져 있으며, 현재도 일몰 이후에는 출입이 금지되고 이 도시를 연구하는 고고학 연구소 사무실조차 이곳에서 약 800m 정도 떨어진 곳으로 이전했다.
- 프랑스의 오라두르쉬르글란(Oradour-sur-Glane)은 1944년에 있었던 나치의 학살로 인해 주민 전원이 사망하여 유령도시가 되었다.

출처: 『위키백과사전』에서 부분 발췌 · 재구성

반면에, 중상층과 기업들이 이주하는 교외 지역은 도시기반시설을 확충하고 더 높은 수준의 공공서비스를 제공할 수 있게 된다. 중심도시의 쇠퇴와 교외 지역의 발전이라는 상반된 변화는 자녀에 대한 양질의 교육과 자가주택에 의한 자산 형성을 대단히 선호하는 중상층의 교외 이동을 가속화시킨다(일본정책투자은행 편, 2002: 21-24). 교외 지역의 변화를 종합적으로 나타내는 것이 앞에서 서술된 도시의 스프롤(sprawl) 현상이다. 스프롤 현상은 다양한 측면에서 문제를 발생시킨다. 예를 들어, 도시계획적 측면에서 보면 무분별하고 무계획적으로 개발하기 때문에, 생활의 질과 관련된 많은 시설이 적재적소에 배치되지 않을 수 있다. 환경적 측면에서 보면, 자연경관을 해치는 것은 물론이고, 자연재해에 취약할 수 있다. 이외에도 많은 측면에서 다양한 문제를 발생시키지만, 논의 중인 주제인 '중심도시의 쇠퇴'라는 측면에서 보면 중심도시의 재부흥을 어렵게 하거나 막대한 비용을 필요로 한다는 것이다.

Beyond Sprawl(스프롤을 넘어서)

'Beyond Sprawl'이란 1996년 Bank of America가 스프롤에 의한 외부불경제(diceconomy of scale) 효과에 대해 경고하기 위해 발표한 캘리포니아(California) 주의 성장관리정책에 대한 다음과 같은 내용을 담은 정책적 제언이다.

- 스프롤은 결과적으로 거대한 비용 부담을 가져온다.
- 스프롤은 중심시가지에만 문제를 발생시키는 것이 아니라 자연 파괴라는 비용을 발생시킨다.
- 스프롤을 억제하는 것은 중심시가지를 재생하는 것뿐만 아니라 환경을 보호한다.
- 개발은 부정되어야 하는 것은 아니지만, 환경보호와 조화를 이루는 것이 중요하다.
- 스프롤 문제를 해결하기 위해서는 지방정부들 간의 협력이 필요하며, 주정부는 이를 유도할 필요가 있다.

이 정책적 제언은 스프롤을 극복하지 못하면 캘리포니아 주의 성장은 더 이상 기대하기 어렵다는 메시지를 담고 있다. 캘리포니아 주가 중심시가지를 재생하는 정책을 적극적으로 추진해야 한다는 충고를 담고 있어서 도시정책에 시사하는 바가 크다. 이 정책적 제언은 캘리포니아 주에 그치지 않고, 다른 많은 주들에서 인용하여 미국 전역에 영향을 미쳤다.

중심도시의 쇠퇴 현상은 서구 국가에서 더욱 명확하게 발견된다. 한국과 일본의 경우에는 도심 내의 부동산 가격의 하락이 서구 국가에 비해서는 크지 않다. 그렇다고 하더라도 교외화로 인해 도심의 쇠퇴 현상은 나타나고 있다. 국토연구원의 발표에 따르면, 부산, 대구 등 6개 광역시의 경우, 도심에 해당하는 총 8개 구(24개 동)를 대상으로 쇠퇴 수준을 진단한 결과 24개 동 모두(구 기준으로는 7개 지역) 쇠퇴가 진행되고 있는 것으로 나타났다.

4) 저소득층의 실질적 · 심리적 이주비용 과다

교외화 초기 단계에서 일어나는 상류층의 교외화는 자발적 이주에 해당되지만, 교외화 후기 단계에서 나타나는 저소득층의 교외화는 '비자발적 이주(displacement)'이다. 어떤 형태의 이주이든 간에 이주하는 사람은 실질적 이주비용을 부담해야 한다. 중상층의 경우에는 이주비용이 큰 부담이 되지 않을 수 있겠지만, 비자발적 이주를 할 수밖에 없는 저소득층은 이주에 소요되는 실질적인 이주비용을 감당하는 것이 쉬운 일이 아니다.

실질적 이주비용이 부담이 되는 상황에서 이들은 공동체 파괴에 따른 심리적 스트레스까지 감내해야 한다. 자발적 이주이든 비자발적 이주이든 간에 이주는 심리적으로 부담을 준다. 자발적 이주는 스스로 원해서 공동체를 떠나는 것이지만, 비자발적 이주는 원하지 않음에도 공동체를 떠나야 하는 것이기 때문에, 심리적 스트레스가 더욱 크다는 것은 자명한 일이다.

5) 고령자의 생활 불편 확대

교외화는 고령자에게 큰 부담을 준다. 고령자를 포함한 교외 거주자들은 자동차 의존적인 생활을 영위한다. 특히, 고령자들은 신체 기능의 저하로 인해 자동차 의존적인 생활을 지속하기가 곤란해진다. 개인주의와 핵가족화가 확대되는 상황에서 고령자들이 자동차 의존적인 생활을 하기가 곤란해지면, 병원의 도움을 받을 일이 점차 많아지는 고령자들은 병원까지 가는 데 많은 어려움을 겪을 것이다(일본정책투자은행 편, 2002: 41). 또한 고령자는 고독감을 느끼기 쉽기 때문에 타인들과의 교류가 매우 중요하다. 고령자들이 교외 지역의 넓은 주택에 거주하면 적막감, 외로움 등을 느끼기 쉬울 뿐만 아니라 대인 접촉의 기회가 줄어들 수 있다. 이는 고령자들의 정신건강에 부정적인 영향을 미친다.

6) 일부 교외 지역의 불량주거지역화

교외화 확대의 주요 요인의 하나인 승용차 증가는 교통체증과 교외화를 확대시킨다. 물론, 승용차 증가가 부작용만 발생시키는 것은 아니다. 승용차가 증가하면 많은 개인들은 자신들이 원하는 지역에 쉽게 갈 수 있기 때문에 개인의 만족도가 증가한다. 또한 승용차 증가는 주거지역을 외곽으로 확대하는 효과를 발생하기 때문에 도심과밀 현상을 완화시킬 수 있다. 이러한 긍정적인 역할들을 하는 승용차 증가는 다음과 같은 부작용들을 일으키기도 한다.

첫째, 도로 등 교통망이 그대로 있는 상황에서 승용차가 폭증하면 심각한 교통체증이 유발되고, 이에 따른 사회적 비용을 부담해야 한다(Berg et al., 1982: 33-34). 한국교통연구원(2019)의 연구에 따르면, 해마다 교통혼잡비용이 증가하여 2018년 교통혼잡비용은 약 67.76조 원에 이른다. 교통체증은 국가자원이 낭비되는 것을 의미할 뿐만 아니라 후술하는 바와 같이 환경부하의 주요 요인이다.

교통혼잡비용

교통혼잡비용이란 교통혼잡으로 인해 발생하는 다양한 형태의 손실을 화폐가치로 환산한 비용을 말한다. 한국교통연구원의 자료에 의하면, 교통혼잡비용은 2003년 약 22조 8,000억 원, 2012년 약 30조 3,000억 원, 2016년 약 55조 8,600억 원, 2017년 약 59조 6,200억 원, 2018년 약 67조 7,600억 원에 이른다.

출처: 한국교통연구원(2019)에서 부분 발췌 · 재서술

둘째, 승용차가 폭증하면 시민들은 도로와 주차장을 확대하라는 요구를 하게 되고, 이에 따라 도시화 초기에 형성된 저소득층 주거지역의 희생이 불가피하며 이 지역에 거주하던 많은 사람들이 교외 지역으로 이주한다. 이에 대해 구체적으로 살펴보면 다음과 같다. 승용차 폭증으로 인한 대책으로 도시정부는 대중교통시설의 이용을 장려하면서 동시에 도로와 주차장을 확대하려고 한다. 도로와 주차장을 건설하기 위해서는 도시의 재정 상황, 도로와 주차장의 효율성 등을 포함하여 다양한 측면을 고려해야 하기 때문에, 도시마다 도로와 주차장의 건설 양태는 다양하게 나타난다. 그러나 교외화 현상을 겪고 있는 대부분의 도시들은 재정적 어려움을 겪기 때문에, 도심과 도심 주변의 낙후된 주거지역을 대상지역에 포함시키는 경우가 많

다. 그 이유는 다음과 같다. 앞에서 논의된 바와 같이 많은 중·고소득층이 교외지역으로 이주하는 교외화는 도심 내의 주거지역에 거주하는 사람들의 소득계층을 변화시킨다. 도시화 단계에서 도심 내에 거주하는 사람들은 고소득층 혹은 상위 중산층(upper-middle class)에 속하는 데 비해, 교외화가 시작된 후의 도심 내의 주거지역에 거주하는 사람들은 이들보다 낮은 소득계층에 속한다. 또한 도심 주변 지역인 점이지대 내의 주거지역에 거주하는 사람들의 상대적 평균 소득 수준은 여전히 낮다. 따라서 이들이 거주하는 지역의 지가도 낮은 것이 일반적이다. 도시의 재정적 어려움이 존재하는 상황에서 도시정부는 도로와 주차장을 건설해야 하기 때문에 지가가 낮은 지역이 우선대상지역이 된다.

이 지역에 도로 혹은 주차장이 건설되면 이 곳에에 거주하던 저소득층의 일부는 도시 내의 다른 주거지역이나 다른 도시로 이주하는 경우도 있겠지만, 적지 않은 저소득층은 교외 지역으로 이주한다. 이리하여, 저소득층도 교외화에 동참하게 된다. 정부의 획기적인 지원이 없다면, 이들이 집단적으로 이주하는 교외 지역은 불량주거지역이 될 것이다.

7) 환경부하 증대

교외화는 자가용에 의한 환경부하와 개발에 의한 환경부하를 증대시킨다. 먼저, 교외화는 통근거리를 연장시키기 때문에, 에너지 소비를 증대시켜 환경부하를 증가시킨다. 대부분의 도시의 경우를 보면, 도심이 쇠퇴하더라도 직장은 여전히 도심에 많이 남아 있다. 따라서 교외 지역에 거주하는 사람들 중에는 도심으로 통근하는 사람들이 많다. 그런데 그들 중에 적지 않은 사람들은 자가용으로 통근한다. 이러한 자가용 통근은 대기오염 등 환경부하를 증대시키는 데 큰 영향을 미친다.

또한 교외화는 주거지역, 쇼핑센터, 사무실 등을 위해 산림, 농지 등의 자연환경을 훼손시키면서 진전되기 때문에 환경부하를 증대시킨다. 더욱이 교외로 이주한 개인들은 넓은 공간을 선호하는 경향이 강하여 환경에 부정적인 영향을 미친다 (일본정책투자은행 편, 2002: 39-40).

제4절

역도시화(Disurbanization)

1. 역도시화의 개념과 원인

아직 우리에게는 생소한 이름이 역도시화이다. 역도시화 현상은 두 가지 관점, 즉 중심도시 차원에서 그리고 국가 차원에서 설명될 수 있다.

첫째, 중심도시를 중심으로 역도시화 현상을 설명하는 연구들이 있다. 중심도시의 도심에서 자동차로 2시간 정도의 거리에 있는 농촌지역에 있는 소도시로 부유층들이 이주하는 현상이 역도시화이다. 클레이(Clay, 1979)에 의하면, 중심도시의 도심에서 약 80~120km 떨어진 소도시지역에 상류주거지역이 형성되는 현상이 역도시화이다.

둘째, 국가 전체적 관점에서 역도시화를 분석하는 연구들이 있다. 이 연구들에 의하면, 미국의 경우 '선벨트(sunbelt)지역'[8]이 형성되는 시기가 역도시화가 일어나는 때이다. 즉, 선벨트지역에 기업과 인구들이 집중되면서 활성화되면 역도시화가 진행된다고 볼 수 있다. 미국이 정보지식사회로 진입한 이후에 나타난 주요 변화에 대해 나이스빗(J. Naisbitt, 1984)이 집필한 『메가트렌드(*Megatrends*)』에 의하면, 1970년대에 산업사회를 이끌었던 북동부지역에서 남쪽에 새롭게 형성된 선벨트지역으로 사람들과 기업들이 이주하는 현상이 뚜렷하게 나타났다. 서유럽의 경우, 지중해 연안이 활성화될 때 역도시화 현상이 나타났다.

한편, 시기적으로 살펴보면, 미국과 서유럽 국가에서는 역도시화 현상이 정보지식화 그리고 신지방분권화와 같이 나타나는 경향이 있었다. 정보통신기술의 발달로 정보지식화시대로 진입하면서 집적효과가 크게 약화되어 도심과 교외 지역에 거주할 필요성이 더욱 감소하였고, 또한 도심과 교외 지역의 환경이 점차 악화됨에

8) 선벨트지역은 미국 남동부의 노스캐롤라이나 주, 버지니아 주에서 멕시코 만의 여러 주와 중부의 오클라호마 주·뉴멕시코 주를 거쳐, 서부 태평양 연안의 네바다 주, 애리조나 주, 캘리포니아 주 등에 이르는 광대한 지역이다. '태양이 비치는 지대'라는 뜻을 가지고 있으며, 자연환경이 쾌적하고 기후가 따뜻한 곳이다. 이 지역은 1970년대부터는 인구가 급속히 증가하였으며, 레저, 전자 등의 첨단 산업이 밀집되어 있다. 이와 대비되는 개념인 '스노우벨트(snowbelt)' 혹은 '프로스트벨트(frostbelt)'는 눈이 아주 많이 내리는 지역을 의미함과 동시에 경제가 쇠퇴하는 지역을 일컫는다.

따라 쾌적한 환경에 대한 욕망은 더욱 증대되었다. 이리하여, 교외 지역보다 더 멀리 떨어진 소도시로 상류층들이 이주하였다. 그리고 신지방분권체제가 도래하였는데, 이 체제는 중앙정부와 지방정부의 배타적인 자율권을 인정하는 것이 아니라 상호 역할을 분담·보완하는 협력시스템이다. 이러한 시스템이 점차 자리를 잡아가면 소도시가 활기를 띠게 되고, 따라서 부정적 측면이 누적된 중심도시와 교외 지역보다 쾌적한 삶을 영위하기 쉬운 소도시로 이주하려는 경향이 나타난다. 이리하여, 역도시화는 정보지식화와 신지방분권화와 같이 나타나는 경향이 있었다.

역도시화 현상이 가장 빨리 발생한 나라는 미국인데, 미국은 1960년대 후반 정보지식화, 역도시화, 신지방분권화가 동시에 진행되었다. 서유럽 국가들은 1970년대 초에 정보지식화, 역도시화, 신지방분권화가 동시에 발생되기 시작하였다. 클라센과 팰링크(Klaassen & Paelinck, 1979)가 유럽 12개국에 있는 인구 20만 명 이상의 도시를 대상으로 한 실증 분석에 따르면, 1970년에 영국, 서독, 네덜란드, 벨기에가 역도시화 단계에 진입하기 시작한 것으로 나타났다. 그러나 모든 국가에서 이러한 현상들이 동시에 나타나는 것은 아니다. 프랑스의 경우, 정보지식화와 역도시화는 1970년대 초에 발생했으나, 신지방분권은 1980년대에 들어와서 나타났다. 프랑스는 제2차 세계대전 이후 제정된 드골헌법의 영향을 받아서 강력한 중앙집권시스템을 구축하였는데, 1980년 미테랑정부가 탄생하면서 신지방분권체제를 갖추기 시작했다. 한국은 1990년대 중반에 정보지식사회로 진입하였지만 역도시화 현상은 아직 나타나지 않고 있다. 일본은 1970년대 후반에 정보지식사회에 진입하였지만, 1980년대 후반에 와서 동경을 중심으로 역도시화 현상을 경험하였다. 일본은 전통적으로 지방분권을 추구하였지만, 1990년대에 들어와서 지방정부의 자율권을 더욱 확대하는 신지방분권체제를 구축하기 시작했다.

Megatrends

나이스빗(J. Naisbitt)이 집필한 책으로서, 미국이 정보지식화사회에 진입한 이후 나타난 여러 변화들 중에서 가장 중요하다고 생각되는 변화가 서술되고 있다. 나이스빗이 판단한 중요한 변화는 다음과 같다.

- industial society → information society
- forced(high) technology → high tech.+high touch
- national economy → world economy

- short term → long term
- centralization → decentralization
- institutional help → self-help
- representative democracy → participatory democracy
- hierarchies → networking
- north → south
- either/or → multiple options

출처: Naisbitt(1984)에서 부분 발췌 · 재서술

역도시화가 발생되는 원인은 기본적으로 교외화를 일으킨 압출요인 그리고 인입요인과 동일하다. 또한 정보통신시설과 교통의 급격한 발달도 역도시화를 촉진시키는 원인이다. 텔레커뮤니케이션(telecommunication), 통신네트워크 등이 빠르게 발달하면서 집적효과가 크게 약화되었다. 또한 교통망과 교통수단이 발달한 것도 역도시화의 주요 원인인데, 일본 동경의 경우 역도시화를 일으킨 가장 중요한 원인은 신칸센(新幹線)의 정착이라고 알려져 있다.

2. 역도시화 단계에서의 도시지역의 변화와 도시문제

앞에서도 설명한 바와 같이 역도시화는 교외화보다 도심에서 더 멀리 떨어진 지역에 상류주거지역이 형성되는 것이다. 따라서 교외화 단계에서 발생한 변화와 문제들이 지속적으로 발생한다. 즉, 역도시화 단계에서 일어나는 변화와 문제는 교외화 단계에서 발생하는 변화와 문제가 더욱 심화 · 확대된 것이다. 역도시화 단계에서 중심도시와 교외 지역에서 나타나는 변화와 문제를 살펴보면 다음과 같다.

첫째, 교외화 단계에서는 도시의 공간구조를 비효율적으로 이용하는 문제가 발생하였지만, 역도시화 단계에서는 공간적 범위가 더욱 확대되어 도시권 전체의 공간을 비효율적으로 이용하는 문제가 발생한다. 도심에서 멀리 떨어진 소도시지역이 중시됨에 따라 중심도시 내의 활용가능한 공간과 교외 지역 내의 활용가능한 공간이 효율적으로 사용되지 않는다.

둘째, 교외 지역의 불량주거지역화가 심화된다. 역도시화 단계에 들어서면 중심도시에서 교외 지역으로 이주하는 저소득층이 증가하고, 이들이 밀집하는 주거

지역은 불량주거지역이 되고 시간이 흐를수록 더욱 주거환경이 열악해진다. 미국의 경우, 역도시화 단계에서 형성된 교외 지역의 불량주거지역은 도시정책의 가장 중요한 이슈이면서도 가장 해결하기 어려운 문제가 되었다. 역도시화가 진행되면서 해당 도시의 재정 상황이 더욱 열악해져서 불량주거지역을 개선시킬 수 있는 방안을 모색하기 어렵기 때문이다.

셋째, 환경부하가 더욱 커진다. 주거지역의 범위가 외곽으로 확대되면서 상류층들의 주거시설에 대한 수요를 충족시키기 위해 개발이 확대될 뿐만 아니라, 자동차에 대한 의존도가 더욱 커짐으로써 환경부하도 크게 증가하였다.

넷째, 도시권 전체의 '황폐화 현상(Urban Wilderness)'이 나타난다. 역도시화 단계에 진입하면서 더 많은 사람들과 기업들이 외곽으로 이주함에 따라 중심도시의 세수입원은 더욱 약화된다. 한편, 저소득층을 중심으로 복지서비스에 대한 요구는 더욱 커진다. 수입은 감소하는데 지출은 증대되어 중심도시는 재정적으로 더욱 궁핍하게 된다. 이에 따라, 중심도시에 거주하는 시민들은 시민으로서의 자긍심에 큰 상처를 입게 되었다. 이러한 문제들을 종합적으로 잘 설명하는 표현이 도시권 전체가 쇠락한다는 의미를 가진 도시황폐화 현상이다. 역도시화로 인한 도시황폐화를 가장 잘 대변하는 것이 1960년대와 1970년대 많은 이들로부터 사랑을 받았던 영화 <킹콩>과 연극 <West-Side Story> 등이다(Smith, 1986: 16).

제5절

재도시화(Reurbanization)

1. 재도시화의 개념과 현상

1) 재도시화의 개념

교외화와 역도시화를 거치는 동안 사람들과 기업들의 유출을 경험했던 중심도시로 다시 사람들과 기업들이 유입되는 현상을 재도시화라고 한다. 도시들은 처한 경제적 · 정치적 · 사회적 상황이 다르기 때문에, 재도시화가 발생할 수도 있고 발생하지 않을 수도 있다. 또한 재도시화가 발생하더라도 발생 시기가 동일할 수는 없다. 다운스(Downs, 1981)에 의하면, 재도시화가 가장 빨리 나타난 미국의 경우, 1975년경부터 특정 도시들을 중심으로 재도시화 단계에 진입하였다. 여기에서 특정 도시를 중심으로 재도시화가 발생한다는 것은 재도시화가 일어난 도시도 있고, 재도시화가 일어나지 않은 도시도 있다는 것을 의미한다. 도시화 단계에서는 밀물이 들어오는 현상 그리고 교외화 단계와 역도시화 단계에서는 썰물이 빠져나가는 현상을 도시들이 경험하였으나, 재도시화 단계에서는 이러한 일률적인 현상이 나타나지 않고 재도시화가 발생하는 도시도 있고 발생하지 않는 도시도 있다.

재도시화를 일으키는 사람들의 연령층은 고령에서 청장년에 이르기까지 다양하지만, 후술하는 바와 같이 고령층보다는 주로 '전후세대(베이비붐 세대, baby-boom generation)'들이 재도시화를 주도한다. 경제적 풍요 속에서 출생하여 좋은 교육을 받아서 전문직 종사자가 많은 전후세대는 개성적이고 다양성을 추구하는 경향이 강하다. 따라서 전후세대는 선호하는 주거지역이 획일적이지 않고 다양하다. 즉, 일부 전후세대는 역도시화 단계에서 형성된 농촌의 전원도시를 좋아하고, 다른 일부 전후세대는 교외 지역을 선호하며, 또 다른 전후세대는 도시에 거주하기를 원한다. 도시를 선호하는 이들이 재도시화를 일으킨다. 이들이 도시를 선호하는 이유는 아래의 '재도시화의 원인'에서 서술된다. 도시를 선호하는 젊은층들은 중심도시의 모든 지역에 분산되어 이주하는 것이 아니라 일부 지역, 특히 중심도시의 경제적·사회적·문화적 재부흥을 주도하리라 예상되는 지역으로 이주하려는 경향을 보인다. 이들 젊은층들은 교육 수준과 소득 수준이 높아 도심 내의 일부 주거지역을 새로운 고소득층 주거지역으로 변화시키기 때문에, 도시의 재부흥을 기대하게 하였다. 이에 대해서는 다음에서 구체적으로 살펴보기로 한다.

2) 재도시화 현상

재도시화에 성공한 중심도시에서 일어나는 변화는 도심의 업무·상업 기능은 물론이고 주거 기능에서도 활기를 되찾는다는 점이다. 도심의 업무·상업 기능을 비롯한 다른 기능의 회복에 대해서는 후술하기로 하고, 많은 도시들이 특히 강조하는 주거 기능의 회복에 대해 먼저 살펴보기로 한다.

주거 기능의 회복은 도심공동화 현상을 감소시킬 뿐만 아니라 업무·상업 기능을 비롯한 다른 기능의 수요를 높이는 역할을 하기 때문에, 다른 기능의 회복과도 연관성이 매우 높다. 따라서 많은 도시들은 주거지역의 재생에 큰 관심을 두고 정책적 노력을 기울였다. 중심도시의 주거지역에서 활기를 회복하는 변화는 도시마다 다양하게 나타나지만, 적어도 두 가지 유형으로 분류해 볼 수 있다. 하나는 젠트리피케이션(gentrification)이고, 다른 하나는 현지 주민 중심의 주거환경 개선(incumbent upgrading)이다.

(1) Gentrification

Gentrification은 중심도시 밖에 거주하던 고소득층이 중심도시로 이주하면서 도시 내의 저소득층 주거지역을 새로운 고급 주거지역으로 변화시키는 것을 말한다(Beauregard, 1986: 47-54). 뉴욕시 맨해튼(Manhattan)의 서부지역에서 보듯이, gentrification은 주로 고소득층이 거주하기에 적합한 주거환경과 시설을 가진 고층 아파트들을 새롭게 건설하면서 주변 지역과 분절된 상류주거지역을 형성한다(Jager, 1986: 78-91).

Gentrification이라는 단어가 생겨난 어원을 살펴보면 이러한 변화를 더욱 잘 이해할 수 있다. Gentrification은 'gentleman'과 '-fication'의 합성어이다. 이러한 어원을 해석해 보면, gentrification은 중심도시의 특정 주거지역이 고소득층의 이주로 인해 '신사화'되는 현상을 말한다.

Gentrification을 일으키는 사람들은 gentrifier라고 불린다. Gentrifier는 다양한 연령층으로 구성되지만, 전후세대가 주축을 이룬다(Legates & Hartman, 1986: 179-184). 전후세대의 인식론적 특징과 인구통계학적 특징이 gentrification을 일으키는 데 중요한 역할을 한다는 점은 의심의 여지가 없다. 이에 대해서는 뒤에서 논의하기로 한다. 그러나 gentrifier가 중심도시의 낙후된 모든 지역으로 이주하는 것은 아니다. Gentrifier는 높은 교육 수준에 바탕을 둔 분석력으로 중심도시에서 자신들에게 가장 적합한 주거지역이면서 동시에, 가장 투자가치가 높은 곳에 집중하여 이주한다. 중심도시 내의 어느 지역이 투자가치가 높은 곳인지를 gentrifier가 결정할 때 가장 중요하게 여기는 기준은 도시정부가 도시 재부흥 정책의 대상지역으로 선정한 지역인지 혹은 선정 예정지역인지의 여부이다. 따라서 도시정부의 재부흥정책의 방향과 내용에 따라 gentrification이 발생하는 지역이 달라질 수도 있다. Gentrification은 도심을 재생시키기 위한 주요 방안으로 인식되어 미국과 영국을 비롯하여 많은 나라에서 발생하였다(Williams, 1986: 56-77).

(2) Incumbent Upgrading

재도시화 단계에서 나타나는 또 다른 현상은 incumbent upgrading이다. 이는 중심도시에 거주하고 있는 저소득층 주민들에게 정부가 보조금을 지급하여 그 지역의 주거환경을 개선하는 데 목적을 두고 있다. 즉, incumbent upgrading은 중심도시 내에 거주하는 기존의 주민들이 자신들의 주택에 그대로 거주하면서 주택을 포함한 주거환경의 물리적 상태를 향상시키려는 노력으로서, '공동체 보존(community conservation)', '근린지역 유지(neighborhood preservation)' 등과 동일한 의미로 사용되었다(Carswell, 2012). 이에 대한 관심은 1970년대 중반에 시작되었으며, 이후부터 도시주택을 보존하고 도시 근린지역을 유지해야 한다고 주장하는 공동체 운동가들, 학자들, 정책결정자들의 수가 크게 증가하였다. 그들은 중심도시 내의 주택의 경제적 가치, 중심도시의 활력 유지, 기존 주민들의 지역에 대한 애착심 등이 매우 중요함을 인식하면서 incumbent upgrading에 대해 큰 관심을 가졌다(Carswell, 2012).

2. 재도시화의 원인

재도시화를 일으키는 원인은 여러 가지가 있을 수 있지만, 지금까지 재도시화를 경험한 도시들에 대한 연구들을 분석해 보면 가장 중요한 원인은 두 가지로 좁혀진다(Smith & Williams, 1986). 하나는 도시 재부흥을 위한 정책의 초점이 변하였다는 점이고, 다른 하나는 전후세대가 부동산시장에 등장했다는 것이다.

1) Neighborhood 중심의 도시정책

먼저, 도시 재부흥을 위한 정책의 대상 범위가 변하였다. 교외화가 시작되면서 중심도시는 쇠퇴를 경험하였고, 이에 따라 이를 반전하기 위한 다양한 정책적 노력들을 시도하였으나 계속 실패하였다. 특히, 교외화 이후 점차 악화된 도시재정은 중심도시 전체의 부활을 위한 노력을 지원하는 데 큰 제약점으로 작용하였다. 중심도시 전체의 재부흥은 큰 규모의 투자를 요구하는데, 도시재정은 이를 뒷받침하기 어렵기 때문이다. 한정된 도시재정으로는 도시의 전 지역을 균형 있게 발전시키려는 전략보다는 오히려 파급효과가 큰 지역을 대상으로 불균형정책을 사용하는 것이 투자의 효율성을 높이는 방법일 수 있다. 그러나 산업화로 인해 경제가 발전되면서 높아진 소득 수준과 교육 수준으로 인해 시민들의 의식이 변하여 도시정부는 불균형정책을 추진하는 데 어려움을 겪어야 했다. 그리하여, 교외화 단계에서 역도시화 단계에 이르는 오랜 기간 동안 중심도시의 부활 정책은 지속적으로 실패하였다.

이러한 실패 경험을 통해 도시정부는 도시 재부흥 정책을 다음과 같이 수정할 필요가 있음을 인식하게 되었다. 첫째, 중심도시를 재부활하기 위한 가장 중요한 교훈은 균형정책에 지나치게 얽매이면 안 된다는 것이다. 즉, 열악한 도시재정을 고려할 때 도시 전체를 균형 있게 재부흥시키는 것보다 파급효과가 큰 지역을 먼저 재부흥시킨 후, 그 효과가 주변 지역으로 확대되도록 하는 것이 현실적이고 효율적인 정책임을 인식하게 되었다. 둘째, 고소득층이 도시 재부흥 정책에 참여하도록 유도해야 한다는 것이다. 이들이 도시 재부흥 정책에 참여하게 되면 이들이 가진 능력과 자산을 활용할 수 있게 된다. 이리하여, 한정된 예산으로 재도시화를 추진하기 위한 전략적 방안은 도심 내에서 재개발의 파급효과가 가장 큰 지역을 재개발하는 프로그램을 만들고, 이에 대해 고소득층의 관심을 끌어서 고소득층이 중심도시로 이주하도록 유도하는 데 집중하였다.

이러한 계획이 성공하면, 도시정부가 개발 계획을 발표한 지역이나 그 주변 지역에 있는 저소득층 주택들은 고소득층에게 매매되어 고소득층이 거주하는 고급주택으로 개조될 수 있다. 즉, 불량주거지역이 고급 주거지역으로 변하는 효과를 볼 수 있게 된다. 이러한 추진 전략의 변화는 재도시화를 추진하기 위한 정책의 명칭에서도 알 수 있다. 즉, 오랫동안 도시개발전략의 명칭에 등장하였던 단어인 city 혹은 town은 사라지고, 그 자리를 근린지역(neighborhood)이라는 단어가 대신하는 경향이 나타났다. 많은 중심도시에서 사용된 재도시화 정책의 대표적인 명칭은 'neighborhood redevelopment', 'neighborhood revitalization', 'neighborhood re-renaissance', 'neighborhood regeneration,' 'neighborhood stabilization', 'neighborhood renewal', 'neighborhood rehabilitation' 등이다.

2) 전후세대의 등장

재도시화를 성공시킨 또 다른 주요 요인은 1970년대 중반에 들면서 전후세대가 결혼 혹은 직장을 가질 연령층에 진입했다는 것이다(Smith, 1986: 30-32). 전후세대가 언제부터 언제까지 태어난 사람을 말하는 것인지에 대해서는 연구자들마다 약간의 차이가 있을 수 있지만, '전쟁 후 세대'라는 단어의 뜻처럼 서구 국가에서는 제2차 세계대전이 끝난 후 태어난 세대를 말한다. 1970년대 중반에 이르자 이들의 연령이 20대 후반이 되면서 취직 혹은 결혼을 하여 부모로부터 독립하게 되었다. 전후세대의 영어 표현에 'baby-boom'이 들어간 것에서 알 수 있듯이, 전후세대는 많은 아기들이 태어난 세대인데 이들이 취업과 결혼을 하게 되면 거대한 새로운 주택수요자가 된다. 인구규모의 측면에서도 거대한 주택수요자가 될 뿐만 아니라, 전 세대의 특징과 많이 다른 전후세대의 특징이 중심도시의 주택수요를 크게 증가시켜 주택가격을 상승시키고, 이는 도시재정수입의 증가에 이바지하였으며, 증가된 도시재정수입은 또 다른 재도시화정책의 기반으로 작용하였다. 이러한 변화는 재도시화에 대한 많은 연구에 나타나 있다. 이 연구들을 보면, 전후세대의 특징이 재도시화의 성공에 크게 기여하는 것을 알 수 있다. 전후세대의 특징을 분석한 연구들은 주로 인식론적 특징과 인구통계학적 특징에 중점을 두고 있다(Gale, 1984).

(1) 전후세대의 인식론적 특징

경제 발전으로 인해 소득 수준이 크게 높아진 상황에서 태어나고 성장한 전후세대는 전 세대에 비해 상대적으로 좋은 교육을 받았기 때문에, 인식론적 측면에서 전 세대와 뚜렷하게 차이가 나는 특징을 보인다(Gale, 1984). 즉, 전후세대들의 가치관이나 의식이 획일화 · 표준화에서 개성화 · 다양화로 변하는 경향이 있다. 모든 전후세대들이 동일한 인식론적 특징을 보이는 것은 아니지만, 많은 전후세대들에게서 다음과 같은 인식론적 특징이 나타나는 경향이 있다.

① '시간은 돈이다(time is money)'라는 의식

'시간은 돈이다'라는 관념이 전후세대들 사이에서 널리 확산되어 있다. 대부분의 중심도시에서 경험하는 출퇴근 시간의 교통체증에 대해 전 세대들은 불만이 있지만 수용하는 반면에, 전후세대들은 자신들의 귀한 시간을 낭비하는 것으로 인식하는 경향이 확산되었다. 출퇴근 시간에 소요되는 시간을 운동이나 여가 생활에 투자하면 건강은 물론이고, 중 · 장기적 자기발전(생산성 포함)에 도움이 된다고 생각하는 전후세대들이 전 세대에 비해 훨씬 많다. 이러한 성향을 보이는 전후세대는 직장이 있는 중심도시로 이주할 것이고, 이에 따라 중심도시의 주택수요가 증가한다. 주택수요의 증가는 주택가격을 상승시키고, 이는 세수입을 확대하여 도시재정에 긍정적으로 이바지한다.

② '친도시성(pro-urban)'

전 세대와 비교할 때 전후세대는 '친도시적' 성향이 강하게 나타난다(London et al., 1986). 교외 지역에 거주하는 것을 선호하는 전후세대도 있고 역도시화 단계에서 형성된 농촌의 목가적이고 평화로운 지역에 거주하기를 좋아하는 전후세대들도 있지만, 도시의 역동성을 추구하는 것을 선호하는 전후세대가 빠른 속도로 확대되었다. 앞에서 서술한 바와 같이, 이들은 친도시적 성향으로 인해 중심도시로 이주하려 하고, 이들의 이주는 중심도시의 주택시장을 활성화시키고, 도시재정의 건전성을 높이는 데 기여한다.

③ '자기 정체성(self-identity)'

전후세대는 '자기 정체성'이 강하여 자신의 성공을 과시하려는 성향을 강하게 보인다. 전후세대들은 좋은 교육을 받음으로써 이룩한 경제적 성공을 과시하기 위해 유서가 깊은 지역의 고풍스러운 주택을 구입하고자 한다. 고풍스러운 주택은 주로 중심도시에 있기 때문에, 전후세대는 중심도시로 이주하여 중심도시의 주택시장을 활성화시키고 도시재정 확보에 이바지한다.

이상에서 전후세대의 인식론적 특징으로 세 가지 측면을 살펴보았다. 일반적으로 전 세대와 비교할 때, 전후세대는 수준 높은 교육을 받았기 때문에 전문직종에 종사할 가능성이 더욱 높고 따라서 중・고소득층에 속하는 경우가 많다. 경제적으로 풍요로운 생활을 영위할 수 있는 전후세대들 중에서 위와 같은 인식론적 특징이 강한 전후세대는 중심도시로 이주하는 경향을 보여 왔다. 중심도시로 이주하는 전후세대들을 '여피(Yuppie)족' 혹은 '소호(Soho)족'이라고 칭하기도 한다. 여피족이란 중심도시를 주된 생활기반으로 하여 지적이고 전문적인 직업에 종사하면서 신자유주의를 지향하는 젊은이들을 말한다. Young urban professionals의 머리글자 'yup'에 '히피(hippie)'의 'pie'를 첨가하여 만든 영어이다. 소호족은 작은 사무실 혹은 가정을 사무실로 이용하는 사람들을 지칭하는 의미를 가진 것으로서, 뉴욕시의 맨해튼에 있는 South of Houston Street에서 유래된 단어이다. 원래 소호 지역은 가난한 젊은 예술가들이 모여서 작업을 하는 예술의 거리이었으나, 젊은 예술가들의 예술적 감각이 갤러리와 부티크를 불러 모아 뉴욕시의 패션의 메카가 되었다. 이에 따라, 소호족은 IT 기술, 감각, 문화가 어우러진 창조적 아이디어를 바탕으로 보다 새로운 미래의 사업 형태를 추구하는 젊은이라는 의미를 지니게 되었다.

(2) 전후세대의 인구통계학적 특징

전후세대는 인구통계학적인 측면에서 전 세대와는 뚜렷이 구별되는 중요한 특징을 보인다. 인구통계학적 측면에서 볼 때, 전후세대의 중요한 특징으로는 총인구 급증, 핵가족화 심화, 이혼율 증가, 독신율 증가, 맞벌이부부 증가, 다자녀에 대한 선호 약화 등을 들 수 있다(임재현, 1994: 9).

① 총인구 급증

인구통계학적 측면에서 볼 때 전후세대의 등장은 총인구를 급증시켰다. 그리하여, 전후세대가 속한 연령층은 전체 인구에서 가장 큰 비중을 차지한다. 전후세대가 미성년층에 속할 때는 미성년층의 인구가 가장 많았고, 청년층에 속할 때는 청년층의 인구가 가장 많았으며, 중장년층에 속할 때는 중장년층의 인구가 가장 많았고, 노년층에 속할 때는 노년층의 인구가 가장 많다.

전통적으로 총인구의 증가는 주택시장에 긍정적인 영향을 미치는 것으로 인식되었지만, 실제로는 유효구매력을 가진 인구의 증가가 주택수요 증대를 통해 주택시장에 긍정적인 영향을 미친다. 1970년대 중반에 이르자 전후세대는 30세에 진입하기 시작하여 결혼과 취업을 할 연령대가 되었다. 전후세대는 전 세대보다 좋은 교육을 받았기 때문에 좋은 직장을 가지게 되었고, 이로 인해 유효구매력을 가진 주택수요자가 되었다. 이들은 거주하고자 하는 지역이 다양하기 때문에 거의 모든 지역에서 주택수요가 급증하였다. 그런데 전후세대의 총인구 급증이라는 인구통계학적 특징은 앞에서 살펴본 전후세대의 인식론적 특징과 맞물리면서 다른 지역보다 중심도시의 주택수요를 더욱 증가시켰다.

표 4-1 한국의 인구 변화

(단위: 1,000명, %)

연도	1949	1960	1970	1980	1990	2000	2010	2020
총인구	20,150	24,980	30,880	37,430	43,410	46,130	48,580	51,840

참조: 연도별 인구 수는 근사치임.
출처: 통계청, 『인구주택총조사』 각 연도.

② 핵가족화 심화

전후세대는 대가족보다 부부중심의 핵가족화를 선호한다. 핵가족은 한 쌍의 부부와 그들의 미혼 자녀만으로 구성된 가족을 말한다. 핵가족화는 원인에 따라 다양하게 진화되고 세분화되고 있다. 핵가족화의 대표적인 원인은 취업, 결혼 등을 들 수 있다. 취직되면 직장을 따라 이사를 해야 하고, 결혼하면 분가하기 때문에 핵가족화가 진행된다. 전 세대에 비해 전후세대는 더 좋은 교육을 받았기 때문에 취업에 대한 열망이 더 크다. 물론, 핵가족화가 도시지역에서만 일어나는 것은 아니지만, 농촌보다 도시, 특히 전후세대의 취업 욕구를 잘 충족시키는 도시일수록 핵가족화를 선호하는 전후세대들이 모여들기 때문에 핵가족화의 진행 속도가 빠르다. 핵가족화는 단어가 뜻하는 의미처럼 가족이 나누어지는 것이기 때문에 주택수요를 증가시키며, 특히 도시지역의 주택수요를 증대시킨다. 이는 도시재정에도 긍정적인 영향을 미친다.

표 4-2 가구당 인원 수

(단위: 명)

연도	1960	1970	1980	1990	2000	2010	2020
총인구	6.0	5.2	4.5	3.7	3.1	2.7	2.3

출처: 통계청, 『인구주택총조사』 각 연도.

한국과 일본은 2000년 그리고 중국은 1999년을 기준으로 할 때, 사회 구성의 기본 단위인 가족 제도도 변하여 대가족제를 대신하여 핵가족제가 다수를 차지하게 되었다. 한국과 일본은 2000년 그리고 중국은 1999년을 기준으로 할 때, 핵가족의 비율은 한국은 80%대, 중국은 70%대, 일본은 60%대이다. 참고로, 단독 세대는 일본 20%대, 한국 10%대, 중국 10% 미만이다. 단독 세대란 가구를 구성하는 사람이 세대주 한 명인 세대를 말한다.

그림 4-2 핵가족과 단독 세대의 비율

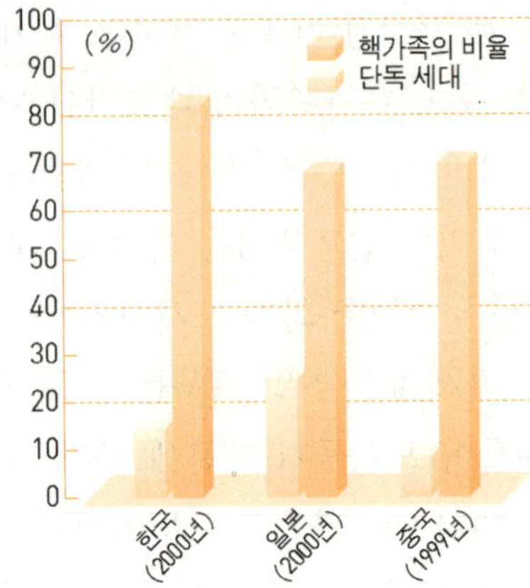

출처: Daum 백과.

③ 이혼율 증가

전 세대와 비교할 때 전후세대의 또 다른 특징은 이혼율이 높다는 것이다. 일본의 경우는 예외이지만, 일반적으로 이혼율은 경제 수준과 유사한 추이를 보여서 경제가 발전할수록 이혼율이 높아지는 경향이 있다. 한국도 경제가 발전하면서 지속적으로 이혼율이 높아져 왔으며, 최근에 와서는 황혼이혼[9] 등 새로운 형태의 이혼이 나타나고 있다.

통계청 발표에 따르면, 한국의 이혼 건수는 지속적으로 증가하다가 최근에 약간 줄어든 것으로 나타나고 있다.

표 4-3 이혼율

연도	1972년	1992년	2012년	2020년
이혼 건수	12,000	57,000	114,300	106,500

출처: 통계청(2021). 『2020년 혼인 이혼 통계』.

9) 나이가 들어서, 즉 자녀들이 결혼한 다음에 이혼하는 것을 지칭하는 것으로서, 대법원이 발간한 『2014 사법연감』에 따르면, 황혼이혼은 2009년 28,261건에서 2013년 32,433건으로 증가하였다. 황혼이혼의 사유는 성격 차이, 경제 문제, 가족 간 불화 등의 순서로 나타났다.

일본 총무성이 2019년에 발표한 『세계통계 2019』에 따르면, 주요 국가의 2017년 1,000명당 이혼 건수는 다음과 같다. 1위는 러시아로서 4.7건이고, 미국은 2.5건으로 11위, 핀란드는 2.4건으로 15위, 한국은 2.2건으로 17위, 스페인은 2.0건으로 22위, 프랑스는 1.9건으로 30위, 독일은 1.8건으로 37위, 일본은 1.7건으로 38위, 이탈리아는 1.5건으로 49위였다.

전통적으로 여성들은 이혼에 대해 부정적인 생각을 가지면서 참고 살려는 경향이 강하였다. 그러한 경향은 전후세대들에 의해 감소하였다. 전 세대와 비교할 때 전후세대의 이혼율이 높은 가장 큰 이유는 경제적 측면과 법・제도적 측면에서 찾을 수 있다. 경제적 측면의 이유를 살펴보면 다음과 같다. 전후세대들은 경제 발전으로 인해 교육을 받을 기회가 많으며, 남성은 물론이고 여성의 교육 수준도 크게 높아진다. 여성의 교육 수준이 높아지면서 여성의 의식이 변하고, 아울러 많아진 사회진출의 기회를 이용하면서 소득 수준이 높아진다. 이로 인해, 참고 지내는 것이 더 이상 여성에게는 미덕이 아니게 된다. 이러한 변화의 가장 큰 원인은 여성의 소득 증대이지만, 법・제도적 측면에서도 그 원인을 찾아볼 수 있다. 나라마다 차이가 있겠지만, 이혼을 할 경우 결혼 후 모은 재산을 분할하는 것을 당연시 생각하는 경향이 확대되고, 이혼위자료 청구 소송에서 여성이 승소하는 경우가 많아졌다. 이혼을 해도 경제적 궁핍을 걱정할 필요가 없는 여성은 자신이 원하지 않는 남성의 행태를 참지 않고 이혼하기 때문에 이혼이 증가한다. 이혼의 증가는 모든 지역에서의 주택수요를 증대시킨다.

④ 독신율 증가

전후세대에 속하는 자들 중에는 독신으로 살고자 하는 사람들이 상대적으로 많다. 독신의 이유는 매우 다양하다. 결혼에 대해 흥미가 없다든지, 일을 애인으로 생각한다든지, 독신을 좋아한다든지, 구속받지 않고 자유를 즐기고 싶다든지, 타 성에 대한 흥미가 없다든지 등의 다양한 이유가 존재한다. 전 세대와 비교할 때 경제적인 어려움을 받지 않는 자들 중에서 결혼보다 자신의 삶, 일, 취미생활에 강한 관심을 가지는 사람들이 늘어나면서 독신율이 빠르게 증가한다. 대표적인 예가 골드 싱글,[10] 골드 시니어[11] 등이다.

---

10) '골드 싱글'이란 학력과 경제력 등을 충분히 갖추고 있으면서 혼자 여유롭게 사는 남녀를 말한다. 미국에서 『나는 초라한 더블보다 화려한 싱글이 좋다』라는 책이 출간된 이후 전 세계적으로 '독신 신드롬'이 시작되면서 고소득 전문직 독신 여성을 '골드 미스'라고 지칭하였다. '골드 미스'에

독신율이 증가한다는 것은 1인 가구가 확대되는 것이기 때문에, 주택의 형태에도 변화가 발생하고 주택수요도 증가한다. 독신자도 모든 지역에서 발생하지만, 가족의 통제가 약하고 개인적 자유를 누릴 기회가 더 많으며, 직장과 가깝고 취미생활을 할 기회가 많은 도시의 주택수요에 더 큰 영향을 미친다. 이는 주택가격을 상승시키고 도시정부의 세수입을 확대시킨다.

독신자의 증가

2012년 서울시가 발표한 '통계로 본 서울 남성의 삶'에 의하면, 서울에 사는 35~49세 남성의 5명 중 1명은 결혼을 한 적이 없다. 1990년 24,239명이던 35~49세 미혼 남성이 2010년에는 242,590명으로 약 10배 늘었다. 같은 연령층에 속하는 미혼 여성 증가율보다 약 2배 높은 수치이다. 학력의 측면에서 보면, 35~49세 미혼 남성은 고졸 이하가 52.4%인 데 비해, 동일한 연령층의 미혼 여성은 대졸 이상이 61%이었다.

요즈음은 소통의 방식과 수단이 발달하였기 때문에 예전처럼 '독신=고독'이라는 등식이 성립하지 않을 수 있고, 개별 독신자 모임도 확대되고 있다. 또한 성인남녀 간의 만남이 반드시 결혼을 전제로 할 필요는 없다는 인식도 확대되고 있다. 어느 정도 경제력이 있는 남성 혹은 여성이 독신생활을 택하는 것은 개인의 자유이기는 하지만, 독신자의 수와 독신율이 급속하게 증가하는 것은 사회적으로 바람직하지 않은 부작용이 나타날 수도 있다.

출처: http://seungboo10.blog.me/80165594236에서 부분 발췌 · 재서술

독신율과 관련하여 살펴볼 필요가 있는 주제는 생애미혼율이다. 생애미혼율은 50세까지 한 번도 결혼하지 않은 사람의 비율이다. 한국에서는 아직까지 생애미혼율에 대한 관심이 커지지는 않지만, 생애미혼율은 세계적인 추세이다. 한국에서도 남성과 여성을 불문하고 생애미혼율이 점차 증가하면서, 특히 2000년에 들면서 증가율이 가파르다. 남성과 여성을 비교하면, 전반적으로 남성의 생애미혼율이 높은데, 2010년대에 들면서 남성의 생애미혼율은 여성의 생애미혼율보다 약 2배 높은 실정이다.

이와 유사한 남성을 포함시킨 단어가 '골드 싱글'이다.

11) '골드 시니어'는 50세 이상이면서, 건강과 노후에 대한 관심이 높고, 사회공헌에도 큰 관심을 가진 자를 뜻한다.

표 4-4 생애미혼율

연도	남성	여성
1980년	0.4	0.3
1990년	0.6	0.5
2000년	1.6	1.3
2005년	3.5	2.0
2010년	5.8	2.8
2015년	10.9	5.0
2020년	16.8	7.6

출처: 통계청(2016). 『2015 인구주택총조사』. 통계청(2021). 『2020 인구주택총조사』. 나무위키(2022.1.5). '생애미혼율'.

⑤ 맞벌이부부 증가

전후세대는 맞벌이부부를 선호하는 경향이 있다. 전통적인 가정은 남편이 직장에 나가고 부인이 집안일을 하는 것이었는데, 1970년대에 큰 변화를 경험하게 된다. 변화의 원인은 사회가 정보지식사회로 진입되었고, 전후세대가 취업 연령에 속하게 되었다는 점이다. 정보지식사회는 이성 못지않게 감성이 중요한 사회이며, 이에 따라 남성보다 상대적으로 감성이 풍부한 여성에게 유리한 직업이 많이 생겨난다. 한편, 전후세대 여성은 높아진 교육 수준을 바탕으로 사회적으로 요구되는 여성의 사회진출에 적극적으로 호응하면서 직장을 갖는 경우가 많아진다. 이리하여, 전 세대와 비교할 때 전후세대에는 맞벌이부부가 많이 생겨난다.

교외 지역에 거주하거나 혹은 역도시화 단계에서 생성된 주거지역에 거주하면서 부부가 맞벌이를 하게 되면 출퇴근에 걸리는 시간, 부부의 출퇴근 시간 차이 등으로 인해 생기는 불편함이 적지 않다. 더욱이 부부가 다른 자가용을 이용할 경우 부담해야 할 주차비도 가사에 적지 않은 부담이 될 수 있다. 더구나, 전 세대와 비교할 때 전후세대의 인식론적 특징은 도시지향성이 상대적으로 강하다. 따라서 이러한 지역에 거주하는 맞벌이부부 중의 일부는 직장이 있는 중심도시로 이주하기도 한다. 맞벌이부부의 증가는 상대적으로 중심도시의 주택수요를 더욱 증대시키고 주택가격을 상승시켜 도시재정에 긍정적인 영향을 미친다.

⑥ 다자녀에 대한 선호 약화

전후세대는 전 세대에 비해 자신들의 생활 만족을 중시하기 때문에, 상대적으로 다자녀에 대한 욕심이 크지 않다. 전후세대에게는 자녀를 낳지 않거나 아니면 한 자녀만 낳아 잘 기르려는 경향이 두드러지게 나타난다. 예를 들어, 전후세대에 속하는 사람들 중에는 '통크(TONK)족'[12]이거나 통크족이 되고자 하는 사람들이 적지 않다. 이들은 교외화의 주요 원인에 속했던 자녀 교육에 대한 걱정을 하지 않아도 되거나 적게 해도 되기 때문에, 교외 지역 혹은 역도시화 단계에서 생성된 주거 지역에 거주할 이유가 약화된다. 따라서 중심도시의 주택수요를 상대적으로 더 많이 증대시킨다.

3. 재도시화를 둘러싼 논쟁

재도시화의 두 유형인 gentrification과 incumbent upgrading은 접근방법과 대상이 매우 다르기 때문에, 각각의 장점과 단점이 확연하게 구별된다. 따라서 이들에 대해 찬성하는 사람들과 반대하는 사람들 간의 논쟁이 매우 뜨겁다.

1) Gentrification에 대한 논쟁

Gentrification은 상대적으로 incumbent upgrading보다 중심도시에 더 큰 변화를 일으키는 만큼 이를 둘러싼 논쟁도 더욱 격렬하였다(Downs, 1981: 81-85). Gentrification을 찬성하는 측은 도시정부 관료들과 경제학자들이 주류를 이룬다. 그들의 찬성 논거는 중심도시에 gentrification이 발생하면 그 지역의 부동산가격이 상승하기 때문에 도시정부의 재산세 수입이 증가하여 중심도시의 쇠퇴를 중지 혹은 반전시킬 수 있다는 것이다. 또한 도시를 정비하는 효과가 발생하여 미관상 좋을 뿐만 아니라 도시의 이미지를 좋게 하고, 유동자본을 유치하는 데에도 긍정적인 영향을 미친다고 찬성론자들은 주장한다. Gentrification의 대표적인 사례로 자주 언급되는 뉴욕시, 애틀랜틱(Atlantic)시 등을 보면, gentrification이 발생한 지역의 부동산가격이 상승하여 도시재정이 향상되었으며, 또한 도시 이미지 개선을 통해 많은 관광객들이 유치되었다.

Gentrification에 대한 반대는 사회학자들이 주도한다. 이들이 반대하는 주된 논

12) '통크(TONK)족'이란 'Two Only No Kids'의 앞자를 따서 만든 신조어로서, 자녀를 갖지 않은 부부를 의미한다.

거는 '비자발적 이주(displacement)' 현상이 발생하기 때문이다(Downs, 1981: 84-85; Smith & Williams, 1986: 8-9). 사회학자들이 gentrification에 따른 저소득층의 이주를 비자발적 이주라고 주장하는 이유는 다음과 같다. 비록 저소득층이 시장 메커니즘(mechanism)에 의해 자신의 주택을 매매한 것이지만, 이들의 교육 수준, 독해 수준, 정보력 등을 고려하면 도시정부의 개발 청사진에 대한 정보를 알지 못한 상황에서 주택을 매매한 것이다. 만약 저소득층들이 도시정부의 개발계획을 인지했다면 자신의 주택을 매매하지 않았을 것이다. 이는 사회구조적인 문제로 인해 발생하는 것으로서 자발적인 이주가 아니라, 비자발적인 이주라고 사회학자들은 주장한다. Gentrification에 의해 발생하는 저소득층의 비자발적 이주는 저소득층에게 '어디로 이주하느냐'는 문제와 더불어 비용적 부담을 발생시킨다고 반대론자들은 주장한다. 이주당하는 저소득층은 해당 중심도시 내 혹은 타 도시 중에서 이주할 곳을 선택해야 하는데, 그들의 경제적 상황은 그들로 하여금 자신들이 원하는 지역이 아니라 원하지 않는 지역 중에서 이주 지역을 선택하게 한다. 그들은 좋은 수준의 주거환경을 보유한 지역이 아니라, 또 다른 불량주거지역으로 이주할 수밖에 없다. 이는 결코 그들이 바라던 선택이 아니라고 반대론자들은 주장한다. 또한 이주하는 저소득층은 이주에 소요되는 경제적 비용뿐만 아니라 공동체 파괴에 따른 심리적 비용도 부담해야 한다. 자발적으로 이주하는 중·고소득층도 이주에 따른 경제적 그리고 심리적 비용에 대해 적지 않은 부담을 느끼는 것이 일반적인데, 비자발적 이주를 해야 하는 저소득층은 그 부담이 더욱 클 수밖에 없다.

2) Incumbent Upgrading에 대한 논쟁

Incumbent upgrading에 대해서도 찬·반 논쟁이 뜨거웠다. Incumbent upgrading을 찬성하는 측은 주로 사회학자들이다. 사회학자들의 찬성 논거는 두 가지에 기반을 두고 있다. 첫째, 현대사회에서 대부분의 국가는 '복지사회'를 구현하려고 노력한다. 복지사회에서는 가진 자보다는 가지지 못한 자에 대한 따뜻한 배려가 강조된다. 이러한 복지사회를 구현하기 위해서는 국가의 모든 구성원들이 함께 노력해야 하지만, 국가와 지방자치단체가 선도적인 역할을 해야 한다. 이러한 관점에서 볼 때, 도시정부가 저소득층을 위한 주택정책을 실시하는 것은 당연한 것이라고 찬성론자들은 주장한다. 둘째, incumbent upgrading은 비자발적 이주 현상을 발생시키지 않는다는 점을 그들은 강조한다. 만약 도시정부가 비자발적 이주를 용인하거나 혹은 주도한다면, '빈익빈 부익부'가 더욱 확대됨으로써 형평성 문제가 중대한 이슈로 부각될 수 있다. 따라서 incumbent upgrading과 같이 비자발적 이주를 발생시키지 않는 재도시화 정책을 실시하는 것이 바람직하다고 그들은 주장한다.

반면, 도시정부 관료들과 경제학자들은 incumbent upgrading에 반대한다. 이들의 대표적인 반대 논거는 두 가지이다. 첫째, 교외화와 역도시화를 거치면서 재정이 매우 어려운 상황에 처한 도시정부가 다른 많은 문제들보다 저소득층의 주거환경에 우선순위를 둘 수 있느냐고 그들은 반문한다. 설령, 저소득층의 주거환경 개선을 중시한다고 하더라도 극히 어려운 재정 상황에서 저소득층의 주거환경을 실제로 개선할 수 있을 정도의 지원이 가능하겠느냐고 그들은 반문한다. 형식적으로 극히 적은 금액을 주거환경 개선에 투자한다면 주거환경은 실질적으로 개선되지 않고, 그 지역은 오래지 않아 다시 불량주거지역으로 변할 것이며, 예산이 낭비되고, 다른 중요한 사업의 시행에 지장이 있을 수 있다고 반대론자들은 주장한다. 둘째, 도시정부의 지원금이 주거환경 개선이 아닌 다른 용도로 사용될 수 있음을 그들은 경고한다. 다른 많은 지원금의 사례에서 나타난 것처럼 주거환경 개선을 위한 지원금도 다른 용도, 예를 들면 주류 구입 등에 사용되는 문제가 나타날 수 있으며, 또한 이러한 문제를 효과적으로 예방 혹은 제재할 수 없다고 그들은 주장한다.

제6절

한국의 도시화 과정

1. 시기별 한국의 도시화 과정

앞에서 논의된 바와 같이 도시화는 산업화와 밀접한 관련이 있다. 따라서 다른 외국과 마찬가지로 한국의 도시화 과정도 경제개발을 종합적이고 체계적으로 시도하는 시점을 기준으로 대별해 볼 수 있다.

1) 경제개발5개년계획 이전의 도시화 과정

조선 시대에는 행정중심적인 도시가 발달하다가 조선 시대 후기에 이르러 도시를 중심으로 인구 증가와 상업이 발달하면서 경제중심적인 도시가 나타났다. 또한 개항기(1876~1910년)에는 개항장을 중심으로 도시가 발달하였으나, 개항장은 열강들의 경제거점 혹은 군사적 교두보로서의 역할을 하였다. 그러나 조선 시대에서 개항기에 이르는 동안에 등장한 도시는 산업화로 인해 나타난 도시가 아니기 때문에, 현대적 의미의 도시화가 발생했다고 보기 어렵다.

1910~1945년까지의 기간에는 일본의 식민지정책의 일환으로 외부요인에 의한 '강요된 도시화'가 진행되었다. 일본이 한국을 대륙침략을 위한 병참기지로 활용하려 함에 따라 일본의 자본에 의해 경공업 공장이 여러 도시에 건설되었다. 그리고 일본 본토에서 만주 대륙으로 통하는 최단 거리라는 이른바 '북선(北鮮)루트'[13] 이론에 따라 1933~1934년 무렵부터 북한지역 4개 도에 중화학공장을 세우기 시작하였다. 또한 1937년부터 군수공업과 군사 수송 능력을 강화하면서 도시화가 진행되었다. 이에 따라, 경성(서울), 부산, 대구, 인천 등은 물론이고, 청진, 나진, 웅기, 대전, 전주, 광주, 해주, 진주 등이 발전하였다.

광복 이후 외국에서 귀국한 동포들과 공산주의를 반대하여 남하한 북한 주민들은 주로 도시에 흩어져 정착하였다. 또한 권력, 부, 자유를 추구하거나 혹은 교육을 위하여 도시로 이주하는 사람들도 나타났다. 이후 발발한 6·25전쟁은 한국에 엄청난 피해를 입혔으며, 특히 격전지이었던 도시는 도시 전체가 거의 파괴되는 경험을 하였다. 전쟁 중에 월남한 북한 주민은 주로 도시에 정착하였고, 군대 생활을 통하여 도시 생활을 경험한 시골 젊은이들이 제대 후 도시로 몰려들었다. 또한 광복 이후 도시를 중심으로 증가한 고등학교, 대학교 등에 진학하기 위해 학생들이 도시로 이주하고, 이들은 학교를 졸업한 뒤 도시에서 일하고 거주하는 경향을 보였다. 전체적으로 볼 때, 이 시기에는 기본적으로 산업화가 이루어지지 않은 상황에서 사

---

13) 1930년대에 만들어진 일본~한국~만주를 연결하는 3대 간선 루트 중의 하나를 일컫는다. 3대 간선 루트는 시모노세키~부산~서울~신의주~심양을 연결하는 '중앙 루트', 오사카~세토나이카이~부산~목포~인천~다사도~천진~청도를 잇는 '황해발해 루트', 마이즈루와 니카타~동해~나진~동북만주를 연결하는 '북선 루트'이다. 3대 간선 루트는 한국 내의 사회·경제적 요구를 반영하여 건설된 측면도 있었지만, 주로 만주산 대두와 자원을 일본으로 반출하는 대신 일본군과 군수물자를 만주로 이동시키는 데 핵심적인 역할을 수행하도록 계획된 것이었다. 그렇기 때문에 모든 간선 철도는 일본~한국~만주를 시·공간적으로 최대한 단축시키는 것을 목적으로 하였다.

람들이 도시에 집중하였기 때문에 도시에서 일자리를 구하기는 어려웠다. 즉, 도시로 인구이동을 유도하는 가장 중요한 인입요인인 일자리가 없는 상황에서 인구가 도시에 집중되었다. 이러한 도시화를 '가도시화(pseudo-urbanization)'라고 한다.

2) 경제개발5개년계획 이후의 도시화 과정

(1) 제1차 경제개발5개년계획에서 1970년대까지의 도시화

1962년에 시행된 경제개발5개년계획으로 인해 한국의 제조업은 놀라울 정도로 급성장하였다. 다른 나라들과 마찬가지로 한국에서도 경제개발5개년계획을 통한 산업화는 현대적 의미의 도시화를 촉진시켰다. 이 시기의 한국의 도시화는 다음과 같은 특징을 가진다.

첫째, 경제개발5개년계획을 성공시키기 위해 조성된 신공업도시를 중심으로 도시화가 빠르게 진행되었다. 울산, 구미, 포항, 여천, 반월 등의 공업단지에서는 경제개발에 필요한 기반시설과 산업인력이 필요하였다. 이로 인해, 일자리를 찾는 많은 노동력이 신공업도시로 이주하는 이촌향도 현상이 나타났다. 즉, '라벤슈타인(Ravenstein)의 인구이동 법칙'에 따라 농촌인구가 소도시로 이동하였다가 다시 산업화를 통해 빠르게 성장하는 도시로 이동함에 따라 신공업도시의 인구가 빠르게 증가하였다.

둘째, 대도시로 인구가 편중되는 현상이 나타났다. 대도시는 다른 지역에 비해 상공업이 발달되어 있고, 교육기관이나 다른 편의시설들이 잘 갖추어져 있기 때문이다. 또한 여러 지역을 연결하는 고속도로망이 구축되어 도시 간 이동의 시간적 거리가 대폭 단축되면서, '라벤슈타인의 법칙'에서 지적한 것처럼 지역 간 인구이동이 활발해짐에 따라 인구의 대도시 집중이 더욱 확대되었다.

라벤슈타인(Ravenstein)의 인구이동 법칙

1. 인구이동과 거리

두 지역 간의 인구이동률은 두 지역 간의 거리에 반비례한다. 먼 거리 이동자는 규모가 큰 상공업 중심지로 이동하는 경향이 있다.

2. 인구이동의 단계

지역 간의 인구이동은 농촌에서 근처의 소도시로 이동하였다가 다시 소도시에서 가장 빨리 성장하는 다른 도시로 이동하는 단계적 형태의 이동을 띠는 경향이 있다.

3. 주류와 반주류

인구이동의 주된 흐름은 그것을 상쇄시키는 반주류를 발생시킨다.

4. 도·농 간 이동성향의 차이

일반적으로 도시출신은 농촌출신보다 인구이동의 성향이 낮다. 따라서 지역 간 인구이동의 흐름은 농촌에서 도시로의 방향이 지배적이다.

5. 교통·통신기술과 인구이동

교통·통신기술과 상공업의 발달은 시간이 흐름에 따라 인구이동을 증가시킨다.

6. 경제적 동기의 지배

인구이동의 동기는 다양하지만, 가장 중요한 동기는 경제적인 것이다.

(2) 1980년대의 도시화

1980년대에 들면서 한국의 도시화는 다음과 같은 새로운 요인들에 의해 진행되었다. 첫째, 1980년대 중반부터 시작한 한국 경제의 고도성장으로 인해 인구의 도시 집중, 특히 대도시 집중이 강하게 나타났다. 이리하여 1986년 광주시가 직할시로 승격되었고, 이어서 1989년 대전시도 직할시로 승격되었다. 둘째, 1986년의 아시아 게임과 1988년의 서울 올림픽이 개최되면서 서울, 부산, 경기도에 도심 재개발, 불량지구 재개발, 교통시설 등에 대규모 투자가 이루어졌다.

조정제(1990: 35-39)는 클라센과 팰링크(Klaassen & Paelinck) 모형을 이용하여 1975~1985년 동안의 한국의 도시화를 분석하였다. 분석대상은 1975년 당시 시와 시 주변 지역(1975~1985년 사이에 시로 편입된 지역과 1985년 현재 시와 인접한 시·읍·면)이다. 분석의 결과는 <표 4-5>와 같다. <표 4-5>에 의하면, 이 시기의 한국의 도시화의 특징은 다음과 같다.

첫째, 한국의 대부분의 도시들, 즉 약 70%의 도시들이 클라센과 팰링크(Klaassen & Paelinck) 모형의 제1단계에 속하는 것으로 나타났다. 둘째, 교외인구가 증가하는 제2단계 혹은 제3계에 속하는 도시에는 수도권의 도시, 자력 발전력이 생긴 도시, 공업도시, 관광도시가 포함되어 있다. 수도권에 속하는 도시는 인천, 성남, 수원, 안양, 부천, 의정부이고, 자력 발전력이 생긴 도시는 부산, 대구, 대전, 광주이며, 공업도시는 울산, 여수이고, 관광도시는 제주이다. 셋째, 한국 제2의 도시이자 제1의 항

표 4-5 한국의 도시발전단계(1975~1985년)

도시	연평균 인구증가율(1975~1985년)			도시발전단계
	중심도시	주변 지역	도시권 전체	
서울	3.4	7.6	4.0	3
대구	3.1	4.3	3.3	3
인천	5.5	9.3	6.5	3
대전	3.6	4.5	3.8	3
성남	5.0	9.1	5.7	3
부산	3.4	1.4	3.3	2
수원	6.5	6.0	6.3	2
의정부	4.1	0.7	3.0	2
안양	9.9	7.5	8.6	2
부천	14.3	7.3	11.1	2
광주	4.0	0.2	3.3	2
여수	2.7	0.6	1.9	2
울산	7.8	0.9	7.0	2
제주	4.1	0.3	1.7	2
춘천	1.5	−2.2	0.8	1
원주	2.3	−3.0	1.0	1
강릉	4.5	−1.4	3.1	1
청주	6.4	−1.7	3.8	1
충주	0.7	−4.7	−0.5	1
천안	5.6	−0.9	3.5	1
전주	3.1	−2.4	1.7	1
군산	1.8	−1.5	0.9	1
이리	5.4	−2.2	2.4	1
목포	2.0	−2.9	−0.1	1
순천	1.2	−0.5	0.4	1
포항	6.6	−0.1	4.6	1
안동	1.8	−4.6	−0.8	1
경주	1.6	−0.9	0.5	1
김천	1.4	−3.9	−0.9	1
마산	5.1	−0.8	4.6	1
진주	3.9	−0.8	3.6	1
진해	1.7	−0.3	1.3	1
충무	2.7	−2.7	0.0	1
삼천포	0.5	−3.3	−1.2	1

출처: 조정제(1990: 37).

구도시인 부산이 제2단계에 머무르고 있다. 대구, 대전, 인천, 성남보다도 주변 지역의 발전이 더딤을 의미한다. 그 이유는 다양하게 분석될 수 있겠지만, 경제기반이 취약한 점과 북쪽이 구릉지이기 때문에 지리적으로 확산이 어려운 점도 주요 이유가 될 수 있다.

(3) 1990년대의 도시화

1990년대에 들어와서 한국의 도시화에 영향을 미친 주요 요인들로는 주택 200만 호 건설, 서울과 수도권에 인구 집중, 지방자치 실시 등을 지적할 수 있다. 첫째, 주택 200만 호 건설은 도시화에 새로운 변화를 이끌었다. 1988년부터 1992년까지 5년 동안 서울 근교에 분당·일산·중동·평촌·산본 등 5개 대규모 신도시를 건설하는 사업이었다. 이로 인해, 수도권의 면모가 크게 바뀌었으며, 신도시로의 인구 이동이 나타나고, 수도권을 발전시키는 계기가 되었다. 둘째, 서울과 수도권의 인구 집중이 가속화되었다. 산업시설, 금융, 교육시설 등이 서울과 수도권에 집중되는 현상이 확대·심화되면서 서울과 수도권의 인구가 크게 증가하였다. 셋째, 1991년부터 다시 시작된 지방자치는 모든 도시를 변하게 함으로써 도시화에도 변화를 야기하였다. 지방자치의 시행은 지역별 개발정책을 실시하고 도시재정을 확대하여 모든 도시에서 새로운 변화가 일어났으며, 특히 일부 중소규모 도시들의 약진이 눈에 띄었다.

임재현(1999: 149-150)은 클라센과 팰링크(Klaassen & Paelinck) 모형을 이용하여 1985년에서 1995년 동안의 한국의 도시별 도시화 단계를 분석하였다(<표 4-6> 참조). <표 4-6>의 도시별 단계는 클라센과 팰링크 모형에서 말하는 제1단계에서 제8단계이다.

<표 4-6>에 포함되지 않은 도시들인 동해, 태백, 제천, 군산, 정읍, 남원, 목포, 나주, 김천, 안동, 영주, 영천, 마산, 통영, 사천, 서귀포는 도시화가 진행되지도 않은 것으로 분석되었다. <표 4-6>을 통해 본 한국의 도시화의 특징을 살펴보면 다음과 같다(임재현, 1999: 150-152).

첫째, <표 4-6>에 포함되지 않은 도시들은 도시권 전체의 인구가 감소하고 있다. 이러한 도시들은 한국에만 존재하는 것이 아니라 대부분의 나라에서 성장기의 초기과정에서 흔히 볼 수 있다. 1975~1985년 동안의 한국의 도시별 도시화 단계에 대한 연구에서는 연구대상 36개 도시 중에서 6개 도시가 이 유형에 속하며 제1단계로 분류하고 있다.

표 4-6 한국의 도시별 도시화 과정(1985~1995년)

(단위: 연평균 인구변화율 %)

도시	중심도시	교외 지역	도시권 전체	도시화 단계
서울	0.6	4.8	0.8	3
부산	0.5	1.6	0.6	3
대전	2.3	9.1	3.2	3
수원	5.2	7.6	5.8	3
안양	6.0	13.2	8.8	3
부천	7.1	23.6	8.5	3
광명	6.0	25.4	8.3	3
동두천	0.4	2.5	1.6	3
여수	0.7	4.2	1.5	3
울산	4.3	5.0	4.4	3
대구	1.5	1.3	1.5	2
인천	5.5	4.2	5.3	2
광주	1.9	0.6	1.6	2
성남	9.4	8.3	9.2	2
의정부	7.0	2.0	5.4	2
평택	5.7	1.6	2.7	2
천안	3.2	0.1	1.5	2
포항	2.6	1.3	2.1	2
창원	15.5	1.6	13.2	2
춘천	1.9	−1.8	1.0	1
원주	2.1	−0.7	1.3	1
강릉	1.1	−1.4	0.1	1
속초	1.8	−1.3	1.0	1
청주	4.1	−1.8	3.0	1
충주	2.3	−2.3	0.3	1
전주	1.7	−1.7	0.9	1
익산	1.5	−2.0	0.1	1
순천	4.4	−4.1	0.2	1
경주	1.1	−1.0	0.0	1
구미	7.4	−0.3	4.9	1
진주	1.3	−1.1	0.6	1
진해	0.4	−1.4	0.1	1
김해	11.8	−1.0	4.8	1
제주	2.7	−0.5	2.2	1

출처: 임재현(1999: 149–150).

둘째, 한국의 대부분의 도시들은 여전히 제2단계에도 이르지 못하고 있다. 즉, 1985년에서 1995년 사이에 제2단계에도 이르지 못한 도시는 연구대상 도시의 62.0%

이다. 이는 1975년에서 1985년 사이에 도시화 단계를 분석했던 연구(조정제, 1991: 37)에서 보여준 제1단계에 속했던 도시의 비율 63.2%와 별 다른 차이를 보이지 않고 있다.

셋째, 교외인구가 증가하는 제2단계와 제3단계에 속하는 도시들은 주로 대도시와 수도권에 소재한 도시들이다. 이 도시들 외에 제2단계와 제3단계에 속하는 도시들은 대표적인 지방 공업도시인 여수시, 포항시, 창원시이다.

넷째, 도시별 도시화 단계가 지역적으로 불균형하게 분포되어 있다. 특히, 수도권 소재 도시들과 비수도권 소재 도시들 간에 도시화 단계의 편차가 심하다. 수도권에 소재한 모든 연구대상 도시들은 제2단계와 제3단계에 속하는 반면에, 비수도권에 속하는 도시들의 77.5%는 제2단계에 이르지 못하고 있다. 더구나, 비수도권에 위치한 도시들 중에서 16개의 도시들은 도시권 전체의 인구가 감소하고 있다. 이러한 지역 간 불균형 분산현상은 앞에서 소개한 조정제(1991)의 연구와 유사하다.

2. 한국 도시화의 특징

다른 나라와 비교할 때, 한국의 경제성장은 '한강의 기적'이라고 불릴 정도로 매우 빠르게 진행되었다. 서구 국가에서 약 200년에 걸쳐 이룬 경제성장을 한국은 30~40년 만에 달성하였다. 한국의 급속한 경제성장은 국가의 위상, 국민소득, 국민생활의 질, 교육 수준, 주거환경 등의 측면에서 놀랄 만한 변화를 이루었다고 해도 과장이 아니지만, 경제성장 과정에서 자연스럽게 나타나는 부작용을 적절하게 해결할 시간적 여유를 가지지 못했다. 급속한 경제성장의 장점과 단점은 도시화에도 직·간접적인 영향을 미쳐서, 한국의 도시화는 다른 나라와 확연하게 차별이 되는 몇 가지 특징을 가지게 되었다.

1) 급속한 도시화

일반적으로 도시화는 [그림 4-3]과 같이 S자로 표현되는데, 이 곡선을 도시화 곡선이라 한다. 도시화의 과정을 살펴보면, 초기에는 도시인구가 서서히 증가하다가 어느 시기에 이르면 증가 속도가 가속화되고 다시 둔화되는 S자로 표현된다. 즉, 도시화 곡선에 의하면 도시화는 초기 단계, 가속화 단계, 종착 단계로 나뉜다.

그림 4-3 도시화 곡선

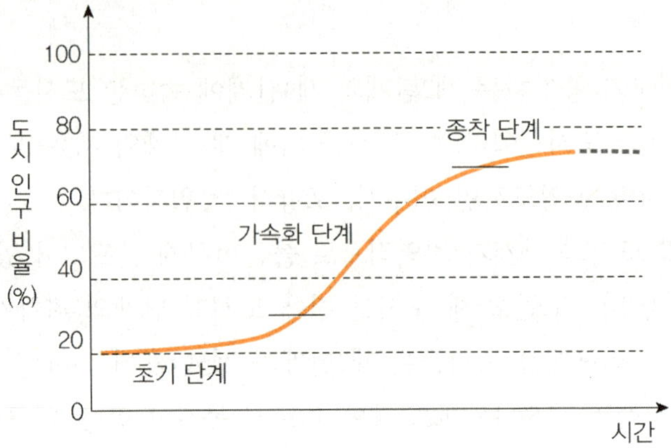

출처: 천재학습백과.

초기 단계는 농업중심 사회에서 나타나며, 도시인구의 비율이 25% 미만으로서 도시화는 미약한 수준이다. 가속화 단계는 산업사회(현대사회)에서 나타나는 현상이고, 인구와 경제 기능이 도시로 집중되면서 도시화가 빠르게 진행된다. 종착 단계는 후기산업사회(후기현대사회)에서 나타나며, 도시인구 비율이 70% 이상이고 도시화율이 둔화된다.

한국의 경우, 1930년대까지는 도시화율이 10% 미만의 초기 단계에 머물러 있다가, 1960년대 이후 경제성장에 힘입어 가속화 단계에 들어갔다. [그림 4-4]에 의하면, 한국의 산업화가 급속하게 진행된 것처럼 한국 도시화는 산업사회에서 나타나는 가속화 단계에 진입하여 약 30년이 채 걸리지 않아서 후기산업사회에서 나타나는 종착 단계로 진입될 정도로 매우 빠르게 진행되고 있다. 한국의 도시화율은 현대적 의미의 도시화가 시작된 지 얼마되지 않은 1970년대에 벌써 세계의 평균 도시화율 수준을 넘었을 정도이다(박수영, 1996). 1990년 후반에는 도시화율이 79.6%에 이르러 이미 종착 단계에 진입하였다. 그 후에도 지속적으로 도시인구가 증가하여 2000년에는 87.7%라는 높은 도시화율을 보여주고 있으며, 그 후에도 계속 상승 추세를 보이고 있다([그림 4-4] 참조). 2019년 현재, 한국의 도시지역의 총면적은 국토면적의 약 16.7%를 차지하고 있으나, 주민등록상 도시지역에 거주하는 인구는 총인구의 약 91.8%이다.

그림 4-4 한국의 도시화율

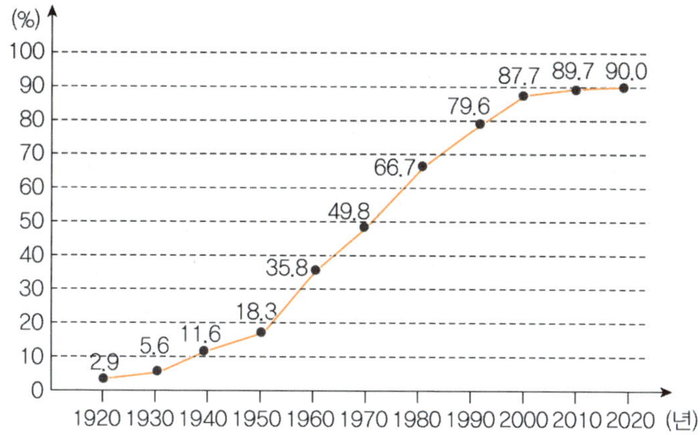

출처: 천재학습백과.

2) 전 국토의 도시화

도시와 농촌의 특징이 명확하게 구별되지 않는 것은 많은 나라에서 이미 나타나고 있는 현상이다. 그러나 한국의 도시화 현상은 중심도시와 주변 농촌 간의 문제가 아니라, 범국가적 도시화라고 해도 무방할 정도로 전 국토를 대상으로 진행되고 있다. 예전에는 한국에서도 도시와 농촌이 대비되었지만, 지금은 도시와 농촌을 구별하기 힘들 정도이다. 농촌은 도시의 외연일 뿐이며 도시와 대칭되는 개념이 더 이상 아니다.

이러한 현상을 가속화시킨 것은 시 · 군 통합정책이다. 1994년 인접된 35개 시와 34개 군을 통합하고 1995년 5개의 통합시를 추가한 이후로 전국적으로 40개가 넘는 통합시가 탄생하였다. 통합시가 탄생되기 전에는 읍이 시로 승격하면 종전의 군 행정구역에서 독립되어, 시로 승격된 지역은 도시이고 군으로 남아 있는 지역은 농촌이었다. 시 · 군 통합정책은 시와 군을 통합하는 것이기 때문에, 시의 행정구역 안에 농촌인 읍 · 면이 공존하는 도 · 농 일체현상을 발생시킨다. 그런데 통합시가 지속적으로 탄생하면서 전 국토가 도시화 현상을 겪고 있다. 시 · 군 통합정책으로 인한 도 · 농 일체현상은 전 국민의 생활양식도 일체화시키고 있다. 종전에는 분명히 도시적 생활과 농촌적 생활이 구별되었다. 그러나 교통 · 통신 · 정보매체의 발달로 농촌적 생활양식이 점차 사라지는 상황에서 도·농 일체현상은 이를 더욱 가속화시켰다.

3) 수도권과 대도시의 과대 팽창

이론적으로는 경제개발 초기에는 대도시들의 성장이 급속히 진행되어 종주화 현상이 나타나지만, 경제가 성숙 단계에 접어들면 지역 간의 불균형이 완화되면서 종주화 현상이 점차 둔화된다(Berry, 1967). 그러나 한국의 도시화 과정은 이론과는 조금 다르게 진행되어 왔다. 즉, 한국의 도시화의 또 다른 특징은 서울시와 여타 대도시에서 도시화가 빠르게 진행되었다는 점이다(임재현, 1999: 151-152).

서울시의 인구 구성비가 1960년대의 도시화 초기에는 9.8%에 지나지 않았으나, 1970년에는 17.6%, 1980년에는 22.3%로 계속 상승하였다. 1990년 이후에 둔화하는 경향을 보이고 있다. 2000년에는 22%로 소폭 하락하였으며, 2022년 6월 주민등록 인구 기준으로 총인구의 18.40%(949만 명)가 서울에 거주하는 것으로 나타났다.

서울시의 인구 집중은 점차 둔화되고 있으나, 경기도의 인구는 가파르게 상승하고 있다. 2022년 6월 주민등록 인구를 기준으로 하면, 경기도의 인구는 약 1,358만 명으로서 총인구의 26.33%이다. 서울시, 인천시, 경기도의 인구 집중도 비율은 2022년 6월 기준으로 50.48%이다.

광역시도 다른 도시들보다 도시화가 빠르게 진행된 도시들이다. 부산시, 대구시, 인천시, 광주시, 대전시, 울산시가 인구 100만 명이 넘어서 광역시가 되었다. 또한 2020년 12월 9일 「지방자치법」 개정에 의해서, 인구 100만 명이 넘는 수원시(120만 명), 용인시(109만 명), 고양시(108만 명), 창원시(104만 명)를 2022년 1월 13일 기준으로 특례시로 지정하였다. 그리고 인구 50만 명 이상의 도시들도 지속적으로 증가하고 있다. 2021년 기준으로 인구 50만 명 이상의 도시는 성남시(93만 명), 화성시(87만 명), 부천시(81만 명), 남양주시(72만 명), 안산시(66만 명), 안양시(55만 명), 평택시(55만 명), 김해시(54만 명), 시흥시(51만 명), 포항시(50만 명) 등이다. 광역시, 특례시, 인구 50만 명 이상의 일반시 등이 한국의 도시성장을 주도하고 있다.

4) 지역 간 도시화 불균형

앞에서 살펴본 임재현(1999)의 연구에서 보여준 바와 같이 수도권 소재 도시들의 도시화가 빠르게 진행되고 상대적으로 비수도권 소재 도시들의 도시화는 늦다. 또한 도 간에도 도시화의 정도는 큰 차이를 보이고 있다. 수도권과 경상남·북도의 도시들이 상대적으로 빠른 도시화를 경험하고 있고, 강원도와 제주도의 도시들은 도시화가 늦다.

그림 4-5 도시화 불균형

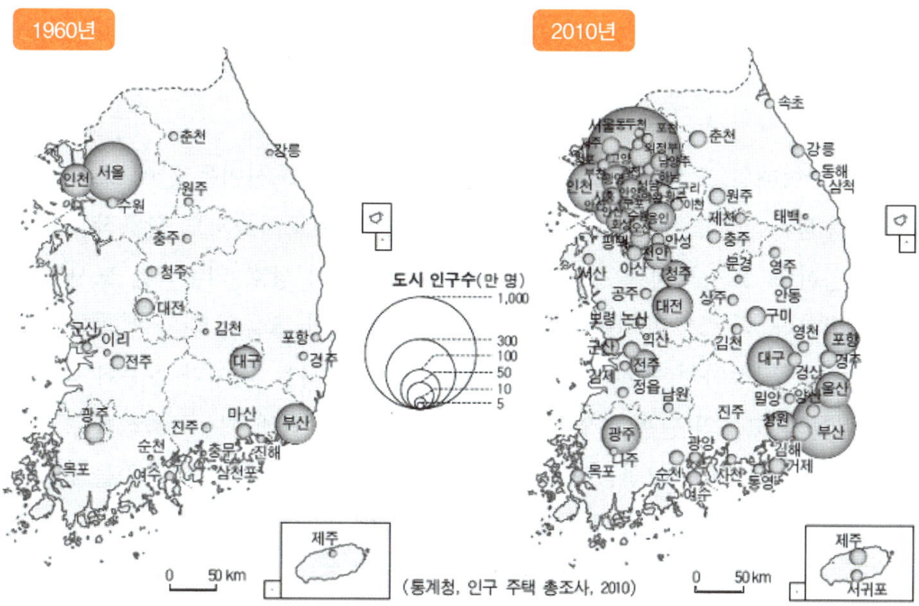

(통계청, 인구 주택 총조사, 2010)

제5장 도시의 공간구조

어떠한 형태의 도시이든 간에 혹은 어떠한 규모의 도시이든 간에 도시는 주변 지역의 중심지 역할을 수행하는 것은 물론이고, 다른 도시들과도 상호작용하는 체계를 형성한다. 도시체계란 서로 영향을 주고받으면서 상호 의존적인 도시들의 집합을 의미한다. 다르게 표현하면, 도시체계는 사람들과 그들의 다양한 활동들이 일정한 목적을 달성하기 위해 도시공간에서 상호작용하는 것이다(박종화 외, 2013: 66). 사람들과 그들의 활동이 일정한 목적을 달성하기 위해서는 구조적으로 무질서한 것보다는 질서와 규칙성을 갖추는 것이 토지를 포함한 도시의 자원들을 효율적으로 이용하는 데 유리하기 때문에, 도시는 시간이 흐르면서 인위적이든 혹은 자연적이든 간에 공간적 질서를 갖게 된다. 도시공간구조는 도시공간에서 발생되는 다양한 활동에 영향을 미치고, 따라서 도시성장의 주요 요인이 된다. 이러한 과정을 거치면서 도시는 소도시, 중도시, 대도시 등이 되면서 다른 도시들과 영향을 주고받는 체계를 형성하게 된다. 따라서 도시체계 속에서 도시의 공간구조가 어떻게 형성되며, 그리고 도시의 규모는 어떻게 분포되고 어느 정도가 적정한지 등을 검토해 볼 필요가 있다.

제1절

도시공간구조의 형성 요인

도시공간구조는 도시 간의 공간구조와 도시 내부의 공간구조로 분류될 수 있다. 어떠한 도시도 다른 도시와 완전히 고립되어 있으면 발전을 기대하기 어렵고 오히려 생존을 걱정해야 할지도 모른다. 특히, 개방사회에서는 도시 간의 관계가 매우 중요하다. 따라서 개별 도시들은 지리적 요인, 경제적 요인, 사회적 요인 등 다양한 요인들에 의해 다른 도시들과 공간적으로 분리되어 있으면서 동시에 긴밀하게 상호 의존하고 있다. 도시 간의 공간구조란 대도시와 중소도시 간의 관계, 결절 도시와 주변 도시 간의 관계, 도시 간의 계층 등과 같이 도시 간의 상호관계에 관한 것이다.

도시 내의 공간도 하나의 통합체가 아니라 여러 공간으로 분화된 구조를 보인다. 공간구조의 분화란 특정 지역이 인간의 필요성 또는 다양한 요인들에 의해 각기 다른 기능을 수행하는 하부구조로 세분되는 것을 의미한다. 일반적으로 도시의 성장과정을 보면, 농촌에서 시작하여 점차 성장하면서 도시로 변한다. 소수의 가구들이 몇 개의 주택에 거주하면서 농촌을 형성하는 단계에서는 공간적 구조가 분화되지 않는다. 농촌에서는 주민들이 자연적 요소를 공유하면서 정신적, 경제적, 사회적, 문화적 요소들이 결합되어 동질성이 강한 통합체를 형성하기 때문에 공간적 분화가 이루어지기 어렵다. 그러나 인구가 점차 늘어나면서 공간을 효율적으로 이용할 필요성이 증대되어 공간구조가 분화된다. 도시는 많은 인구들이 밀집된 지역이기 때문에 다양한 기능들이 필요하다. 이에 따라, 도시의 토지를 여러 용도에 맞추어 효율적으로 이용하기 위해서 공간적 분화가 이루어진다. 즉, 도시의 공간은 도시 주민들이 요구하는 수요를 효율적으로 생산 · 분배하기 위해 공간적 분업화와 전문화에 의해 형성된다. 도시공간에는 기능이 다른 다양한 종류의 공간, 예를 들면 업무지역, 공업지역, 주거지역, 교외 지역, 농업지역 등이 존재한다. 이러한 하부공간들은 각기 특정 기능을 수행하면서 상호 의존적인 형태로 도시를 구성한다. 도시의 공간구조를 분화하는 요인들은 다양하지만, 여기에서는 경제적 요인, 사회적 요인, 정치 · 행정적 요인, 자연적 · 지리적 요인, 공공복리적 요인, 역사적 · 문화적 요인 등으로 유형화하여 살펴본다.

1. 경제적 요인

도시공간은 다양한 요인들에 의해 분화되지만, 나라별, 지역별, 시기별로 분화를 일으키는 요인들의 중요성은 다르다. 그러나 가장 중요한 분화 요인들 중의 하나에 경제적 요인이 포함된다는 점은 분명한 사실이다. 경제적 요인은 경제적 지불능력을 의미한다. 즉, 지가(land value)와 지대(land rent)를 지불할 수 있는 경제적 지불능력이 토지이용패턴에 영향을 미침으로써 도시공간구조가 분화된다(Chapin, 1965: 9).

경제적 요인이 도시들의 성장 수준에 매우 중요한 영향을 미치는 것은 당연한 일이다. 특정 도시에서 경제활동이 활발하여 경제적 지불능력이 향상되면 도시의 기능들은 더욱 다양한 기능들로 분화되면서, 토지에 대한 수요가 증가하여 지가와 지대가 점차 높아진다. 즉, 도시의 경제 수준은 시민의 소득에 영향을 미치며, 소득의 증대는 보다 쾌적한 생활환경과 다양한 도시공공서비스를 요구하게 된다. 높은 소득을 가진 도시인들은 질 좋은 공공서비스와 생활환경을 찾아 주거지를 옮기는 현상이 발생됨으로써 도시들 간의 공간구조에 영향을 미친다. 경제가 활성화되고 있는 도시에서는 토지에 대한 수요의 증가와 더불어 고차(高次) 기능이 더욱 발달하면서 지가와 지대가 더 높게 형성된다. 이러한 과정을 거치면서 해당 도시는 중도시, 대도시로 발전한다. 반면에, 도시의 경제활동이 위축되어 있는 지역에는 경제적 지불능력이 약화되어 저지가 혹은 저지대의 기능이 집중된다. 이리하여, 서로 다른 기능을 수행하는 도시들로 분화된다.

경제적 요인은 도시 내의 공간구조를 분화시키는 데도 큰 영향을 미친다. 도시에는 다양한 도시적 산업들과 도시 기능들이 제한된 공간적 범위 내에서 집중적으로 투영되어 있기 때문에, 경제적 요인에 의해 도시의 공간적 구조가 변한다. 또한 도시 내에서는 공간별로 소득계층이 상이하고 공공서비스의 공간적 격차가 존재하기 때문에, 소득 수준과 공공서비스의 수준에 따른 공간별 분리현상이 촉진된다. 도시 내의 공간구조를 보면, 경제적 지불능력이 높은 기능일수록 도심에 모이고, 경제적 지불능력이 낮은 기능일수록 외곽으로 나간다. 경제적 지불능력에 따른 도시 내의 토지이용패턴은 <표 5-1>과 같다.

표 5-1 지가(지대)에 따른 토지이용패턴

지가(지대)	토지이용패턴
고지가	고밀도개발(고층화; 상점, 백화점, 은행, 관공서 등)
중지가	중밀도개발(주택, 공장 등)
저지가	저밀도개발(농토 등)

2. 사회적 요인

도시의 공간구조는 집중, 분산, 전문화, 격리, 흡수, 침입, 경쟁, 계승 등의 사회적 요인에 의해 분화된다(박종화 외, 2013: 41). 사회적 요인은 도시 간의 공간구조와 도시 내의 공간구조에 영향을 미친다. 먼저, 특정 도시로 인구와 경제활동이 집중될수록 도시의 공간구조는 주변 지역을 흡수 또는 합병하면서 확대되고, 반대로 특정 도시에서 인구와 경제활동이 타 지역으로 유출되면 도시의 공간구조는 축소된다. 또한 특정 도시에 특정 분야의 전문화 수준이 높아질수록 해당 도시는 특화된 기능을 수행하면서 인구와 경제활동의 집중 현상을 경험하고, 그러하지 못한 도시는 인구와 경제활동의 축소 현상을 겪게 된다. 아울러, 자동차와 고속도로의 발달은 도시의 외연적 확산을 불러와 교외화, 역도시화, 메갈로폴리스화, 메가시티화 등을 초래함으로써 도시 간의 공간구조를 변화시킨다.

위에서 지적된 사회적 요인은 도시 내의 공간구조에도 영향을 미친다. 도심에는 업무활동, 상업활동 등이 집중되고, 이에 따라 주거지역, 공장 등은 외곽으로 확산된다. 저밀도 개발정책이냐 혹은 고밀도개발정책이냐에 따라서 도시 내의 공간구조와 밀도는 영향을 받는다. 또한 도시 내부의 세분화된 공간에는 문화, 학원, 음식점 등의 특정 기능이 모여 전문화되기도 한다. 그리고 소득, 인종, 직업, 교육, 생활양식 등에 의해 격리현상이 나타나기도 한다.

도시생태학에서 살펴본 침입, 경쟁, 계승도 도시공간을 변화시키는 데 기여한다. 즉, 특정 지역에 이질적 요소가 스며들어 그 지역에 변화를 가져오려는 침입이 일어나고, 새로운 요소와 기존 요소 간에 경쟁이 발생하며, 두 요소들 간의 경쟁에서 이긴 쪽이 그 지역을 지배하고, 지배하는 쪽이 그 지역에 정주함으로써 그에게 적합한 지역적 특색을 형성되는 계승이 일어남으로써 도시공간이 분화된다. 예를 들어, 상류층 백인들이 거주하는 지역, 흑인들이 집단적으로 거주하는 지역, 코리

아타운, 차이나타운 등이 형성되는 것은 침입, 경쟁, 계승 등의 사회적 요인이 작용하는 것으로 설명될 수 있다.

3. 정치 · 행정적 요인

도시의 공간구조는 국가나 도시정부의 정치적 · 행정적 · 정책적 목표에 의해 크게 영향을 받는다. 국가와 도시정부는 정치적으로는 시민의 지지와 정당성을 획득하고 권력을 유지하기 위해서, 그리고 행정적으로는 시민의 생활 수준의 향상을 위해서 시민의 요구에 대응하고자 한다. 이를 위한 수단으로 다양한 종류의 도시개발정책을 추진하기도 하고, 도시의 무분별한 확산을 통제하는 정책을 실시하기도 하며, 공간을 효율적으로 이용하는 정책을 활용하기도 한다. 또한 주거지역, 상업지역, 공업지역, 녹지 등 지구를 지정하는 것도 중요한 정치 · 행정적 요인으로서 도시 간 그리고 도시 내의 공간구조를 변화시킨다. 특히, 교통이 경제적 활동을 비롯한 다양한 도시활동들에 영향을 미치는 중요한 요소가 됨에 따라 교통망이 도시 간 그리고 도시 내의 공간적 특성에 미치는 영향은 매우 크다. 도시 내에서 도로가 건설되는 방향은 도시 내의 여러 기능들의 분포에 영향을 미칠 뿐만 아니라, 주변 지역의 발달에도 중대한 영향을 미쳐 도시 간의 공간구조를 다르게 한다.

4. 자연적 · 지리적 요인

도시가 위치하고 있는 곳의 자연적 · 지리적 요인은 도시공간구조에 영향을 미친다. 도시의 공간구조에 영향을 미치는 자연적 · 지리적 요인에는 여러 가지가 있지만, 여기에서는 대표적인 것만 살펴보기로 한다. 강과 비옥한 넓은 평야가 존재하느냐의 여부는 도시 내 그리고 도시 간의 형태와 공간구조에 영향을 미친다. 즉, 강과 비옥한 토지가 있는 곳에는 강을 따라서 그리고 비옥한 토지 주변으로 사람들이 모여들기 때문에, 강이나 비옥한 토지가 없는 지역과는 전혀 다른 형태의 도시 내 공간구조가 형성될 수밖에 없으며, 주변 지역의 공간적 특성에도 영향을 미쳐서 도시 간의 공간구조를 변화시킬 수 있다. 산과 해안도 도시 내의 다양한 기능들의 분포와 도시 간의 공간구조에 중요한 영향을 미친다.

5. 공공복리적 요인

보건, 안전, 환경 등의 공공복리적 요인으로 의해 정부가 특정 지역의 토지이용에 간섭함으로써 공간이 다른 지역과 차별성을 띠면서 분화되기도 한다. 공공복리의 필요성에 의해 국가 혹은 도시정부가 시행하는 규제는 매우 강력한 공간구조의 변화 요인으로 작용한다. 특정 지역의 과밀을 방지하기 위해 개발기준을 설정하거나 규제하는 것, 안보상의 이유로 특정 지역의 개발을 제한하는 것, 홍수지역을 개발하지 못하게 하는 것, 주거지역에 소방도로를 의무적으로 개설하도록 하는 것, 공단을 만들어 공장들을 그곳으로 집결시키는 것 등이 여기에 해당된다.

6. 역사적 · 문화적 요인

'문화의 시대'라고 불리는 21세기에는 역사적 · 문화적 요인이 도시와 시민들에게 미치는 영향이 매우 크리라 예상된다. 역사적 · 문화적 요인은 도시 시민들에게 자긍심을 제공할 뿐만 아니라 지역마케팅의 필수적인 요소이며, 관광객을 유치하는 주요 수단이 된다. 따라서 도시들은 보유하고 있는 역사적 · 문화적 자산을 최대한 활용하면서 도시공간을 사용하고자 한다. 다음의 [그림 5-1]은 영국 런던 시의 홍보기관인 런던&파트너스에서 바라본 템스 강의 모습으로 런던의 상징인 타워브리지와 은빛 투구 형태의 런던시청 건물이 보인다. 런던은 이 시설들을 보호하면서 도시계획을 시행함으로써 주변의 공간구조에 영향을 미쳤다. 대구시 남구의 '문화 · 예술 생각대로' 조성사업이 시행되는 지역은 양녕대군이 '뜻대로 되는 마을'이라고 이름을 지어준 곳으로서, 이 사업을 성공적으로 시행하기 위해 차로를 축소하고 보행자 중심거리를 조성하며 경관을 개선함으로써 도시공간구조에 영향을 미쳤다. 도시에 존재하는 역사적 유물과 문화적 공간은 관광객이 필요로 하는 공간, 지역 예술인이 활동할 수 있는 공간, 문화 · 예술의 창조에 적합한 공간 등을 필요로 하기 때문에 도시공간구조가 새롭게 구성되거나 혹은 변화되어야 한다. 또한 유명한 역사적 · 문화적 요인은 주변 도시와 연결되는 도로의 방향에도 영향을 미칠 수 있다. 도로의 방향은 주변 도시의 공간구조를 결정하는 데 중요한 역할을 한다.

그림 5-1 런던의 역사적 유물과 조경

출처: 매일경제(2016년 3월 22일).

제2절

도시 간의 공간구조

개별 도시들은 각기 다른 환경 속에서 다른 인구규모를 가지면서 다양한 기능을 수행하지만, 서로 고립되어 있지 않고 주변 지역과 체계적이고 긴밀하게 연계되어 있다. 다음의 [그림 5-2]에서 보는 바와 같이, 대도시, 중소도시, 교외 지역, 배후 농촌지역 등이 전혀 다른 특성을 가지면서, 상호 의존적인 체계가 형성되어 있다.

그림 5-2 도시 간의 공간구조

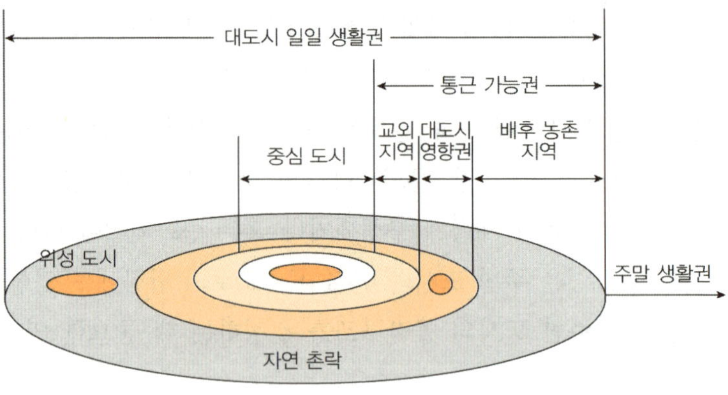

도시 간의 공간구조에 대한 대표적인 연구는 중심지이론과 도시계층이론이다. 중심지이론은 특정 도시와 다른 도시의 관계가 공간적으로 어떻게 형성되느냐를 분석한 이론이다. 도시계층이론은 도시 간의 계층적 관계에 대한 이론이다.

1. 중심지이론

사람들이 특정 도시에 모여 거주하면서 다양한 활동을 하는 것은 자연 조건, 부존자원, 정책적 선택 등을 포함한 매우 많은 이유에서 비롯된다. 그러나 그 도시가 다른 도시와 배타적인 관계를 맺는 것이 아니라 공간적으로 긴밀한 연계관계를 형성하고 있다. 도시 간의 공간적인 관계를 연구한 것이 중심지이론(central place theory)이다.

중심지이론은 1933년 독일의 크리스탈러(W. Christaller)가 중심성(centrality) 개념을 기초로 제기한 이론으로서, 중심지의 위치, 규모, 분포 특성 등을 포함하여 도시 간의 공간적 연계관계를 밝히고 있는 이론이다. 이 이론은 세 가지의 가정을 전제하고 있다. 첫째, 모든 공간은 자연자원의 보존상태가 균일한 등질적인 평야지대이다. 둘째, 동일한 규모의 농가와 인구가 공간상에 균일하게 분포되어 있다. 셋째, 교통수단과 접근성이 동일하며, 수송 방향과는 상관없이 수송 비용은 거리에 비례한다.

이 이론에서 나타나는 주요 개념들을 살펴보면 다음과 같다. 중심지(central place)는 배후지역에 대해 각종 재화와 서비스를 제공하고 지역 간 교환을 용이하게 하는 기능을 갖춘 정주공간을 말하며, 결절지라고도 불린다. 중심성은 중심기능의 보유 정도로서, 특정 도시가 주변의 타 지역에 비해 상대적으로 점하는 역할을 의미한다. 중심지가 수행하는 중심기능은 최적 구입가격으로 도매, 소매, 행정, 금융, 교육, 교통, 통신 등을 포함한 재화와 서비스 기능[1]을 구입할 수 있게 하는 기능이기 때문에 중심지는 공간적, 그리고 기능적으로 매우 중요한 지역이다. 그러나 재화와 서비스의 공급은 그 기능을 수행하는 데 필요한 최소 요구치(threshold)가 다르기 때문에 각각 공급의 범위가 다르다. 최소 요구치는 재화와 서비스를 제공하는 중심지가 기능을 유지하며 계속 존재하기 위해 필요한 최소한의 수요를 말한다.

1) 제조업, 광업, 농업 등의 기능은 제외한다.

중심지기능의 최대도달거리란 중심지가 수행하는 재화와 서비스의 기능이 배후지에 제공할 수 있는 최대(한계) 거리를 말한다. 또한 중심지가 지속적으로 존립하기 위해서는 최소한의 정상이윤이 확보되어야 하며, 이를 위해 일정 지역 범위 내의 소비자들로부터 최소한의 수요가 발생되어야 한다. 최소수요충족거리란 중심지의 기능이 존립하기 위해 필요한 최소한의 수요가 존재하는 배후지를 의미하며, 이는 최소 요구치의 공간 범위라고도 불린다.

이러한 개념들을 바탕으로 이 이론은 다음과 같은 내용을 주장한다. 재화와 서비스의 공급 범위가 작은 중심지는 공급 범위가 더 큰 중심지 속에 포함되면서 두 중심지 간의 관계 구조가 형성된다. 도시의 규모, 수, 거리 간에는 일정한 분포 원리가 작용하여 각 중심지 간에 정육각형의 상권이 형성된다. 즉, 중심지로부터 중심기능을 제공받을 수 있는 가장 이상적인 배후지의 모양은 정육각형이며, 정육각형의 형태를 가진 배후지는 중심지기능의 최대도달거리와 최소수요충족거리가 일치하는 공간구조이다. 크리스탈러에 의하면, 한 지역 내의 거주자들이 중심지로부터 중심기능을 제공받을 수 있으면서 동시에 중심지들 간에 안정적인 시장 균형을 확보할 수 있는 이상적인 배후지모형은 원형이 아니라 정육각형의 형태를 가질 때이다. [그림 5-3]의 (b)의 경우처럼, 원형의 배후지가 교집합이 없이 존재할 경우에는 서비스를 제공받지 못하는 경우가 발생될 수 있다. 또한 [그림 5-3]의 (c)의 경우처럼, 원형의 배후지가 교집합을 이룰 경우에는 그 교집합 지역을 둘러싸고 지역 간의 경쟁이 치열해질 수 있다. [그림 5-3]의 (d)에서 보는 바와 같이, 정육각형의

그림 5-3 중심지의 이상적 배후지 형태

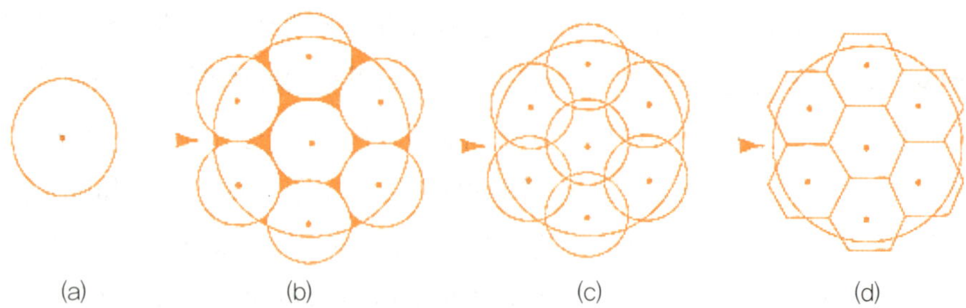

출처: Fellmann et al.(1996: 387)을 기초로 재작성.

배후지모형에서는 서비스가 제공되지 않는 사각지대가 존재하지 않을 뿐만 아니라 지역 간 경쟁을 최소화하면서 서비스를 제공할 수 있다.

중심지들은 제공되는 유통서비스의 기능의 정도, 즉 중심성이 서로 다르며, 이로 인해 중심지의 상권규모 간에 차이가 발생된다. 중심지들 간의 상권규모의 차이는 중심지들 간에 계층적 구조를 발생시킨다. 중심성이 큰 기능을 보유한 중심지를 고차(또는 상위) 중심지라고 하고, 중심성이 작은 기능을 보유한 중심지를 저차(또는 하위) 중심지라고 한다. 고차 중심지는 저차 중심지가 보유한 유통기능을 모두 포함할 뿐만 아니라 자기 특유의 기능을 추가로 보유한다.

중심지이론은 다음과 같은 장점이 있다고 평가받고 있다. 특정 도시가 다른 도시에 대하여 일정한 중요성을 갖는다는 것을 이론적으로 증명한 이론이다. 큰 도시는 그것에 상응하는 중심성과 상권을 갖고 있으며, 중도시와 소도시들도 적정한 공간적 영향력을 지니면서, 한 지역 내에서의 이들 관계는 계층구조를 갖는다는 이론이다. 그리고 이 이론은 중심지의 공간체계에 대한 다양한 연구들에게 기본 분석틀을 제공해준다는 점에서 의의가 있다. 그 중의 하나가 이 이론을 기본 틀로 하여 현실성을 가미한 뢰쉬(Lösch, 1954)의 비고정 K모형이다. 또 다른 장점은 중심성을 통해 도시규모의 적정성을 파악할 수 있다는 점이다 이는 데이비스(W. K. Davies)의 기능지수법(functional index method)을 통해 알 수 있는데, 기능지수법은 한 지역 내에서 대도시, 중도시 및 소도시들이 기능상으로 어떤 위계질서를 갖고 있는가를 설명하기 위한 것이다.

이 이론의 단점은 다음과 같다. 첫째, 실증연구에서 이 이론이 제시한 가정과 정육각형의 시장구조 등에 대해 확증할 만한 결과를 획득하지 못해 현실성이 떨어지고, 실제 적용하기가 어렵다는 지적을 받고 있다(박병식 외, 2010: 47). 둘째, 정태적인 모델로서, 특정 시점에서의 도시 상호 간의 중심성에 대해서만 설명한다. 즉, 시간이 흐름에 따라 지역에서 발생될 수 있는 변화, 예를 들어 주요 교통로의 신설, 생산성의 변화, 경작의 집약도 변화, 행정조직의 변화, 공업화 등이 왜 일어나고, 어떻게 일어나는가에 대해 설명하지 못한다는 비판을 받고 있다(권용우 외, 2009: 151).

2. 도시계층이론

1) 도시계층 체제의 의미

경제활동을 하고자 하는 사람들은 집적이익의 효과를 얻기 위해 가능한 사람들이 많이 모여 있는 곳으로 가고자 하는 경향이 있다. 아울러, 그들은 자신의 경제활동에 유리하다고 판단되는 곳을 선호한다. 이리하여, 기업과 사람들이 밀집하는 정도에 따라 도시의 크기가 달라져서 대도시, 중도시, 소도시 등으로 분류된다.

도시의 크기는 사회의 변화에 대한 적응 정도에 따라 달라진다. 사회변화에 잘 적응하는 도시는 발전하여 규모가 커지고, 그러지 못한 도시는 쇠퇴 혹은 사라진다. 도시의 크기에 영향을 미치는 요인들을 살펴보면 다음과 같다. 산업사회에서 교통은 도시성장에 중요한 영향을 미치는 요인이다. 교통의 중심지에 위치한 도시는 그렇지 못한 도시보다 더욱 발전하였다. 정보지식화사회에 들어서는 교통보다 통신과 문화가 도시성장의 주요 요인으로 등장하였다(Bell, 1990). 이처럼 도시의 규모는 불변 상태로 지속되는 것이 아니라 다양한 요인들에 의해 변화한다.

도시계층 체제란 한 국가 내에서 각기 다른 규모를 갖는 도시가 수직적으로 분포되어 있는 위계적 상호관계이다(박병식 외, 2010: 42). 즉, 도시의 공간구성 형태를 살펴보면, 보다 넓은 지역에서 중심지기능을 하는 도시와 상대적으로 좁은 지역에서 중심지기능을 하는 도시들 간의 위계서열이 존재하며, 하위 중심지는 상위 중심지에 포함된다는 것이다. 한국을 예로 들면, 비록 법적으로는 동등하지만, 기능적 측면에서는 서울, 부산을 비롯한 광역시, 중도시, 소도시 등이 동등하다고 볼 수 없으며, 오히려 위계적 질서가 존재한다는 것이다. 서울을 예로 들면, 서울시와 서울시 산하의 25개 구가 법적으로는 대등하지만, 기능적으로 동등할 수 없으며 계층관계를 이룬다는 의미이다.

도시계층이론에 따르면, 일반적으로 도시의 계층, 규모, 수, 도시 간의 거리에는 다음과 같은 일정한 분포법칙이 존재한다. 도시가 상위계층으로 갈수록 규모가 크고, 수는 적으며, 도시 간 거리는 멀어지고, 기능의 수도 많아지며, 배후지역은 넓어진다. 반대로, 도시가 하위계층일수록 규모가 작고, 수는 많으며, 도시 간 거리는 가깝고, 기능 수가 적으며, 배후지역은 좁아진다.

2) 순위규모법칙(rank-size rule)

도시 간의 계층 관계를 파악하기 위한 방법으로는 순위규모법칙(rank-size rule), 행정계층적 모형, 확률적(stochastic) 모형, 엔트로피(entropy) 극대화이론, 비율적 성장이론 등이 있다(박병식 외, 2010: 42-43). 이 중에서 우리에게 알려진 것이 도시의 순위규모법칙이므로 이에 대해 살펴보면 다음과 같다.

순위규모법칙은 일정 지역에서 도시의 크기에 따라 도시 간 순위가 형성되면서 일종의 계층이 유지되고, 도시의 인구규모와 도시의 순위 간에는 반비례적 관계가 형성된다는 이론이다. 도시의 순위규모법칙은 다음과 같다.

$$P_r = P_1 / r^q$$

P_r은 r번째 순위도시의 인구규모
r은 인구규모에 의한 순위
q는 상수
P_1은 수위도시의 인구규모

이 법칙은 1949년 지프(G. K. Zipf)에 의해 보다 명확하게 규정되었기 때문에, 지프의 법칙(Zipf's Law)이라고도 불린다. 이 법칙에서 상수 q의 값은 중요한 의미를 갖는다. 상수인 q는 경험적으로 결정되는 수치이지만, 일반적으로 1에 가까운 것으로 알려져 있다. 상수 q의 값이 1인 경우, 도시의 순위규모법칙에 따른 순위규모분포(rank-size distribution)를 보면, 인구규모가 두 번째인 도시의 인구수는 수위도시 인구수의 1/2의 규모가 되고, 세 번째 도시의 인구수는 수위도시 인구수의 1/3의 규모가 되며, 마찬가지로 그 이하의 도시의 인구규모도 동일한 방법으로 측정된다. 순위규모분포의 패턴을 보이는 국가는 주로 산업화와 도시화가 성숙된 국가, 사회·경제 구조가 복잡한 국가, 외국에 대해 경제적 의존도가 낮은 국가, 연방제를 채택한 국가, 도시 간의 관계가 한 도시에 집중되지 않고 여러 도시에 분산되어 있는 국가 등이다. 미국이나 일본과 같은 나라가 여기에 속한다.

그림 5-4 도시순위규모의 유형

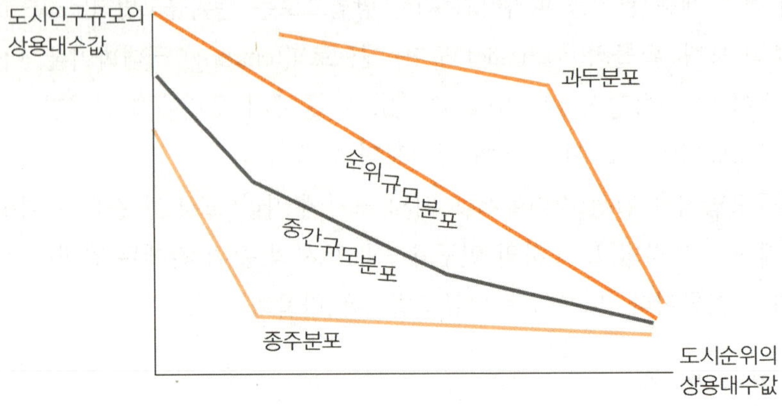

출처: De Souza(1990: 276).

만약 상수 q가 1보다 큰 경우에는 수위도시에 인구가 집중하는 형태가 나타나며, 이를 종주분포(primate distribution)라고 한다. 인구규모가 제일 큰 도시를 종주도시(primate city)라고 한다. 종주분포의 패턴을 보이는 국가는 주로 빠르게 성장을 거듭하는 개발도상국이다. 종주분포를 보이는 국가의 구체적인 특징을 살펴보면 국토의 면적이 협소하고 인구가 적으며, 외국에 대한 경제적 의존도가 높고, 국가경제에 대한 정부개입이 강하며, 도시 간의 관계가 특정 도시를 중심으로 이루어지는 경향이 있다.

제3절

도시 내의 공간구조

도시 내의 공간구조와 관련된 대표적인 이론들에는 동심원이론, 선형이론, 다핵이론 등이 있다. 이에 대해 살펴보면 다음과 같다.

1. 동심원이론(concentric zone theory)

1925년 시카고대학의 사회학자 버제스(Ernest Burgess)가 「도시의 성장」이라는 논문을 통하여 도시는 동심원구조로 이해될 수 있다고 주장하였다. 동심원이론은 미국 시카고(Chicago) 시의 실태를 조사하여 제기된 이론으로서, 도시는 반드시 중심업무지구(Central Business District: CBD)를 중심으로 외연적으로 확산하면서 성장한다고 주장한다. 즉, 도시는 하나의 중심부를 가지고 있으며 도시의 성장은 도심부를 중심으로 외곽으로 확장되어 간다는 이론으로서, 도시발생 초기의 전형적인 단핵구조를 설명하고 있다. 도시가 외곽으로 확장되는 주원인은 중심업무지역과 경공업지역이 성장하면서 주거지를 침입하는 데 있다. 이리하여, 주민들이 외곽으로 이동하면서 5개의 지구(zone)로 구성된 동심원 형태가 나타난다. 이 이론은 이러한 현상을 생태학적으로 설명하는 도시생태학 이론이다. 제2장에서 자세히 서술했지만, 다시 간략하게 설명하면 다음과 같다. 도시 내의 특정 공간에 이질적 요소가 스며드는 침입이 발생하면 기존의 요소와 이질적 요소 간의 경쟁이 나타나고, 이 과정에서 그 공간을 지배하는 요소들이 자신들만의 독특한 특색을 구축하는 계승을 통해 동심원으로 확대되어 간다고 이 이론은 주장한다. 이러한 과정에서 도시 내의 공간에는 집중(concentration), 분산(decentration), 전문화(specialization), 분절화(segregation)의 현상이 나타난다. 즉, 인구와 도시기능들이 도심을 향하는 집중현상, 주거지역을 중심으로 외곽으로 확산되는 분산현상, 분야별로 전문적인 지식과 기술이 중시되는 전문화현상, 공간의 분절화현상 등이 나타난다. 이러한 과정에서 지대를 얼마나 지불할 수 있느냐에 따라 특정 공간은 독특한 지구(zone)가 된다. 각 지구의 특색은 다음과 같다(남영우 · 최재헌 · 손승호, 2009: 303-304).

제1지구는 중심업무지구(CBD)로서 도시의 핵심부이다. 중심업무지구는 소매 · 금융 · 오락 · 정치활동의 중심지역으로서 사무용건물, 백화점, 극장, 호텔, 은행, 공공건물 등의 시설들이 집중되어 있다. 또한 보행자들의 통행량이 많고, 도시 내의 다른 지역과 비교할 때 상대적으로 지가와 지대가 높게 형성된다.

제2지구는 CBD를 둘러싸고 있는 점이지대(zone in transition)이며 노후화건물, 재개발지역, 아파트지역, 공장, 서민주택 등이 위치한다. 이 지구의 내측에는 공장지역이 있으며 외측에는 주거지역이 있어서 점이지구라 불린다. 이 지구의 주거지역에는 질적 수준이 낮은 주택이 있고, 빈민가가 발생하여 불량주거지역이 형성되기도 한다. 이주민들이 최초로 정착하는 지역이기도 하다. 다양한 사회계층이 혼재하여 거주하는 지역이다.

제3지구는 근로자 주택지대(zone of workingmen's homes)로서, 이민 2세 주거지와 중산층 단독주택 등이 입지한다. 제2지구로부터 이주해 온 공장노동자의 주거지역이다. 노동자들은 공장에의 접근성이 좋기 때문에 이 지역에 거주한다.

제4지구는 중상층 주거지대(residential zone)로서, CBD에서 약 15~20분 정도의 교통거리에 위치해 있으면서 쇼핑센터, 단독주거지 등이 입지한다. 사무직 · 전문직에 종사하는 사람들이 주로 거주하는데, 그들은 중상류층에 속한다. 질적 수준이 중급 이상인 주택들이 입지하고 있으며, 일반적으로 이 지구의 내측에는 중급 주택들이 위치하고 외측에는 고급 주거지역이 형성된다.

제5지구는 통근자지대(commuter's zone)로서 전원적 주거환경을 가진 단독주거지역과 쇼핑센터 등이 입지한다. 이 지역은 도시의 경계를 넘어 CBD에서 약 30~60분 정도의 교통거리에 있다. 여기에 거주하는 주민들은 출퇴근 시에 정기권을 사용하면서 낮에는 CBD에서 일하고 밤에 귀가한다. 따라서 이 지역은 주로 침상도시(bed town)적 역할을 한다.

그림 5-5 동심원이론의 모식도

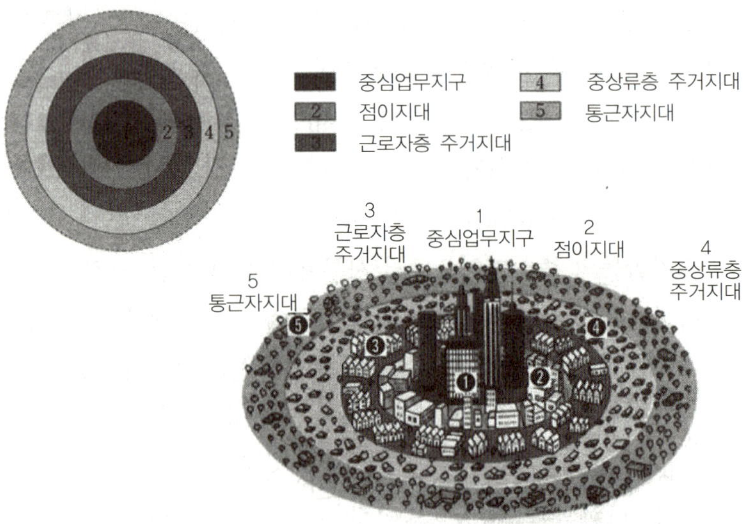

출처: http://blog.naver.com/sonkwangshik/220373118188

이 이론에 대한 비판은 다음과 같다. 첫째, 공간구조 형성을 획일적인 것으로 인식하고 있다. 지역에 따라서 공간구조 형성이 다양함을 간과하고 있다. 둘째, 공간형성과정을 지나치게 단순화하고 있다. 셋째, CBD는 동심원이 아니며, 공업지가 CBD를 둘러싸고 있지 않다. 넷째, 도시성장이 교통간선도로를 따라 이루어지는데, 이를 고려하지 않고 있다. 다섯째, 변두리지역에 상업지구, 쇼핑플라자, 공업지구 등이 형성되기도 하는데 이를 고려하지 않고 있다.

그럼에도 불구하고, 동심원이론은 다음과 같은 점에서 의의를 지닌다고 볼 수 있다. 첫째, 소매·업무지구는 도시의 중심에 위치한다(황희연·백기영·변병설, 2002: 153). 둘째, 질적 수준이 높은 주거지역과 비교할 때 불량주거지역은 상대적으로 CBD 가까이에 위치한다. 셋째, 불량주거지역과 비교할 때 질적 수준이 높은 주택은 상대적으로 CBD에서 멀리 입지한다. 넷째, 동심원이론의 기본 개념은 도시의 공간구조를 처음으로 체계화시켰으며, 현재에도 도시공간구조를 설명하는 데 근간이 되고 있다.

2. 선형이론(sector theory)

1939년에 호이트(Homer Hoyt)는 「미국 도시에 있어서 근린주택지구의 구조와 성장」이라는 논문에서 도시의 내부구조는 CBD를 중심으로 개발축을 따라 외곽으로 확산되면서 지가, 주거환경, 소득 등에 따라 부채꼴모양의 섹터를 형성하는 선형구조를 보인다는 이론을 제시하였다. 이 이론을 선형이론(sector theory) 혹은 부채꼴이론이라 한다. 미국에 자가용이 보급되던 시기에 호이트는 도시 내부에서 가장 넓은 면적을 차지하는 주거지역을 분석하고자 142개의 도시의 주거지역에 관한 자료를 기초로 이 이론을 제기하였다. 호이트는 도시 내의 주거지역을 고지대지역(high rent area), 중지대지역(middle rent area), 저지대지역(low rent area)으로 구분하였는데, 이는 각각 고급주택지역, 중급주택지역, 저급주택지역에 해당된다(남영우·최재헌·손승호, 2009: 304-306).

호이트에 의하면, 도시지역은 전체적으로는 원형을 이루지만 동심원이론처럼 동심원 형태로 외곽으로 확산되는 것이 아니다. 동일한 수준의 주택들이 집합하여 형성된 주거지역은 해당 섹터 내에서 개발축, 주로 교통축을 따라서 부채꼴모양을 하면서 CBD를 중심으로 외곽으로 불규칙하게 뻗어나간다. 특히, 상류층 주거지역이 가장 빠른 교통로를 따라서 혹은 도시 주변의 상업중심지 등 기존의 다른 핵을 향하여 장기간에 걸쳐 동일한 방향으로 확산되는 경향을 보인다. 또한 상류층 주거지역은 홍수의 위험이 없는 고지대를 향해 발전해 나가거나 혹은 깨끗한 호수, 만, 강, 바다 등의 연안을 따라 뻗어나가는 경향을 보이기도 한다.

선형이론은 동심원이론보다는 비판을 적게 받고 있지만, 다음과 같은 비판에 직면했다. 첫째, 많은 도시들이 선형적인 형태로 성장하고 있지만, 그 원인이 선형이론에서 강조하는 고급주택지 때문이 아니고, 상업지역의 성장과 확대 때문이다(황희연 · 백기영 · 변병설, 2002: 159-160). 둘째, 선형이론은 지나치게 경제적 이유를 전제로 하고 있다. 즉, 과학 · 기술의 발달 혹은 사회적 요인 등에 의해서도 도시공간이 형성된다는 사실을 간과하고 있다.

그림 5-6 선형이론의 모식도

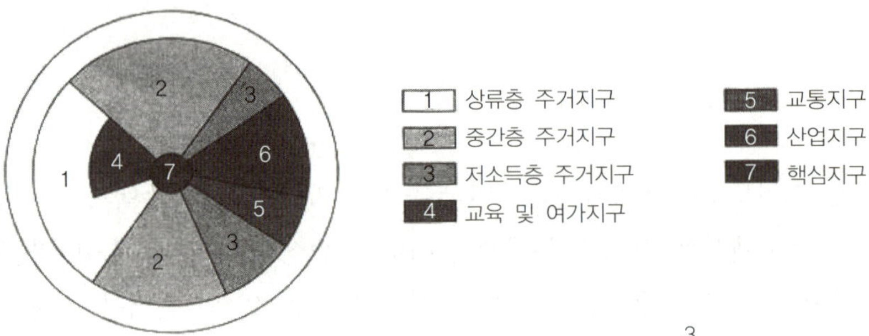

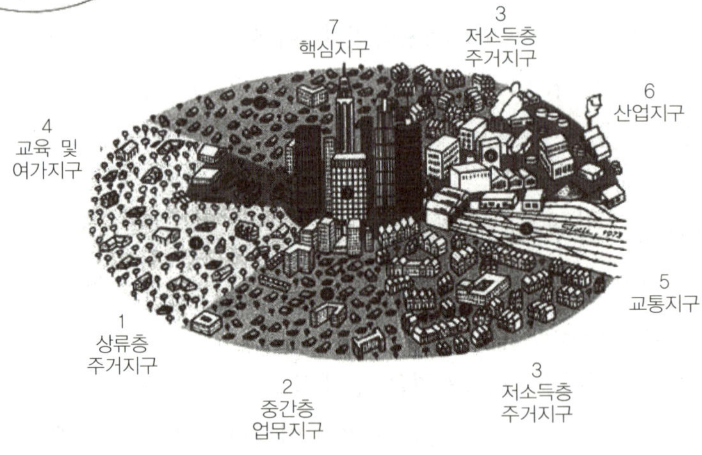

출처: http://blog.naver.com/sonkwangshik/220373118188

3. 다핵이론(multi-nuclei theory)

1945년 해리스와 울만(Harris & Ullman)은 「도시의 본질」이라는 연구에서 도시는 단일 핵을 갖는 것이 아니라, 여러 가지 요인에 의해 몇 개의 핵이 동시에 존재하면서 도시는 이 핵들을 중심으로 개발된다고 주장하였다. 그들은 동심원이론과 선형이론은 하나의 도시 핵을 가정하고 있다고 비판하면서 하나의 도시 핵에 모든 기능이 집중되는 것은 물리적으로 불가능하다고 주장하면서 여러 개의 핵이 존재한다고 강조하였다. 여러 개의 핵이 발달하는 이유는 다음과 같다. 첫째, 도시활동의 중심은 교통요지, 편의성 등과 밀접하게 관련되기 때문에, 그와 관련된 시설이나 입지를 중심으로 기능이 집중된다. 둘째, 유사한 활동들은 집적이익을 위해서 한곳으로 집중된다. 셋째, 서로 다른 활동들이 한곳에 집중되면 서로에게 불이익이 되는 경우가 있기 때문에 서로 다른 곳에 집중된다. 넷째, 도심의 지대가 지나치게

그림 5-7 다핵이론 모식도

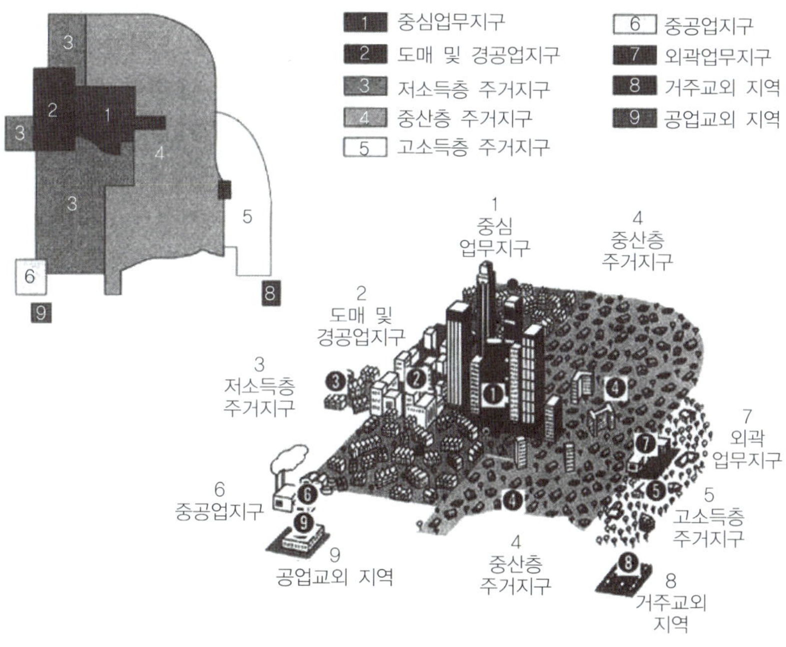

출처: http://blog.naver.com/sonkwangshik/220373118188

높아서 그곳으로 진입하기 힘든 기능들이 다른 곳에 집중한다(남영우 · 최재헌 · 손승호, 2009: 307-310).

해리스와 울만은 다핵이론에서 도시 토지이용의 여섯 유형을 제시하고 있다. 첫째, 중심업무지역은 도시의 중심부에 위치하기보다는 교통이 가장 편리하며 지가가 비싼 곳에 입지한다. 중심업무지구 중에서 가장 교통이 편리한 곳에는 고급소매점이 입지하고 그 근처에 사무실과 행정기관이 위치한다. 둘째, 도매 · 경공업지역은 시외교통의 중심이 되는 곳에 접근한다. 셋째, 고급주택지역은 배수가 잘되고 공해의 영향을 덜 받는 곳에 위치하는 반면에, 서민주거지역은 공장지대나 철도연변 근처에 형성되는 경향이 있다. 넷째, 중공업지역은 공해와 화재의 위험성, 토지확보의 용이성, 수송의 용이성 등의 원인에 의해 도시주변부에 입지한다. 다섯째, 소핵심지(minor nuclei)는 대학, 외곽업무지구, 공원지구 등에 입지한다. 대학과 외곽업무지역은 도시지역의 핵심을 형성하고 있고, 공원은 고급주택지역의 핵이 되는 경우가 있다. 여섯째, 교외주거지역은 교외화과정에서 형성된 주거지역이다.

다핵이론은 앞에서 살펴본 동심원이론이나 선형이론보다 훨씬 신축성 있는 이론으로 평가받고 있다. 즉, 경직된 공간패턴이 아니라 다양한 공간구조를 이해하는 데 도움을 주고 있다는 것이다. 그러나 다핵 현상이 도심부의 핵을 중심으로 이루어지고 있다는 사실을 간과하였으며, 오늘날 대도시는 몇 개의 중소도시가 교통발달로 인해 하나의 생활권을 형성하는 경우가 있음을 설명하지 못하고 있다.

제6장 도시의 규모

제1절 도시의 적정 규모

1. 도시 적정 규모의 의의

오래전부터 도시인구의 적정 규모는 도시행정을 공부하는 많은 사람들의 주요 관심사항이었으며, 지금도 많은 관심을 받는 주제들 중의 하나이다. 예를 들어, 지금은 태국에 치앙마이, 찬타부리 등의 도시들이 많이 생겨나고 이 도시들이 많은 사람들에게 널리 알려졌지만, 1980년대까지 태국이라면 방콕만 생각날 정도로 다른 도시의 성장이 매우 늦었다. 이러한 경우, 수위도시에 지나치게 많은 인구와 기능들이 집중하여 예상치 못하는 부작용, 예를 들면 지역 간 불균형개발, 도시기반시설의 부족, 불량주거지역 확대, 높은 범죄율, 극심한 교통 혼잡 등을 포함한 다양한 문제들이 나타난다. 이러한 사례는 태국에만 국한된 것이 아니다.

도시의 적정 규모란 도시의 다양한 활동에 비효율적이거나 거주지로서의 매력을 상실하게 하는 한계 규모를 뜻한다(박병식 외, 2010: 75-76). 즉, 도시의 적정 규모는 도시공공서비스를 효율적으로 공급할 수 있는 일정 수준의 도시규모를 뜻한다. 도시의 인구규모가 작으면 도시행정에서의 비효율성이 높고, 또한 적정 규모를 지나치게 넘어서 거대 도시가 되면 도시공공서비스에 대한 사회적 비용이 상승하여 비효율성이 나타날 뿐만 아니라 주택난, 교통난, 환경오염 등의 부작용이 발생한다. 특히, 현대도시는 지속적으로 확장을 꾀하기 때문에 점점 거대해지고 복잡해져서 대부분의 도시인들은 거대한 도시공간에서 활동하는 영역이 한정될 수밖에 없다. 이리하여, 이곳에서 생활하는 사람들은 사회적 소속감을 느낄 수 있을 정도의 교류나 유대감이 없이 살기 때문에, 자신이 거주하는 도시에 대한 참여도나 애착의 정도가 낮아질 수밖에 없다. 이러한 모든 현상들은 도시의 적정 규모에 대해 관심을 가지게 한다.

2. 도시 적정 규모의 필요성

도시 적정 규모에 대한 관심은 현대도시가 탄생한 이후에 생긴 것이 아니라 그 훨씬 전부터 존재했었다. 이에 대해 고전적인 견해를 피력한 대표적인 학자가 플라톤과 아리스토텔레스(Plato & Aristotle)이다. 플라톤과 아리스토텔레스는 도시 적정 규모가 필요한 이유를 제시하였다.

B.C. 4세기에 플라톤은 『법(*The Laws*)』에서 도시규모는 5,040명이 가장 적절하다고 주장하면서, 그 이유 세 가지를 제시하였다. 직접민주주의를 실현하기 위해서, 도시 내에서 식량을 자급자족하기 위해서, 그리고 적으로부터 방어를 용이하게 하기 위해서 적정 규모가 필요하다고 하였다(Mumford, 1961: 178-179). 도시기능주의적 입장을 취하고 있는 플라톤의 주장은 도시규모가 일정 수준을 넘으면 시민 상호 간의 접촉이 둔화되기 때문에, 그리고 외부로부터 식량을 도입하게 되어 외부도시에 의존하게 되기 때문에 도시의 고유기능이 마비된다는 것이다. 한편, 아리스토텔레스는 도시는 도시 생활의 쾌적성을 유지할 만큼 다양성을 지녀야 하지만, 시민을 부양하고 교육시킬 수 있는 능력을 초월할 정도의 규모가 되어서는 안 된다고 하였다(Mumford, 1961: 183-184).

그 이후에도 도시규모에 대한 다양한 견해들이 제시되었고 그 견해들에 대한 비판도 지속적으로 제기되고 있다. 그럼에도 불구하고, 도시규모에 대한 연구가 아직도 여러 관점에서 진행되고 있다. 이는 도시 적정 규모에 대한 연구가 필요하기 때문이다.

첫째, 도시 적정 규모에 대한 연구는 과학적이고 합리적인 도시경영 수단을 개발하는 데 도움이 된다. 행정력, 재정력 등에서 차이가 나는 도시들을 획일적으로 경영해서는 안 된다. 모든 도시들은 도시의 발전과 시민생활의 질 향상을 목표로 하지만, 이를 달성하기 위한 세부목표와 수단에는 차이가 있을 수밖에 없다. 행정력과 재정력 등이 빈약한 도시는 이를 향상시키기 위해 인구와 산업을 유치하는 데 초점을 두는 방향으로 도시가 경영되어야 하고, 이들이 풍부한 도시는 시민생활의 질 향상에 초점을 두면서 더 성숙된 도시가 되도록 관리해야 한다. 도시경영의 방향을 어느 쪽으로 잡느냐는 것은 도시의 현재 규모에 바탕을 두고 판단해야 하며, 이에 따라 도시경영 수단은 달라져야 한다.

둘째, 전 국토공간에서 어느 규모의 도시를 어느 지역에 배치하는 것이 지역경제 측면에서 유리한가를 판단하는 근거로 활용할 수 있다. 모든 지역을 균형 있게 발전시킨다는 것은 바람직한 일임에는 틀림이 없으나, 이를 달성한다는 것은 현실적으로 매우 어려운 일이기 때문에 대도시 중심으로 할 것이냐, 혹은 중소도시 중심으로 할 것이냐에 대해 많은 나라에서 많은 학자들 간에 논란이 되어 왔다. 메라(K. Mera) 등이 주장하는 대도시중심 개발론은 도시기반시설이 이미 갖추어진 대도시를 중심으로 국토를 개발하면 투자의 경제성과 효율성을 확보할 수 있다고 주장한다. 그러나 대도시중심 개발론자들은 국토의 특정 부분에 대도시가 집중되어서는 안 되며, 국토의 다른 부분에도 지역의 발전을 주도할 수 있는 대도시를 육성하여야 함을 유의해야 한다. 프리드먼과 로드윈(Friedmann & Rodwin) 등이 대표되는 중소도시중심 개발론은 대도시는 과밀하고 비대하기 때문에, 개발의 한계비용이 높아 규모의 불경제(diseconomy of scale)가 발생하여 비효율적인 반면에, 중소도시는 전국에 고루 분산되어 있기 때문에 지역 간 균형개발을 기할 수 있다고 주장한다. 그러나 중소도시중심 개발을 주장하는 자들도 과연 중소도시가 국토 전역에 균등할 정도로 분포되어 있는지를 객관적으로 분석하여야 한다. 어떠한 개발전략을 취하든 간에 국토공간에 흩어져 있는 도시들의 적정 규모를 검토하는 것이 선행되어야 한다.

셋째, 지방자치를 위한 최적의 공간규모를 확정하는 데 유용하다. 지방자치가 실시되면 중앙집권체제 때보다 행정에 대한 주민들의 기대가 커지고 행정수요도 증가하기 때문에, 도시정부도 이러한 변화에 대응할 수 있는 재정을 확보해야 한다. 즉, 다양하게 증가하는 행정수요를 효율적으로 충족시킬 수 있을 정도의 재정력을 확보하는 것이 도시정부의 매우 중요한 과제가 된다. 앞에서도 서술된 바와 같이 인구와 산업시설들이 유입되면 도시의 재정수입이 확대되고, 도시공공서비스를 제공하는 효율성도 향상된다. 인구와 산업시설들이 유입된다는 것은 도시의 규모가 확대되는 것이다. 한편, 도시가 적정 규모를 넘어서까지 커지면 규모의 불경제(diseconomy of scale)가 발생한다. 즉, 도시규모가 확대될수록 재정수입과 효율성은 향상되지만 최적 규모를 넘어서면 효율성이 하락한다. 그러나 도시마다 특성과 역량이 다르기 때문에 최적 규모도 다를 수밖에 없다. 도시규모론은 개별 도시의 규모와 도시공공서비스 제공의 효율성과의 관계를 파악할 수 있게 해주고, 나아가서 최적 규모를 추정할 수 있게 해준다.

제2절

도시규모이론

도시규모와 관련된 이론은 크게 규모제한론, 규모경제이론, 적정 규모의 사회학적 이론, 순위규모법칙으로 분류할 수 있다. 그러나 순위규모법칙은 도시계층에서 이미 다루었으므로 여기에서는 생략하기로 한다.

1. 규모제한론(Limit to Size)

규모제한론은 하워드(Howard, 1965)가 제안한 이론으로서 기능주의적 입장을 취하고 있다. 그의 주장에 따르면, 적정 규모의 도시가 건설되면 산업혁명으로 인해 발생되는 각종 도시문제를 극복할 수 있다. 적정 규모의 도시는 다음과 같은 특징을 지닌다(Howard, 1965: 51-52).

첫째, 6,000에이크의 도시공간에 전체 인구는 30,000명이 적절하며, 도시공간을 6개 구로 구획하여 적정기능을 부여하는 것이 바람직하다. 이는 1구의 적정 인구를 5,000명 정도로 보는 것으로서, 우연의 일치인지는 몰라도 플라톤(Plato)의 견해와 비슷하다.

둘째, 중심도시는 6,000에이크의 면적에 인구 58,000명을 보유하는 것이 적정 규모이며, 주변 도시를 지원하는 것이 바람직하다. 이는 광역행정 개념과 유사하다.

2. 규모경제이론(Economies of Scale)

이 이론은 도시규모가 작을 경우 1인당 공공서비스비용이 높고, 도시규모가 너무 클 경우 1인당 공공서비스비용이 높다고 주장한다. 도시규모가 작으면 도시기반시설을 구축하고 도시공공서비스를 제공하는 데 요구되는 1인당 비용이 크다. 도시규모가 지나치게 비대해지면 갖가지 부작용이 발생하여 규모의 불경제(dis-economy of scale)가 나타난다. 따라서 1인당 공공서비스비용이 가장 낮은 수준에 도달했을 때가 규모의 경제(economy of scale)가 발생한 도시규모이다. 톰슨(W. Thompson)은 이를 'urban-size ratchet'이라고 표현하였다. 다시 말하면, 도시규모가 어느 수준에 이를 경우 집적이익(agglomeration)에 의해 도시성장이 가속화되고, 인구규모가 그 수준에 도달하지 못하여 집적이익이 발생되지 않는 도시는 성장이 어려운 정체도시가 되며, 반면에 도시규모가 적정 수준을 넘어서면 규모의 불경제가 발생된다.

규모경제이론을 실제 도시에 적용한 대표적인 연구는 윌(R. Will)의 연구와 벤호브와 클라센(Vanhove & Klaassen)의 연구이다. 이 두 연구를 간략하게 살펴보면 다음과 같다.

윌(Will, 1962)은 도시규모와 공공서비스의 관계를 당해 연도의 세출액과 도시인구 1인당 서비스비용을 활용하여 분석하였다. 이 분석방법으로 인해 윌의 연구는 비용-규모 접근방법으로 불린다. 연구 결과, [그림 6-1]과 같이 대도시로 갈수록 1인당 서비스비용이 낮아졌다.

그림 6-1 비용-규모 접근방법

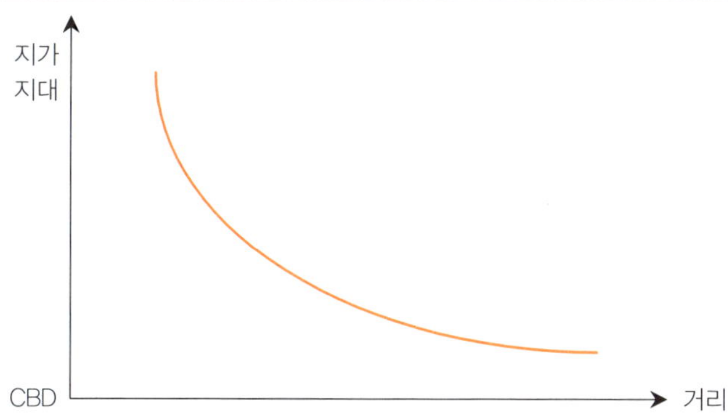

그림 6-2 최저비용 접근방법

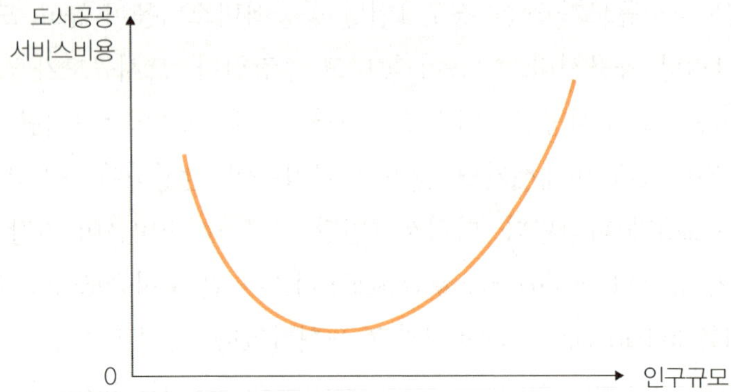

벤호브와 클라센은 윌의 비용-규모 접근방법을 유럽도시에 적용하였다. 윌의 연구와 달리 벤호브와 클라센은 연구대상 도시들을 유럽의 소규모도시부터 대도시까지로 확대하였다. 그 결과, [그림 6-2]와 같이 U자 커브를 그리는 것으로 나타났다. 그들은 U자 커브의 최저비용지점을 적정 규모라고 하였다. 이리하여, 이 연구는 최저비용 접근방법으로 불린다. 이 연구에 따르면, 도시가 적정 규모를 지날 경우 서비스비용이 상승하는 이유는 다음과 같다. 첫째, 도시정부가 제공하는 공공서비스가 질적으로 향상되기 때문이다. 소도시 시민들이 제공받는 공공서비스 수준과 대도시 시민들이 제공받는 공공서비스 수준은 다른 경우가 많다. 예를 들면, 교육서비스의 경우, 소도시에서는 초등학교 혹은 중학교 교육이 가능하지만, 대도시 시민들은 초등학교, 중학교, 고등학교, 대학교에 이르는 교육서비스를 받는다. 둘째, 주변 중소도시의 인구를 위해 공공서비스를 제공하기 때문이다. 재정이 열악한 영세도시의 경우, 시민들이 원하는 모든 공공서비스를 제공하기 힘들다. 이 경우, 후술하는 바와 같이 광역행정시스템을 이용하여 서비스를 제공하는 데 이 역할을 대도시가 수행하는 경우가 많다. 외국의 사례를 보면, 일부 대도시들은 주변에 있는 인구 수백 혹은 수천 명의 영세도시에서 화재가 발생할 시에 소방서비스를 제공하는 경우가 많다. 셋째, 대도시가 될수록 도시공공서비스의 생산비용은 저렴하나 서비스를 공급하는 범위가 확대되기 때문에 공급비용이 증가한다.

3. 적정 규모의 사회학적 이론

적정 규모의 사회학적 이론의 대표적인 학자는 시카고(Chicago) 대학 사회학파에 속하는 오그번과 던컨(Ogburn & Duncan)이다. 이 이론은 도시인구규모와 면적, 시장, 소득, 사회변화 등과의 관계를 규명하는 데 초점을 맞추고 있으며, 다음과 같은 주장을 한다. 첫째, 5,000~10,000명의 인구를 가지고 있는 소도시는 전체 면적의 4%가 CBD이고, 인구 100만 명 이상의 도시는 전체 면적의 0.4%가 CBD이다. 둘째, 도시규모가 클수록 전문적인 경제활동, 예를 들면 치과, 공인회계사 등의 활동이 더욱 활발해진다. 셋째, 도시규모가 클수록 주민소득도 커진다. 넷째, 도시규모가 클수록 혁신의 횟수가 증가한다.

4. 도시규모이론의 비판

도시규모이론은 많은 관심을 받은 만큼 다양한 연구가 진행되었으나 다음과 같은 비판을 받고 있다.

첫째, 도시 적정 규모를 강조하는 기능주의자들의 주장처럼 도시는 '탄생-성장-쇠퇴-멸망'의 과정을 밟는 것이 아니라, 사회·경제적 요인과 기술적 요인에 의해 항상 변화한다. 즉, 도시는 경직된 구조물이 아니라는 점을 도시규모론자들은 간과하고 있다.

둘째, 도시규모의 적정선이 지나치게 미시적인 관점에서 분석되고 있다. 특정 시점에서 적정선을 규정하는 데 중요하던 변수가 시간이 흐름에 따라 중요성이 희석되는 경우가 많다는 점을 도시규모론은 소홀히 인식하고 있다. 도시의 적정 규모는 미시적 관점이 아니라 지역 및 국토계획적 측면에서 고려되어야 한다고 비판론자들은 조언을 한다.

제2부

도시행정

제7장 도시행정의 주요 이론

제1절

도시행정의 정의와 특징

1. 도시행정의 대두

도시문제는 도시가 태동될 때부터 존재하는 것이지만, 특히 산업혁명 이후에 공장 주변의 주거 문제와 보건 문제가 이슈화되면서 도시정부가 이러한 도시문제들에 관심을 가지게 되면서 도시행정의 중요성을 인식하게 되었다. 그 후 교외화가 진행되면서 도시의 재정 압박, 인구와 산업의 유출, 도심과 교외 지역 간의 교통 문제, 일부 교외 지역의 침체화 등과 같이 지금까지와 전혀 다른 양상의 새로운 도시문제들이 발생하면서, 도시행정이 학문적으로 그리고 실무적으로 중요하게 인식되기 시작하였다.

미국에서 어느 때보다도 도시행정의 중요성이 강조된 시기는 1960년대이다. 발전행정론자인 샤칸스키(I. Sharkansky)가 "미국과 미국 국민은 더 이상 일등 국가와 일등 국민이 아니다"라고 비판하던 때인 1960년대에 미국은 매우 어려운 많은 경험을 하였다. 여러 사건들 중에서 도시행정과 관련된 대표적인 사건은 아래와 같이 흑인 폭동, 베트남전쟁 참전, 도시재정의 궁핍, 정보지식사회로의 진입 등이다.

첫째, 1964년 미국에서는 흑인들의 도시 폭동(urban roar)이 전 도시로 확대되었다. 이에 미국 정부는 '위대한 사회(Great Society)'를 건설한다는 목표를 정하고, 이를 실천하기 위해 '빈곤과의 전쟁(War on Poverty)'을 선언하면서 다양한 복지프로그램을 고안 · 시행하였다. 복지정책에 있어 매우 논쟁적인 이슈는 '복지재정 확보'와 '복지서비스 전달체계의 효율성' 중에서 어디에 초점을 두는 것이 바람직하냐는 것이다. 복지재정 확보를 위해서는 중앙집권적 방식이 유리하지만, 복지서비스 전달체계의 효율성을 위해서는 지역중심적인 방식이 더 큰 도움이 된다. 이에 대한 논쟁은 국가별로 그리고 사회별로 다른 결론이 내려지겠지만, 일반적으로 선진국일수록 복지재정 확보보다 복지서비스 전달체계의 효율성에 대한 논의가 더욱 활발하다. 따라서 미국에서 복지프로그램이 시행되면서 도시정부의 역할이 더욱 확대되었다. 더구나, 막대한 예산이 투여된 다양한 복지프로그램에 대한 평가가 매우 나쁘게 나왔는데, 그 가장 큰 이유가 집행과정에 있다는 결론이 발표되었다. 이러한 복지프로그램과 관련된 일련의 사건들은 자연스럽게 도시행정에 대한 관심을 높였다.

둘째, 미국 정부가 베트남전쟁에 참전한다는 발표를 하자, 미국의 젊은이들과 젊은 아들이 있는 부모들은 연일 참전반대 시위를 벌였다. 이들은 "왜 미국을 위해서가 아니라 다른 나라를 위해서 미국 젊은이들의 피를 흘리게 하느냐?"라고 주장하였다. 이 시위는 빠르게 확산되면서 미국 정부는 물론이고 행정학계에도 중요한 영향을 미쳤다. 물론, 행정학계에 영향을 미친 사건은 베트남 참전만이 아니고 이와 더불어 복지정책의 시행이다. 즉, 이 두 사건으로 인해 '신행정학'이 태동되었다. 신행정학은 여러 측면에서 학계에 변화의 바람을 제공했지만, 그 중에서 형평성 개념을 중시한 점과 다양한 교육프로그램을 도입한 점은 도시행정에도 매우 중요한 영향을 미쳤다. 행정의 전통적인 가치는 민주성과 효율성이었으나, 신행정학이 대두되면서 형평성에 대한 관심도 높아졌고, 따라서 도시정부는 도시 내의 저소득층을 위한 정책을 시행할 수밖에 없었다. 또한 전통적인 행정학은 인사, 조직, 재무중심적이었으나, 신행정학은 지방행정, 도시행정, 복지행정, 행정윤리 등을 포함한 다양한 교육프로그램을 강조하였다.

셋째, 교외화가 진행되면서 중심도시에서 인구와 산업시설이 교외로 유출됨에 따라 도시정부는 세수입의 감소를 경험하였다. 이런 상황에서 역도시화가 발생되어 중심도시의 재정이 더욱 악화되었을 뿐만 아니라 도시권 전체의 재정 상태도 압박을 받기에 이르렀다. 한편, 도시주민들은 도시정부에 더 많은 양과 더 높은 수준의 행정서비스를 요구하였다. 이러한 상황임에도 도시정부는 조세저항운동으로 인해 세금을 더 징수할 수도 없었고, 아울러 신지방분권체제가 확대되면서 연방정부에 재정적으로 의존하기도 힘들어졌다. 이리하여, 도시정부는 스스로 이 난관을 이겨나가기 위해 '도시거버넌스(urban governance)'의 일종인 '관민파트너십(public-private partnership)'을 구축하고자 노력하였다. 이는 도시행정의 역할을 더욱 확대하는 계기가 되었다.

넷째, 정보지식사회로 진입하게 된 것도 도시행정을 중시하는 배경이 되었다. 정보지식사회는 시・공간의 제약을 감소시켜 사람과 물자의 교류를 수월하게 하고, 폐쇄적인 관계보다 개방적인 관계를 중시한다. 산업사회와는 성격이 완전히 다른 이러한 급속한 변화에 효과적이고 신속하게 대응하기 위해서는 상대적으로 규모가 큰 국가 차원이 아니라, 상대적으로 규모가 작은 지역 차원의 대응이 필요하다. 특히, 이러한 변화에 대응할 수 있는 도시정부의 행정능력이 중시된다.

이상과 같은 도시를 둘러싼 환경의 변화는 도시 차원의 대응, 즉 도시가 처해 있는 상황에 따라 도시의 장점을 최대한 부각시킬 수 있는 정책이 요구된다. 그렇다고 도시와 관련된 모든 결정권이 도시정부에 부여된 것은 아니다. 지방자치가 성숙된 선진국이라도 도시와 관련된 모든 결정권이 도시에 주어진 경우는 없다. 법률에 의해 주어진 재량의 범위 내에서 도시와 관련된 정책을 고안하고 실시하는 것이 도시행정이다.

2. 도시행정의 정의와 특징

위에서 살펴본 바와 같이, 도시행정은 다양한 도시문제들을 해결하고 시민들의 행정수요를 충족시키기 위한 목적을 지니고 있다. 따라서 도시행정이란 도시정부가 도시문제를 해결하고 시민들의 생활의 질을 높이기 위한 다양한 정책들을 계획하고 실행하는 지역행정적이고, 자치행정적이며, 종합행정적이고, 실천행정적이며, 일선행정적인 특징을 지니고 있는 공적 활동이라고 정의될 수 있다. 도시행정의 대표적인 특징을 살펴보면 다음과 같다(임재현, 2023: 189-193).

1) 지역행정

도시행정은 국가 전체를 대상으로 하는 행정이 아니라, 국가 내의 일정 지역인 도시에 거주하는 시민의 이익을 도모하는 목표와 도시를 발전시키는 목표를 개별적 혹은 다원적으로 실시되는 행정을 말한다. 즉, 전국적인 행정이 아니고, 지역의 특수성이 반영되는 행정이다.

그러면 지역의 범위를 어떻게 규정할까? 한국의 경우를 보면, 지방자치단체는 광역자치단체와 기초자치단체로 분류된다. 지역행정적 특징이란 기초자치단체의 구역 안에서 일어나는 행정인가? 아니면 광역자치단체의 구역 내에서 발생되는 행정인가? 두 경우 모두를 포함하고 나아가서 그 이상을 포함하는 의미로 지역행정을 이해해야 한다. 예를 들면, 기초자치단체인 시, 군, 자치구[1]에서 시행되는 행정, 광역자치단체인 특별시, 광역시, 도, 특별자치시,[2] 특별자치도[3]에서 실시되는 행정, 나아가서 복수의 지방자치단체(광역자치단체와 기초자치단체 포함) 간에 발생되는 행정수요를 충족시키기 위한 광역행정이 모두 지역행정에 속한다.

이를 기초로 도시행정의 지역행정적 특징을 해석하면 도시의 법정 구역 내에서 실시되는 행정, 즉 기초자치단체인 시와 자치구에서 수행되는 행정, 그리고 광역자치단체인 특별시, 광역시, 세종특별자치시에서 실시되는 행정을 의미한다. 또한 중심도시와 주변 지역의 법정 구역을 넘어서 발생하여 그들 간의 협력을 필요로 하는 행정인 광역행정도 도시행정의 범주에 포함시킬 수 있다. 예를 들어, 서울시와 서울에 인접한 경기도 내의 지방자치단체 간의 행정, 그리고 서울시와 경기도 간의 행정이 광역행정이며, 이도 도시행정의 범주에 포함된다.

2) 자치행정

지방자치제 하에서의 도시행정은 자치행정적 특징을 지닌다. 도시정부는 시민의 행정수요를 충족시키고 도시문제를 처리하는 과정에서 중앙정부의 관리와 감독을 받지 않고 법이 허용하는 범위 내에서 자율적이고 독자적으로 도시정책을 결정하고 집행하기 때문에 도시행정은 자치행정적 특징을 지닌다. 즉, 도시행정이 중앙정부의 하위기관으로서의 행정, 즉 집행만 실시하는 행정이 아니라는 의미이다. 도

1) 자치구는 특별시와 광역시 산하에 있는 구를 말한다. 자치구와는 별개로 행정구가 있는데, 행정구는 인구 50만 명 이상의 시이면서 특별시와 광역시가 아닌 시의 행정 편의를 위해 만들어진 구이다. 자치구와 달리 행정구에는 구의회가 구성되지 않고, 구청장도 주민에 의해 선출되지 않는 임명직이다.
2) 현재 특별자치시는 세종특별자치시이다.
3) 현재 특별자치도는 제주특별자치도이다.

시행정은 중앙정부의 각 부처에서 결정한 사항을 따르기만 하는 행정, 즉 중앙정부의 출장소 역할을 하는 행정이 되어서는 안 된다. 중앙정부의 출장소적 도시행정이 되면 해당 도시에 맞는 행정을 시행하기 어려워진다. 개별 도시들은 처해 있는 상황이 동일하지 않고 장 · 단점이 다르기 때문에, 개별 도시정부가 중점을 두고 해결해야 하는 도시문제가 다를 수 있고, 또한 동일한 유형의 도시문제라 하더라도 범위와 정도에서 차이가 날 수 있기 때문이다.

3) 종합행정

도시행정은 시민들의 행정수요를 충족시키고 도시문제를 해결하는 행정이다. 먼저, 도시행정은 시민들의 일상생활과 관련된 사무와 시민복지 증진과 관련된 사무를 처리하는 행정이다. 시민의 행정수요는 매우 다양하다. 다양한 행정수요들 중에서 일부 시민이나 일부 조직의 이익만을 고려하는 것이 아니라, 전체 시민과 도시를 위한 행정수요를 예산의 범위 내에서 충족시키는 것이 도시행정이다. 즉, 도시 내의 모든 행정수요에 대응하여야 하는 포괄적이고 종합적인 행정이 도시행정이다.

또한 도시행정은 도시문제를 해결하기 위한 행정이다. 개별 도시문제는 다른 도시문제와 얽혀 있는 경우가 많고, 설령 다른 도시문제와 얽혀 있지 않다고 하더라도 인식의 차이에 따라 다양한 견해가 피력될 수 있다. 따라서 도시문제는 단선적이고 일방향적이 아니라 복잡하고 종합적인 특성을 지니고 있다고 해도 과언이 아니다. 예를 들어, 대부분의 도시정부들이 가장 큰 관심을 가지고 있는 도시경제 문제만 하더라도 지역 고유의 산업 육성, 유동자본 유치, 도시마케팅 실시, 초국적 기업의 유치, 도시환경과의 적절한 조합, 시민들의 불평등 감소, 사회간접자본 구축 등을 포함하는 복잡한 문제이기 때문에, 한 가지 지식 혹은 견해만으로는 소기의 목적을 달성하기 어렵다. 그러므로 도시행정은 도시행정학이나 행정학뿐만 아니라 인접 학문 분야의 이론과 지식을 수용하고 활용해야만 한다. 이럴 때, 도시행정 현상을 제대로 분석할 수 있고, 도시문제를 해결하는 적절한 방안을 모색할 수 있다. 즉, 도시문제 자체가 지니고 있는 복합적 성격과 다원적 측면 때문에, 학제적 접근(interdisciplinary approach)[4] 또는 융 · 복합적 접근을 필요로 하는 종합적 행정의

4) 학제적 접근이란 학문 간의 경계를 아우르는 접근, 즉 특정 학문을 대표하는 기존 접근방법의 경

특성을 갖는다.

4) 실천행정

도시행정은 도시가 처해 있는 현실적 문제를 해결하는 실천적인 공적 활동이다. 도시행정은 순수한 기초과학을 추구하는 분야가 아니라 다양한 분야의 학문과 지식을 바탕으로, 도시행정 현상을 객관적·논리적·체계적으로 이해하고 설명하며 예측하고, 이를 바탕으로 도시문제를 해결하고자 하는 목적을 가진다. 즉, 도시행정은 도시행정 현상을 객관적이고 논리적으로 분석한다는 측면에서는 과학(science)적 특성을 지니고 있지만, 현실적인 도시문제를 개선하고 해결한다는 측면에서는 기술(art)적이고 실천적이며 처방(prescription)적인 공적 활동이라 할 수 있다. 도시행정은 도시행정전문가와 행정실무자들이 현실의 도시문제를 분석하고, 이들을 해결하기 위해 다양한 대안들 중에서 의식적이고 합리적으로 대안을 선택하는 전문적인 공공활동이다.

5) 일선행정

도시행정은 일선행정적 특징을 보인다. 일선행정이란 정부 정책을 최종적으로 처리하는 현장에서 수행되는 행정이고, 시민들과 지속적으로 접촉하면서 시민생활에 직접적인 영향을 미치는 행정을 의미한다(김천권, 2014: 152-156; Lipsky, 1980). 립스키(M. Lipsky, 1976)에 의하면, 일선행정은 정책과정의 집행 단계에서 대상 집단과 직접적으로 상호작용하며 업무와 관련하여 상당한 재량을 보유하는 공무원이나 진행 요원이 수행하는 행정을 말한다.

도시행정이 일선행정적 특징을 가진다는 것은 립스키가 말한 일선관료와 베버(M. Weber)가 말한 일반관료의 차이를 비교하면 명확하게 이해될 수 있다. 일선관료와 일반관료의 특징을 비교하면 다음과 같다.

첫째, 일반관료들이 서면 처리를 주로 하는 데 비해, 일선관료는 주민과 직접 대화하고 정부의 정책을 직접 주민에게 집행하며, 그들의 요구를 현장에서 직접 처리하고 일상생활에 직접 영향력을 행사하는 공무원이다(오세홍, 1988: 151). 중앙정

계를 없애고 관련된 여러 학문의 협력에 의해 접근하는 방법을 말한다.

부에서 결정한 정책이든 혹은 도시정부에서 결정한 정책이든 간에 정책의 목적은 정책대상자가 원하는 것을 효과적·효율적·형평성 있게 제공하는 것이다. 그런데 정책결정자들이 인식하는 것과 정책대상자인 시민들이 인식하는 것에는 차이가 있을 수 있다. 이러한 차이를 좁히기 위해서 시민들과 직접적인 상호작용을 통해 시민들의 요구와 불편을 파악하는 역할이 중요하다. 도시행정은 관례적이고 지속적으로 시민들과의 직접적인 접촉을 시도하는 특성을 가진다. 즉, 시민들과 일상적으로 접촉하면서 대화를 통해 의견을 청취하고, 이를 바탕으로 도시정책을 결정·집행하는 특징을 가진다.

둘째, 일반관료들과는 달리 일선관료들은 대상 집단에 대한 제재나 혜택의 제공 과정에서 상당한 재량권을 행사한다. 정책을 심의하고 결정하는 역할을 수행하는 사람들은 선출직 공무원이나 고위 관료들인데, 다양하고 복잡한 일선업무환경 속에서 일선관료는 공공서비스를 전달하는 과정에서 상당한 재량권을 행사하며 주민들의 생활에 많은 영향을 미치고 있다(김천권, 2014: 153-154). 재량권을 줄이지 못하는 이유는 법규가 일일이 예견하지 못하는 너무나 복잡한 상황에서 일하기 때문이고, 또한 집행 단계에서 인간적인 상황을 고려해야 하기 때문이다(Lipsky, 1976). 그러나 도시행정서비스를 제공하는 기준이 애매하거나 혹은 고객의 특징이나 요구가 불확실한 경우가 많기 때문에, 일선관료들은 이를 신중히 고려하면서 재량권을 행사해야 한다.

셋째, 일반관료와 달리 일선관료는 현장에 대한 전문성과 경험이 있어야 한다. 많은 일반관료는 정책을 결정을 하거나 정형화된 업무를 수행하기 때문에 현장에서의 변화무쌍한 상황을 이해하기 위한 능력이 필요하지 않지만, 일선관료는 정형화된 단순 업무를 담당하는 것이 아니라 고도로 분업화된 조직구조 속에서 시민들의 다양한 요구와 상황, 그리고 현장에서의 복잡한 요인들을 판단해야 하기 때문에 고도의 전문성과 경험을 보유해야 한다(오세홍, 1988: 151).

제2절

도시행정의 주요 이론

도시행정에 영향을 미친 이론들은 무수히 많다. 도시행정은 종합적이고 실천적인 특징으로 인해서 범학문적인 도움을 필요로 하기 때문이다. 그러나 관련된 모든 이론들을 이해하는 것은 매우 많은 노력과 시간을 필요로 한다. 따라서 여기에서는 도시행정에 가장 큰 영향을 미친 것으로 평가되는 관료제이론, 신공공관리론, 뉴거버넌스론, 신공공서비스론에 대해 살펴보기로 한다.

1. 관료제이론(Bureaucracy Theory)

1) 관료제이론의 등장 배경

관료제이론의 등장 배경은 사회경제적 배경과 정치적 배경으로 분류할 수 있다. 사회경제적 배경은 산업혁명으로 인해 생산기술이 급속히 발전했고, 향상된 생산력을 극대화하는 방향으로 작업을 효율적으로 조직하는 일이 중요한 과제로 등장했다는 점이다. 또한 인구의 성장은 자연스럽게 거대 조직을 발생시키는 계기가 되었으며, 아울러 업무의 다양성과 복잡성이 증대되면서 전문지식을 강조하게 되었다. 정치적 배경은 자유민주주의 정치사상이 확대되면서 절대군주제 하에서의 1인에 의한 자의적인 지배에 대한 비판이 일어나고 법에 의한 지배가 강조된 점이다.

이러한 상황에서 조직원리에 중요한 변화를 일으킨 사람이 베버(M. Weber)이다. 이는 베버가 봉건적 조직원리와 근대사회의 조직원리를 구별할 수 있는 가장 중요한 기준을 능률성으로 보았고, 또한 인간사회가 합리화를 중시하는 방향으로 변화하는 과정에서 능률성을 중시하는 관료제가 중요한 역할을 하는 것으로 인식하였기 때문이다. 베버는 관료제가 현대사회에서 인간이 생존하는 데 필요한 요구들을 감당할 수 있는 최적의 구조라고 보면서, 조직의 규모가 크면 클수록 관료제의 성격은 더욱 분명하게 나타난다고 지적하였다.

다음에 서술된 관료제적 특징은 생산조직체에서 먼저 나타났지만, 관료제의 효율성을 인식함에 따라 관료제는 사회의 모든 조직으로 확대되어 거의 모든 공식조직에서 비슷하게 나타났다. 관료제이론은 인간관계론, 행정행태론, 발전행정론 등 행정이론의 변천과정에서 많은 비판을 받아 왔지만, 행정학 분야의 주요 이론임에는 틀림이 없다.

관료제이론은 자유민주주의의 모든 조직이 소기의 목적을 달성하기 위하여 인적·물적 자원을 집중적이고 최고도로 활용할 수 있도록 하기 위해서 계층제에 의한 능률성과 법 앞의 평등에 의한 합법성을 추구하는 것을 강조하는 이론이다. 다시 말하면, 관료제이론은 과거의 전통적 지배가 약화되는 상황에서 합리적·법적 지배유형이 확산되면서 등장한 이론으로서, 전문적인 능력을 지닌 관료가 합법적이고 합리적인 규칙과 절차에 따라 특정 목적을 달성하는 것을 강조하는 이론이다.

2) 관료제의 특징

베버는 권한의 형태에 따라 지배의 유형을 전통적 지배, 카리스마적 지배, 합리적·법적 지배로 분류하였다.

전통적 지배는 예전부터 내려오는 전통이나 지배자의 권력을 신성한 것으로 인식하고 전통이 규정하는 범위 내에서 지배자는 권한을 행사하고, 피지배자는 이러한 권한에 복종하는 지배 유형을 말한다.

카리스마적 지배란 지도자의 비범한 자질이나 능력에 대한 외경심이 피지배자의 복종 근거가 되는 지배 유형이다. 즉, 이 유형은 지배자에 대한 개인적 헌신과 충성에 기초한 매우 개인적이고 밀접한 관계를 바탕으로 한다.

합리적·법적 지배는 지배의 정당성이 법규화된 질서에 있음을 강조한다. 이 유형에 따르면, 특정 개인에 대한 복종은 정당화될 수 없으며, 합리적·합법적으로 제정된 조직의 규범적 규칙에 복종하는 것이 정당한 것으로 인식된다.

이러한 분류를 통해 베버는 합리적·법적 지배에 바탕을 둔 조직 구조가 가장 능률적이고 합리적인 조직이라고 주장한다. 베버의 관료제는 합리성과 합법성을 강조한 것 외에도 다음과 같은 특징을 보인다(이창원·최창현, 1996: 65).

첫째, 권한과 관할 범위가 법규로 규정되며, 권한은 사람에게 있는 것이 아니라 직위에 있다. 비인격적이며 보편적이고 명문화된 일반적인 법규들은 조직의 공식적인 의사결정과 행위를 규정하는 권한을 부여하면서 전문성에 기반하여 업무를 분담하고 분담된 업무의 관할 영역을 명확하게 구분한다. 이러한 법규에 의한 지배는 결과에 대한 예측가능성과 신뢰성을 확보할 수 있다.

둘째, 계서제적 구조를 보인다. 관료제적 상하관계는 권한의 계층이 뚜렷하게 구별되는 상명하복의 질서정연한 위계구조를 보인다.

셋째, 문서화의 원리가 강조된다. 업무처리의 객관성, 공식성, 정확성, 책임성을 제고하기 위해 문서주의를 채택한다. 모든 직위의 권한과 임무는 문서화된 법규에 규정된다.

넷째, 임무 수행의 비개인화를 특징으로 한다. 공적 소유물은 사적 소유물과 구분되며, 공적 공간은 사적 공간과 구분된다. 따라서 관료들은 지배자의 개인적 하인이 아니라 법규에 규정된 직위의 담당자로서 지배자의 명령에 따르는 것이 아니라 직위의 목표와 법규에 따라야 한다.

다섯째, 관료의 전문화와 전임화를 강조한다. 관료의 선발과 승진은 임무를 수행하는 데 필요한 전문적 능력에 의한다.

여섯째, 관료는 자의적인 해임으로부터 보호되며, 이를 위해 법적·제도적 장치가 구축된다.

3) 관료제에 대한 평가

이러한 관료제는 후에 여러 사람들로부터 많은 비판을 받아서 부정적인 측면이 부각되었지만, 다음과 같은 순기능을 보유하고 있다.

첫째, 자본주의의 발달과 기계적 능률성의 향상에 기여한다. 표준화를 통해 조직구성원들의 행동을 통제함으로써 조직의 능률성을 향상시키고, 이는 자본주의를 발전시키는 데 이바지한다.

둘째, 법 앞에 평등하다는 인식을 확대시킨다. 관료제이론은 조직구성원으로 하여금 상관에게 복종하는 것이 아니라, 법규에 규정된 직위의 목표에 헌신할 것을 강조한다. 따라서 조직구성원은 법규에 규정된 본인의 임무에 충실하면 정치·경제·사회·문화적으로 어떠한 차별도 받지 않는다.

셋째, 공직기회의 균등화를 이룬다. 신분에 의해 공직에 임용되는 것이 아니라, 법규에 규정된 직위를 효율적으로 수행할 수 있는 능력을 보유한 개인이면 누구나 공직에 들어갈 수 있는 기회가 있다.

넷째, 고용의 안정성을 확보할 수 있다. 조직구성원은 본연의 임무에 충실하고 조직에 위해를 가하지 않는 한 자신의 재직기간 동안 자리를 위협받지 않는다.

다섯째, 업무의 공정성, 통일성, 책임성을 확보하기 용이하다. 규칙과 규정에 의해 업무가 수행되기 때문에, 자의적인 행위가 통제됨으로써 업무의 공정성과 통일성을 추구할 수 있다. 또한 엄격한 위계질서 하에서 업무가 수행되기 때문에 책임소재를 명확하게 할 수 있다.

관료제는 위에서 열거한 장점을 지니고 있지만, 많은 연구들이 지적한 것처럼 단점도 많이 가지고 있다. 관료제의 대표적인 단점은 다음과 같다.

첫째, 민주주의를 저해하는 요인이 될 수 있다. 즉, 관료제는 정보를 독점할 수 있는 집단을 특권계층으로 만들 수 있고, 국민의 요구에 대한 대응성이 낮으며, 상관에 대한 책임을 강조하면서 국민에 대한 책임을 소홀히 하고, 국가 차원이 아니라 조직의 내부목표만을 강조하며, 기술적 전문성을 강조하여 민주적 통제를 위협하고, 집권적 의사결정으로 인해 조직의 하위층이나 국민들의 참여가 약화된다.

둘째, 인간성의 상실과 무사안일주의가 발생한다. 이 이론은 지나치게 표준화를 중시함으로써 조직구성원들이 스스로를 거대한 조직의 부품으로 느끼게 한다. 이는 인간소외현상을 일으켜서 자신의 운명에 대해 무력감을 느끼고, 세상 일을 무의미하게 생각하며, 사회적 관계에서 고립감을 느끼게 하는 등 하나의 인간체로서의 발전을 저해하는 요인으로 작용할 수 있다. 또한 선례와 상관의 지시를 맹목적으로 따름으로써, 책임을 남에게 미루는 무사안일주의가 팽배할 수 있다.

셋째, 목표의 대치현상이 발생된다. 관료들은 조직의 목표를 달성하는 데 초점을 두는 것이 아니라, 목표를 달성하기 위한 수단인 규칙이나 절차를 중시한다.

넷째, 변화에 대한 저항이 나타난다. 규정이나 규칙을 지나치게 강조함으로써 조직 자체가 변화하는 환경에 적응하는 능력이 약화된다. 즉, 훈련된 무능으로 인해 변화된 새로운 조건에 적응하지 못하는 경직성을 보인다.

다섯째, 권력구조를 다원화시키고 갈등을 야기한다. 계서제적 권한과 전문적 능력이 이원화되고, 전문성을 지나치게 강조하여 타 분야에 대한 몰이해가 발생한다. 이는 조직의 권력구조를 다원화시키고 서로 간에 갈등을 발생시킬 수 있다.

2. 신공공관리론(New Public Management: NPM)

1) 신공공관리론의 등장 배경과 의미

인류사회의 발달은 정부와 시장의 관계에 의해 이루어졌다고 해도 과언이 아니다. 19세기 입법국가 시대에서 정부는 소극적인 질서 유지의 역할만 하고, 나머지 국민생활에서는 개인의 자유를 최대한 보장하는 것이 바람직하다고 인식했다. 그래서 정부보다는 시장의 역할을 중시하여, '보이지 않는 손(invisible hands)'에 의해 자원이 효율적으로 배분되도록 하였다. 즉, '최소의 정부가 최선의 정부'라는 인식이 널리 퍼졌다.

그러나 20세기에 들어와서, 특히 1929년 세계대공황이 발생하면서 정부의 적극적인 역할이 필요하다는 인식이 확대되었다. 제2차 세계대전 이후 미국을 중심으로 국가주도적인 경제 발전을 추진하면서 세계 경제는 유례없는 발전을 이루었다. 또한 영국과 미국을 비롯한 서구 국가를 중심으로 복지국가를 지향하면서 정부의 기능이 크게 강화되었다.

이러한 상황에서 신공공관리론이 등장하게 된 배경을 영국과 미국을 중심으로 살펴보면 다음과 같다. 제2차 세계대전 이후 영국의 처칠(W. Churchill) 수상이 영국 의회에서 행한 연설에 나오는 '요람에서 무덤까지(from cradle to grave)'라는 단어가 의미하듯이 영국 정부는 보편적 복지정책을 추진하였다. 그 결과, 영국 국민들의 근로 의욕이 크게 감퇴되었으며, '영국병'이라고 불리는 사회적 분위기가 만연되었다(이종수 외, 2014: 82). 그리고 '영국병'으로 인해 노동생산성의 상승은 지지부진한데 파업으로 인해 임금은 크게 상승함으로써, 영국의 경제적 상황이 매우 좋지 않은 방향으로 흘러가서 1976년에는 'IMF 구제금융'을 요청하기에 이르렀다. 이러한 상황에서 대처(M. Thatcher)가 수상이 되었다. 그녀는 '영국병'을 치유하기 위해 신자유주의를 정부 운용의 기조로 삼으면서 공공 분야의 효율성과 공공서비스의 질을 높이기 위해 정부조직의 강력한 변화와 혁신을 시도하였다. 대처 수상이 시도한 변화들 중에서 대표적인 것이 공공서비스의 민영화, '의무적 경쟁입찰제도(Compulsory Competitive Tendering: CCT)'이다(Keen & Scase, 1998).

미국은 '도시폭동(urban roar)'을 계기로 존슨(L. B. Johnson) 대통령이 '위대한 사회(Great Society)' 건설을 표방하고, 이를 위해 '빈곤과의 전쟁(War on Poverty)'을 선언하면서 다양한 복지프로그램을 시행하였다. 복지정책으로 인해 많은 재정이 필요한 상황에서 1970년대의 두 차례에 걸친 석유 파동으로 인해, 미국 경제는 경기침체 속에서 물가가 상승하는 '스태그플레이션(stagflation)'이라는 매우 어려운 상황에 빠지게 되었다. 이러한 상황에서 당선된 레이건(R. Reagan) 대통령은 경제정책의 기조를 바꾸는 '레이거노믹스(Reaganomics)'[5]를 추진하면서, '작은 정부'를 지향하였다. 이후 클린턴(B. Clinton) 정부에서 신공공관리(New Public Management: NPM)를 도입하여 고어(Al Gore) 부통령의 주도 하에 '정부재창조(Reinventing Government)'의 기치를 들면서 정부 혁신을 추진하였다.

이러한 현실적 배경과 더블어, 학문적으로도 관료제의 문제점들을 해결하는 방안의 하나로 신공공관리론이 주목을 받았다. 즉, 관료제 조직원리가 계층제적 통제를 기반으로 함으로써 관료제의 경직성, 변화에 대한 거부, 능률성 저하, 공공서비스의 질 저하 등의 문제를 낳는다는 학문적 비판이 오랜 기간 동안 지속적으로 제기되었고, 이를 개선하는 방안의 하나로 영국과 미국을 중심으로 신공공관리적 접근이 출발하였다. 신공공관리론은 전통적인 관료제적 관리의 한계를 극복하고, '작고 효율적인 정부'를 구현하기 위한 이론이다.

2) 신공공관리론의 내용

신공공관리론에서 강조하는 시장주의는 신자유주의[6] 이념에 기초하고 있다(이

---

5) 레이거노믹스는 'Reagan'과 'Economics'의 복합어로, 미국 제40대 대통령 레이건(재임: 1981~1989)에 의하여 추진된 경제 회생 정책을 이르는 말이다. 이 정책은 자유경쟁시장 메커니즘으로 돌아가 생산(공급)과 소비(수요)의 자동 조정기능을 살리자고 주장한 프리드먼 등 시카고학파의 공급경제학을 이론적 배경에 둔다. 이 이론을 근거로 경제를 살리기 위해서는 단기적 자극보다 근본적 활력이 필요하다고 여긴 미국 행정부는 세출 삭감, 소득세 대폭 감세, 기업에 대한 정부의 규제 완화, 안정적인 금융 정책 등을 추진하였다. 대규모 감세와 규제 완화를 통해 민간 투자를 촉진하고 미국 경제를 활성화한 것이다. 그러나 레이거노믹스 때문에 제3세계가 희생되었고, 세계의 빈부격차가 심화되었으며, 사상 최대로 군비가 증강되었고, 재정 적자의 원인이 되기도 하였다는 비판도 제기되었다.

6) 신자유주의는 국가권력의 시장개입을 비판하고 시장의 기능과 민간의 자유로운 활동을 중시하는 이념이다. 세계경제대공황을 겪은 많은 나라들의 경제정책에 이론적 기초를 제공한 케인스 이론은 정부가 시장에 적극적으로 개입하여, 소득평준화와 완전고용을 이룸으로써 복지국가를 지향하는 것이다. 1970년대에 스태그플레이션이 발생하면서 케인스 이론에 기반한 경제정책에 대한 비판이 제기되면서 등장한 것이 신자유주의 이론이다. 이는 레이거노믹스의 근간이 되었다. 신자유주의는 국가의 시장개입을 감소하고, 국제금융의 자유화를 실현하며, '복지병'의 축소를 주장한다. 신자유주의는 자유무역과 국제적 분업을 통한 시장개방을 강조하여 '세계화'를 추구한다. 신

표 7-1	신공공관리의 핵심 내용

1. 노젓기보다 방향타적 정부: 서비스 직접 제공자보다 촉매자, 촉진자로서의 정부
2. 지역사회 중심의 정부: 서비스 공급 주체의 일원으로 지역주민과 지역공동체의 참여
3. 경쟁적 정부: 경쟁의 원리를 도입하여 행정서비스 공급의 경쟁력 제고
4. 사명 지향적 정부: 목표와 임무 중심의 조직 운영, 결과 중시
5. 성과 지향적 정부: 산출과 결과를 중심으로 자원 배분
6. 고객 지향적 정부: 고객인 국민에게 선택권 부여, 그들의 필요에 따라 서비스 제공
7. 기업가적 정부: 수익 창출 위주의 정부 운영
8. 미래에 대비하는 정부: 사전 문제 예방에 주력
9. 분권적 정부: 권한의 분산과 위임을 통해 참여적 의사결정 촉진
10. 시장 지향적 정부: 시장 기능 메커니즘을 활용하여 정부 성과 향상

종수 외, 2014: 88). 신자유주의는 시장적 원리인 경쟁과 능률성을 강조한다. 신공공관리론은 시장이 정부를 대체하는 것이 아니라, 민간부문의 관리기법을 공공부문에 도입하여 공공부문의 능률성과 성과를 향상시키고, 공공서비스 제공에 대한 민간부문의 적극적인 역할을 강조하며, 공공부문과 민간부문의 협력을 강화하는 것을 중시한다. 즉, 수익자 부담 원칙의 강화, 민영화 확대, 공공부문에 경쟁의 원리 확대, 규제 완화 등의 행정개혁을 추진하는 데 목적을 두고 있다.

신공공관리를 주장하는 대표자들에 속하는 오스본과 개블러(Osborne & Gaebler, 1992)는 저서인 『정부재창조(*Reinventing Government*)』에서 '기업가적 정부 운영의 원리'를 <표 7-1>과 같이 제시하고 있다. 즉, 이들은 방향타적 정부, 지역사회 중심의 정부, 경쟁적 정부, 사명 지향적 정부, 성과 지향적 정부, 고객 지향적 정부, 기업가적 정부, 미래에 대비하는 정부, 분권적 정부, 시장 지향적 정부를 주장하고 있다. 이들이 신공공관리의 특징과 개혁 방향을 잘 표현하고 있다.

또한 피터스(B. Peters, 1996)는 미래의 정부 모형으로 시장적 정부, 참여적 정부, 신축적 정부, 탈규제적 정부를 제시하고 있다. 이는 공권력에 의한 일방적 통치를 지양하고 시장의 원리를 도입한 정부가 바람직한 미래의 정부라는 것을 의미한다.

신공공관리는 도시행정에 많은 영향을 미쳤다. 이에 대해 킨과 스케이스(Keen & Scase, 1998: 7-10)는 <표 7-2>와 같이 도시정부는 변화한다고 하였다. 즉, 자금

자유주의는 시장적 요소를 중시함으로써 능률성을 향상시키고 경쟁력을 강화시키는 등의 긍정적 효과와 더불어 불황과 실업, 빈부격차 확대, 선진국과 후진국 간의 갈등 확대 등의 부정적인 측면을 야기하였다.

표 7-2 지방정부의 전통적 형태와 새로운 형태

전통적 관료제 모형		신공공 모형
자급자족	⇒	창조적이고 경영능력 있는 정부
거의 독점	⇒	경쟁력 있는 정부
계서적이고 집권적인 통제	⇒	계약에 의한 관리
서비스 직접 관리	⇒	권한을 이양하는 관리
획일적이고 표준화된 서비스	⇒	고객 지향적이고 질적 수준 강조

출처: Keen & Scase(1998: 7).

자족에 만족하는 도시정부에서 창조력 있고 경영능력을 갖춘 역량 있는 도시정부, 거의 독점적 지위를 누리던 도시정부에서 경쟁적인 도시정부, 계서적이고 집권적인 통제를 선호하는 도시정부에서 계약에 의한 관리를 중시하는 도시정부, 서비스를 직접 관리하는 도시정부에서 권한을 위임하는 도시정부, 획일적이고 표준화된 서비스를 제공하는 도시정부에서 고객 지향적이고 질적 수준을 중시하는 도시정부로 변한다고 한다.

3) 신공공관리론에 대한 평가

다른 공공부문에 미친 영향과 마찬가지로 신공공관리론은 도시정부 개혁의 방향을 제공하고 혁신 분위기를 확산시키는 데 크게 기여하였다. 신공공관리는 성과 중심의 행정을 강조하고 구조 개혁을 강하게 요구하여 도시행정에 미치는 영향이 결코 적지 않다(김천권, 2014: 113; 임도빈, 2000: 70). 그러나 시장과 민간 관리기법을 지나치게 강조하여 다음과 같은 비난을 받고 있다.

첫째, 민간부문과 뚜렷이 구분되는 공공부문에 민간부문의 관리기법을 도입하는 데에는 한계가 있다. 민간부문과 공공부문은 환경, 목표, 법적 제약, 영향력 등을 비롯하여 많은 측면에서 다르다. 민간 관리기법을 행정개혁의 도구로 채택하는 신공공관리는 공공부문의 특수성을 고려하지 못할 위험이 있다.

둘째, 신공공관리는 공공부문의 능률성을 향상시키기 위해 민간부문의 관리기법을 도입함으로써, 공공부문에서 결코 간과되어서는 안 되는 사회적 가치가 훼손될 수 있다. 공공부문에서 능률성을 무시할 수 없지만, 민주성, 형평성, 공공성 등의 가치도 간과되어서는 안 된다. 경우에 따라 능률성과 민주성, 형평성, 공공성이 충돌할 시에 능률성보다 다른 가치를 더 존중해야 할 수도 있다.

셋째, 신공공관리가 지향하는 '고객 중심적' 논리는 그동안의 관료제에서 보았던 관편의주의, 시혜(施惠)적 자세, 국민 위에 군림하는 행태 등을 치유하는 데에는 유효하지만, 국민을 '수동적 존재'로 전락시킬 우려가 있다(이종수 외, 2014: 91). 국민은 '소비자 주권'을 가지기 때문에, 자신의 호·불호에 따라 공공서비스를 선택 혹은 거절할 수 있는 권리를 가진다. 그러나 신공공관리에서 주장하는 고객중심적 관리는 국민은 고객이 되고, 고객은 공공서비스 제공의 대상이다. 따라서 국민은 '소비자 주권'의 관점이 아니라 '소비자 만족'의 관점에서 인식되기 때문에 수동적 존재가 될 우려가 존재한다.

넷째, 업무에 대한 동기부여가 지나치게 경제적인 측면에 의존하고 있다. 개별 관료들이 업무를 적극적으로 수행할 의욕을 일으키도록 하는 동기부여는 다양한 측면으로부터 발생한다. 조직론에서 얘기되는 많은 동기부여 이론들을 거론하지 않더라도 개인별로 동기부여 요인은 다르다. 그럼에도 불구하고, 신공공관리는 목표 달성과 금전적 보상과의 연계를 지나치게 강조하는 경향이 있다.

다섯째, 신공공관리가 모든 나라와 모든 사회에 적용될 수 있다는 생각은 위험하다. 신공공관리는 서구 사회의 신자유주의에 기초하기 때문에, 서구 문화와 다른 문화를 가진 국가와 사회에 적용하려면, 예상하지 못할 정도의 많은 노력과 비용이 요구될 가능성이 있다.

3. 뉴거버넌스론(New Governance)

1) 뉴거버넌스론의 등장 배경과 의미

전통적으로 도시공공서비스는 도시정부에 의해 제공되어 왔다. 그러나 다른 요인들의 영향과 더불어 교외화 단계와 역도시화 단계를 거치면서 심한 재정적 곤경을 경험한 도시정부는 도시공공서비스 제공자로서의 독점적 위치를 유지하기 어려운 상황에 처했다. 조세를 인상하는 방안도 검토되었지만, 캘리포니아 주에서 경험한 것처럼 조세저항운동으로 인해 이 또한 실행되기 어려웠다. 이러한 상황에서 신공공관리론이 등장하면서 도시기반시설의 구축, 도시공공서비스의 제공, 그리고 도시문제의 해결 등에 민간부문의 참여가 유도되었다. 그 결과, 도시정부와 민간부문 간의 협력을 위한 '도시거버넌스(urban governance)'의 구축이 시도되었다. 로즈

(R. Rhodes, 1997)에 의하면, 거버넌스는 정부의 의미의 변화 또는 공적인 업무의 수행방법의 변화를 의미한다.

정부는 공식적인 권위를 바탕으로 하는 활동을 의미하는 반면에, 거버넌스는 공유된 목적에 의해 발생되는 활동을 뜻한다. 즉, '정부(government)'의 의미는 권력적 지배에 초점을 두고 있는 반면에, '거버넌스(governance)'는 문제 해결의 방식과 절차에 관심을 가지면서 조정·관리를 중시한다(한국국정관리학회, 2014: 102). 이러한 논리에 근거하여 최근에는 '정부 없는 거버넌스(governance without government)' 또는 '정부에서 거버넌스로(from government to governance)'라는 표현이 확산되어 왔다.

이러한 상황에서 확산되고 있는 세계화는 도시정부로 하여금 독점적 위치에서 수행하던 전통적인 역할을 민간부문, 시장, 중앙정부, 국제사회 등과 협력하면서 수행하도록 강요하였다. 이에 따라, 도시정부, 시장, 시민사회, 국가, 세계체제와의 관계가 재정립되면서 '뉴거버넌스론'이 등장하였다. 거버넌스는 국민국가를 바탕으로 하는 반면에, 뉴거버넌스는 국민국가라는 한정된 범위가 아니라, 공공서비스와 관련하여 정부(계층제), 기업, 시민사회, 세계체제 등의 네트워크를 강조한다.

2) 뉴거버넌스론의 내용

거버넌스는 정부·시민사회·시장의 파트너십을 전제로 하며, 유기적 네트워크를 형성하는 것을 강조하고, 공식적 측면은 물론이고 비공식적 측면도 아울러 고려하며, 조정·협상·타협을 중요시하고, 행정조직의 재량성에 대해 관심이 높다는 특징이 있다. 뉴거버넌스는 위에서 열거된 거버넌스의 특징을 기반으로 나타났기 때문에, 정부 역할의 축소, 방향타적 역할 중시, 민관협력 강조 등의 측면에서는 거버넌스와 유사하다.

거버넌스의 뉴거버넌스의 차이는 다음과 같다(이동진·한인규, 2014: 154). 첫째, 거버넌스는 시장주의에 입각한 경쟁을 중시하지만, 뉴거버넌스는 신뢰를 바탕으로 공동생산을 중시한다. 둘째, 거버넌스는 민영화 등을 통한 행정기능의 민간이양을 강조하지만, 뉴거버넌스는 공동체 구성원의 참여를 통한 문제 해결을 강조한다. 셋째, 거버넌스는 국민을 고객으로 보지만, 뉴거버넌스는 국민을 주인으로 인식한다. 넷째, 거버넌스는 행정의 능률성과 생산성을 상대적으로 중시하지만, 뉴

표 7-3 거버넌스와 뉴거버넌스

구분	Governance	New Governance
인식론적 토대	신자유주의, 신공공관리론	공동체주의(참여주의)
관리기구	시장주의	공동체를 통한 네트워크
추구하는 가치	결과(능률성, 생산성)	과정(민주성)
정부 역할	방향잡기	방향잡기
관료 역할	공공기업가	조정자
주요 메커니즘	경쟁을 강조하는 시장 메커니즘	신뢰·협력을 강조하는 참여 메커니즘
서비스제공방식	민영화, 민간위탁 등	공동제공
국민 인식	고객으로 인식	주인으로 인식
참여 형태	자원봉사주의(volunteerism)	시민주의(civicism)
정치성 여부	탈정치	재정치

출처: 이동진·한인규(2014: 154-155), 이종수 외(2014: 97)에서 부분 발췌·재서술.

거버넌스는 행정의 민주성을 상대적으로 강조한다. 이를 정리하면 <표 7-3>과 같다.

뉴거버넌스의 대표적인 이론은 피터스(B. G. Peters) 모형으로서, 시장적 정부모형, 참여적 정부모형, 유연적 정부모형, 탈규제적 정부모형으로 분류된다(이동진·한인규, 2014: 151-153; 이종수 외, 2014: 94-96).

시장적 정부모형은 공공서비스를 제공함에 있어서 민간관리기법을 적용할 수 있음을 강조한다. 전통적인 정부관료제의 문제점을 해결하기 위한 방안으로 민간부문의 경쟁의 원리를 도입할 것을 권장한다. 이 모형은 저렴한 공공서비스를 위해 정부관료제의 계층의 축소, 정책과정의 분권화, 성과보상제도 활성화 등을 강조한다.

참여적 정부모형은 전통적인 계층적 관료제에서 소외되었던 하급 관료와 시민의 정책과정 참여를 강조하면서 상향적 정책과정을 중요시한다. 즉, 정책의 형성·결정·집행과정에서 일선관료와 시민이 큰 영향력을 행사할 수 있는 하의상달식(bottom-up) 구조가 이루어져야 한다는 것이다. 이를 촉진하기 위해 조직구조는 평평한 구조가 바람직하고 다양한 위원회 등을 적극적으로 활용할 것을 제시한다.

유연적 정부모형은 전통적 관료제 구조가 갖는 항구성이 현상 유지와 정책의 보수화를 꾀한다고 지적한다. 이 모형은 행정환경의 변화에 대응하는 역량을 강화하기 위해서는 조직구조, 인력관리, 예산관리 등에서 탈항구성, 유연성, 융통성 등을 추구할 것을 주장한다. 시간제 근무의 활성화, 임시직의 확대 등을 통해 쇄신적이고, 신속하며, 대응적이고, 효과적인 정부를 만들 것을 유연적 정부모형은 강조한다.

탈규제적 정부모형은 정부에 대한 내부통제를 감소할 것을 주장한다. 이 모형은 조직구조에 대해서는 관심이 없기 때문에, 참여적 정부모형에서 주장하는 조직구조와 비슷한 조직구조를 주장하지만, 내부규제에 대해서는 민감한 반응을 보인다. 정부에 대한 규제를 완화하면 관료들의 자율성이 높아지고, 이는 정부의 잠재력과 창의력의 제고와 능률성 향상에 이바지한다고 주장한다.

도시정부 차원에서 뉴거버넌스가 활성화되기 위해서는 도시정부를 비롯한 도시정부 내부의 역량을 강화하기 위한 노력은 물론이고, 도시정부 외부에 대한 관리능력을 함께 향상시켜야 한다. 뉴거버넌스체제 하에서는 도시정부의 역할이 과거보다 축소되겠지만, 도시정부는 도시와 관련된 핵심적 역할에 더욱 전념해야 하고, 신뢰·협력을 바탕으로 중앙정부, 민간부문, 시민사회, 세계체제 등과의 공동생산을 촉진해야 한다. 이를 수행할 수 있는 내부 역량을 향상시키기 위한 노력이 있어야 한다. 따라서 성과평가제도의 활성화, 도시정부 관료들의 전문성 강화, 정책능력 향상, 정책의 투명성 확보 등의 노력이 필요하다. 또한 뉴거버넌스체제 하에서 도시정부는 도시정부 외부와의 협력을 강화해야 하기 때문에, 도시정부 내부의 역량 강화만으로는 소기의 목적을 달성할 수 없고, 외부 관리 능력도 향상시켜야 한다. 도시정부는 뉴거버넌스의 협력적 네트워크를 구성하는 다른 주체들, 즉 중앙정부, 민간부문, 시민사회, 세계체제 등과의 협력적 관계를 활성화시키기 위해 다음과 같은 노력이 요구된다. 첫째, 도시정부는 설정된 도시정책의 목적을 달성하기 위해 다른 주체들을 지휘하는 지휘자의 역할을 할 수 있도록 해야 한다. 둘째, 뉴거버넌스에서는 협력적 네트워크 구축이 매우 중요하므로, 도시정부는 다른 주체들과의 협동과 연계를 촉진하는 중재자의 역할을 수행할 수 있는 역량을 키워야 한다. 셋째, 도시정부는 도시문제를 해결하고 도시정책을 결정하기 위한 여건을 조성하는 역할을 수행해야 한다. 넷째, 도시정부 관료들은 게임상황을 관리하거나, 갈등을 조정하거나, 네트워크를 형성하는 데 도움이 되는 새로운 지식과 기술을 습득하여야 한다.

3) 뉴거버넌스론에 대한 평가

변화의 속도가 빠르고 변화의 범위가 확대되며 불확실성이 점차 확대되고 있는 사회 속에서 정부와 기업들은 그동안 경험해 보지도 못했던 복잡한 문제들을 경험하고 있다. 정부 혹은 민간부문의 어떠한 조직도 혼자의 힘으로는 이러한 문제들을 해결하기 어려워짐에 따라, 사회구성원들의 협조가 절실히 요구되고 있다. 아울러, 공공부문의 특성상 경쟁원리를 전면적으로 도입하는 것도 어렵기 때문에, 신공공관리론에 입각하여 이러한 문제들을 해결하는 데에도 한계가 있다. 이러한 상황에서 뉴거버넌스는 전통적인 행정이론에 대한 유용하고 현실적인 대안이 될 수 있다는 희망의 메시지를 준다는 평가들이 있다. 반면에, 다음과 같은 비판의 목소리도 공존하고 있다(이종수 외, 2014: 97-99).

첫째, 권한과 책임의 소재가 모호하다. 뉴거버넌스는 다양한 주체들과의 협력적 연계관계를 중시하기 때문에, 도시문제에 대한 최종 결정권한과 책임이 어디에 있는지가 불명확한 경우가 발생한다. 특히, 책임전가현상이 많이 나타날 가능성이 있다.

둘째, 특정 주체가 자신의 이익에 집착하여 뉴거버넌스체제를 이용할 위험성이 있다. 첫 번째 문제의 연장선상에 있기도 하지만, 책임소재가 불분명하기 때문에 특정 주체들 간에 유착관계가 형성되면서 도시를 위한 것이 아니라, 특정 집단의 목적을 위한 도시정책이 형성 · 결정될 가능성이 있다.

셋째, 다양한 주체들 간의 협력적인 연계관계를 통해 도시문제를 해결하기 위해서는 주체들 간의 관계가 수평적이어야 하지만 현실은 그러하지 못하다. 주체들 간에 인적 능력, 자본, 정보 등의 수준이 유사하다고 말할 수 없는 것이 현실이다.

넷째, 뉴거버넌스론은 보편적 이론화가 쉽지 않다. 뉴거버넌스체제는 기본적 형태를 가지지 않고 다양한 형태들로 존재하기 때문이다.

4. 신공공서비스론(New Public Service)

1) 신공공서비스론의 등장 배경과 의미

신공공서비스론은 전통적인 행정과 신공공관리론을 비판하면서 그 대안으로 제시된 이론이다(Denhardt & Denhardt, 2003). 이들에 의하면, 전통적 행정은 시민에 대한 민주적 봉사와 시민의 적극적인 참여 유도 등의 부분에서 많이 미흡한 이론이고, 신공공관리론은 관료의 역할을 방향잡기라는 수행이 어렵거나 불가능한 데에 두고 있으며, 형평성, 공익성, 참여성 등의 가치를 소홀히 하고, 시민을 주인이 아닌 고객으로 인식하는 등의 문제점들을 지니고 있다. 이러한 문제들을 해결하기 위해 제시된 신공공서비스론은 시민적 담론과 공익을 중시하면서, 시민 중심적·사회공동체 중심적·서비스 중심적인 접근방법을 취한다. 신공공서비스론의 핵심적인 주장에 따르면, 행정에서 중요한 것은 능률성을 확보하는 것이 아니라 시민에게 보다 나은 생활을 보장하는 것이다(이종수 외, 2014: 99). 즉, 신공공서비스론은 행정의 역할을 서비스를 제공하는 것으로 보고 있다.

2) 신공공서비스론의 내용

신공공서비스론의 이론적 기초는 민주적 시민이론, 지역공동체와 시민사회이론, 조직인본주의와 담론이론, 포스트모더니즘 등에 뿌리를 두고 있다(이종수 외, 2014: 99). 신공공서비스론의 이론적 기초의 주요 내용을 살펴보면 다음과 같다(이동진·한인규, 2014: 156). 첫째, 정부는 시민의 적극적인 역할을 제대로 인식하고, 시민에 대한 통제를 줄이고 협력해야 하며, 시민을 신뢰하고 시민의 요구에 대한 대응성을 높여야 한다. 둘째, 구성원들을 통합하는 적절한 방안이 사회공동체를 형성하는 것임을 인식하여 지역공동체의 발전을 지원하는 것을 중시하고 시민사회의 중요성을 강조한다. 셋째, 관료제적 조직 관리를 지양하고 자아실현적 인간관에 입각하여, 인간 중심적 조직 관리를 중시하여 시민의 요구에 관심을 가질 것을 제시한다. 넷째, 모든 당사자들의 진솔하고 공개적인 대화와 토론을 중시한다.

이러한 이론적 기초를 바탕으로 한 신공공서비스론이 신공공관리론과 가장 두드러지게 차이가 나는 내용은 행정의 역할과 공익에 대한 시각이다. 먼저, 신공공서비스론은 공공서비스를 제공하는 역할을 행정이 수행해야 함을 강조하고 있다. 현재와 같이 급변하는 행정환경 하에서 행정의 역할을 전통적 행정에서 강조하는 노젓기 혹은 신공공관리론에서 주장하는 방향잡기에 두는 것은 실행이 어렵거나 불가능할 수 있다. 따라서 행정은 시민에게 봉사하는 역할을 해야 한다. 이는 관료들의 인식과 행태에 대한 변화도 요구한다. 관료는 시민을 통제하는 것을 지양하고, 공동의 가치를 창출하기 위해 시민과 지역공동체의 이익에 관해 협상하고 중재해야 한다. 신공공관리론과 차이가 나는 신공공서비스론의 또 다른 주요 내용은 행정에서 공익이란 부산물이 아니라 목표이고, 따라서 정부는 공익을 형성하기 위해 노력해야 한다는 것이다. 공익이란 공유하고 있는 가치에 대해 담론 과정을 통해 얻게 되는 결과물이기 때문에 정부는 시민들이 공동의 가치를 표명하고, 그것을 집단적 의미로 승화시킬 수 있는 담론의 장을 만들기 위해 노력해야 한다(이종수 외, 2014: 101).

덴하트와 덴하트(Denhardt & Denhardt, 2003: 28-42)에 의해 제시된 신공공서비스론의 7가지 기본원칙을 살펴보면 다음과 같다.

첫째, 공익을 찾으려고 노력해야 한다. 전통적 행정이론은 공익을 법률로 표현된 정치적 결정으로 보았고, 신공공관리론은 개인 이익의 총합으로 정의한다. 그러나 신공공서비스론은 공유 가치에 대한 담론의 결과로 공익을 인식하고 있다.

둘째, 정부의 역할은 봉사에 초점을 두어야 한다. 정부의 역할에 대해 전통적 행정이론은 노젓기, 즉 정치적으로 결정된 목표를 달성하기 위해 정책적으로 노력하는 것을 강조한다. 신공공관리론은 방향잡기, 즉 어떤 방향으로 가기 위해 시장의 힘을 활용하는 조정자적 역할을 정부가 해야 한다고 주장한다. 그러나 신공공서비스론이 주장하는 정부의 역할은 시민에게 봉사하는 것이다. 시민들이 공유된 가치를 표명하고 충족할 수 있도록 지원하는 역할을 해야 한다는 의미이다.

셋째, 정부에서 일하는 관료들은 정부와 마찬가지로 시민에 대해 봉사해야 한다. 전통적 행정이론은 시민을 고객과 유권자로 보았고, 신공공관리론은 시민을 고객으로 인식하였다. 그러나 신공공서비스론은 시민을 시민으로 보고 모든 시민들, 즉 구매력을 가진 시민들뿐만 아니라 구매력을 가지지 못한 시민들에게도 봉사해야 한다.

넷째, 기업가주의보다 시민의식을 중시해야 한다. 전통적 행정이론은 정부의 주도적 역할을 중시하고, 신공공관리론은 정부에 기업가적 관리방식을 도입하고자 하는 기업가주의를 강조한다. 신공공서비스론은 시민의 담론을 중시하기 때문에 시민의식의 고취를 주장한다.

다섯째, 공동의 목표를 형성·실행하기 위해서는 전략적 사고에 의한 계획과 민주적 실천이 필요하다. 공공의 목적을 수행하기 위해 전통적 행정이론은 개괄적인 합리성을 중시하고, 신공공관리론은 기술적·경제적 합리성을 추구하였다. 그러나 신공공서비스론은 민주정 과정을 통해 협력적으로 공공의 목적을 달성하기 위한 전략적 합리성을 중시한다.

여섯째, 책임성을 확보하는 방법이 다면적이다. 전통적 행정이론은 계층제적 책임성, 즉 관료는 민주적으로 선출된 정치인에게 책임을 져야 함을 강조한다. 신공공관리론은 시장지향적 책임성, 즉 시민에게 바람직한 결과를 창출하는 것을 중시한다. 그러나 신공공서비스론은 정부는 시장뿐만 아니라 헌법, 법률, 지역공동체의 가치, 정치 규범, 행정의 전문적 기준, 시민들의 이익 등에서 책임성을 확보해야 한다고 본다.

일곱째, 행정은 생산성을 중시하는 것이 아니라 사람을 중시해야 한다. 전통적 행정이론은 관료제적 규제와 통제를 통해 민주성, 능률성, 형평성 등을 확보하는 것을 중시하고, 신공공관리론은 기본적인 통제와 분권화된 관리를 통해 능률성과 생산성을 향상시키는 것을 강조한다. 신공공서비스론은 모든 사람을 존중하면서 그들을 협력적 네트워크에 참여시키도록 노력해야 한다고 주장한다.

3) 신공공서비스론에 대한 평가

모든 이론이 그러하듯이, 신공공서비스론도 긍정적 평가와 부정적 평가가 공존한다. 긍정적인 평가는 신공공관리론이 소홀히 다루었던 행정의 공공성을 재조명했다는 점과 민주적 거버넌스를 강조했다는 점에서 받고 있다. 한편, 시민이 행정의 고객이 될 수 있는 점, 정부의 역할을 과소평가한 점, 구체적 처방과 수단적·기술적 전문성을 경시했다는 점에서는 부정적 평가를 받고 있다.

제8장 도시정부의 형태와 구조

제1절

도시정부의 유형

일반적으로 도시정부는 시장과 시의회로 구성되지만, 구성 방법이나 형태는 국가별로 그리고 도시별로 다르게 나타나고 있다. 여기에서는 다양한 도시정부의 유형들 중에서 대표적인 유형들을 중심으로 살펴본다.

1. 도시정부의 역할

도시정부의 대표적인 유형들을 살펴보기 전에 도시정부의 주요 역할에 대해 간략하게 살펴보기로 한다. 도시는 정치·행정적, 경제적, 사회적, 문화적 활동 등을 포함한 다양한 활동들이 일어나는 공간이다. 따라서 도시정부는 이러한 활동들과 관련된 다양한 공공서비스를 제공하는 것은 물론이고, 공공성 확보를 위한 정책적 판단을 해야 한다. 이러한 측면에서 볼 때, 도시정부의 주요 역할을 다음과 같이 정리할 수 있다.

첫째, 도시정부는 도시가 처해 있는 상황과 도시의 장점 등을 종합적으로 고려하면서 도시의 장기적인 전략을 결정하여야 한다. 도시들 간의 경쟁이 확대되고 심화되는 상황에서 사회변화에 맞추어 도시의 지속가능한 발전을 추구하면서 시민들의 생활의 질을 향상시키기 위해 장기적이고 포괄적이며 유연한 전략이 필요하다.

둘째, 도시정부는 도시의 상황과 장점을 최대한 살릴 수 있는 창의적 아이디어를 창출하여 경쟁사회에서 생존·발전할 수 있는 정책을 마련하여야 한다. 창의적인 아이디어는 밀실에서 일부 시공무원들의 노력만으로 발현되는 것은 아니다. 도시가 처해 있는 문제들을 해결하고 도시가 발전하는 데 기여하고자 하는 많은 사람들의 노력이 모아질 때 창의적인 아이디어가 나타나기 쉽다. 따라서 시장, 시의회 의원들, 그리고 임명직 시공무원들이 도시 내의 다양한 조직들 그리고 주민들과 네트워크를 구축하여 지속적으로 쌍방향적 의사소통을 이루기 위해 노력해야 한다.

셋째, 도시정부는 다양한 형태의 공공서비스들을 공급하고 관리해야 하는 핵심적인 주체로서의 역할을 수행해야 한다. 전통적으로 도시정부의 가장 중요한 역할은 공공서비스를 제공하는 것이라고 인식되어 왔다. 그러나 예전처럼 중앙정부의 지침에 따라 시민들에게 공공서비스를 베푼다는 의미의 시혜자(施惠者)적 행태는 수정되어야 한다. 시민들과 대화하면서 시민들이 무엇을 원하는 지를 파악하고, 그것을 기초로 공공서비스를 생산하고 제공해야 한다. 아울러, 공공서비스를 제공함에 있어서 효율성, 형평성, 합법성, 민주성 등의 원칙을 고려해야 한다.

넷째, 도시는 도시만의 차별성 있는 브랜드를 형성하기 위해 노력해야 한다. 세계의 각 도시들은 자본, 인적 자원, 관광객들을 놓고 치열한 생존경쟁을 벌이고 있다. 이러한 경쟁을 헤쳐 나가기 위해 세계의 유명 도시들은 도시의 특성을 활용한 독특한 브랜드를 형성하여 시민들 간의 연대의식을 높이는 동시에 관광객을 유치하는 수단으로 이용하고 있다. 도시의 브랜드 가치는 경제활동, 역사, 문화적 가치 등 다양한 요인들에 의해 평가된다. 브랜드 가치를 높이기 위해서는 도시의 이념적 지향 방향, 역사와 전통, 사회와 문화 등과 같은 본질적인 측면들을 포함한 정체성(identity)을 이미지화할 필요가 있다. 그러나 많은 도시정부들이 나름대로 정체성을 표현한 이미지들은 그 도시만의 상징성과 정체성을 느끼게 하지 못하는 경우가 많다. 도시의 정체성을 보여주는 이미지를 통해 브랜드 가치를 높인 대표적인 도시가 뉴욕 시이다. 뉴욕 시의 정체성을 나타내는 이미지는 'I♡NY'이다. 이는 뉴욕 시민들에게 자긍심을 불러일으키고 정체성을 확보하는 데 크게 이바지하였다. 뿐만 아니라 'I♡NY' 로고가 있는 상품들의 판매량이 급증하였으며, 이를 이용한 광고 캠페인도 큰 성공을 거두어 광고 집행 후 관광수입이 크게 증가한 것으로 여러 언론매체들은 보도하였다. 또한 'I♡NY' 로고는 다양한 방면에서 응용된 디자인이 나타났고, 이로 인해 뉴욕의 브랜드 가치가 크게 상승하였다.

2. 도시정부의 유형

지방자치가 실시되는 나라의 경우, 도시정부는 의회와 단체장으로 구성되는 것이 일반적이지만, 구성의 방법이나 형태는 전통이나 상황 등에 의해 나라마다, 그리고 도시마다 다양하게 나타나고 있다. 도시정부는 여러 유형으로 분류가 가능하지만, 여기에서는 영국 · 미국 유형(영미 유형)과 독일 · 프랑스 유형(독불 유형)으로 대별하여 그 특징들을 살펴본다.

1) 영미 유형

지방자치의 역사가 긴 영국과 미국의 계통에 속하는 나라들은 도시정부를 지방자치의 실험장으로 보는 경향이 있었다. 도시정부가 바람직하게 운영되어야 민주주의 기초가 튼튼해져서 풀뿌리 민주주의를 달성할 수 있다고 믿어 왔다. 즉, 도시정부는 민주주의의 기본이념 하에서 시민참여를 통해 일정 지역 내에서 자치적으로 주민행정을 수행하는 제도로 인식하였다. 영미 유형 도시정부제도의 대표적인 특징을 살펴보면 다음과 같다.

첫째, 중앙정부와 지방자치단체가 대등한 위치에서 수평적 상호 협조관계를 유지하고 있는 형태이다. 지방자치가 실시되면 법적으로 중앙정부와 지방자치단체는 대등한 법인격을 갖지만, 실제로는 인적 자원, 재정력 등을 포함한 많은 측면에서 불균형이 존재하기 때문에, 지방자치단체가 중앙정부와 대등한 관계를 설정하기 어려운 경우가 많다. 그러나 영미 유형은 자치권의 본질을 자연법상의 권리로 인식하고 있기 때문에 중앙정부와 지방자치단체들 간에 수평적이고 대등한 가운데, 상호 보완적이고 협력적인 관계가 형성되는 것을 중시한다.

둘째, 지방자치의 오랜 전통으로 인해 집행부보다 지방의회의 기능을 강화하는 지방의회 우월주의적인 도시정부형태를 띠고 있다. 서구 민주주의 국가들에서는 민주주의의 달성을 위해 삼권(행정부, 입법부, 사법부) 간의 견제와 균형을 중시하여 왔다. 그러나 20세기의 국가를 '행정국가'라고 명명하는 데에서 보듯이, 정책능력을 갖춘 행정부가 삼권 간의 균제와 균형의 상태에서 상대적으로 우월적인 위치로 이동하는 경향을 보여 왔다. 이에 대한 다양한 대처가 있었고, 그 일환 중의 하나가 행정부에 대한 입법부의 견제능력을 강화시키는 것이다. 이러한 현상은 지역에도 적용된다. 파이너(N. Finer)가 '지방자치는 민주주의 학교'라고 했듯이, 지방자치는 지역에서 민주주의를 달성하기 위한 제도이다. 따라서 견제와 균형의 원리가 작용되어야 한다는 믿음에서 시장을 견제하기 위해 지방의회의 기능을 강화하고자 하였다.

셋째, 도시헌장제도에 의해 도시자치가 허용된다. 도시헌장은 도시정부의 성격, 구성, 권리와 의무, 조직관리, 인사, 재정 등을 규정한 도시정부의 기본 헌법과 같은 것이다. 도시헌장은 정치적으로는 주민자치정신에 의해 제정되지만, 현실적으로는 국가 또는 상위기관에 의해 제정되는 경우가 많다. 미국의 경우에는 주민이 도시헌장을 제출하고 주의회에서 이를 의결한다. 어떤 방식으로 도시헌장이 제정되든 간에 도시자치는 이에 의거하여 시행된다.

넷째, 후술되는 독불 유형 도시정부가 단체자치에 초점을 둔다면, 영미 유형 도시정부는 주민자치를 강조한다. 즉, 도시정부는 중앙정부와의 관계보다 주민과의 관계를 더욱 중시한다. 주민자치는 중앙집권적이며 관료적인 지방자치를 배제하고, 주민의 자치능력을 중요시하는 민주적·지방분권적인 지방자치를 지향한다. 즉, 영미 유형 도시정부는 여가, 교양, 자립, 자율의 정신을 지닌 주민이 그들의 비용으로 선출한 공무원에 의해서 그들의 행정사무를 처리한다. 도시정부의 주권자는 시민이고 도시문제를 해결하는 주체도 시민이다.

2) 독불 유형

유럽 대륙에 있는 나라들에서 주로 시행되는 도시제도이다. 영국과 미국에 비해 유럽의 대륙은 개인보다는 법과 단체를 중시하는 경향이 있었다. 도시정부는 법의 테두리 안에서 중앙정부가 위임한 일정 범위의 국가기능을 대행한다. 따라서 도시정부는 중앙정부의 하부행정조직의 성격이 강하다. 독불 유형의 대표적인 특징을 살펴보면 다음과 같다.

첫째, 도시정부의 집행부가 시의회보다 강한 권한을 지니는 집행부우월주의 도시정부형태를 취한다. 독불 유형에 속하는 국가는 전통적으로 국가중심적이면서 행정부중심적인 경향이 영미 유형의 국가보다 강하다. 또한 독불 유형에서 도시정부는 국가로부터 권한과 지위를 부여받기 때문에, 중앙정부와 긴밀한 협조관계를 더욱 잘 유지할 수 있는 집행부의 권한을 중시하고 중앙정부에서 위임한 업무에 대한 효율적 처리를 강조한다. 이러한 경향으로 인해 도시정부는 집행부우월적인 구조를 띤다.

둘째, 중앙정부와 도시정부는 수직적 통제관계에 있기 때문에, 도시정부를 중앙정부의 하위개념으로 보는 경향이 있다. 이로 인해, 도시정부는 시민과의 관계보다 중앙정부와의 관계에 더 집중한다. 따라서 시민과 도시의 이익을 보호하는 기능이 약하다.

셋째, 독불 유형의 자치제도는 법률적 의미를 강조하기 때문에, 자치권은 영미 유형과 같은 자연법상의 권리가 아니라 국가로부터 위임받는 실정법상의 권리이다. 따라서 도시정부의 자치는 법률 제정을 통해 허용되고, 이에 따라 도시정부의 기능도 도시정부에 위임된다. 즉, 도시정부는 「지방자치법」에 의해 허용된 독자적 기능과 중앙정부가 위임해 준 위임기능을 동시에 수행한다.

넷째, 위에서 언급한 것처럼 독불 유형의 자치는 법률적 의미의 자치인데, '법률적 의미의 자치'란 주민에 의한 자치보다 지방자치단체와 같은 공법인(公法人)에 의한 자치를 말한다. 도시정부는 주민보다 기관을 중시하고 중앙정부의 행정편의를 우선시한다.

3) 추세

영미 계통의 도시정부는 자치헌장(city charter)에 의해 영향을 받기 때문에, 자치헌장의 범위 내에서 도시정부가 자치적으로 할 수 있는 것이 허용된다. 따라서 도시정부는 정치적 의미에서 주민을 중시한다. 반면에, 독불 계통의 도시정부의 경우, 국가가 제정한 법률인(「지방자치법」)에 의해 도시정부에게 법인격을 부여하고, 법의 범위 내에서 자치적으로 기능을 수행할 수 있다. 독불 계통에서는 법인격을 가진 단체의 역할을 중시한다.

여기에서 신중하게 고려해야 할 점이 발견된다. 영미 유형에서 주민의 역할을 중시하는 데 조직화되지 않은 주민들이 할 수 있는 일이 어느 정도이냐는 것이다. 다시 말하면, 도시정부보다 시민들을 강조할 경우 시민들 스스로 할 수 있는 일이 무엇이며, 특히 시민들의 의견이 통일되지 않을 경우 시민들 스스로가 할 수 있는 일이 어느 정도일 것인가를 신중하게 생각해야 한다. 또한 독불 유형에서는 법인격을 가진 단체를 주민보다 중시하는 데, 도시정부라는 법인격을 가진 단체는 무엇을 위한 단체인지를 숙고해야 한다. 즉, 도시정부를 만드는 궁극적인 원인이 어디에 있는지를 생각해 볼 필요가 있다는 의미이다. 결론적으로 말하면, 시민들 스스로 할 수 있는 일에는 한계가 있으므로 도시정부를 구성하는 것이고, 도시정부는 시민들을 위해 존재하는 것이다. 따라서 영미 유형과 독불 유형을 엄격하게 구분한 상황에서 하나의 유형을 선택하도록 하는 것은 슬기롭지 못한 행동이다. 바람직한 것은 두 유형의 장점을 합한 도시정부를 구성하여 시민들을 위하고 도시의 발전을 꾀하는 것이다. 다만, 나라마다 그리고 도시마다 전통, 문화, 정치, 사회, 경제의 배경이 다르기 때문에, 스스로에게 적절한 방법으로 두 유형의 장점을 취할 필요가 있다.

제2절

미국의 도시정부 형태

도시정부의 형태는 나라마다 다르기 때문에 모든 나라의 도시정부 형태를 검토하는 것은 나름대로 의미가 있을 수 있지만, 이 책의 목적에는 부합되지 않는다. 여기에서는 많은 도시들이 정부형태에 대해 고민을 할 때 그리고 연구자들이 도시정부의 형태에 대해 연구를 할 때, 가장 많이 인용하는 미국의 도시정부 형태를 살펴보기로 한다. 미국의 도시정부 형태는 시장-시의회 형태, 위원회 형태, 시의회-지배인 형태로 대별된다. 이에 대해 구체적으로 살펴보면 다음과 같다.

1. 시장-시의회 형태(Mayor-Council Form)

시장-시의회 형태는 권력 분립을 강조하는 미국의 도시정부 형태 중에서 가장 보편적이면서 동시에 가장 오래된 형태이다. 이 형태는 도시정부의 정책을 결정하는 역할을 하는 시의회와 정책을 집행하는 역할을 하는 시장 간에 상호 견제와 균형을 취하도록 하는 형태이다. 미국에서 건국 초기의 도시정부들은 영국 식민 지배 시대에 경험했던 강력한 행정가에 대한 두려움과 반발 때문에 복수의 시의회 구성원들에게 권력을 집중시키는 형태를 취하였는데, 시간이 지남에 따라 그들의 권력이 감소하고 시장의 권력이 증대되었다(박종화 외, 2013: 82). 시장-시의회 형태의 특징과 종류를 살펴보면 다음과 같다.

1) 특징

시장-시의회 형태는 후술하는 바와 같이 강시장-시의회 형태, 약시장-시의회 형태, 시정관리관제도를 운영하는 강시장-시의회 형태로 구분할 수 있다. 이에 따라 특징에서 차이가 있을 수 있지만, 이들을 포괄하는 일반적인 시장-시의회 형태의 특징을 살펴보면 다음과 같다.

첫째, 중앙정부와 도시정부 간의 상호 견제와 균형을 유지하려는 제도이다. 시장-시의회 형태는 시민들의 직선에 의해 선출된 시장과 시의회에 의해 도시문제를 해결하려는 제도이기 때문에, 시장과 시의회의 강력한 지원세력이 시민들이다. 따라서 시민들이 중앙정부의 정책에 찬성을 할 때 중앙정부와 도시정부는 협조하지만, 중앙정부와 도시정부 간에 의견이 충돌할 때 시장과 시의회는 시민들을 지지기반으로 하여 중앙정부와 경쟁하기도 한다.

둘째, 시민들이 시장과 시의원들을 직선하기 때문에, 시민들의 참여가 활성화되는 제도이다. 시장과 시의원들을 주민들이 직선함으로써 주민들의 정치적 참여의 기회가 확대되고, 주민들에 의해 선출된 시장과 시의원들은 주민들의 요구와 수요들을 수렴하여 정책을 만들려고 하기 때문에 주민들이 지역정책과정에 참여하는 기회도 증대된다. 주민들에 대한 시장과 시의원들의 책임을 강조하는 제도이다.

셋째, 집행기관과 의결기관 간에 행정권한을 배분하는 제도이다. 시장으로 대표되는 집행기관은 시민에 대해 책임을 진다. 의결기관인 시의회는 시의 일반원칙을 제정하고, 예산을 결정하며, 지방채의 발행을 승인하고, 특정 공무원의 임명에 동의하며, 공무원의 봉급을 책정하고, 시정을 감독·통제하는 기능을 수행한다.

넷째, 일반적인 기준은 아니고 도시별로 다양하지만, 시의원은 대략적으로 인구 5,000명당 1인이 선출된다. 시의원의 임기는 1년에서 4년이지만 점차 4년으로 확정되는 추세이다. 시의회는 일반적으로 단원제로 구성된다.

2) 종류

시장-시의회 형태가 시행되면서 시장과 시의회는 균제와 균형을 넘어서서 서로 대립하는 현상이 자주 발생하여, 행정을 지연시키고 정치적 갈등을 심할 정도로 노출하였다. 이리하여, 도시의 상황에 따라 강시장-시의회 형태, 약시장-시의회 형태 혹은 시정관리관 형태로 변하였다.

(1) 강시장-시의회 형태(Strong Mayor-Council Form)

19세기 이후 미국의 대도시들은 해결이 어렵고 복잡한 많은 문제들을 맞이하게 되었고, 시장-시의회 형태로는 이러한 문제들을 해결하기 어려움을 인식하여 시장의 권한을 강화하기 시작하면서 강시장-시의회 형태가 나타났다. 그 후 미국의 도시뿐만 아니라 세계의 많은 도시들이 채택한 시장-시의회 형태는 실제로 강시장-시의회 형태이다(박병식 외, 2010: 209-210).

강시장-시의회 형태는 주로 대도시에서 많이 채택하는 제도로서, 행정권을 시장에 집중시켜 행정의 효율성을 높이고 책임행정을 강화하고자 하는 것이다. 이 형태의 대표적인 특징들을 살펴보면 다음과 같다. 첫째, 시장이 시의회의 동의없이 폭넓은 인사권을 행사한다. 시장은 대부분의 기관장들에 대한 인사권을 가지고, 시의 부서활동에 대해 강력한 지휘권, 감독권, 조사권을 가진다. 둘째, 시장은 시의회에 안이나 의견을 제시하는 등 입법과정 혹은 정책과정에 참여할 수 있다. 또한 시장은 시의회를 통과한 안 등의 일부 혹은 전부에 대해 거부권을 가진다. 셋째, 시장은 예산편성권과 예산집행권을 가진다.

강시장-시의회 형태의 장점과 단점은 다음과 같다(박병식 외, 2010: 210; 박종화 외, 2013: 84). 이 제도의 가장 큰 장점은 시장의 행정적 권한이 강하고 이에 따라 책임소재도 명확하다는 점과, 시장은 정치적 과정에서도 핵심적 역할을 한다는 점이다.

그러나 정책결정기능을 시장과 시의회가 공유하기 때문에 양자 간에 마찰이 발생될 수 있고, 행정적 리더십과 동시에 정치적 리더십을 발휘할 수 있는 시장을 찾기가 현실적으로 용이하지 않다는 단점을 이 제도는 가지고 있다.

(2) 약시장-시의회 형태(Weak Mayor-Council Form)

약시장-시의회 형태는 도시정부의 행정기능이 단순하다는 점과 영국의 식민지배 시절의 강력한 행정 통치에 대해 국민적 반감이 존재한다는 점 등이 원인이 되어, 미국의 건국 이념 중 잭슨(A. Jackson)적 이념(약한 행정부)을 반영한 것이다(박종화 외, 2013: 82).

약시장-시의회 형태는 미국의 소도시들이 남북전쟁 이전에 선호하였던 제도로서 지금도 일부 도시에서 활용되고 있다. 약시장-시의회 형태의 대표적인 특징들을 살펴보면 다음과 같다. 첫째, 시의회는 입법권과 행정권을 가지고 집행부를 감독한다. 시의회는 위원회를 조직하여 해당 위원회가 담당 업무별로 집행부를 지도·감독하며 상당한 정도의 인사권까지 가진다. 시의회는 집행부보다 우월한 위치에 있다. 둘째, 시장과 시의원들 외에도 시의 주요 공무원들을 주민들이 선출하기 때문에 시장의 권한이 축소되고, 또한 시장이 임명할 수 있는 시공무원들의 수가 극히 제한적이다. 셋째, 시의회는 시장에 대한 해임을 건의할 수 있다. 넷째, 시장은 거부권을 갖지 않거나 혹은 거부권을 가지더라도 극히 제한적으로 행사할 수 있다.

약시장-시의회 형태의 장점은 시민이 시정에 직접 참여할 수 있는 기회가 많기 때문에 민주적이라는 점이다. 시장과 시의원은 물론이고, 주요 시공무원들도 시민들의 선거에 의해 선출되기 때문에, 선거를 통한 시민들의 정치적 참여의 기회가 확대된다. 또한 집행부에 비해 상대적으로 전문성이 떨어지는 시의회의 위원회가 집행부를 지도·감독하는 과정에서 정당성을 확보하기 위해, 시민들의 의견을 수렴할 경우 시민들은 행정과정에 참여하게 된다.

그러나 이 제도는 다음과 같은 약점을 가진다. 첫째, 시의회가 입법권과 행정권을 지니기 때문에, 시의 발전을 위한 종합적인 정책을 만들기 어렵고 정책의 운영도 비효율적이다. 둘째, 시장은 행정통제 능력을 가지지 못한다. 시장은 여러 부서와 기관들의 활동을 조정할 능력이 없고, 기관장을 임명할 권한도 제약을 받는다(박병식 외, 2010: 209; 박종화 외, 2013: 83). 셋째, 도시의 토호세력이나 재력가들에 의한 정치적 조작과 통제가 발생될 수 있다(박병식 외, 2010: 210; 박종화 외, 2013: 84).

(3) 시정관리관 형태(Chief Adminisrative Officer Form: CAO)

강시장-시의회 형태의 주요 약점들 중의 하나가 시장이 행정력과 정치력을 동시에 가져야 한다는 것인데, 시정관리관 형태는 이를 보완하기 위해 개발된 것이다(박종화 외, 2013: 85). 시정관리관은 시장을 대신하여 시의 행정적 업무를 수행한다. 시장은 행정업무에 대한 부담을 줄임으로써 정치적 리더십을 발휘하는 데 집중할 수 있다. 이 형태는 개발된 이후 크게 주목을 받지 못하다가, 최근에 와서 뉴욕, L. A., 보스턴, 필라델피아 등을 비롯한 여러 대도시에서 다양한 명칭으로 수정・채택되고 있다(임승빈, 2005: 27). 또한 이 형태를 채택하는 중소도시들도 늘어나고 있다.

시정관리관의 실제 권한은 이를 채택한 도시마다 약간씩 차이가 나지만, 일반적으로 다음과 같이 요약될 수 있다(박종화 외, 2013: 86). 첫째, 시장의 승인 하에 기관장을 임명 혹은 해임할 권리를 가진다. 둘째, 기관장 임명권을 가진 기관의 활동과 운영을 감독할 권한을 가진다. 어떤 도시에서는 모든 행정기관에 대한 감독권을 시정관리관에게 부여하기도 한다. 셋째, 시장이 보고서를 준비하거나 정책대안을 선택할 때 자문을 한다.

시정관리관 형태의 장점은 앞에서도 서술된 바와 같이 시장의 행정업무를 경감시킴으로써 정치적 리더십과 정책적 리더십을 발휘할 수 있게 한다는 점이고, 약점은 시장과 시정관리관 간에 잠재적 갈등 관계가 형성될 수 있다(박종화 외, 2013: 86).

2. 위원회 형태(Commission Form)

위원회 형태는 시민들에 의해 선출된 위원들로 구성된 위원회가 도시의 정책을 결정하는 등 시정 전반을 책임지는 동시에 각 위원들은 하나 혹은 그 이상의 집행부서를 책임지고 관장하는 제도이다. 이 형태는 도시의 모든 권한과 책임을 위원회에 집중시키는 제도이다. 이 형태가 탄생한 미국에서조차 제2차 세계대전 이후 이 형태를 채택하는 도시들이 급격하게 줄어들고 있는 추세이다(임승빈, 2005: 25).

이 형태의 대표적인 특징들을 살펴보면 다음과 같다. 첫째, 시민들이 직접 선출한 위원들로 구성된 위원회가 입법권과 행정권을 가진다. 둘째, 위원회는 임명권과 해임권을 가진다. 셋째, 각 위원들은 하나 이상의 부서장이 되어 맡은 집행 부서를 책임진다. 넷째, 시장은 위원들 중에서 선출되며, 행정수장이 아닌 상징적 존재에 불과하고 거부권도 가지지 않는다.

위원회 형태의 장점으로는 다음과 같은 점들이 지적된다(박종화 외, 2013: 88). 첫째, 행정부서가 간단하기 때문에, 시민들의 시정에 대한 이해가 빠르고 시정참여가 용이하다. 둘째, 정당의 간섭과 지배를 배제할 수 있다. 셋째, 입법기능과 행정기능에 대한 모든 책임이 위원회에 있으므로 책임성을 확보하기 용이하고, 기업의 관리방식을 도입함으로써 효율적으로 도시정부를 운영할 수 있다. 넷째, 일반적으로 유능한 지도자급 시민들이 위원으로 선출되기 때문에, 이들에 대한 기대도 높을 뿐만 아니라 이들의 능력을 향상시키기도 용이하다. 다섯째, 이 형태는 일반적으로 주민발안, 주민소환 등 직접민주주의적 수단들을 도입하고 있기 때문에, 도시정부에 대한 시민의 통제가 강화된다.

반면에, 다음과 같은 단점들도 지적되고 있다(박종화 외, 2013: 88). 첫째, 위원회가 입법권과 행정권을 가지고 있기 때문에 권력분립의 정신에 위배된다. 둘째, 시장은 위원들 중의 한 명으로서 다른 위원들보다 우월한 위치에 있지 않기 때문에 도시 전체를 위한 강력한 리더십을 기대하기 어렵고, 책임이 위원이 아니라 위원회에 있기 때문에 책임소재를 명확하게 하기 어렵다. 셋째, 각 위원은 입법가로서의 능력뿐만 아니라 행정가로서의 능력도 갖추어야 하는데, 이러한 인재를 찾기가 쉽지 않다. 자칫하면 위원회가 아마추어화할 우려가 있다. 넷째, 정책결정기능과 정책집행기능 간에 조직적 구분이 없기 때문에 조직의 운영이 복잡할 수 있다. 다섯째, 일반적으로 도시의 유능한 인재들, 즉 명망 있는 전문가나 기업인들이 위원으로 선출되지만, 이들이 재선에 실패함으로써 입법가 혹은 행정가로서의 전문성을 쌓을 기회가 충분하지 않으며, 도시정책의 일관성을 유지하기도 힘들다. 이는 예산의 낭비를 가져올 수 있다.

3. 시의회-지배인 형태(Council-Manager Form)

시의회-지배인 형태는 20세기 초에 미국의 소도시들을 중심으로 널리 채택된 제도이다. 이 형태는 1908년 버지니아(Virginia) 주의 스톤튼(Staunton) 시에서 처음으로 도입되었지만 크게 관심을 끌지 못하다가, 1941년 오하이오(Ohio) 주의 데이턴(Dayton) 시에서 채택된 이후 많은 소도시들이 도입하였다(박종화 외, 2013: 88).

이 제도의 특징은 다음과 같다. 첫째, 시민이 직접 선출한 시의회가 도시행정 전문가를 초빙하여 시지배인(city manager)으로 임명한 후 행정의 전권을 일임하는 제도이다. 둘째, 시의회의 권한은 정책결정, 규칙 제정, 예산 결정, 조례 제정, 지배인 임명, 행정감사 등에 한정된다. 셋째, 시장은 시의회에서 호선하는 경우와 시민이 직접 선출하는 경우가 있다. 시장은 의전지도자, 즉 상징적 존재이다. 넷째, 시지배인은 행정에 대한 전반적인 권한을 가지고 동시에 책임을 진다. 시지배인의 대표적인 권한에는 시행정의 지휘감독권, 시공무원의 인사권, 시예산 편성권, 시개발계획 수립권, 시의회에 시정책의 건의권, 시의회에 출석답변권 등이 있다. 다섯째, 시지배인은 도시행정 전문가이기 때문에 지역인사가 아니어도 되고, 재임 중에 공직에 입후보할 수 없으며, 선거운동을 해서도 안 된다.

이 형태의 장점은 다음과 같다(박종화 외, 2013: 89-90). 첫째, 입법기능은 시의회에 있고 행정기능은 시지배인에게 집중되기 때문에 입법과 행정이 분리되어 있고, 행정에 대한 전반적인 책임이 시지배인에게 있기 때문에 행정의 책임소재가 명확하다. 둘째, 도시행정 전문가에게 행정을 맡김으로써 도시행정의 합리성과 효율성을 향상시킬 수 있다. 셋째, 조직 구조가 간단하여 시민들이 도시정부를 이해하기 쉽다.

반면, 이 형태의 단점은 다음과 같은 점들이 지적된다(박종화 외, 2013: 90). 첫째, 정책결정기능과 정책집행기능을 명확하게 구별하는 것이 쉽지 않다. 둘째, 시지배인에게 행정권이 집중됨으로써 전문관료의 횡포가 나타날 수 있다. 셋째, 최근 시장의 권한이 강화되고 있기 때문에 시장과 시지배인 간의 경쟁이 양성화될 수 있다. 넷째, 행정을 책임지는 시지배인을 주민이 직접 선출하지 않고, 의회가 임명하는 것은 민주주의 정신에 위배될 수 있다.

제3절

한국의 도시정부

오늘날의 시제도가 도입된 것은 1949년에 제정된 「지방자치법」부터이다. 이 법에 기초하여 1962년 「서울특별시 행정에 관한 특별조치법」을 제정하여 서울시를 경기도에서 독립시켜 특별시로 만들었다. 또한 인구 100만 명 이상의 도시인 부산시, 대구시, 인천시, 광주시, 대전시를 별도의 특별법을 통해 지금의 광역시의 예전 명칭인 직할시로 하였다. 1995년 1월 1일부터 직할시는 일괄적으로 광역시가 되었으며, 그 후 울산시가 광역시가 되었다. 2012년 7월 1일 세종특별자치시가 출범하였다. 그리고 2022년 1월 13일 수원시, 용인시, 고양시, 창원시가 특례시가 되었다. 그리하여, 한국의 현재 시제도는 특별시, 광역시, 특별자치시, 특례시, 시로 유형화된다.

1. 특별시

미군정이 '서울시헌장'을 발표하고, 1946년 9월 28일 공식적으로 경성시를 서울시로 명칭을 변경하였다. 1949년에 서울은 서울특별시로 승격되었으며, 1950년 6월에 발발한 한국전쟁으로 폐허화되었으나, 1953년 휴전협정의 체결과 함께 수도로서의 기능을 되찾게 되었다. 1962년 「서울특별시 행정에 관한 특별조치법」의 제정으로 서울특별시는 경기도에서 독립하여 국무총리의 직속기구가 되었으며, 지위와 조직 및 운영에 있어서 수도로서의 기능을 고려하여 법률이 정하는 범위 내에서 특례를 인정받았다. 이러한 과정을 거치면서 점차 중앙정부의 감독에서 벗어나 자치적인 도시정부로 발전하기 위한 기틀을 다졌다. 그리고 1991년 지방자치가 다시 실시됨에 따라 자치정부가 되었으며, 1995년 산하에 25개 구청을 두게 되었다.

2. 광역시

경제 발전을 본격적으로 추진하면서 부산, 대구, 인천 등을 비롯한 대표적인 대도시들이 급격한 도시화로 인해서 인구 100만 명 이상이 됨으로써, 소도시와 동일하게 취급할 수 없게 되었다. 이리하여, 1963년에 「부산시정부직할에 관한 법률」에 따라 부산직할시, 1981년에 「대구직할시 및 인천직할시 설치에 관한 법률」에 따라 대구직할시와 인천직할시, 1986년에 「광주직할시 설치에 관한 법률」에 따라 광주직할시, 1989년에 「대전직할시 설치에 관한 법률」에 따라 대전직할시가 출범하였다. 직할시는 도지사의 지휘와 감독을 벗어나 정부의 직할시이기 때문에 도와 동급이다. 1995년 직할시라는 명칭이 광역시로 개명됨에 따라 부산광역시, 대구광역시, 인천광역시, 광주광역시, 대전광역시가 되었다. 1997년에 「울산광역시 설치 등에 관한 법률」에 따라 울산광역시가 탄생하였다. 이리하여, 현재 6개의 광역시가 존재하고 있다.

3. 특별자치시

2012년 「세종특별자치시 설치 등에 관한 특별법」에 따라 세종특별자치시가 한국에서 17번째 광역자치단체이면서 첫 번째 특별자치시로 출범하였다. 정부의 직할 광역자치단체이며, 수도권의 과도한 집중에 따른 부작용을 시정하고 지역개발 및 국가 균형발전과 국가경쟁력 강화에 이바지함을 목적으로 행정중심복합도시로 개발되었다. 이에 따라, 36개의 중앙행정기관(18개 본부, 18개 소속기관)과 16개 국책연구원 등이 2012년부터 정부세종청사로 이전을 시작하여 세종특별자치시는 국가행정의 중심지로 자리매김을 하고 있다. 세종특별자치시는 광역자치단체이지만 기초자치단체를 두지 않으며, 중앙정부로부터 재정을 비롯한 여러 가지 특례를 받는다.

4. 특례시

'특례시'는 특별시와 광역시에 해당되지 않지만 기초자치단체 중에서 인구규모가 100만 명 이상이거나 행정수요, 국가균형발전 등을 고려해 기초자치단체와 구별되는 특례를 부여할 필요성이 있다고 인정되는 도시이다. 2020년 12월 9일 「지방자치법」 전부개정안이 통과되면서, 2022년 1월 13일 수원시, 용인시, 고양시, 창원시 등 인구 100만 명 이상 대도시가 특례시로 지정되었다.

특례시는 인구 50만 명 이상인 일반시에 적용되는 특례에 더불어 추가적으로 더 광범위한 법적 특례(지방자치분권 및 지방행정체제개편에 관한 특별법 제41조, 제42조, 제43조)를 적용받을 수 있으며, 부시장을 2명 둘 수 있다(지방분권법 제42조). 2022년 특례시가 공식화되기 전에는 이러한 특례를 적용받기 위한 별도의 기준은 없었다. 다만, 해당 시의회의 조례 제·개정 등의 절차가 필요하였다. 2022년에 특례시 명칭이 공식화되면서 매년 말일 외국인을 포함한 등록 인구를 2년 간 유지해야 특례시가 된다.

5. 일반시

일반시가 되기 위한 조건은 「지방자치법」 제10조와 시행령 제9조에 규정되어 있다. 「지방자치법」 제10조에 규정되어 있는 기본적인 시의 조건은 대부분이 도시의 형태를 갖추어야 하고, 인구 5만 명 이상이 되어야 한다. 도·농 복합형태의 시의 조건은 아래 「지방자치법」 제10조에 포함되어 있다.

「지방자치법」상의 도시 기준

제10조(시·읍의 설치기준 등)

① 시는 그 대부분이 도시의 형태를 갖추고 인구 5만 이상이 되어야 한다.

② 다음 각 호의 어느 하나에 해당하는 지역은 도농(都農) 복합형태의 시로 할 수 있다.

1. 제1항에 따라 설치된 시와 군을 통합한 지역
2. 인구 5만 이상의 도시 형태를 갖춘 지역이 있는 군
3. 인구 2만 이상의 도시 형태를 갖춘 2개 이상의 지역 인구가 5만 이상인 군. 이 경우 군의 인구는 15만 이상으로서 대통령령으로 정하는 요건을 갖추어야 한다.
4. 국가의 정책으로 인하여 도시가 형성되고, 제128조에 따라 도의 출장 소가 설치된 지역으로서 그 지역의 인구가 3만 이상이며, 인구 15만 이상의 도농 복합형태의 시의 일부인 지역

③ 읍은 그 대부분이 도시의 형태를 갖추고 인구 2만 이상이 되어야 한다. 다만, 다음 각 호의 어느 하나에 해당하면 인구 2만 미만인 경우에도 읍으로 할 수 있다.

1. 군사무소 소재지의 면
2. 읍이 없는 도농 복합형태의 시에서 그 시에 있는 면 중 1개 면

④ 시·읍의 설치에 관한 세부기준은 대통령령으로 정한다.

「지방자치법」 시행령 제9조에 따른 시의 조건은 다음과 같다. 해당 지역의 전체 인구의 60% 이상이 시가지 안에 거주해야 하고, 전체 가구의 60% 이상이 상업·공업을 포함한 도시적 산업에 종사해야 하며, 1인당 지방세 납세액·인구밀도·인구증가 경향이 행정안전부령으로 정하는 기준 이상이어야 한다. 도·농 복합형태의 시의 조건은 아래 「지방자치법」 시행령 제9조와 같다.

「지방자치법」 시행령상의 도시 기준

제9조(시·읍의 설치기준)

① 법 제10조제1항에 따른 시는 다음 각 호의 요건을 갖추어야 한다.

1. 해당 지역의 시가지를 구성하는 지역 안에 거주하는 인구의 비율이 전체 인구의 60퍼센트 이상일 것
2. 해당 지역의 상업, 공업과 그 밖의 도시적 산업에 종사하는 가구의 비율이 전체 가구의 60퍼센트 이상일 것
3. 1명당 지방세 납세액, 인구밀도 및 인구증가 경향이 행정안전부령으로 정하는 기준 이상일 것

② 법 제10조제2항제2호 및 제3호에 따른 도농 복합형태의 시는 다음 각 호의 요건을 갖추어야 한다.

1. 해당 지역의 상업, 공업과 그 밖의 도시적 산업에 종사하는 가구의 비율이 군 전체 가구의 45퍼센트 이상일 것
2. 다음의 식으로 계산한 해당 군의 재정자립도가 전국 군 재정자립도의 평균치 이상일 것

   {(지방세+세외수입−지방채)÷일반회계예산}×100

③ 법 제10조제3항 각 호 외의 부분 본문에 따른 읍은 다음 각 호의 요건을 갖추어야 한다.

1. 해당 지역의 시가지를 구성하는 지역 안에 거주하는 인구의 비율이 전체 인구의 40퍼센트 이상일 것
2. 해당 지역의 상업, 공업과 그 밖의 도시적 산업에 종사하는 가구의 비율이 전체 가구의 40퍼센트 이상일 것

읍이 시로 승격된다는 것은 정책적으로 다음과 같은 의미가 있다. 첫째, 인구의 집중현상을 가져온다. 둘째, 자치권이 있기 때문에 주민의 참여폭이 넓어져서 민주주의가 도시행정에 반영되는 계기가 된다. 셋째, 공공서비스에 대한 시민의 기대

수준이 높아진다. 넷째, 기구 신설, 인력, 기반시설 확충, 세원확보 등에 소요되는 재정수요가 증대된다.

제4절

한국의 도시정부 형태

한국의 도시정부 구조는 크게 시의회와 시집행기관으로 나누어진다. 이 책에서 시의회라고 할 때는 모든 종류의 도시들의 시의회를 말하며, 이들을 분류할 필요가 있을 때에는 특별시의회, 광역시의회, 특별자치시의회, 시의회, 자치구의회로 별도로 표시한다. 이는 시집행기관에도 동일하게 적용된다. 시의회는 시의원들이 중심이 되어 자치입법권을 행사하고, 시집행기관은 시장을 중심으로 시행정을 담당한다. 시의원이라고 표시할 경우에는 특별시의원, 광역시의원, 특별자치시의원, 시의원, 구의원을 포함하고, 분리하여 표기할 필요가 있을 경우에는 특별시의원, 광역시의원, 특별자치시의원, 시의원, 구의원으로 별도로 표시한다. 이는 시장의 경우에도 동일하게 적용된다.

1. 시의회

1) 구성

도시정부는 시민의 대의기관인 시의회를 둔다. 시의회는 조례를 제정하는 등 자치입법권을 가지고, 시집행기관을 견제하는 역할을 한다. 시의회는 시의원, 의장단, 위원회 등으로 구성되며, 각각에 대한 주요 사항은 다음과 같다.

(1) 시의원

시의회 의원은 보통·평등·직접·비밀선거에 따라 시민에 의해 선출된다. 시의회 의원의 임기는 4년이다. 시의회 의원은 의정활동비, 월정수당, 여비를 받는다. 의정활동비는 의정 자료를 수집하고 연구하거나 이를 위한 보조활동에 사용되는 비용을 보전(補塡)하기 위하여 매월 지급하는 것이다. 월정수당은 시의회 의원의 직무활동에 대하여 지급하는 것이다. 여비는 본회의 의결, 위원회의 의결 또는 의장의 명에 따라 공무로 여행할 때 지급하는 것이다. 의정활동비, 월정수당, 여비의 지급기준은 대통령령으로 정하는 범위에서 해당 도시정부의 의정비심의위원회에서 결정하는 금액 이내로 하여 도시정부의 조례로 정한다.

시의원의 겸직에 대해서는 많은 논란이 있었고 지금도 논란이 있다. 겸직을 허용하지 않거나 겸직의 범위를 좁게 하면 시의원은 본연의 임무에 충실하게 되는 반면에, 본업을 가진 유능한 인재는 시의회로 진출하는 것을 꺼릴 수 있다. 시의원은 다음의 직을 겸하지 못하게 하고 있다(지방자치법 제43조).

- 국회의원, 다른 지방의회의 의원
- 헌법재판소재판관, 각급 선거관리위원회 위원
- 「국가공무원법」에 규정된 국가공무원과 「지방공무원법」에 규정된 지방공무원(「정당법」에 따라 정당의 당원이 될 수 있는 교원은 제외)
- 「공공기관의 운영에 관한 법률」에 따른 공공기관(한국방송공사, 한국교육방송공사, 한국은행 포함)의 임직원
- 「지방공기업법」에 규정된 지방공사와 지방공단의 임직원
- 농업협동조합, 수산업협동조합, 산림조합, 엽연초생산협동조합, 신용협동조합, 새마을금고(조합·금고의 중앙회와 연합회를 포함)의 임직원과 이들 조합·금고의 중앙회장이나 연합회장
- 「정당법」에 따라 정당의 당원이 될 수 없는 교원
- 다른 법령에 따라 공무원의 신분을 가지는 직
- 그 밖에 다른 법률에서 겸임할 수 없도록 정하는 직

「정당법」에 따라 정당의 당원이 될 수 있는 교원이 시의회 의원으로 당선되면 임기 중 교직은 휴직된다. 시의원이 당선 전부터 위에서 열거된 직을 제외한 다른 직을 가진 경우에는 임기개시 후 1개월 이내에, 그리고 임기 중 다른 직에 취임한 경우에는 취임 후 15일 이내에 시의회의 의장에게 서면으로 신고하여야 하며, 신고의 방법과 절차는 해당 시의 조례로 정한다. 시의회 의장은 시의원이 다른 직을 겸하는 것이 법에 위반된다고 인정될 때에는 윤리심사자문위원회의 의견을 청취·존중하면서 겸한 직을 사임할 것을 권고하여야 한다.

시의회 의원은 공공의 이익을 우선하여 양심에 따라 그 직무를 성실히 수행해

야 하고, 청렴의 의무를 지며, 의원으로서의 품위를 유지해야 하고, 지위를 남용하여 재산상의 권리 · 이익 · 직위를 취득하거나 혹은 타인을 위하여 그 취득을 알선하지 말아야 한다(지방자치법 제44조 제1항~제3항).

(2) 의장과 부의장

시의회는 의회를 대표하고 의사를 정리하며 회의장 내의 질서를 유지하고 의회의 사무를 감독하는 의장을 두고, 의장이 부득이한 사유로 직무를 수행할 수 없을 경우 의장의 직무를 대신할 부의장을 둔다. 시의회는 의원 중에서 특별시 · 광역시 · 특별자치시의 경우 의장 1명과 부의장 2명을, 시 · 자치구의 경우 의장과 부의장 각 1명을 무기명투표로 선거한다. 시의회 의장과 부의장의 임기는 2년이다. 시의회 의장과 부의장이 모두 부득이한 사유로 직무를 수행할 수 없을 경우에는 임시의장을 선출하여 의장의 직무를 대행하게 한다(지방자치법 제57조~제60조).

시의회의 의장이나 부의장이 법령을 위반하거나 정당한 사유 없이 직무를 수행하지 아니하면 시의회는 불신임을 의결할 수 있다. 불신임의결은 재적의원 4분의 1 이상의 발의와 재적의원 과반수의 찬성으로 결정된다. 불신임의결이 있으면 의장이나 부의장은 해임된다(동법 제62조).

(3) 위원회

시의회는 조례로 정하는 바에 따라 위원회를 둘 수 있으며, 위원회의 위원은 본회의에서 선임한다. 위원회의 종류는 상임위원회와 특별위원회 두 가지이다(지방자치법 제64조). 상임위원회는 소관 의안과 청원 등을 심사 · 처리하는 위원회이다. 특별위원회는 특정한 안건을 심사 · 처리하는 위원회이다. 또한 시의원의 윤리강령과 윤리실천규범 준수 여부 및 징계에 관한 사항을 심사하기 위하여 윤리특별위원회를 두고, 시의원의 겸직 및 영리행위 등에 관한 시의회 의장의 자문과 시의원의 윤리강령과 윤리실천규범 준수 여부 및 징계에 관한 윤리특별위원회의 자문에 응하기 위하여 윤리특별위원회에 윤리심사자문위원회를 둔다(동법 제65조~제66조).

2) 시의회의 권한

(1) 의결권

시의회는 다음 사항을 의결하는 권한을 가지고 있고, 다음의 사항 외에 조례로 정하는 바에 따라 시의회에서 의결되어야 할 사항을 따로 정할 수도 있다(지방자치법 제47조).

- 조례의 제정 · 개정 및 폐지
- 예산의 심의 · 확정
- 결산의 승인
- 법령에 규정된 것을 제외한 사용료 · 수수료 · 분담금 · 지방세 또는 가입금의 부과와 징수
- 기금의 설치 · 운용
- 대통령령으로 정하는 중요 재산의 취득 · 처분
- 대통령령으로 정하는 공공시설의 설치 · 처분
- 법령과 조례에 규정된 것을 제외한 예산 외의 의무부담이나 권리의 포기
- 청원의 수리와 처리
- 외국 지방자치단체와의 교류 · 협력
- 그 밖에 법령에 따라 그 권한에 속하는 사항

(2) 서류제출 요구권

시의회의 본회의 혹은 위원회는 의결로 안건의 심의와 직접 관련된 서류의 제출을 시장에게 요구할 수 있다. 시의회가 폐회 중이더라도 시의원 의장은 서류제출을 시장에게 요구할 수 있다. 서류제출은 서면, 전자문서 또는 컴퓨터의 자기테이프 · 자기디스크, 그 밖에 이와 유사한 매체에 기록된 상태 등 제출 형식을 지정할 수 있다(지방자치법 제48조).

(3) 행정사무 감사권 및 조사권

시의회는 매년 1회 시의 사무에 대하여 특별시 · 광역시 · 특별자치시에서는 14일의 범위에서, 시와 자치구에서는 9일의 범위에서 감사를 실시하고, 시의 사무(특별시, 광역시, 특별자치시, 시, 자치구의 사무 포함) 중에서 특정 사안에 관하여 본회의 의결로 본회의나 위원회에서 조사할 수 있다. 조사를 발의할 때에는 이유를 밝힌 서면으로 하고, 재적의원 3분의 1 이상의 찬성이 있어야 한다. 감사 또는 조사를 위하여 필요하면 현지 확인을 하거나 서류제출을 요구할 수 있다. 또는 시의회는 시장 또는 관계 공무원이나 그 사무에 관계되는 자를 출석하게 하여, 증인 혹은

참고인으로서 의견을 진술하도록 요구할 수 있다. 감사 또는 조사를 위하여 필요한 사항은 「국정감사 및 조사에 관한 법률」에 준하여 대통령령으로 정한다(지방자치법 제49조).

(4) 행정사무 감사 또는 조사 보고에 대한 처리권

시의회는 본회의의 의결로 감사 또는 조사 결과를 처리한다. 시의회는 감사 또는 조사 결과 시나 기관의 시정이 필요한 사유가 있을 경우에는 시정을 요구하고, 시나 기관에서 처리함이 타당하다고 인정되는 사항은 시나 기관으로 이송한다(지방자치법 제50조).

(5) 행정사무처리상황의 보고와 질문응답권

시의회나 위원회는 시장이나 관계 공무원에게 출석하여 행정사무의 처리상황을 보고하거나 의견을 진술하고 질문에 응답하도록 요구할 수 있다. 이 경우, 시장이나 관계 공무원은 시의회나 위원회에 출석하여 답변하여야 한다. 다만, 특별한 이유가 있으면 시장은 관계 공무원에게 출석·답변하게 할 수 있다. 시의회나 위원회에 출석하여 답변할 수 있는 관계 공무원은 조례로 정한다(지방자치법 제51조).

2. 집행기관

1) 구성

(1) 시장

특별시에 특별시장, 광역시에 광역시장, 특별자치시에 특별자치시장, 시에 시장, 자치구에 구청장을 둔다. 이하에서 시장이라고 할 경우에는 특별시장, 광역시장, 특별자치시장, 시장, 구청장을 포함한다. 다만, 특별히 구별할 필요가 있으면 구분하여 명기한다. 시장은 주민이 보통·평등·직접·비밀선거에 따라 선출한다. 시장의 임기는 4년으로 하며, 시장의 계속 재임은 3기에 한한다.

시장은 재임 중 해당 시와 영리 목적의 거래를 해서는 안 되며, 해당 시와 관계있는 영리사업에 종사해서도 안 된다. 또한 시장은 본연의 업무에 충실하기 위해 다음의 직을 겸하지 못한다(지방자치법 제109조).

- 대통령, 국회의원, 헌법재판소재판관, 각급 선거관리위원회 위원, 지방의회

의원

- 「국가공무원법」에 규정된 국가공무원과 「지방공무원법」에 규정된 지방공무원
- 다른 법령의 규정에 따라 공무원의 신분을 가지는 직
- 「공공기관의 운영에 관한 법률」에 따른 공공기관(한국방송공사, 한국교육방송공사, 한국은행 포함)의 임직원
- 농업협동조합, 수산업협동조합, 산림조합, 엽연초생산협동조합, 신용협동조합, 새마을금고(조합 · 금고의 중앙회와 연합회 포함)의 임직원
- 교원
- 「지방공기업법」에 규정된 지방공사와 지방공단의 임직원
- 그 밖에 다른 법률이 겸임할 수 없도록 정하는 직

시장은 시장직을 사임하려면 미리 시의회 의장에게 사임일을 적은 사임통지서로 알려야 한다. 시장은 사임통지서에 적힌 사임일에 사임된다. 다만, 사임통지서에 적힌 사임일까지 시의회 의장에게 사임통지가 되지 아니하면 시의회 의장에게 사임통지가 된 날에 사임된다(동법 제111조).

또한 시장이 다음 사항의 어느 하나에 해당될 때에는 시장의 직에서 퇴직된다(동법 제112조).

- 시장이 겸임할 수 없는 직에 취임할 때
- 피선거권이 없게 될 때(시의 구역변경, 폐치, 통합 외의 다른 사유로 해당시의 구역 밖으로 주민등록을 이전하였을 때를 포함)
- 시장의 직을 상실할 때

(2) 보조기관

특별시 · 광역시 · 특별자치시 · 시에 부시장, 자치구에 부구청장을 둔다. 특별시의 부시장은 3명을 넘지 아니하는 범위에서, 그리고 광역시 · 특별자치시의 부시장은 2명(인구 800만 명 이상의 광역시는 3명)을 초과하지 아니하는 범위에서 대통령령으로 정한다. 시의 부시장과 자치구의 부구청장은 1명으로 한다. 특별시 · 광역시 · 특별자치시의 부시장은 대통령령으로 정하는 바에 따라 정무직 또는 일반직 국가공무원으로 한다. 다만, 특별시 · 광역시 · 특별자치시의 부시장이 2명 혹은 3

명일 경우에 1명은 대통령령으로 정하는 바에 따라 정무직 · 일반직 또는 별정직 지방공무원으로 보하되, 정무직과 별정직 지방공무원으로 보할 때의 자격기준은 해당 시의 조례로 정한다. 정무직 또는 일반직 국가공무원으로 보하는 부시장은 시장의 제청으로 행정안전부 장관을 거쳐 대통령이 임명한다. 이 경우, 제청된 자에게 법적 결격사유가 없으면 30일 이내에 그 임명절차를 마쳐야 한다. 일반시의 부시장과 자치구의 부구청장은 일반직 지방공무원으로 보하되, 그 직급은 대통령령으로 정하며 시장 · 구청장이 임명한다. 부시장(특별시 · 광역시 · 특별자치시 · 시의 부시장, 구의 부구청장 포함)은 해당 시의 장을 보좌하여 사무를 총괄하고, 소속 직원을 지휘 · 감독한다. 특별시 · 광역시 · 특별자치시의 부시장이 2명 혹은 3명일 경우 사무 분장은 대통령령으로 정한다. 부시장이 3명인 시의 경우, 그 중 1명에게 특정 지역의 사무를 담당하게 할 수 있다(지방자치법 제123조).

시장이 다음의 어느 하나에 해당되면 부시장이 시장의 권한을 대행한다(동법 제124조).

- 궐위된 경우
- 공소 제기된 후 구금상태에 있는 경우
- 「의료법」에 따른 의료기관에 60일 이상 계속하여 입원한 경우

시는 사무를 분장하기 위하여 필요한 행정기구와 지방공무원을 둔다. 행정기구의 설치와 지방공무원의 정원은 인건비 등 대통령령으로 정하는 기준에 따라 시의 조례로 정한다. 시에는 법률로 정하는 바에 따라 국가공무원을 둘 수 있으며, 5급 이상의 국가공무원이나 고위공무원단에 속하는 공무원은 해당 시장의 제청으로 소속 장관을 거쳐 대통령이 임명하고, 6급 이하의 국가공무원은 시장의 제청으로 소속 장관이 임명한다(동법 제125조).

(3) 소속 행정기관

시는 소관 사무의 범위 안에서 필요하면 대통령령이나 대통령령으로 정하는 바에 따라 시의 조례로 소방기관, 교육훈련기관, 보건진료기관, 시험연구기관, 중소기업지도기관 등을 직속기관으로 설치할 수 있다. 또한 시는 필요할 경우 대통령령으로 정하는 바에 따라 시의 조례를 제정하여 사업소를 설치할 수 있고, 또한 외진 곳의 주민의 편의와 특정 지역의 개발 촉진을 위하여 출장소를 설치할 수 있다. 그

리고 시는 소관 사무의 일부를 독립하여 수행할 필요가 있으면 법령이나 시의 조례로 정하는 바에 따라 합의제행정기관을 설치할 수 있고, 소관 사무의 범위에서 법령이나 시의 조례로 정하는 바에 따라 심의회 · 위원회 등의 자문기관을 설치 · 운영할 수 있다(지방자치법 제126조~제130조).

(4) 하부행정기관

시의 하부행정기관으로 자치구가 아닌 구(행정구)에 구청장, 읍에 읍장, 면에 면장, 동에 동장을 둔다. 행정구청장은 일반직 지방공무원으로 보하되, 시장이 임명한다. 읍장 · 면장 · 동장은 일반직 지방공무원으로 보하되, 시장이나 자치구의 구청장이 임명한다. 하부행정기관의 장은 시장이나 구청장의 지휘 · 감독을 받아 소관 국가사무와 시의 사무를 맡아 처리하고 소속 직원을 지휘 · 감독한다(지방자치법 제131조~제133조).

2) 시장의 권한

시장의 권한은 다음과 같다(지방자치법 제114조~제118조). 시장은 시를 대표하고, 시의 사무를 총괄한다. 시에서 시행하는 국가사무는 법령에 다른 규정이 없으면 시장에게 위임하여 행한다. 시장은 해당 시의 사무와 법령에 따라 시장에게 위임된 사무를 관리하고 집행한다. 시장은 조례나 규칙으로 정하는 바에 따라 그 권한에 속하는 사무의 일부를 보조기관, 소속 행정기관, 하부행정기관에 위임할 수 있다. 시장은 소속 직원을 지휘 · 감독하고 법령과 조례 · 규칙으로 정하는 바에 따라 임면 · 교육훈련 · 복무 · 징계 등에 관한 사항을 처리한다.

또한 시장은 시의회와의 관계에서 시의회의 의결에 대한 재의 요구권과 제소권(동법 제120조), 예산상 집행 불가능한 의결에 대한 재의 요구권(동법 제121조), 선결처분권(동법 제122조) 등의 권한을 가진다.

먼저, 시장은 시의회 의결이 월권이거나 법령에 위반되거나 공익을 현저히 해친다고 인정되면 의결사항을 이송받은 날부터 20일 이내에 이유를 붙여 재의를 요구할 수 있다. 시의회에서 재의한 결과 재적의원 과반수의 출석과 출석의원 3분의 2 이상의 찬성으로 전과 같은 의결을 하면 그 의결사항은 확정된다. 다만, 시장은 재의결된 사항이 법령에 위반된다고 인정되면 대법원에 소(訴)를 제기할 수 있다.

또한 시장은 시의회가 예산상 집행할 수 없는 경비를 포함한 의결을 했다고 인정하는 경우 혹은 시의회가 법령에 따라 지방자치단체에서 의무적으로 부담하여야 할 경비 또는 비상재해로 인한 시설의 응급 복구를 위하여 필요한 경비를 줄이는 의결을 한 경우, 의결사항을 이송받은 날부터 20일 이내에 이유를 붙여 재의를 요구할 수 있다. 시의회에서 재의한 결과 재적의원 과반수의 출석과 출석의원 3분의 2 이상의 찬성으로 전과 같은 의결을 하면 그 의결사항은 확정된다.

그리고 시장은 시의회가 시의원이 구속되는 등의 사유로 의결정족수(특별한 규정이 없을 경우, 재적의원 과반수 출석과 출석의원 과반수 찬성으로 의결)에 미달될 때와 시의회의 의결사항 중 주민의 생명과 재산 보호를 위하여 긴급하게 필요한 사항임에도 시의회를 소집할 시간적 여유가 없거나 시의회에서 의결이 지체되어 의결되지 아니할 때에는 선결처분(先決處分)을 할 수 있다. 선결처분은 지체 없이 시의회에 보고하여 승인을 받아야 한다. 시의회의 승인을 받지 못하면 그 선결처분은 그때부터 효력을 상실한다. 시장은 시의회의 승인을 받은 사항이나 혹은 받지 못한 사항을 지체 없이 공고하여야 한다.

제9장 도시재생정책

제1절

도시재생의 배경과 정의

1. 도시재생의 배경

도시재생의 배경은 매우 다양한 측면에서 검토될 수 있고 또한 도시마다 배경이 다르다. 그럼에도 불구하고, 모든 도시에 적용할 수 있는 도시재생의 기본 배경은 교외화와 역도시화라고 할 수 있다. 특히, 교외화와 역도시화로 인해 발생한 중심도시의 경제적 침체와 환경의 악화는 도시정부와 시민에게 도시재생의 필요성을 절실하게 느끼게 작용했다.

첫째, 교외화와 역도시화로 인해 중심도시는 주민과 기업의 유출을 경험하였다. 주민과 기업이 유출하면서, 세원(稅源)이 줄어들어 지방세 수입이 감소하는 한편, 투자를 유치하는 것도 어려워졌다. 이는 중심도시의 경제적 상황을 악화시킨다. 중심도시의 경제적 악화는 다양한 측면에서 중심도시에 부정적인 영향을 미치는데, 여기에는 아래에서 설명할 도시공공서비스와 도시기반시설도 포함된다. 이로 인해, 도시재생정책이 시행되었다.

먼저, 중심도시의 경제적 악화는 도시재정에도 악영향을 미쳐서 도시정부의 존재 이유에 속하는 도시공공서비스를 제공하는 데 문제를 발생시켰다. 도시가 재정적으로 어려워지면서, 도시정부는 질적 측면과 양적 측면에서 시민이 원하는 수준의 도시공공서비스를 제공하지 못하게 되었다. 세계화와 정보지식화로 인해서 개방사회가 될수록 시민은 타 도시에서 제공하는 다양한 도시공공서비스에 대한 정보를 접하기가 쉬워지기 때문에, 더 좋고 더 많은 도시공공서비스를 원하게 되었다. 그러나 도시정부는 재정 상황의 악화로 인해 시민의 수요를 충족시키기가 어려워졌다. 또한 지방화가 확대되면서 도시정부가 해야 하는 일에 대해서는 도시정부가 일차적으로 책임을 지고 수행하는 분위기가 무르익어가면서 중앙정부의 지원에도 한계가 발생하였다. 이러한 상황에서 도시정부가 할 수 있는 방법은 세금 인상인데, 이는 조세저항을 일으킬 가능성을 높이고, 실제로 조세저항운동이 일어나서 1978년 '캘리포니아 주민발의 13호(California Proposition 13)'가 제정되었다. 이처럼 도시공공서비스에 대한 수요는 질적으로 높아지고 양적으로 많아지는데, 도시정부는 이를 충족시킬 수 없는 상황에 직면하게 되었다. 이는 도시정부의 존립을 위태롭게 할 수 있다. 이에 따라, 도시정부는 도시재생을 통해 기업과 주민을 유입하여 도시재정의 건전화를 이끌어낼 필요성을 절감하게 되었다.

한편, 주민이 지속적으로 유출하게 되면서 도심공동화 현상이 발생하였다. 이는 중심도시에 있던 다양한 도시기반시설의 수요를 감소시켰다. 도시재정이 악화되는 상황에서 도시기반시설은 시간이 흐를수록 점차 노후화되었다. 도시정부의 입장에서는 비록 재정 상황이 어렵더라도 도시기반시설에 대한 수요가 현 상태를 유지하거나 혹은 증가한다면, 무리를 해서라도 도시기반시설을 정비하려고 노력했을 것이다. 그러나 도심공동화로 인해 도시기반시설의 수요가 감소하는 상황에서는 도시정부가 재정적인 무리수를 둘 필요성을 느끼지 못했다. 도시기반시설은 더욱 빨리 노후화되었으며, 도시 전체가 폐허가 되는 방향으로 진행되었다. 이는 도시를 재생하려는 정책적 노력을 더욱 어렵게 만들었고, 재생 과정에서 더 많은 예산이 요구될 것이라는 예측을 가능하게 했다. 이리하여, 많은 도시정부는 도심공동화를 약화시키기 위해서 물리적 측면의 도시재생을 추진하였다.

둘째, 교외화와 역도시화가 환경을 악화시켰기 때문에, 도시재생을 해야 한다는 목소리가 커지면서 이를 실행하게 되었다. 교외화와 역도시화가 진행되면서 교외 주거지역이나 역도시화 과정에서 생성된 주거지역과 도심 간을 출퇴근하는 사람들이 늘어났다. 이로 인해, 교통 혼잡 현상이 발생하였고, 공해 문제가 가시화되었다. 더구나, 1990년대에 들어 환경문제가 세계적인 관심사가 되면서 많은 도시정부와 시민은 환경문제에 관심을 가지게 되었다. 앞에서 후기현대도시론을 검토하면서 에지시티에 대한 대응으로 최근 들어 도시정책의 대세로 자리매김하고 있는 콤팩트시티를 설명한 바가 있다. 콤팩트시티가 바로 중심도시와 주변 지역을 포함한 도시권 전역의 환경문제를 해결해야 한다는 요구에 따라 등장한 것이다. 콤팩트시티는 환경부하를 줄이기 위해 중심도시를 재생하여 사람들을 유입하고자 하는 정책이다. 즉, 중심도시의 재생을 통해 출퇴근자 중의 상당 부분을 중심도시 거주자로 유입함으로써 도시권 전체의 이동 거리를 감소시켜서 에너지 소비와 CO_2 배출을 줄이고자 하는 정책이다. 이처럼 환경문제를 해결하기 위해 교외화와 역도시화를 중지 혹은 반전시킬 필요성이 등장함에 따라 도시재생정책이 중요한 이슈로 등장하였다.

2. 도시재생의 정의

도시재생에 대한 정의는 인식의 차이에 따라 매우 다르다. 개인별로, 국가별로, 시대별로 도시재생에 대한 정의는 다양하게 제시되어 왔다.

「도시재생 활성화 및 지원에 관한 특별법」 제2조 제1항에 의하면, 도시재생은 인구의 감소, 산업구조의 변화, 도시의 무분별한 확장, 주거환경의 노후화 등으로 쇠퇴하는 도시를 지역 역량의 강화, 새로운 기능의 도입 · 창출, 지역자원의 활용을 통하여 경제적 · 사회적 · 물리적 · 환경적으로 활성화시키는 것이다.

그림 9-1 도시재생

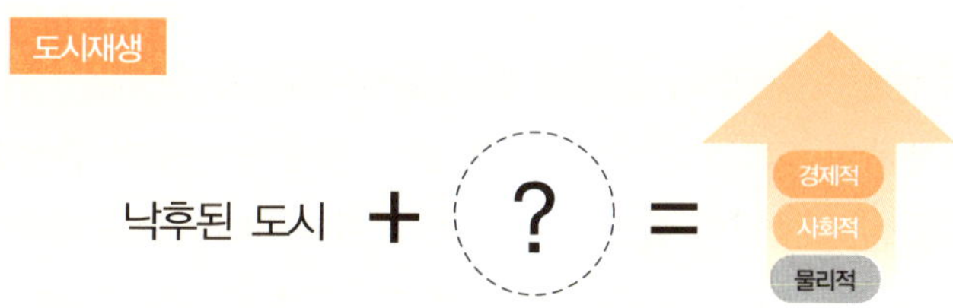

도시재생이란?

산업구조의 변화 및 신도시 위주의 도시 확장으로 상대적으로 낙후되고 있는 기존 도시를 새로운 기능을 도입 · 창출함으로써 경제적 · 사회적 · 물리적으로 부흥시키는 것을 의미합니다.

출처: 나무위키.

나무위키의 정의에 따르면, 도시재생은 도시의 구조 변화, 경제 구조의 변화, 사회의 구조 변화 등을 포함한 요인으로 인하여 쇠락한 지역에 새로운 기능을 추가하여 활력을 불어넣고, 쇠락한 지역이 다시 자생력을 갖추게 하여 궁극적으로 다시 활동적인 지역으로 재생하는 것을 목적으로 하는 사업, 혹은 그 사업으로 인해 지역이 재생되는 현상 자체를 의미한다.

대한국토・도시계획학회(2016: 17-18)는 도시재생에 대해 산업구조의 변화와 도시 확장정책으로 인해 쇠퇴를 겪고 있는 도시를 물리적・환경적・경제적・생활적・문화적으로 재활성화 또는 부흥시키는 것이라고 정의하고 있다.

법률연구회(2017: 6)는 「도시재생 활성화 및 지원에 관한 특별법」에서 규정한 것과 거의 동일하게 도시재생을 정의하고 있다. 즉, 도시재생은 지역 역량 강화, 새로운 기능 도입・창출, 지역자원 활용 등을 통하여 쇠퇴하는 도시를 경제적・사회적・물리적・환경적으로 활성화시키는 것이라고 하였다.

이권희(2021: 42-47)는 도시의 공간적 측면과 기능적 측면에 대한 재생을 통해 공동체를 회복하는 것을 도시재생이라고 정의를 내렸다.

이러한 도시재생에 대한 정의와 더불어 외국의 도시재생 역사 등을 토대로 도시재생이 무엇인지에 대해 생각해보면 다음과 같다. 아래 외국의 사례에서 볼 수 있듯이, 교외화와 역도시화를 거치면서 인구 감소, 산업구조의 변화, 무분별한 도시 확장, 주거환경・도시기반시설 노후화 등으로 인해서 쇠락해진 도시를 재생하기 위한 초창기 시도는 주로 물리적인 환경을 개선하는 것에 초점을 맞추었다. 이는 1980년대까지 이어지다가, 1990년대에 들어서 기존의 물리적 환경 개선의 틀에서 벗어나 삶의 질 향상, 도시경쟁력 확보, 참여자 간 협력, 지속가능성 등을 포함한 포괄적인 개념으로 도시재생을 정의하였다. 따라서 도시재생은 노후화된 시설의 물리적인 환경 개선은 물론이고, 침체된 도시경제의 회생, 시민참여를 통한 도시공동체 회복, 미래세대의 필요를 충족시킬 수 있는 생태와 경제의 건전하고 지속가능한 개발 등을 포함한 종합적인 활성화가 되어야 한다. 따라서 도시재생은 쇠퇴를 경험하고 있는 도시를 물리적・경제적・사회적・문화적・환경적인 측면에서 종합적으로 활성화시키는 것으로 정의할 수 있다.

제2절

외국의 도시재생정책

1. 미국의 도시재생정책

미국의 도시재생정책은 커뮤니티 운동과 연계시키면서 중심시가지(도심)를 활성화시키는 것에 초점을 맞추고 있다. 그러나 미국의 도시재생정책의 주체와 주초점은 시기별로 차이를 보이고 있다. 1980년대까지는 연방정부가 주도하면서 서서히 연방정부의 개입을 감소시켰다. 그러면서 주로 물리적 환경 개선에 중점을 두면서 도시재생정책을 실시하였다. 1990년대에 들면서, 도시정부가 도시재생정책을 주도하는 가운데, 커뮤니티의 중요성을 인식하면서 민간의 참여를 유도하기 시작하였다. 2000년대부터는 도시재생에서 주민을 포함한 민간부문의 자발적 · 적극적인 참여를 바탕으로 하는 민 · 관파트너십(Public-Private Partnership: PPP)을 강조하기 시작하였다. 즉, 뉴어바니즘(new urbanism)에 기반한 도심재생에 정책적 초점을 맞추고 있다. 뉴어바니즘은 도시정체성을 회복하기 위해 시민참여를 기반으로 기존 근린지구(neighborhood)를 재생시키고, 복합토지이용을 활성화하며, 대중교통과 보행자 중심의 도시공간을 조성하고, 지역의 역사 · 문화자원을 이용하면서 도심을 재생시키는 것이다(대한국토 · 도시계획학회, 2016: 68-85).

2. 영국의 도시재생정책

영국의 도시재생정책은 도시를 종합적으로 재생시키는 것을 강조하고 있다. 그러나 미국 도시재생정책과 마찬가지로 시기에 따라 도시재생정책의 주초점이 변하여 왔다. 1980년대까지는 물리적 재생에 초점을 둔 도시재생정책을 실시하였고, 교육 · 실업 · 사회문제 등을 별도로 취급하였다. 1990년대에 들어서 커뮤니티를 강조하였고, 이에 따라 기존 도심(중심시가지)에 대해 경제적 · 사회적 · 환경적 차원에서 종합적인 재생을 시도하였다. 2000년대부터 지속가능한 개발이 세계적 이슈로 등장함에 따라 다양한 이해관계자들의 참여를 바탕으로 도시정부가 광역적 차원에서 거버넌스를 구성하여 환경문제를 고려하고, 또한 다문화 커뮤니티 구축을 강조하는 등 환경적·문화적 차원의 도시르네상스(Urban Renaissance)를 추진하였다(Roberts & Sykes, 2000: 11-15).

3. 일본의 도시재생정책

일본은 도시의 자율성과 창의성을 살리는 도심재생을 추진하였고, 시기별로 도시재생정책의 주 내용은 달랐다. 일본은 1980년대에 격변의 시기를 맞이하게 되었다. 1980년대에 소위 '경제 버블' 시기를 거치면서 대도시가 급격하게 성장하였으나, 1980년대 후반에 들어 경제 버블에 이상 조짐이 보이기 시작하다가 1990년대에 들어 도심에서 부동산 가격이 급락하고 도시는 쇠퇴하기 시작하였다. 이리하여, 일본의 '잃어버린 10년'[1)]이 시작되었다. 2000년대에 들면서, 중앙정부 주도로 대도시의 도심을 재생시키는 정책을 가동하였다. 이후 지방에 있는 도시의 쇠퇴가 본격적으로 발생하자, 개별 도시의 특성에 맞는 도시재생정책, 예를 들면 '마을만들기 운동' 등을 추진하였다.

제3절

한국의 도시재생과정

우리나라에서의 도시재생 절차는 아래 [그림 9-2]와 같다. 우리나라에서는 「도시재생 활성화 및 지원에 관한 특별법」에 따라 중앙정부는 국가적 차원에서 '국가도시재생기본방침'을 마련하여야 한다. 이는 도시재생을 종합적·계획적·효율적으로 추진하기 위해 국토교통부 장관이 수립하는 국가 차원의 도시재생전략이다.

---

1) 미국은 1979년 오일쇼크로 인해 유가가 상승한 타격을 받아 경제에 이상이 발생하였다. 이 위기를 타개하고자 미국은 금리를 인상하였고, 당시 일본은 엔저 정책을 실시하였다. 이로 인해, 1980년대 초반부터 일본의 자동차 산업을 필두로 수출이 호황을 이루면서 '버블 경제'가 시작되었다. 한때는 시가총액 기준으로 세계 50대 기업에서 일본이 30개 이상을 차지했을 정도이었다. 심지어 도쿄를 팔면 미국을 살 수 있다는 말이 돌 정도로 토지가격이 상상을 초월하였고, 이로 인해 '버블 경제'가 막을 내리면서 1990년대에 들어 일본 경제가 위기를 맞이하였다. 이에 대해, 혹자는 '잃어버린 10년', 혹자는 '잃어버린 20년', 혹자는 '잃어버린 30년'이라고 할 정도이다.

기본방침에는 국가 도시재생 비전과 목표, 국가 도시재생 중점 시책, 도시재생 선도지역 지정 기준 등이 포함되어 있다. 국가 도시재생의 비전은 국민이 행복한 경쟁력 있는 도시를 재창조하는 것이다.

국가 도시재생의 목표는 다섯 가지로 정리할 수 있다. 첫째, 일자리를 창출하고 도시경쟁력을 강화한다. 둘째, 삶의 질을 향상시키고 생활복지를 구현한다. 셋째, 쾌적하고 안전한 정주환경을 조성한다. 넷째, 지역 정체성에 기반한 문화와 경관을 회복한다. 다섯째, 주민역량을 강화하고 공동체를 활성화시킨다.

또한 국가 도시재생 중점 시책에는 다음의 내용이 포함되어 있다. 도시정책의 패러다임을 기성 시가지 중심으로 전환하고, 각 부처의 도시재생 관련 예산을 쇠퇴지역에 집중적으로 지원하며, 도시재생사업에 주택기금을 지원하고, 다양한 금융기법을 도입하며, 맞춤형 규제 특례를 적용하고, 국·공유지를 활용하며, 협동조합·마을기업 등을 도시재생의 주체로 육성하는 것 등이 포함되어 있다

도시재생선도지역은 사업구상의 적정성, 지역의 쇠퇴 정도, 지방자치단체의 추진역량, 파급효과, 국정과제 연계성 등을 종합적으로 고려하여 지정된다.

그림 9-2 도시재생 절차

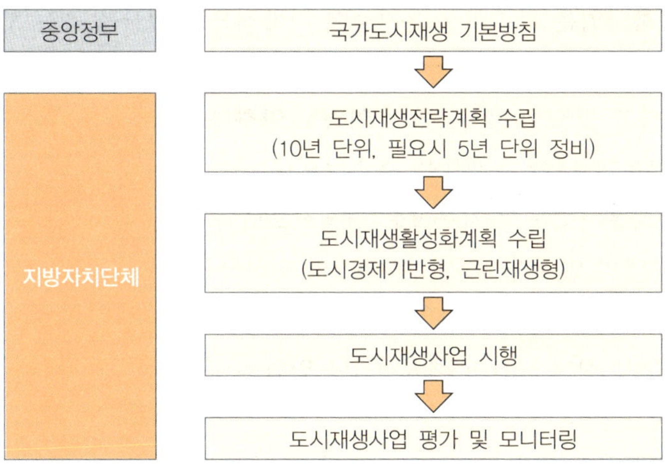

출처: 국토교통부(2022). 도시재생종합정보체계에서 발췌·재작성.

제4절

한국의 도시재생 문제점

1. 정부의 기획 · 조정 기능 미비

도시를 효과적 · 효율적으로 재생시키기 위해서는 종합적인 관점에서 진행되어야 하는데, 우리나라의 대부분의 도시재생은 사업성을 고려하면서 개별적으로 진행되고 있다. 즉, 정부가 도시재생사업을 종합적으로 기획하고 조정하는 역할을 제대로 수행하지 못하여, 개별 사업마다 따로 진행되는 경향이 강하다. 경우에 따라서는 용역 결과를 지나치게 중시하거나, 혹은 개발이익을 극대화하려는 건설사의 요구를 받아들이기도 한다. 우리나라에서 많이 활용되고 있는 재개발사업, 재건축사업, 뉴타운사업을 기획 · 조정 기능의 측면에서 살펴보면 다음과 같다.

먼저, 재개발사업은 도시정부의 계획에 따라 진행하는 공공개발적 성격이 강하지만, 도시정부의 종합적인 기획 · 조정 기능이 제대로 작동되지 않는 경우가 많다. 특히, 도심재개발사업은 상업지역이나 주간선 도로[2]변 등을 대상으로 업무용 건축물을 정비하는 데 집중함으로써 중요한 다른 측면들이 간과되는 경우가 많다.

또한 재건축사업은 기존의 소유자들이 자체적으로 건물을 짓는 민영개발의 성격이 강하여 사업성을 중시하는 속성이 강하다. 이로 인해서, 도시 전체 공간에 대한 고려가 약하고 인접 사업지구와의 연계도 약하다. 그럼에도 불구하고, 중앙정부 혹은 도시정부는 이러한 문제들을 효과적으로 해결하지 못하고 있다.

그리고 뉴타운사업은 자치구별로 경쟁적으로 뉴타운사업을 하려 하기 때문에 인접 사업지구와의 연계가 약하고 원주민의 재정착률도 낮다. 즉, 우리나라의 재개발사업, 재건축사업, 뉴타운사업은 정부 차원의 기획 · 조정 기능이 제대로 작동이 되지 않아서 도시 전체 공간이 왜곡되거나 인접 사업지구 간의 연계성이 부족한 문제들을 노출하고 있다.

또한 우리나라의 재개발사업, 재건축사업, 뉴타운사업은 일반적으로 'Scrab and build' 방식으로 이루어진다. 'Scrab and build' 방식이란 노후 기계설비는 폐기하고 새로운 설비를 건설하는 것을 말하는 것으로서, 도시재생에서는 비능률적인 산업

---

2) 주간선 도로는 도시 사이 또는 도시 내의 주요 지역 사이를 연결하는 도로이다.

부문을 축소 혹은 폐업시키고 신규부문을 확대하는 방식이다. 이러한 방식으로 진행하면 정체성, 문화・역사, 특성, 환경 등이 무시된 체 거의 모든 도시의 재생정책이 동일하기 때문에 차별성을 발견하기 힘들어진다. 이는 도시의 경쟁력을 확보하는 데 부정적으로 작용할 수 있다.

2. 공동체 구축 간과

도시재생정책의 궁극적인 목적은 주택, 건물, 도로 등을 포함하여 다양한 시설들을 새롭게 만드는 것에 있는 것이 아니라, 그 과정을 통해 살기 좋은 도시를 만들어 사람들이 함께 생활하고 일하도록 하는 데 있다. 이를 위해서는 '나의 도시'라는 생각을 만들도록 해야 한다. 따라서 도시재생의 전체 과정에서 시민, 민간부문을 포함한 다양한 이해관계자들이 소통을 활성화하는 것은 이러한 목적을 달성하는 데 매우 중요한 역할을 한다. 그럼에도 불구하고, 우리나라에서는 이해관계자들의 요구에 귀를 기울이지 않는 '일방통행'식 도시재생이 추진되고 있다.

먼저, 한국의 도시재생정책은 중앙정부의 주도로 도시정부와 연계하여 추진하는데 이 과정에서 민간부문의 역할이 매우 제한적이다. 「도시재생 활성화 및 지원에 관한 특별법」 제2조 제1항을 보면, 국가도시재생기본방침은 국토교통부 장관이 수립하고, 이 기본방침을 기반으로 하여 도시재생전략계획수립권자인 시장이 도시재생과 관련한 각종 계획, 사업, 프로그램, 유・무형의 지역자산 등을 조사・발굴하는 등 도시재생 추진전략을 수립하기 위한 계획을 만들도록 되어 있다. 이러한 광범위한 작업을 도시정부만의 힘으로 수행하는 것은 거의 불가능에 가깝다. 그럼에도 불구하고 도시재생의 계획에서 실행에 이르는 과정을 검토해보면 그동안 정보, 기획, 경영, 자금 등을 포함하여 다양한 측면에서 비약적으로 발전한 민간부문의 계획능력, 조사능력, 자원동원능력, 시행능력 등을 적극적으로 활용하는 움직임이 포착되지 않고 있다.

또한 '일방통행'식 도시재생정책으로 인하여 도시재생 후에 여기에서 살거나 일할 시민들이 자신들의 도시를 재생하는 과정에 참여할 기회를 부여받지 못하고 있다. 이는 도시재생과정에서만 발생하는 것은 아니다. 이미 알려진 바와 같이, 도시정부가 수행하는 적지 않은 분야에서 도시정부는 관련 정책과정에 시민의 참여를 중요시하지 않거나 혹은 부담스러워하기까지 한다. 이러한 인식과 행태의 원인으로 권위주의적 행정문화, 시민참여의 중요성에 대한 인식 부족, 지방자치의 부진, 직접민주주의적인 제도적 장치 미비, 행정정보공개 미진, 매개집단의 활동 부진, 높은 참여비용 등이 포함된다(임재현, 2023: 382-389). 이 모든 원인이 도시재생과정에도 적용되겠지만, 특히 공동체의 구축을 간과하는 문제와 관련하여서는 시민을 정책 수혜의 대상으로 인식하고 있는 점을 가장 중요한 원인으로 지적할 수 있다. 즉, 도시정부는 도시를 새롭게 정비한 후에 거래 혹은 추첨 등을 통해 입주하는 대상으로 시민을 인식하기 때문에, 도시재생과정에 시민의 참여를 확대하고 시민의 공감을 얻는 과정을 소홀하게 취급하고 있다. 이는 공동체를 구축하는 데 큰 부담으로 작용한다는 것을 서구 도시들의 경험을 통해 알 수 있다.

2017년 대구광역시 구도심에 위치한 달성공원 일대에 '순종어가길'을 조성하였다. 이는 대구 중구청이 국비 70여 억 원을 들여 1909년 순종이 대구에 행차한 치욕 역사를 복원하고자 기획한 다크투어리즘이다.

일본에 대한 부정적인 인식을 무마하기 위해 이토 히로부미는 순종에게 강압적으로 대구, 부산, 마산, 대구를 거쳐 서울로 돌아오는 순행 코스를 요청했다. 이 요청을 따르던 중, 대구역에 도착한 순종과 그 일행은 일본인들이 그들 왕의 생일인 천장절(天長節)을 맞아 기념으로 세운 황대신궁 요배전 앞에 가서 90도로 허리 숙여 절했다.

그날의 치욕은 우리 한국인의 가슴속에 여전히 흉한 상처로 남아 있다. 그럼에도 불구하고, 총연장 1km에 달하는, 이른바 '순종어가길'을 조성하고 또한 그 최종 지점에 조선의 마지막 왕 순종의 11m 동상을 세웠다.

이런 비통한 슬픔을 자랑스러운 역사적 자료라도 되는 듯 복원 혹은 재연이란 명분으로 조성한 것은 치욕이라는 비판이 지속되었다. 그럼에도 불구하고, 순종어가길 조성사업이 진행되었다. 이에 대해 즉각 철거를 요구하는 양심적 시민들과 24개 시민단체가 기자회견을 열고, 무분별한 순종어가길 조성을 규탄했다.

참조: 다크 투어리즘(Dark tourism)은 '블랙 투어리즘(black tourism)' 혹은 '그리프 투어리즘(grief tourism)'으로도 불리는 것으로서, 전쟁이나 학살처럼 비극적인 역사 현장이나 대규모 재난재해가 일어났던 곳을 돌아보며 교훈을 얻는 여행을 말한다.

출처: 서울신문(2017), 오마이뉴스(2017), 영남일보(2017)에서 발췌 · 재서술

3. 물리적 주거환경 개선에 집중

물리적 측면만을 강조하는 도시재생정책은 궁극적으로 실패한다는 사실은 서구의 많은 도시들의 사례를 통해 알 수 있다. 그럼에도 불구하고, 우리나라의 도시재생정책도 서구 도시들의 교훈을 무시하면서 서구 도시들의 쓰라린 경험을 답습하고 있다. 즉, 우리나라의 도시재생정책은 도시 내의 소외주거지역 혹은 낙후주거지역을 대상으로 재개발, 재건축, 신규 개발 등을 통해 새로운 주택을 공급하는 데에만 집중하고 있다.

그러나 도시는 물리적 측면뿐만 아니라 사회적 · 경제적 · 교육적 · 문화적 · 환경적 측면을 포함하는 복합적인 공간임을 항상 유념해야 한다. 이를 간과한 도시재생정책은 거주민의 이탈, 젠트리피케이션, 투어리스티피케이션 등의 부작용 유발할 수 있다.

젠트리피케이션(Gentrification)과 투어리스티피케이션(Touristification)

앞에서도 설명하였듯이, 젠트리피케이션은 상류층이 중심도시에 있는 낙후된 주거지역으로 들어와 그 지역을 고급주거지역으로 바꾸는 긍정적인 현상과 그 지역에 거주하던 원주민들을 다른 지역으로 내모는 부정적인 현상을 동시에 내포하는 개념이다. 젠트리피케이션의 대표적인 긍정적 측면은 도시 내 주거지역의 변화와 도시경제의 변화에서 찾을 수 있다. 현대적 의미의 젠트리피케이션이 시작된 미국에서는 도시 내에 있는 낙후지역에 상류층들을 유입 · 거주하게 함으로써 세수입을 증대시키고 도시재정을 건전하게 하여 도시의 쇠퇴를 중지 혹은 반전시키는 것을 목적으로 하였다. 한편, 도시정부는 상류층들을 도시에 거주하게 하기 위해서 상류층들에게 발전 가능성을 보여주어야 했다. 도심에 초국적 기업의 본부를 유치하거나 낙후된 지역을 대상으로 관광명소 등 세간의 이목을 끌 수 있는 시설들을 만들었다. 이는 해당 지역의 상권이나 경제에 긍정적인 영향을 미쳤다. 이러한 관점에서 젠트리피케이션은 '고급주택화'라고 부른다. 한편, 고급주거지역이 들어서면 그 지역에 거주하던 원주민은 다른 지역으로 내몰리게 되고, 상권이 발전하면 임대료가 상승함으로써 기존의 상인들이 어려움을 겪게 된다. 이러한 관점에서 보는 경우, 젠트리피케이션을 '둥지 내몰림'이라고 표현되기도 한다.

투어리스티피케이션은 최근에 등장한 신조어로서, 관광객(Tourist)과 젠트리피케이션(Gentrification)의 합성어이다. 일반 주거지역이 관광지로 변하면서 나타난 투어리스티피케이션은 관광객의 소음, 쓰레기 문제, 주차 문제, 사생활 침해 문제 등을 발생시키는 것은 물론이고, 세탁소, 정육점, 철물점 등과 같이 거주민을 위한 편의시설을 사라지게 하고 대신에

카페나 프렌차이즈 음식점 등을 대거 입점하게 함으로써 주민들로 하여금 생활에 불편을 겪다가 그 지역을 떠나게 하는 현상이다. 서울 종로구 가회동의 북촌 한옥마을이나 이화동의 벽화마을, 경남 통영 동피랑 마을 등이 투어리스티피케이션으로 피해를 겪은 대표적인 곳이다.

4. 문화자산 무시

많은 도시, 특히 도시의 중심 시가지에는 오랜 기간에 걸쳐 전승되어 온 매우 귀중한 역사 · 문화 자산이 존재하는 경우가 허다하다. 역사 · 문화 자산은 그 자체로서도 매우 귀중하지만, 도시의 발전에 이바지하는 기능을 수행한다. 특히, 21세기 문화의 시대를 맞아, 역사 · 문화 자산은 사회를 통합시키는 기능, 공동체를 구축하는 기능, 창의적인 문화콘텐츠를 창출하는 기능, 도시경쟁력을 향상시키는 기능, 도시에 활력을 불어넣는 기능, 도시마케팅의 핵심 요소로서의 기능 등을 수행하기 때문에 지금까지 그 어느 때보다 중요한 자산으로 평가를 받고 있다.

그럼에도 불구하고, 우리나라의 도시재생정책은 물리적 측면을 지나치게 강조하면서 천편일률적으로 진행됨으로써 소중한 역사 · 문화 자산을 망가뜨리는 경우가 많았다.

제5절

도시재생의 전략적 방향

1. 종합적 · 체계적 재생 계획

중심도시는 풍부한 역사 · 문화 자산, 기반시설, 중심성 등의 입지적 우위에도 불구하고 교외화와 역도시화 과정을 거치면서 쇠퇴하였지만, 여전히 정치 · 행정 · 경제 · 교육 · 문화 등을 포함한 다양한 측면의 각종 기능이 집중되어 있어서 도시권을 대표하는 곳으로서의 정체성과 매력을 지닌 곳이다. 따라서 많은 도시, 특히 대도시를 중심으로 도시를 재생하려는 노력들이 진행되었다.

그러나 도시재생정책을 실시한 모든 도시가 성공적인 결과를 맞이한 것은 아니다. 개별 도시정부는 재생정책을 계획할 때 모든 도시에서 다루어야 하는 공통적인 사항과 더불어 개별 도시의 특수한 사항도 고려해야 하는데, 도시재생정책이 실패한 도시는 재정 악화의 상황에서 도시 내의 주거지역 공동화를 해결하려는 공통적인 문제만 고려하고, 도시공동체, 문화・역사 자원 활용 등 개별 도시의 특수한 사항에 대해 신중한 고려가 적었기 때문이다.

도시재생정책은 주거지역의 재생만을 목적으로 하는 것은 아니다. 아래에서 구체적으로 살펴보는 바와 같이, 도시재생은 업무, 상업, 문화 등을 포함한 다른 기능들의 재생도 필요로 한다. 따라서 도시를 재생하기 위해 주거기능의 재생은 물론이고, 다른 기능들을 회복시키는 것을 목적으로 다양한 정책들이 실시되어야 한다.

이러한 인식에 따라 도시의 재생, 특히 중심시가지를 재생하고자 하는 대표적인 노력이 클린턴(Bill Clinton) 정부가 1999년에 발표한 'Livable Communities Initiative'이다. 이는 후기현대도시론에서 설명한 '스마트 그로스(smart growth)' 개념에 입각하여 도시 내에서 가장 경쟁력이 있다고 판단되는 중심시가지를 종합적이고 체계적으로 활성화하는 것을 목적으로 하고 있다. 이 프로그램의 대표적인 내용을 살펴보면 다음과 같다. 교통정체를 완화하기 위한 대중교통시스템 개선, 통근시간 단축으로 가족과 이웃과 지내는 시간 확보, 도보 혹은 자전거로 이동하는 거리 형성, 역사적・문화적 유산을 보존・확충, 녹지 보존을 통한 대기오염 방지, 인접 지역 간의 연대 강화, 지역범죄자료 공유, GIS(지리정보시스템) 이용을 위한 연방정부와 지역공동체 간의 파트너십 구축, 공동체 주도형 학교 만들기 등이다(일본정책투자은행 편, 2002: 54-65).

앞에서 설명한 도시재생의 역사적 교훈은 우리나라의 도시재생에 미치는 영향이 크다. 그러므로 이 점들을 고려하면서 도시재생정책은 다음의 사항들에 중점을 두고 계획・실시하여야 한다.

첫째, 도시를 부분적으로 재생시키는 계획이 아니라, 중심시가지에 대한 종합적인 계획을 바탕으로 중심도시의 전체 공간을 고려하면서 종합적이고 체계적으로 도시를 재생시키는 계획을 세워야 한다. 즉, 특정 공간에만 집중하는 것이 아니라 도시의 전체 공간의 관점에서 검토하고, 특정 측면만을 강조하는 것이 아니라 다양한 측면을 고려하면서, 그리고 인접 사업지구와의 연계성을 확보하려고 하는 재생

계획을 세워야 한다. 이것이 도시 전체를 균등하게 재생시켜야 한다는 의미는 아니다. 도시가 처한 재정적 상황을 고려하면, 시민 생활에 편의를 주는 모든 측면에서 도시 전체 공간을 균등하게 재생하는 것은 실현 불가능하다. 따라서 사용가능한 재정의 범위 안에서 도시 전체 공간과 도시의 개별 특성을 고려하면서 어느 공간은 어떠한 방향으로 재생시킬 것인가를 결정해야 한다. 또한 공간별로 재생정책을 실시하는 시차도 객관적인 기준을 마련하여 적용해야 한다.

둘째, 차별성있는 도시재생정책을 종합적 · 체계적으로 실시하여야 한다. 도시의 정체성 확보, 도시 내의 문화 · 역사 자원 활용, 도시의 장점, 도시의 고유한 특성 등을 고려하는 도시재생정책이 되어야 한다. 다른 도시와 비교할 때 차별적인 특성이 없는 도시는 창의적인 아이디어를 바탕으로 차별성을 만들도록 노력하여야 한다. 그렇지 않으면 무한경쟁을 지향하는 현 사회변화에 적절하게 대처하기 어려워진다.

셋째, 성공적인 종합적 · 체계적 도시재생을 위해서는 도시재생의 전체 과정을 정부가 주도하는 것보다 민 · 관협조체제(public-private partnership)를 구축하여 수행하는 것이 유리하다. 왜냐하면, 민 · 관협조체제가 구축될 때 다음과 같은 이점을 누릴 수 있기 때문이다. 즉, 정부부문과 비교할 때 민간부문에서 상대적으로 강한 창의적 아이디어, 전문적인 노하우, 효율적 · 합리적인 경영, 수요 충족 노력, 기술력, 자금력 등을 도시재생과정에서 적극적으로 활용할 수 있다.

2. 공동체 구축

앞에서 지적한 바와 같이, 서구 도시의 경우에도 도시재생 초창기에 공동체 구축을 도외시하면서 실패를 거듭하였다. 이를 교훈으로 현재는 도시재생과정에서 공동체 형성을 매우 중시하고 있다. 도시재생과정부터 도시재생 후의 도시 내에 있는 주거지역에 공동체를 회복하기 위해서는 다음과 같은 다양한 방안이 필요하다.

첫째, 도시정부, 시민, 시행업체 등을 포함한 관련자들이 공동체와 사회적 자본의 중요성을 인식하도록 하여야 한다. 도시재생사업의 성공 여부는 건물이나 시설 등을 얼마나 새롭게 잘 짓느냐에 달려 있는 것이 아니라, 재생 후에 시민이 얼마나 애착심을 가지고 즐겁고 편하게 살고 일하느냐에 의해 결정된다. 이를 위해서는 무엇보다 먼저 모든 이해관계당사자들이 공동체의 중요성을 인식하여야 한다.

둘째, 도시재생과정에서 시민참여가 활성화되어야 한다. 시민은 도시재생을 통해서 자신이 원하는 공간에서 생활하고 일하고자 하며, 또한 자신의 재산을 지키고 손실을 방지하고자 한다. 이를 위해서는 도시정부와 시민 모두가 노력해야 한다. 도시정부는 시민의 요구를 충족시킨다는 측면에서 시민의 요구사항을 적극적으로 들어야 한다. 따라서 도시정부는 도시재생 추진과정의 투명성 · 객관성을 확보하면서 시민과 공개적 · 상시적인 소통의 장을 마련하여야 한다. 그리고 시민은 자신이 거주하는 도시를 스스로 계획 · 개발하고자 하는 책임의식을 가지고 도시재생과정에 자신의 의견을 능동적으로 개진하여야 한다. 즉, 시민도 주인의식과 비판의식을 가지고 활발한 의사소통의 원동력이 되도록 노력하여야 한다. 나아가서, 도시재생 전체 과정을 거버넌스 체제로 구축하는 방안도 고려해 볼 필요가 있다(대한국토 · 도시계획학회, 2009: 253).

셋째, 시민들의 공감대를 얻을 수 있는 도시재생사업을 진행하여야 한다. 최근 여러 재생사업에서 도입하고 있는 주민 커뮤니티센터을 설립하거나, 마을협동조합을 추진하거나, 도시재생 활동가를 육성하는 것 등을 시도하면 시민들의 지지를 얻기가 용이할 것이고, 이는 공동체 구축에 이바지할 것이다.

넷째, '자동차 없는 걷고 싶은 거리'를 확대하는 도시정책정책을 시행하는 것도 공동체를 구축하는 데 도움이 된다. 산업사회에서는 급속한 사회변화 속에서 살아남기 위해 도시 시민들은 원활하고 신속한 교통체계를 원했다. 속도를 중시하는 시민들의 필요를 충족시키기 위해 도시는 기존의 도로를 넓히고 새로운 도로를 건설했다. 하지만, 도로 확장에 따라 도시공간을 자동차에게 내어줄수록 시민이 살아가고 서로 교감할 수 있는 공간은 점점 감소하였다. 시민의 필요에 의해 만들어진 자동차와 도로에게 오히려 시민의 공간을 내어주는 아이러니가 발생한 것이다. 이리하여, 자동차와 도로에게 내어준 시민의 공간을 되찾고자 하는 노력이 여러 곳에서 시도되었다.

대표적인 사례로, 사딕-칸(Sadik-Khan)에 의해 주도된 자동차 없는 뉴욕, 프랑스의 베르트랑 들라노에(Bertrand Delanoe)가 주도한 파리 플라주(Paris Plages)를 들 수 있다. 자동차와 도로에게 준 '도로를 시민에게 돌려준다'는 생각으로 시민이 걷고 담소를 나눌 수 있는 공공 공간을 확보함으로써 공동체를 확보하고 또한 인간 소외의 문제를 극복할 수 있음을 보여주었다(박용남, 2014: 126-127).

자동차로 인한 고립

자동차 통행량의 증가는 도시 전체 차원에서 볼 때 시민들의 고립을 부추기는 주요한 요인일 수 있다. 자동차 통행량이 적은 한산한 가로에서는 가정의 세력권이 길 양편으로 광범위하게 미치고, 사람들과의 만남, 소통 등이 원만하게 이루어진다. 자동차 통행량이 중간 정도 되는 도로에서는 만남과 소통의 크기가 절반 이하로 줄어든다. 자동차 통행량이 많은 복잡한 도로에서는 길 건너편과의 사회적 교류가 전혀 이루어지지 않고, 세력권이 자신의 집에 국한될 정도로 급격히 축소되어 고립이 한층 더 강화된다.

출처: 박용남(2014)의 『도시의 로빈후드』에서 일부 발췌 · 재서술

보행친화적인 중심시가지를 조성하기 위해서는 중심시가지 내의 관광명소 혹은 보행이 많은 지역을 중심으로 대중교통시스템을 정비하여야 한다. 자동차의 증가, 특히 승용차의 증가는 도시공간의 분절화, 시민들의 교감 기회의 축소 등을 유발하여 도심 내에서의 공동체와 주거기능을 약화시킨다. 이러한 문제들에 대해 많은 지적들이 있었음에도 불구하고, 도시거주자들은 자동차를 생활필수품으로 인식하였으며, 그리고 중심도시 외곽에 거주하는 사람들은 직장에의 접근성을 중요한 문제로 여겼기 때문에, 도시 생활에서 자동차 없는 생활을 예상하기는 어려운 상황이었다.

이를 해결하면서 도심을 재생시키기 위해서는 보행친화적인 거리를 만들면서 동시에 대중교통시스템을 정비하기 위한 정책적 노력이 필요하다. 대중교통의 차량 성능과 서비스를 개선하고 대중교통 간 환승체계를 보강하여 시민 스스로 대중교통을 이용하도록 유도하여야 한다. 도심재생에 성공한 도시들은 대중교통시스템 간의 연계성을 향상시키면서 지역전통 · 역사적 향수 · 지역정체성을 느끼게 하는 산책 공간을 조성하거나, 뉴욕의 소호(Soho)지역처럼 패션거리이자 쇼핑거리로 재생시키거나, 걸으면서 즐길 수 있는 여러 공간을 창조하였다.

파리 플라주(Paris Plages)

'파리 플라주'는 매년 7월 20일부터 8월 20일까지 센 강가에서 열리는 축제이다. 시테 섬 건너편에 위치한 조르주 퐁피두 간선도로 위에 약 6,000톤의 모래를 부어서 인공적으로 만든 파리 도심의 해변이다. '파리 플라주' 기간 동안 해변 내에서 사람들은 독서를 하거나,

클래식 공연이나 재즈 공연 등 다양한 공연을 즐길 수 있고, 탁구 혹은 배구 등 가벼운 스포츠를 즐기기도 하며, 인공파도를 이용한 수상스포츠도 즐길 수 있다.

이 축제는 크게 두 가지 발상에서 시작되었다. 첫째, 경제적·시간적 여유가 없어 휴가를 떠나지 못하거나 휴가를 미리 다녀와서 여름 휴가철에 파리에 남아 있어야 하는 사람들이 휴양지에서의 즐거움을 나눌 수 있으면 좋겠다는 생각이다. 둘째, 도시의 랜드마크를 이용한 적극적인 도시마케팅이 필요하다는 생각이다. 파리를 관광하면서 해변 일광욕을 즐기려는 관광객들 사이에 이 인공적인 해변은 이미 명물이 되었다. 아침 일찍 박물관을 구경하고 점심 식사를 한 후에 수건 한 장과 책을 챙겨 파리 플라주로 향하는 사람들을 보는 것은 어렵지 않다.

출처: 문화일보(2015년 4월 23일)에서 인용

3. 주거기능 강화

도시재생정책이 성공하기 위해서는 무엇보다 먼저 도시 내에 거주하는 사람들을 증가시켜야 한다. 도시에 거주자들이 증가하면 중심시가지의 상업기능에 대한 수요가 증대되고, 통근거리가 단축됨으로써 환경부담이 경감되며, 시가지에 있는 도시기반시설을 이용하여 자원과 예산 낭비를 줄이게 된다. 이리하여, 미국을 비롯한 서구 국가의 많은 도시정부는 주거기능을 회복시키기 위해 gentrification과 incumbent upgrading에 초점을 맞추는 노력을 하였다. 도시의 주거기능을 강화하기 위해서는 사람들로 하여금 도시로 회귀하고 싶은 마음이 생기도록 하는 다음과 같은 다양한 조치들이 필요하다.

첫째, 교육환경을 향상시켜야 한다. 교외화를 일으키는 중요한 원인 중의 하나가 자녀교육이었음은 앞에서 제시된 바 있다. 교육환경이 좋은 지역일수록 소득 수준이 높아진다는 것은 서울시의 8학군뿐만 아니라, 많은 도시들에서 흔히 볼 수 있다. 이처럼 교육환경은 주거지역을 결정할 때 매우 중요한 변수로 작용하기 때문에, 교육환경을 개선하는 노력이 반드시 있어야 한다.

둘째, 쾌적한 주거환경을 확보할 때 주거기능이 재생될 가능성이 높아진다. 세계보건기구(WHO)의 제안에 따르면, 쾌적한 주거환경이 되려면 편안하고 좋은 주거가 가능하고 이를 지원하는 자연적 · 사회적 조건이 갖추어져야 한다(대한간호학회, 1996). 즉, 좋은 주거환경이 되려면 먼저 주택이 가족과의 원활한 생활, 편안한 잠자리, 프라이버시 확보, 쾌적한 실내 온도 · 방습 · 방음 · 환기 · 공기, 적절한 채광 · 조명 등을 확보하여야 하고, 동시에 상 · 하수도, 소음, 일조량, 녹지율, 조망권, 대기오염, 하천오염, 폐기물, 보건의료, 복지, 각종 재해로부터의 안전 등의 문제를 해결할 수 있는 쾌적한 자연적 · 사회적 조건을 갖추어야 한다.

셋째, 문화 · 여가시설을 확대할 필요가 있다. 산업혁명 이후 지속적인 경제 발전으로 인해 소득이 높아지면서, 사람들의 문화 · 여가에 대한 관심도 증대되었다. 특히, 전후세대가 주택의 주요 수요자가 되면서 문화 · 여가시설의 중요성이 크게 높아졌음을 우리는 앞에서 살펴보았다. 이들은 업무에 대한 집중을 매우 중요하게 인식하지만, 이에 못지않게 휴식의 역할도 매우 중시하는 경향이 뚜렷하다. 중 · 장기적 측면에서 보면 적절한 문화 · 여가활동이 노동생산성에 긍정적 역할을 한다고 그들은 생각하고 있다. 이러한 인식은 정보지식사회에 들어오면서 더욱 확대되고 있다. 정보지식사회에서는 그 어느 사회보다 창의성 있는 아이디어가 중요하다. 문화, 여가, 지식이 어우러질 때 실현 가능한 창의력이 더 많이 발생하기 때문이다. 이러한 측면에서 볼 때 박물관, 극장, 공원, 체육시설 등을 포함한 문화 · 여가시설은 주거기능을 활성화하는 데 매우 중요한 역할을 한다.

넷째, 도시 내의 치안을 개선함으로써 보행과 대중교통시설을 통하여 각종 생활편의시설과 의료시설에 대한 접근성을 높여야 한다. 교외화와 역도시화를 경험한 세계의 많은 도시들은 도심공동화 현상으로 인해 도심 내의 치안, 특히 밤의 치안 유지가 실제로 매우 어려운 상황을 경험하였다. 치안이 제대로 이루어지지 않은 곳에 중상층들이 거주할 이유가 없다. 따라서 치안 문제를 해결하면서 중심도시가 지니는 이점을 최대화할 수 있도록 해야 한다. 이는 다음과 같은 몇 가지의 효과를 기대하게 한다. 먼저, 환경부하를 감소시킬 수 있다. 도시의 치안 문제가 해결되면 치안 문제로 인해 도시에 거주하는 것을 꺼리던 사람들이 도시로 회귀하면 출퇴근을 위한 자동차 이용이 많이 감소하는 것은 물론이고, 도시 내에서 보행 혹은 대중교통을 통해 도시 내의 다양한 편의시설과 의료시설을 이용하는 일이 증가한다. 이는 환경부하를 감소시키는 데 기여할 수 있다. 또한 치안이 안정되면 공동체 형성이 용이해질 수 있다. 치안이 불안하면 할수록 도시 내의 거주자들 간의 왕래 혹은 소통이 힘들어지기 때문에, 공동체를 형성하는 것이 어려워진다. 치안 문제에서 자유롭다는 것은 주민들이 언제든지 스스로 원하는 시간에 이웃과 소통하거나 혹은 만날 수 있다는 것을 의미한다. 이는 공동체를 구축하는 데 기여하며, 아래 메데인(Medellin)의 사례에서 보듯이 공동체는 도시재생에 큰 역할을 한다. 아울러, 치안 문제가 해결된 도시 내의 주거지역은 고령자에게 매우 매력적인 삶의 터전이 될 수 있다. 고령자들은 자가운전에 의존하는 생활에 어려움을 느끼기 때문에, 보행 혹은 대중교통을 선호하게 된다. 그러나 치안이 불안한 도시에서 고령자들이 스스로 원하는 시간에 원하는 곳으로 이동하는 것은 상상하기 힘들다. 치안 문제가 해결되면 고령자들은 보행 혹은 대중교통을 이용하여 생활편의시설 혹은 의료시설을 이용할 수 있기 때문에, 중심도시 내의 주거지역이 매력적인 장소가 된다. 즉, 고령

'메데인'의 도시재생: 시민의 참여와 교육

콜롬비아 제2의 도시 '메데인(Medellin)'은 예전에는 '마약의 도시'라고 불릴 정도로 세계에서 무서운 도시로 악명이 높았다. 1992년 세계에서 가장 위험한 도시 중 하나로 꼽혔던 도시가 2013년 세계에서 가장 혁신적인 도시로 선정되었다. 이는 2000년부터 10여 년 이상의 기간 동안 '삶을 위한 도시'로 변화시키기 위한 도시개발 프로젝트의 덕택이다.

일반적으로 도시개발 프로젝트는 물리적 측면의 개선을 강조하는 경향을 보인다. 그러나 메데인에서는 도시개발 프로젝트의 핵심을 사회개발에 두었다. 즉, 도시를 변화시키기 위해서는 가장 열악한 환경 속에 있는 지역에서 시작해야 한다는 신념 하에서 도시개발 프로젝트를 진행하였다. 대표적인 것이 '시민교육계획(Urnanismo Pedagogico)'이다. 시민교육계획은 시민들의 참여와 시민들에 대한 교육을 통해 도시를 변화시키는 것을 목적으로 한다. 즉, 시민들이 도시에 대한 자부심을 느끼게 하여 이들로 하여금 도시를 발전시킨다는 것이다.

출처: http://blog.naver.com/jnlee89z/220521000520에서 부분 발췌 · 재서술

자들은 생활편의시설과 의료시설에 대한 접근성이 떨어지는 교외 지역보다 중심도시에 거주하기를 원할 가능성이 높다.

4. 도시경제력 강화

많은 도시의 도시재생정책은 도시경제력을 강화하는 것을 중시하고 있다. 우리나라의 도시재생정책도 도시의 경제기반을 강화하는 것과 낙후지역을 활성화하는 것을 지향하고 있다. 즉, 「도시재생 활성화 및 지원에 관한 특별법」 제2조 제1항 제6호에 따르면, 도시재생활성화계획에는 도시경제기반 활성화계획과 근린재생 활성화계획[3]이 포함되어 있다. 도시경제기반 활성화 계획이란 산업단지, 항만, 공항, 철도, 일반국도, 하천 등 국가의 핵심적인 기능을 담당하는 도시시설을 정비하고 개발하는 것과 연계하여 도시에 새로운 기능을 부여하고 고용기반을 창출하는 계획이다.

이러한 방향은 바람직하지만, 현실은 조금 차이가 있다. 재생정책의 방향과 현실에 대한 이해를 높이기 위해 우리나라와 일본의 도시재생정책을 간략하게 비교하면 다음과 같다. 두 나라의 도시재생정책의 방향은 도시의 경제기반 강화와 낙후지역의 활성화라는 투트랙으로 진행하고 있다. 그러나 정책이 시행되는 현실을 구체적으로 검토하면, 우리나라는 낙후지역의 주거재생에 초점을 맞추고 있고, 일본은 도시의 경제기반 활력에 집중하고 있다. 경제기반 강화와 낙후지역 활성화라는 두 방향은 모두 중요하지만, 중·장기적인 측면을 고려하면 도시 경제기반을 무시해서는 안 된다.

따라서 도시재생정책은 도시 고유의 특성을 살릴 수 있는 산업을 육성하고, 동시에 공공부문이 선투자하고 민간투자를 유도하면서 우리나라 초국적 기업의 본사 혹은 외국 초국적 기업을 유치하는 노력을 기울여야 한다. 이를 통해 도시경제를 활성화시키고, 일자리를 창출하며, 도시의 상권을 회복하여야 한다.

---

3) 근린재생 활성화계획은 생활환경 개선, 기초 생활인프라 확충, 공동체 활성화, 골목경제 살리기 등을 위한 계획이다.

5. 업무 · 상업 기능 강화

도시 내, 특히 중심시가지(도심)의 업무 · 상업 기능을 강화하여야 한다. 업무기능이란 행정기능, 대기업의 본사 기능, 금융기능, 언론기능 등은 물론이고, 부동산 기능, 회계기능, 법률기능 등을 포함하는 기능을 의미한다. 특히, 중심시가지의 업무기능의 강화는 1970년대 이후 제조업 중심의 산업구조가 도시경제를 침체시키는 원인으로 작용함에 따라, 이를 타개하는 방안으로 많은 주목을 받아 왔다. 최근에는 중심시가지에 IT 산업을 유치함으로써 경제를 활성화시키는 도시들이 점차 확대되고 있다(일본정책투자은행 편, 2002: 73-76). IT 산업에 종사하는 전문가들에게는 높은 창조력이 요구되는데, 중심시가지가 가지고 있는 이질성과 문화 · 예술 · 여가 환경은 이들이 창의적 아이디어를 창출하는 데 기여할 수 있다.

또한 도시 내의 상업기능을 재부흥시켜야 한다. 상업기능의 재생은 중심시가지는 물론이고 도시 전체의 발달에 커다란 의미를 가진다. 상업기능은 거주자의 생활의 편리를 증진시킬 뿐만 아니라, 외지인의 소비를 통한 소득 창출의 기회를 높이기 때문이다(일본정책투자은행 편, 2002: 71-73). 이와 아울러, 백화점, 호텔, 고급상점 등의 고급 서비스기능이 입지되도록 하여야 한다.

도시의 업무 · 상업기능을 활성화하기 위해서는 다음과 같은 노력들이 행해져야 한다. 첫째, 종합적이고 체계적인 도시재생전략 하에 공공부문이 선투자를 하

영국의 도클랜드(Dockland)

도클랜드는 업무와 주거 혼합기능의 신도시 필요성이 대두되고, 쇠퇴한 지역경제를 활성화시키며, 실업자 문제를 해결할 필요성에 의해 조성된 신도시이다. 도심의 낙후된 지역을 재개발방식을 통해 주택 및 초현대식빌딩 밀집지역으로 개조하였다. 민간투자를 활성화시키기 위해 기업유도조성지구로 설정되고, 직주근접 복합도시로 조성되며, 광섬유 통신망의 텔레포트(teleport)가 건설되고, 신교통시스템이 확충되며, 기능이 상실된 항구를 개조하여 도시경관이 새롭게 조성되었다. 개발기간은 1981년부터 2001년까지이다. 그 결과, 1981년 이후 2006년 3월까지 1,400여 개의 국내 · 외 기업이 이곳으로 새로 진입하였고, 일자리 수도 1981년 약 27,000개에서 2006년 3월 약 70,000개로 증가되었다.

출처: http://blog.naver.com/PostView.nhn?blogId=mrhyde&logNo=60022469858에서 발췌 · 재서술

고, 이어서 민간부문이 투자를 하는 선순환체계가 유도되어야 한다. 이를 위해, 공공부문이 우선적으로 양질의 공공 공간을 조성하고 불필요한 규제를 완화하여 민간투자를 유도하는 환경을 조성할 필요가 있다. 둘째, 도시정부는 도시의 핵심사업과 다양한 분야의 사업들을 연계시키면서, 아울러 도시의 기존 물리적 자산과 함께 역사·문화·환경 등의 자산을 적극적으로 활용하여야 한다.

6. 역사·문화 자원 활용

예전에는 도시의 경쟁력을 소득 수준 등과 같은 경제적 지표로 평가했으나, 최근 들어 도시경쟁력 요인에는 경제는 물론이고 역사·문화적 측면도 포함된다. 21세기 '문화의 시대'를 맞아 경제와 문화는 뗄 수 없는 관계가 되고 있다. 이들의 관계는 주종관계가 아니라 상호 시너지 효과를 내는 관계로 바뀌었다. 이리하여, 경제적 문화, 문화적 경제에 대한 관심이 높아져 왔다.

이러한 변화에 능동적으로 대처하기 위해서는 도시가 가지고 있는 역사·문화 자원을 적극적으로 활용하면서 도시재생을 추진해야 한다. 특히, 도시의 핵심사업을 포함한 다양한 사업들과 도시의 역사·문화 자원을 연계시켜야 한다. 또한 창조적인 도시문화를 만드는 역량을 향상시키기 위해서 젊은 문화를 적극적으로 활용하는 도시재생이 되어야 한다.

7. 복합용도(Mixed Use) 시가지 형성

위에서 살펴본 바와 같이 도시의 활력을 증진시키기 위해서는 도시의 주거기능, 상업기능, 업무기능 등을 강화시켜야 한다. 나아가서 주거기능과 도시의 고차서비스 기능이 혼합된 시가지, 즉 다양한 주거기능, 상업기능, 업무기능 등이 혼합된 '복합용도' 시가지를 만들면 도시는 더욱 활성화될 것이다.

이러한 관점에서, 종래에도 주거기능, 상업기능, 업무기능 등이 혼합된 복합용도를 강조하는 도시재생정책을 선호하였다. 즉, 도시 내에 다양한 기능이 혼재되어 있으면서 각 기능이 정상적으로 작동하면, 이들 간에 시너지효과가 발생하는 것을 기대할 수 있다. 거주자들이 많아질수록 주거기능이 강화되고, 이는 상업·업무기능에 대한 수요를 증가시키며, 상업·업무기능이 활성화될수록 거주자들에게 더 많은 고용기회를 제공할 것이다. 일자리 창출은 더 많은 사람을 유입함으로써 주거기능을 강화하고, 이는 상업·업무기능을 확대하는 등의 선순환을 발생시킨다. 또한 상업기능이 거주자뿐만 아니라 통근자와 관광객을 대상으로 상품을 많이 판매하면 할수록 상업기능은 더욱 확대되고, 이는 위에서 언급한 선순환에도 기여한다. 이러한 선순환은 세수입원을 더욱 확대시켜서 중심도시의 경제가 발전하는 효과를 얻게 된다.

일본의 도심회귀

2000년대에 들어와서 일본 부동산시장의 특징 중 하나가 신도시의 몰락과 도심의 급부상이다. 도심에 비해 싼 주택가격과 미국식 전원생활에 대한 환상으로 1980년대에 샐러리맨들에게 꿈의 도시로 평가받던 교외 지역의 신도시들은 상당수가 몰락하고 있다. 그것은 단지 가격하락 문제만은 아니다. 젊은이들이 빠져나가면서 뉴타운이 노년층 주거지로 변하여 '올드타운'이라고 부르는 사람들이 많다. 예를 들어, 1970년대 동경 외곽에 만들어졌던 대표적인 신도시인 타마(多摩) 뉴타운 등은 신세대가 외면하면서 점차 '올드타운'이 되었다. 고령화 추세로 인구가 감소하는 상황에서 통근시간만 3시간 이상 걸리는 신도시는 더 이상 매력적인 주거지역이 아닐 뿐만 아니라 심각한 사회문제로 변할 조짐이 생기고 있다. 이리하여, 일본의 개발정책은 외곽 개발에서 도심 개발로 전환하고 있다. 동경의 핵심 지역인 롯폰기(六本木) 내의 롯폰기 힐스가 대표적인 도심회귀 사례이다. 롯폰기 힐스는 17년이 걸린 롯폰기 6가의 재개발 사업의 하나로서, 롯폰기 힐스 모리타워를 중심으로 한 복합시설 지역이다. 이로 인해, 한때 환락가이었던 롯폰기는 업무·상업지역으로 바뀌었고, 롯폰기 힐스에 사는 신흥 부유층은 '힐스족'이라고 불리면서 많은 사람들의 부러움의 대상이 되었다. 여기에서 주목해야 하는 점은 '도심회귀 현상'이 일본만의 독특한 현상이 아니라는 점이다. 뉴욕, 런던 등의 대도시에서도 도심회귀 현상이 발생하고 있다.

전문가들에 의하면, 도심회귀 현상이 발생하는 이유는 다음과 같다.

첫째, 산업구조의 변화가 중요한 이유이다. 뉴욕, 런던, 동경과 같은 세계도시의 중심산업이 공업 위주에서 '금융-서비스-IT' 등 이른바 지식기반산업으로 바뀌었다. 지식기반산업은 본질적으로 도심 집중을 요구하며, 이에 따라 직장의 도심집중화 현상이 이어지고, 이는 거주지를 도심으로 이전하도록 하였다.

둘째, 중앙정부 혹은 지방정부에서 추진하는 도심재개발사업이 활성화되기 때문이다. 일본은 이를 도시재생사업이라고 부른다. 일본 동경의 경우, 롯폰기를 비롯해 도심 곳곳에 초고층 오피스가 치솟고 있다. 도심공동화 현상을 극복하고 지식기반산업으로 이행에 따른 새로운 성장 동력을 창출하기 위해, 일본 정부는 도시억제정책에서 도심재개발정책으로 급선회했다. 일본 정부는 동경의 경쟁력이 일본의 경쟁력이라는 구호를 내걸고 도시재개발에 대해 용적률, 인센티브, 금융지원 등 각종 지원책을 내놓고 있다. 영국 런던도 이미 오래전에 도클랜드(Dockland)를 재개발했다.

셋째, 노령화 · 만혼(독신남녀의 증가)도 도심회귀의 주요 원인이다. 독신남녀가 증가하면서 이들은 교통이 편하고 편의시설이 많은 도심의 원룸을 선택하고 있다. 노령화된 세대 중 경제적 여유가 있는 계층은 편의시설이 많은 도심으로 이주하고 있다고 한다.

넷째, 연기금 등이 부동산펀드로 유입되면서 도심재개발이 본격화되었다. 산업구조의 변화, 대도시 재개발성공 사례를 통해 도심 오피스가 부동산 경기를 덜타는 안정적인 수익모델이 된다는 것을 확신한 펀드들이 집중투자를 하였기 때문이다.

출처: http://bbs1.agora.media.daum.net/gaia/do/debate/read?bbsId=D125&articleId=620986와 http://blog.naver.com/PostView.nhn?blogId=viohub&logNo=30024834784에서 부분 발췌 · 재서술

그런데 최근에 들어 복합용도 시가지의 형성에 변화가 발생하고 있다. 즉, 첨단기술과 연계된 적극적인 복합화, 혼합화를 추진하는 도시들이 증가하고 있다. 대표적인 사례가 '테크노폴리스', '연구학원도시', '텔레포트', '인텔리전트 시티' 등을 구현하려는 노력이다. '테크노폴리스(technopolis)'는 일본에서 처음 쓰이기 시작하였으며, 기술(technology)과 도시(polis)의 합성어이다. 연구소 · 대학 · 첨단산업공장과 함께 배후도시가 포함된 복합적 도시를 일컫는다. 우리나라에서는 '첨단산업도시'라 불리고 있다. '연구학원도시'는 연구기관들을 집적화한 도시이다. 일본의 쓰쿠바단지가 대표적인 연구학원도시이고, 우리나라의 대덕단지도 여기에 포함된다. '텔레포트(teleport)'는 telecommunication과 port의 합성어로서, 세계의 정보를 수집 · 전달할 수 있는 고도의 정보 통신망을 갖춘 통신 기지를 말한다. '인텔리전트 시티(intelligent city)'는 고도의 정보지식사회에 대응하기 위해 각종 정보통신기술로 도시의 기반을 정비하는 것을 목적으로 하는 새로운 도시재생의 방안이다. 우리나라에서는 '두뇌도시'라고도 한다.

제10장 메가시티(Megacity)정책

제1절

메가시티의 정의와 역할

1. 메가시티의 정의

1) 메가시티 등장 배경

세계는 신경제 체제로 급속하게 이동하고 있음을 부인하는 사람은 없을 것이다. 대표적인 학자들의 견해를 살펴보면 다음과 같다. 카스텔(M. Castells, 2003)은 신경제 체제를 '네트워크 경제체제'라고 부르면서, 신경제의 특성을 '정보화(informationalism)', '지구화(globalization)', '네트워크화(networking)'라고 정리하였다. 정보화가 주요 특성인 것은 신경제의 경쟁력이 지식에 기반한 정보를 생성 · 가공 · 적용하는 능력에 달려 있기 때문이고, 지구화는 경제의 핵심적인 활동이 지구적임을 의미하는 것이며, 네트워크화란 다양한 경제활동이 네트워크에서의 상호작용을 통해 이루어진다는 것을 강조하는 것이다.

리프킨(J. Rifkin, 2001)은 신경제의 특성을 '네트워크 경제체제'라고 하였다. 그이 주장에 따르면, 네트워크 경제체제에서는 산업사회에서 주요 역할을 했던 시장(market)이 네트워크에게 자리를 내주고, 소유권보다 접속할 수 있는 권리가 중요해지며, 부는 물적 자본이 아니라 아이디어, 이미지 등으로부터 창출된다.

이처럼 네트워크를 강조하는 신경제 체제는 도시 간의 관계에도 큰 영향을 미친다. 즉, 세계화와 더불어 정보지식화가 확산되면서 글로벌 경쟁력을 갖춘 도시권이 경제의 중심으로 부상하고 있다. 이에 따라, 도시들이 네트워크를 형성하고 상호 협력하려고 한다. 네트워크를 형성한 도시들은 기능적으로 서로를 보완하고 협력하면서 시너지 효과를 창출함으로써 글로벌 경쟁력을 갖출 수 있기 때문이다. 이리하여, 초거대 도시인 메가시티가 빠른 속도로 증가하고 있다.

2) 메가시티 정의

메가시티는 메가시티리전(mega-city region: MCR)의 줄임말로서, 행정적으로 구분되어 있으나 생활 · 경제 등이 기능적으로 연결된 인구 1천만 명 이상의 대도시를 말한다(한경경제용어사전, 2015). 이에 대한 다른 사전적 정의에 따르면, 행정적으로는 분리되어 있으나 핵심 도시를 중심으로 일일 생활이 가능하도록 기능적으로 연결되어 있으면서 글로벌 비즈니스 창출이 가능한 경제 규모를 갖추고 인구가 1,000만 명 이상인 거대 도시를 의미한다(시사경제용어사전, 2016). 공간적인 차원에서 메가시티는 도시가 공간적으로 확대된 대도시권(metropolitan area)을 의미하며, 중심적인 기능을 수행하는 단수 또는 복수의 도시가 있어야 하고, 중심도시와 주변 지역이 도시적 특성을 지니면서 기능적으로 연계되어야 한다(조성호 · 윤태웅, 2011).

이러한 견해들을 종합하여 메가시티에 대한 정의를 내리면 다음과 같다. 메가시티는 단수 혹은 복수의 핵심 도시를 중심으로 행정적으로 구분이 되지만 기능적으로 연결되어 있으면서, 글로벌 비즈니스 창출이 가능한 경제 규모를 갖추고, 인구 1,000만 명 이상인 거대 도시를 말한다.

메가시티의 개념을 좀 더 명확하게 이해하기 위해서 세계도시와 비교해보기로 한다. 메가시티와 세계도시는 모두 인구규모가 거대하기 때문에 유사한 개념으로 인식될 수 있지만, 세계 경제에서 지배적인 역할을 하느냐의 여부로 구별할 수 있다. 메가시티와 세계도시는 모두 세계 경제에서 결절기능을 수행한다. 즉, 메가시티와 세계도시는 생산을 통해서, 그리고 대규모 인구에 기반을 둔 수요를 통해서 세계 경제체제에서 결절기능을 수행한다. 그러나 메가시티는 세계 경제에서 지배적인 역할을 반드시 한다고 볼 수는 없다. 메가시티 중에는 세계 경제의 지배적 중심지 역할을 하는 도시도 있고, 그러하지 못하는 도시도 있다는 의미이다. 그러나 세계도시는 세계 경제에 대해 의사결정을 하면서 지배하는 도시이다. 예를 들어, 뉴욕과 런던은 메가시티이면서 세계도시이기 때문에, 세계 경제에서 결절기능을 수행하면서 동시에 지배적인 위치에 있다. 그러나 세계도시가 아니면서 메가시티에 속하는 도시도 있다. 세계도시를 연구하는 학자에 따라 세계도시에 포함되는 도시에는 차이가 있다. 그렇지만, 프리드먼(Friedmann, 1986)의 세계도시, 녹스와 애그뉴(Knox & Agnew, 1989)의 세계도시, 테일러(Taylor, 2005)의 세계도시는 많은 사람들이 인용하는 세계도시이다. 이들이 말하는 세계도시와 아래 <표 10-2>에 수록된 메가시티를 비교해보면, 2016년 기준 메가시티 6위 광저우(2,500만 명), 11위 선전(2,330만 명), 14위 라고스(2,100만 명), 우한(1,900만 명), 19위 다카(1,824만 명), 20위 청두(1,810만 명)는 세계도시에 포함되지 않는다. 물론, 프리드먼은 1986년, 녹스와 애그뉴는 1989년, 테일러는 2005년에 세계도시를 발표하였고, 여기에서 인용하는 메가시티는 2016년 기준이기 때문에 단순 비교를 하는 것은 무리가 있다. 그렇지만, 변화가 있다고 하더라도 현실을 고려해보면 큰 변화는 아니리라 예상된다.

결론적으로, 메가시티는 세계 경제에서 지배적인 역할을 하는 것이 아니라 결절기능을 수행한다. 반면에, 세계도시는 결절기능을 수행하면서 동시에 세계 경제에서 지배적인 역할을 한다.

2. 메가시티의 역할

미래도시로서 메가시티의 역할을 강조하는 것이 최근의 추세이다. 경제가 발전함에 따라, 사람들은 더 높은 수준의 생활양식과 산업양식을 원한다. 즉, 문화와 감성과 기술이 어우러진 생활과 산업이 중시된다. 문화와 감성과 기술이 어우러진 생활과 산업을 영위하는 것은 메가시티만 추구하는 것이 아니라, 모든 도시들이 지향하는 방향이다. 그런데 문화와 감성과 기술이 어우러진 생활과 산업은 고급 전문인력들의 창의적인 아이디어를 필요로 한다. 메가시티는 쾌적한 주거환경, 높은 교육 · 문화 · 여가 시설, 우수한 종합통신망 · 교통망 등이 확보되어 있고, 또한 장소매력도, 경제적 번영, 연계성 등에서 유리하기 때문에, 고급 전문인력을 유치하는 측면에서 경쟁력을 지닌다(조성호, 2015: 10). 또한 메가시티는 새로운 생산품과 서비스에 의한 지역특성화, 소비시장, 글로벌 기업들의 입지 등의 측면에서도 유리한 위치에 있게 된다. 이러한 장점들로 인해서 메가시티는 국가경쟁력의 상징이 되고 있다. 즉, 메가시티는 세계 경제의 새로운 주체로 부상하면서 동시에 국민경제를 이끄는 원동력이 되고 있다.

이러한 변화 방향은 많은 학자들의 연구를 통해서도 나타나고 있다. 리프킨(J. Rifkin)에 의하면, 21세기는 경제활동에서 네트워크가 중시되는 네트워크 경제의 사회이고, 이러한 사회에서 부의 창출은 물적 자본보다 오히려 개념·아이디어·이미지에 의존하며, 지역적으로는 메가시티가 최적지이다(조성호, 2015: 16). 제이콥스(J. Jacobs, 1984)는 도시가 경쟁력을 가지기 위해서는 창조성이 있어야 한다고 강조한다. 그에 따르면, 메가시티에는 창의력을 가진 고급 전문인력들이 많이 거주하면서 실현가능한 창의적 아이디어를 통해 도시경쟁력을 향상시키는 데 기여한다. 따라서 국가보다 오히려 메가시티가 부를 창출하는 주요 주체가 되리라고 그는 주장한다. 이러한 연구들을 포함하여 메가시티와 관련된 대다수의 연구들은 메가시티를 글로벌 경제의 새로운 주체이면서 동시에, 국민경제를 이끄는 원동력으로 인식하는 경향이 있다(Scott & Storper, 2003: 6-7).

이리하여, 21세기는 세계 각국이 메가시티를 통해 글로벌 경제 경쟁을 하는 사회가 될 것이라는 말에 동의하는 사람들이 증가하고 있다. 메가시티를 단지 인구규모가 거대한 행정구역으로만 이해해서는 안 되며, 세계 경제에서 차지하는 비중이 크기 때문에 국가경제력의 상징이면서 국가 간 경쟁을 주도하는 핵심적인 주체로 이해해야 한다는 인식이 확대되고 있다. 이러한 상황에서 선진국들은 메가시티를 중심으로 입지경쟁력과 혁신역량 등을 향상시키고, 이를 주변 지역으로 확산시키는 국가적 전략을 추진하고 있다(김제국, 2006).

메가시티

메가시티는 국가발전의 신성장동력이다. 최근에 재도시화(reurbanization) 현상이 나타나면서 교외 지역으로 떠났던 사람들이 다시 중심도시로 회귀하였다. 이는 도시기반시설을 확대시키고 도시경제를 활성화시키면서 메가시티를 조성하였다. 메가시티는 도시를 성장시키고 도시에 새로운 상상력을 부여하며, 시민들로 하여금 보다 나은 삶을 영위할 수 있도록 한다.

출처: 박영숙·제롬 글렌(2017)의 『세계미래보고서 2055』에서 부분 발췌·재서술

이러한 전략으로 인해, 1950년대에 2개에 불과하였던 메가시티가 2025년에는 약 29개로 크게 늘어날 전망이다(조성호, 2015: 11). 아울러, <표 10-1>에서 보는 바와 같이 전 세계의 경제활동과 기술혁신에서 메가시티가 차지하는 비중은 각각 약 60%와 90%가 되리라 예상하고 있다(UN, 2010).

표 10-1 21세기 메가시티

구분	주요 내용
세계 경제 위상	경제활동의 60%와 기술혁신의 90%를 차지
성장 전망	교육, 경제, 주거 등 모든 것을 포괄하는 복합도시로서, 2050년경에는 현재의 두 배로 증가되리라 예상

출처: UN(2010)에서 부분 발췌 · 재서술.

3. 메가시티의 현황

도시는 지속적으로 변하기 때문에 메가시티의 순위는 연도별로 다르다. 2016년 가준으로 메가시티의 순위를 살펴보면 <표 10-2>와 같다. 1위는 도쿄, 2위는 상하이, 3위는 자카트타, 4위는 델리, 5위는 서울의 순으로 나타나 있다. 20위권 안에 속하는 메가시티를 보유하고 있는 국가를 보면, 중국이 6개의 메가시티, 미국 · 일본 · 인도가 각각 2개의 메가시티, 대한민국 · 나이지리아 · 멕시코 · 방글라데시 · 브라질 · 이집트 · 인도네시아 · 필리핀 등이 각각 1개의 메가시티를 보유하고 있다.

표 10-2 메가시티 순위

(2016년 기준)

순위	메가시티	국가	인구(천 명)
1	도쿄	일본	38,140
2	상하이	중국	34,000
3	자카르타	인도네시아	31,500
4	델리	인도	27,200
5	서울	대한민국	25,600
6	광저우	중국	25,000
7	베이징	중국	24,900
8	마닐라	필리핀	24,100

9	뉴욕	미국	23,760
10	뭄바이	인도	23,600
11	선전	중국	23,300
12	상파울로	브라질	21,240
13	멕시코 시티	멕시코	21,160
14	라고스	나이지리아	21,000
15	교토-오사카-고베	일본	20,340
16	카이로	이집트	19,130
17	우한	중국	19,000
18	L.A.	미국	18,550
19	다카	방글라데시	18,240
20	청두	중국	18,100

출처: 위키백과(2021). 메가시티.

제2절

주요 국가들의 메가시티 전략

최근에 들어와서 메가시티 경쟁시대로 진입하면서 지난 세기에 많은 관심을 받았던 균형발전론은 점차 영향력이 퇴조되고 있다. 다음에서 대표적으로 살펴볼 국가들은 국가발전의 패러다임이 지역균형발전에서 메가시티로 전환되고 있다는 점과 아울러, 규제중심적인 도시정책은 국가경쟁력과 지방경쟁력을 약화시켜 국가 전체를 침체시킬 가능성이 있다는 점을 인식하고 있다(조성호, 2015: 52). 이러한 인식 하에서 선진국들은 지역정책 패러다임을 과감하게 전환시키고 있다. 즉, 생산의 지역 간 이전을 의미하는 제로섬 게임(zero-sum game)[1]적 인식에서 벗어나서 새로운 성장기회를 창출하는 포지티브섬 게임(positive-sum game)[2]적 인식이 지역정책에서 강조되고 있다(조성호, 2015). 주요 국가들의 메가시티 전략을 살펴보면

1) 한쪽의 이득과 다른 쪽의 손실을 합하면 제로가 된다는 것을 의미한다. 무한경쟁사회 속에서 패자는 모든 것을 잃고 절대 강자만이 이득을 독식하는 현상을 이야기할 때 자주 사용되는 용어로서, 대표적인 사례가 선거이다.

2) 나만을 위한 목적에서 벗어나 타인에 대한 관심과 타인의 욕구를 충족시켜주면서 서로에게 이익이 되는 것을 의미한다. 대표적인 사례로, 악어와 악어새의 윈윈 행동을 들 수 있다.

다음과 같다.

1. 미국의 메가시티 전략

미국은 국가경쟁력 향상을 통해 국가발전을 지속시키기 위해 3대 목표로 '생산적 성장(Productive Growth), 포괄적 성장(Inclusive Growth), 지속가능한 성장(Sustainable Growth)'을 설정하면서, 이를 실현시키기 위해 메가시티를 중심으로 '혁신산업 육성, 인재 육성, 기반시설 확충, 정주환경 개선' 등 4대 전략을 추진하고 있다. 또한 '2050국가위원회(The National Committee for America 2050)'는 향후 미국의 메가시티가 11개로 증가하리라 예상하면서, 메가시티를 지원하기 위한 정부의 역할을 강화해야 한다고 제안하고 있다. 연방정부 차원의 노력은 물론이고, 개별 메가시티도 이러한 노력에 합류하고 있다. 미국의 대표적인 메가시티인 뉴욕시는 'PlaNYC2030'을 계획하여 '보다 청정하고 보다 위대한 뉴욕(A Greener, Greater New York)'을 건설한다는 비전을 제시하면서, 주택, 대중교통, 공원, 상·하수도, 교통시설, 에너지 공급, 공해, 오염지구, 수변지구 등을 재정비하여 지속가능한 발전을 위한 계획을 수립하였다(조성호, 2015: 12-13).

2. 영국의 메가시티 전략

영국은 1981년 도크랜드를 개발하면서 2016년까지 템스강 하구 지역에 항공, 금융, 창조산업 중심의 클러스터를 조성해 일자리 18만 개와 양질의 주택 16만 채를 새롭게 공급하고자 하였다. 이 과정에서 나타날 정부 지원의 부족분을 해결하기 위해 세금 감면, 건축허가 절차 간소화 등의 유인책을 기업에 제공하였다. 이리하여, 1,000개가 넘는 국내·외 기업이 입주하는 성과를 올리고 있다. 또한 2011년 런던의 동부 지역에 실리콘 밸리를 모델로 하는 글로벌 테크 허브를 만드는 계획을 추진하면서 2012년부터 '테크시티(Tech City)'를 구축하기 위한 지원을 시작하였다. 이에 Microsoft와 Cisco 등 세계적인 IT 기업들도 동참하여 5,000여 개가 넘는 창업기업들을 입주시켜 실리콘 밸리와 뉴욕에 이어 세계 3위의 창업기업 클러스터가 되었다. 이러한 결실을 토대로 런던을 지속가능한 메가시티로 만들어야 한다는 공감대가 형성되었으며, 이로 인해 2000년에 '대런던위원회(Greater London Authority:

GLA)'가 설립되고, 2004년에 런던권 개발에 초점을 맞춘 '런던플랜(London Plan)'이 발표되었다. '런던플랜'은 20년 후의 런던을 대표적인 지속가능한 세계적인 도시로 만들기 위한 사회적·경제적·환경적 통합 전략으로서, '시민을 위한 도시', '번영하는 도시', '공평한 도시', '접근성이 높은 도시', '녹색도시'를 지향하고 있다. 이를 위해, 이 계획에 국가사업의 최우선순위를 두면서 대규모 투자를 실시하고 있다. 또한 지속가능한 런던 계획이 일관성 있게 지속적으로 추진되도록 하는 한편, 스마트시티 시스템을 도입하기 위해 2013년 '스마트 런던 플랜(Smart London Plan)'을 발표하였다(조성호, 2015: 25-27).

3. 프랑스의 메가시티 전략

오랫동안 지역균형발전정책의 모범사례로 평가받았던 프랑스의 경우, 1980년대에 들어와서 수도권의 경쟁력을 강화하기 위한 정책으로 전환하기 시작하다가, 2002년에 '국토 및 지역 계획단(DATAR)'은 국가정책목표에서 지역균형발전을 제외시켰다. 이러한 상황에서 수도권 경쟁력을 위한 핵심전략으로 2008년부터 '2030 파리 수도권 광역도시계획(2030 SDRIF)'을 추진하였다. 이는 주택, 도시기반, 교육, 상업, 관광, 보건복지, 교통 등의 분야에서 나타난 문제들을 해결하여, '지속가능한 세계중심도시 파리'를 만들고자 하는 것이다. 또한 파리를 중심으로 거대한 수도권을 만들기 위한 '그랑파리 프로젝트'를 만들어 실시하고 있다. 이는 파리와 주변지역을 통합하여 친환경 녹색도시로 만들면서 대규모 지식기반 집적지를 조성하는 것이다. '그랑파리 프로젝트'는 매년 7만 채의 주택을 건설하고, 고속순환열차와 광역열차를 건설하여 교외 지역의 도심접근성을 높이며, 파리권역을 영불해협으로 확대하고, 유럽 경제의 허브가 되는 등의 목표를 지니고 있다(조성호, 2015: 28-36).

4. 일본의 메가시티 전략

일본은 수도권 규제가 일본의 미래에 부정적인 영향을 미친다는 인식 하에서 1980년대 후반부터 규제를 완화하는 방향으로 전환하였다. 즉, 평준화로는 미래가 없다는 자성론에서 출발하여, 지속적으로 수도권의 경쟁력을 강화시키는 조치들을 시행하고 있다. 1996년 동경을 중심으로 300km까지 배후지역을 확대하여 동경 경제권을 구축하고, 2001년에 국토백서를 통해 균형발전정책을 공식적으로 폐지하였으며, 2002년 「도시재생특별조치법」을 제정하여 대도시권의 성장과 재생을 위해 노력하였다. 그 결과, 국가 전략적 차원에서 국제비즈니스 거점, 의료관광특구, 이노베이션특구(일본판 실리콘 밸리) 등 다양한 산업클러스터가 수도권에 조성되었다(조성호, 2015: 14, 36-42).

제3절

한국의 메가시티 전략

1. 한국의 메가시티 전략의 현황

위에서 살펴본 주요 국가들의 장기 전략과 달리, 한국은 메가시티인 수도권에 인구와 산업이 집중하는 것을 지속적으로 억제하는 국가이다. 수도권 억제의 대표적인 수단이 수도권 규제정책이다. 1982년에 제정된 「수도권정비계획법」에 의거해 '제1차 수도권정비계획'이 수립된 이후 지금까지 수도권을 규제함으로써, 지역균형발전을 도모하려는 정책을 지속적으로 추진하여 왔다. 수도권 규제정책이 지속된 주된 이유는 우리나라의 많은 사람들이 지역균형발전을 주장하고 있으며, 수도권 인구의 비대화와 과밀화를 우려하기 때문이다. 즉, 국토의 12%에 불과한 수도권에 전체 인구의 절반에 가까운 약 2,000만 명이 넘는 인구가 거주하는 것은 국가의 발전에 부정적 영향을 미친다는 인식이 널리 퍼져 있기 때문이다. 이러한 인식은 산업사회에서 도시문제가 심각했을 때 하워드(E. Howard)가 제시한 소규모 전원도시를 유토피아라고 생각하는 프레임에 아직도 갇혀 있기 때문이라는 지적이 있다(조성호, 2015: 52).

<표 10-2>에서 보는 바와 같이 전 세계 메가시티 20위권에 포함하는 우리나라의 유일한 메가시티인 서울권은 현재 경쟁 중이면서 또한 앞으로 경쟁이 더욱 심해질 것으로 예상되는 동아시아의 대도시권들과 인구규모를 비교하면 수도권 규제의 심각성을 알 수 있다. 한국의 수도권 인구를 경쟁대상인 도쿄권, 베이징권, 상하이권의 인구와 비교할 때, 도쿄권의 약 59.5%에 해당되고, 베이징권의 12.7%에

표 10-3 동북아 메가시티 인구

대도시권	인구
도쿄권(2012년, 일본 통계청)	4,263만 명(도쿄 도, 가나가와 현, 지바 현 등)
베이징권(2010년, 중국 6차 인구센서스)	2억 19만 명(베이징 시, 텐진 시 등)
상하이권(2010년, 중국 6차 인구센서스)	1억 5,610만 명(상하이 시, 장쑤 성 등)
수도권(2014년, 통계청)	2,536만 명(서울시, 인천시, 경기도)

출처: 조성호(2015: 52)에서 발췌·재서술.

표 10-4 글로벌 도시지표 순위

구분	2014년	2012년	2010년	2008년
뉴욕	1	1	1	1
런던	2	2	2	2
파리	3	3	4	3
도쿄	4	4	3	4
베이징	8	14	15	12
서울	12	8	10	9

출처: A.T. Kearney(2014).

불과하다(<표 10-3> 참조).

이의 결과는 <표 10-4>에서 보는 바와 같이 수도권 경쟁력의 약화이다. 미국의 글로벌 경영전략 컨설팅사인 A.T. Kearney가 대도시를 기준으로 무역경제활동, 인적 자원, 자원교류, 문화체험, 정치참여 등 5개 항목을 고려하여 글로벌 도시경쟁력을 측정하였다. <표 10-4>는 주요 도시들의 글로벌 도시경쟁력의 순위이다. 이에 의하면, 뉴욕은 지속적으로 도시경쟁력 1위를 유지하고 런던도 2위를 고수하고 있으며, 이어서 파리와 도쿄가 3위와 4위의 경쟁력을 보유하고 있다. 그러나 서울의 경쟁력은 점차 약화되어, 2014년에는 베이징에도 뒤떨어지는 것으로 나타났다.

우리나라는 늦었지만 다행스럽게도 최근 들어 메가시티 전략에 대해 관심을 가지기 시작했다. 우리나라에서는 동남권(부산·울산·경남), 대구·경북권(대구·경북), 광주·전남권(광주·전남), 충청권(대전·세종·충북·충남) 등 전국에서 4개의 메가시티를 건설하는 것을 계획하고 있다.

가장 빠른 곳은 동남권 메가시티이다. 2021년 2월 25일 부산시·울산시·경상남도는 '동남권 메가시티'를 조성하겠다는 발표를 하였다. 즉, 부산시·울산시·경상남도는 '동남권 초광역도시'라는 슬로건 아래, 부산시·울산시·경상남도에 있는 약 800만 명의 생활권과 경제권을 묶어 초광역도시로 만들겠다는 구상을 발표하였다(주택건설신문, 2021). 발표한 대표적인 내용은 동남권을 1시간 생활권으로 묶는 광역교통망 인프라를 확충하고, 기업이 요구하는 인재를 육성해 현장에 즉시 투입할 수 있는 교육혁신 플랫폼을 구현하며, '동남권 광역특별연합'을 설립한다는 것이다. 2022년 4월 19일 정부는 우리나라 최초의 '부산울산경남 특별연합'이 설치되었다고 밝혔다. 부산·울산·경남은 전날 행정안전부 규약 승인을 받아 공식 설치 절차를 끝냈다. 정부는 이날 '부울경 특별지자체 지원을 위한 협약식'을 개최했다. 협약식에서는 3개 시·도와 관계부처 간 '분권 협약'과 '초광역권 발전을 위한 공동협력 양해각서'를 체결했다. '부울경 특별연합'은 지난해 10월 정부가 관계부처 합동으로 '초광역협력 지원전략'을 발표한 이후 가장 먼저 설치된 특별지방자치단체다(뉴스1, 2022).

한국의 메가시티 계획

정부가 부산·울산·경남, 대구·경북, 광주·전남, 대전·세종·충북·충남 등 전국 4곳의 지방자치단체를 '초광역권'이란 새로운 단위로 묶어 지원하기로 한 것은 수도권과 지방 격차가 갈수록 벌어지고 있다고 보기 때문이다. 14일 행정안전부에 따르면, 전국에서 면적이 12%인 서울·경기·인천 등 수도권에 작년 말 기준 전체 인구의 50.2%, 청년층 56.2%가 산다. 2019년 기준 지역내총생산(GRDP)도 수도권이 우리나라 전체의 52%를 차지한다. 이런 쏠림 현상 때문에 최근까지 비수도권에서는 지방자치단체 간 통합을 통해 500만~800만 명 안팎의 '메가시티'를 만들어 수도권과 경쟁해야 한다는 주장이 잇따랐다.

동남권(부·울·경)은 동북아 8대 메가시티를 전략으로 해양 쓰레기를 처리하는 수소선박을 개발하는 사업과 친환경 스마트 조선해양플랜트 사업 등을 추진하고 있다.

충청권(대전·세종·충북·충남)은 제4차 산업혁명 특별권역을 조성한다는 전략 하에 바이오헬스, 인공지능(AI), 자율주행 등의 사업을 계획하고 있다.

대구·경북권은 2040 글로벌 경제권을 전략으로 로봇, 미래차, 바이오·메디컬 산업을 육성하고, 대구·경북 통합 신공항과 영일만 신항을 활용한 물류 중심지를 구상하고 있다.

광주·전남권은 글로벌 에너지 허브 구축한다는 전략과 함께 남해안을 따라 해양·관광 산업을 육성할 계획을 가지고 있다.

출처: 조선일보(2021)에서 부분 발췌·재서술

2. 한국의 메가시티 전략의 문제점

우리나라의 메가시티 전략은 세계적으로 메가시티가 급속하게 관심을 받고 증가하고 있는 이유와 별개로 진행되고 있다. 이는 우리나라의 경쟁력에 부정적인 영향을 미칠 수 있다. 우리나라 메가시티 전략의 대표적인 문제점을 살펴보면 다음과 같다.

1) 서울권 메가시티 무시

전 세계적으로 메가시티 전략은 글로벌 도시권과의 경쟁을 위한 것이 주목적임에도 불구하고, 우리나라의 메가시티 전략은 이에 역행하면서 지방 메가시티를 육성하는 데 집중하고 있다. 서울권(수도권: 서울 · 인천 · 경기도)의 경우, 면적은 전국토의 12%이지만, 인구는 절반에 해당하고, 전국 대학의 약 36%가 위치하여 젊고 창조적인 인재가 풍부하며, 산업과 경제를 견인할 각종 기관과 기반시설이 잘 갖추어져 있는 것이 현실이다. 더욱이 <표 10-2>에서 보는 바와 같이 2016년 기준으로 전 세계 메가시티 20위권에 포함된 우리나라 유일의 메가시티이다. 그럼에도 불구하고, 우리나라의 현실은 지방 쇠퇴를 막기 위해 수도권과 경쟁할 수 있는 지방 메가시티를 육성하는 데 집중함으로써, 국가적 차원에서 서울권 메가시티 활성화를 도외시하고 있다. 이는 글로벌 비즈니스를 대규모로 창출하여 도시경쟁력과 나아가서 국가경쟁력을 향상시키려는 목적을 달성하기 위한 효율적인 방법이라고 할 수 없다. 다른 측면에서 보면 서울 메가시티를 무시하는 것은 국가적 비효율성과 낭비를 발생시킬 수 있으며, 또한 세계도시로서의 위치가 점차 약화하고 있는 서울의 경쟁력을 높일 수 있는 기회를 스스로 버리는 것이다.

2) 현 행정구역에 집착

우리나라에서 현재 계획 중인 메가시티 전략의 대부분은 현재의 광역시와 도를 기준으로 추진하고 있다. 즉, 해당 권역에서 한 개 혹은 복수의 중심도시를 지정하고, 그 중심도시를 기준으로 하나의 경제권을 운영하는 계획을 추진하고 있다. 메가시티는 기능적 협조체제를 강조하는 것이기 때문에, 현재의 광역시와 도를 기준으로 해서는 소기의 목적을 달성하기 어렵다. 예를 들어, 동남권의 핵심사업에는 조선해양플랜트 사업이 포함되어 있다. 이 사업은 막대한 철이 필요하다. 그렇다면 우리나라 대표적인 철강산업단지이면서 동남권에 인접해 있는 경상북도 포항시 혹은 전라남도 광양시를 동남권에 포함시킬 수 있는데, 현재의 행정구역에 기반한 메가시티 전략으로는 이것이 어렵다. 또한 광주 · 전남권의 핵심사업에는 남해안을 따라 해양관광 산업을 육성하는 것이 포함되어 있다. 광주 · 전남권의 유명한 해양관광지와 동남권에 있는 유명한 해양관광지와 연대하는 계획도 찾아볼 수 없다.

3) 국토개발 전략과 메가시티 전략의 상충

우리나라 메가시티 전략의 구체적인 내용은 국토개발 전략과 상충한다. 우리나라 메가시티 전략은 현재의 광역시와 도를 기준으로 하면서, 중심도시에는 고밀압축 개발된 도심과 녹지, 첨단연구시설과 대학, 의료나 복지시설, 문화시설, 국제교류시설, 광역행정시설 등 주요 시설들을 배치하며, 메가시티 내의 모든 지역은 한 시간 내의 교통망을 구축함으로써, 단일 경제권을 구축하고 중심도시의 인프라를 공유하도록 하고 있다. 한편, 우리나라의 국토개발 전략은 지역균형개발을 지향하고 있으며, 그 차원에서 서울권을 제외한 4개의 메가시티 육성을 계획하고 있다.

그런데 우리나라의 메가시티 정책에는 우리나라에서 대표적으로 발전이 지체

'부울경 특별연합' 제동?

내년 1월 출범할 예정인 '부울경 특별연합'은 지방자치단체로부터 이관받은 18개 사무와 중앙행정기관으로부터 위임받은 3개 사무를 처리하고, 정부는 행 · 재정적 지원을 하게 된다. 그러나 '부울경 특별연합'의 주축인 부산시, 울산시, 경상남도가 입장 차이를 보이고 있다. 정부가 지난 4월 '부울경 특별연합' 규약을 승인했고, 지난 7월 1일 민선 8기가 출범했으나 울산시와 경상남도의 제동으로 한 달이 넘도록 3개 시 · 도가 공식 논의조차 못하고 있다.

부산시장은 이미 35조 원에 해당하는 예산과 사업을 중앙정부로부터 사실상 약속을 받았기 때문에, 울산과 경남도 반대하지 않을 것이라는 입장을 밝힌 바 있다. 그러나 울산시 시장은 울산 경제가 대도시에 흡수될 가능성이 높은 만큼 '해오름 동맹'을 강화해 경쟁력을 갖춘 뒤 부울경 메가시티에 참여해도 늦지 않을 것이라는 생각이다. 경상남도지사는 메가시티가 아니더라도 광역단체 간 협력이 가능한 상황에서 서부 경남이 소외될 수도 있는 '부울경 특별연합'을 추진할 필요가 있느냐며 의문을 제기하고 있다.

출처: 경남일보(2022.8.7)와 연합뉴스(2022.8.4)에서 부분 발췌 · 재서술

된 강원도와 전라북도가 빠져 있어서, 서울권을 제외하면서까지 국토균형개발 차원에서 실시되는 정책이 맞느냐 하는 의문이 든다. 또한 개별 메가시티의 내용을 보면 메가시티 권역 내의 중심도시에 모든 중요한 시설들이 집중하여 배치됨으로써, 메가시티 권역 내에서도 균형개발이 무시되고 있다.

3. 한국의 메가시티 전략의 방향

1) 서울권(수도권)이 포함된 메가시티 전략 추진

위에서 우리나라는 지역균형개발을 지나치기 강조함으로써 다른 선진국이 나아가는 메가시티 육성 방향에 역행하고 있음을 알 수 있다. 21세기는 메가시티 경쟁의 시대라는 관점에서 우리나라도 서울권 인구집중 문제에 대해 전략적으로 신중하게 재검토해야 한다. 이러한 관점에서 수도권 규제에 대한 비판의 목소리가 조심스럽게 나타나고 있다. 한국개발연구원(2002)은 수도권을 규제함으로써 지역균형발전을 이룬다는 소극적 목표는 현재의 경쟁사회에서는 더 이상 국가와 지역의 발전에 도움이 안 되기 때문에, 수도권을 중심으로 생산성과 국가경쟁력을 강화시킬 수 있는 수도권정책으로 전환하여 그 결과를 다른 지역과 공유한다는 포지티브섬 게임의 지역정책을 주장하고 있다. 즉, 메가시티 경쟁시대를 맞아 국가는 물론이고 지역도 생존과 발전을 위해 지역균형발전에 지나치게 집중하는 것보다 대외적인 경쟁력 확보가 더욱 중요하다는 인식 전환을 하고, 이에 맞는 정책을 과감하게 실시할 필요가 있다.

따라서 서울대도시권은 글로벌 경쟁력을 보유한 대도시권이면서 또한 수도권 규제 정책으로 인해 경쟁력이 지속적으로 약화하고 있는 상황을 고려할 때, 지방도시를 살리기 위해 서울 대도시권을 규제하는 것은 공멸의 길이 될 가능성이 높다. 따라서 서울 대도시권을 더욱 발전시키면서, 그로 인해 발생하는 이익을 지방이 공유하는 방안이 모색될 필요가 있다. 예를 들어, 서울 대도시권은 창조산업, 스타트업의 활성화 등 나름의 발전방안을 추진하고, 동시에 지방은 지방 특유의 메가시티로 발전시키면서, 이들 간의 상생을 도모하는 전략이 바람직하다.

2) 행정구역이 아닌 기능적 협조체제 강조

행정구역에 지나치게 얽매이지 않는 메가시티 전략을 추진해야 한다. 현재 추진 중인 메가시티 육성 계획에 기반하면서 동시에 지리적 상황을 고려하더라도, 동남권과 대구·경북권, 동남권과 광주·전남권, 충청권과 대구·경북권은 기능적으로 협력할 수 있다. 예를 들어, 광주·전남권의 핵심사업에 '남해안을 따라 해양관광 산업을 육성하는 것'이 포함됨에 따라, 동남권 핵심사업에는 남해안을 따라 해양관광 산업을 육성하는 것이 빠져 있다. 동남권에도 남해안을 따라 유명한 해양관광지 혹은 해양관광지로서의 가능성이 높은 지역이 많으므로, 광주·전남권의 해양관광지와 동남권의 해양관광지를 연계하여 추진하는 것이 목표 달성에 유리하다.

또한 현재의 4개의 메가시티 권역이 각각 다른 권역의 일부 지역과 협력할 수 있어야 한다. 예를 들어, 동남권에 속해 있는 울산시와 대구·경북권에 속하는 경주시와 포항시가 결성한 소위 '해오름 동맹'을 강화하려는 의도는 매우 바람직하다. 이러한 시도는 '해오름 동맹'에서만 그치지 말고, 다른 메가시티 권역으로 확대되도록 유도되어야 한다.

해오름 동맹

해오름 동맹은 울산광역시와 경상북도의 경주시와 포항시가 체결한 협약이다. 2016년 6월 울산-경주-포항 간 고속도로가 개통된 것을 계기로 인구 약 200만 명, 경제 규모 약 95조 원에 이르는 이들 3개 도시는 메가시티로의 도약을 기대하면서 동맹을 맺었다. 2017년 7월 27일 해오름 동맹 상생협의회는 동맹규약을 제정·고시하였다. 이 도시들은 일출 명소가 있는 지역인 관계로 해오름이라는 이름을 지었으며, 신라문화와 동해남부 거점도시라는 역사적·지리적 공통점이 있다. 또한 포항의 소재, 경주의 부품, 울산의 최종제품 생산으로 이어지는 보완적 산업생태계가 조성되어 있다.

3) 국토개발 전략과 메가시티 육성 전략의 조화

우리나라의 모든 지역을 균형있게 개발하는 것은 현실적으로 불가능하다는 것은 상식에 속한다. 균형개발을 단어 그대로 해석하고 그리고 피상적으로 생각하면, 우리나라의 모든 지역을 서울시, 특히 서울시 강남구와 같은 수준으로 개발하는 것이라고 볼 수도 있다. 이것을 현실적으로 가능하다고 보는 사람은 없을 것이다. 이는 메가시티 육성 전략에도 적용된다. 메가시티 육성 전략은 균형개발이라는 목표를 가진 국토개발정책의 차원에서 서울권을 제외하고 추진 혹은 계획 중인 정책이다. 현재 4개의 메가시티 권역을 서울권과 비슷한 정도로 육성하는 것은 현실적으로 불가능하다. 그리고 메가시티 권역 내의 모든 지역을 균형있게 개발하는 것도 현실적으로 불가능하다.

이러한 관점에서 메가시티 육성 전략은 중심도시에 핵심 시설들을 배치하려는 것일 수 있다. 국토개발 전략이든 메가시티 육성 전략이든 간에 균형개발에 지나치게 얽매일 필요가 없다. 여기에서 균형개발이라는 목표가 가지고 있는 의미를 되새겨 보는 것도 의미가 있다. 균형개발이라는 목표는 현실적으로 달성해야 한다는 의미보다 향후 지향해야 하는 방향성의 관점에서 이해해야 한다. 더군다나, 앞에서 지적한 바와 같이 메가시티 전략은 전 세계적으로 확대되고 있는 경쟁에 대비하기 위한 전략적 방안이라는 점을 고려하면, 경쟁력이 있는 도시 혹은 도시권을 집중적으로 육성하고, 이를 통해 얻게 된 이익을 다른 지역과 공유하는 방향으로 나아가야 한다.

또한 모든 핵심 시설들을 메가시티 권역 내의 중심도시에 집중시킬 필요는 없다. 권역 내에 속해 있는 도시들의 특징이나 장점을 고려하여 특정 시설이 중심도시가 아니라, 권역 내의 다른 도시에 분산 배치하는 것이 효율적이라고 판단이 되면 그 방안을 추진해야 한다. 또한 메가시티 권역에 속하지 않으면서 인접해 있는 도시가 특정 시설과 관련하여 강점이 있으면, 그 도시와 협조하는 방안도 고려해야 한다. 이것이 메가시티가 추진하는 목표를 효율적으로 달성하는 방안이다. 또한 메가시티 육성 전략에 지원되는 국가 지원이 적지 않다. 메가시티 내의 중심도시에 모든 핵심 시설을 설치하는 것보다 메가시티 내에 있든 아니면 인접해 있든 간에 특정 핵심 시설에 관한 한 중심도시보다 더 강점이 있는 도시가 있다면, 그 도시에 그 시설을 설치하는 것이 국가적 차원에서 예산을 효율적으로 사용하는 것이다. 이렇게 하여 절약된 예산을 다른 목적이나 다른 도시 등 필요한 곳에 투자하는 것이 상생의 길이라는 점을 항상 유의해야 한다.

아울러, 우리나라의 메가시티 육성 전략에서 제외된 광역자치단체인 강원도, 전라북도, 제주도가 기능적인 차원에서 다른 메가시티 권역과 협조체제를 구축하는 방안을 신중하게 고려해야 한다. 지리적인 현황을 고려하더라도 강원도는 충청권이나 대구 · 경북권과 인접해 있고, 전라북도는 충청권, 광주 · 전남권, 동남권과 인접해 있기 때문에, 이 권역들 간에 기능적인 협조체제를 구축하는 것을 제약하는 지리적 요인은 없다. 제주도는 광주·전남권이나 동남권에 포함하는 방안을 모색해 볼 수 있다.

제11장 도시재정정책

제1절

도시재정의 의의와 구조

1. 도시재정의 의의

도시정부의 형태는 시대별, 국가별, 도시별로 다양하게 발달될 수 있으나, 도시정부의 공통적인 목적은 시민의 일상적인 생활의 필요를 충족시키는 데 있다. 즉, 도시정부의 존재의 의의는 도시의 질서를 유지하고, 시민의 경제적 후생복지를 증진시키며, 문화적 욕구를 충족시키는 데에서 찾을 수 있다. 도시와 시민들의 이러한 공동 욕구를 충족시키기 위해서는 재원이 필요한데, 사유재산제도가 도입된 이후부터 도시정부는 필요한 재원을 조세라는 형태로 징수하였다. 그리고 세외수입이나 경영수익 등을 통해서도 재원을 조달하고 있다. 「지방재정법」 제2조에 의하면, 지방재정은 지방자치단체의 수입·지출활동과 지방자치단체의 자산 및 부채를 관리·처분하는 모든 활동을 말한다. 이에 기초하여 도시재정에 대한 정의를 내리면, 도시재정은 도시정부의 기능을 위해 필요한 재원을 확보·관리·지출하는 일체의 경제활동이다.

이러한 도시재정은 지방자치, 도시의 성장, 소득재분배 등의 측면에서 매우 중요한 역할을 한다. 먼저, 도시재정은 지방자치의 정착에 지대한 영향을 미친다. 도시재정이 열악하다고 해서 위에서 언급된 시민들의 공동 욕구를 충족시킬 필요가 없다고 말할 사람은 없을 것이다. 재정의 우열과 관계없이 도시정부는 시민들의 수요와 요구를 충족시켜야 한다. 따라서 재정적으로 힘든 도시는 중앙정부에 대한 의존도가 증대될 수밖에 없다. 중앙정부에 대한 의존이 클수록 중앙정부는 도시정부를 감독·통제하려 하고, 이는 지방자치를 크게 약화시킬 것이다. 둘째, 도시재정은 도시의 성장과 직접적으로 관련되어 있다. 현대사회는 경쟁사회인만큼 모든 도시들은 경쟁에서 생존하고 발전하기 위해, 타 도시들과 비교해서 우위를 점하고 있는 분야를 중심으로 도시의 발전을 꾀해야 한다. 경제적 측면에서 우월하면 다른 측면의 정책보다 경제정책에 더 비중을 두어야 하고, 문화적 측면에서 우세하다고 분석되면 문화정책에 상대적으로 집중해야 한다. 이러한 도시별 차별적 정책을 성공적으로 실시하기 위해서는 충분한 재원이 확보되고, 필요한 부분에 자율적으로 지출할 수 있어야 한다. 셋째, 도시재정은 소득재분배의 기능을 수행한다. 시장에서 자원이 효율적으로 배분되더라도 소득격차의 문제가 발생될 수 있다. 이는 빈부격차를 발생시키고 사회적 안정을 해할 수 있다. 도시재정은 이러한 문제를 해결하기 위해 지방세에 대한 누진세율을 적용하는 동시에 기초생활수급자와 차상위계층에 대한 생활지원을 확대함으로써 소득과 부의 재분배의 효과를 얻을 수 있다.

2. 도시재정의 운영원칙

도시재정은 이처럼 매우 중요한 기능을 수행하기 때문에 시장, 시의원, 시공무원들이 이를 자의적으로 운영해서는 안 된다. 「지방자치법」 제137조는 지방재정을 건전하게 운영해야 한다고 규정하고 있고, 동법 제138조는 국가시책을 구현하기 위한 지방자치단체의 의무를 규정하고 있다. 「지방재정법」 제3조 제1항에 의하면, 지방자치단체는 주민의 복리를 증진시키기 위하여 재정을 건전하고 효율적으로 운용하여야 하며, 국가의 정책에 반하거나 국가 또는 다른 지방자치단체의 재정에 부당한 영향을 미치면 안 된다. 이 규정들을 포함하여 지방재정 운영에 적용되어야 하는 중요한 원칙들을 살펴보면 다음과 같다(임재현, 2023: 323-325).

1) 수지균형의 원칙

도시재정은 수지균형의 원칙에 따라 건전하게 운영되어야 한다. 도시정부도 하나의 경제주체이기 때문에, 수입과 지출 간의 균형을 고려하면서 운영되어야 한다. 수지균형의 원칙이란 도시재정을 운영함에 있어서 지나친 흑자 혹은 지나친 적자를 내지 않고, 수지균형을 적절하게 유지하도록 재원을 효율적으로 운영하여야 한다는 것을 의미한다. 여기에서 유의해야 할 점은 수지균형의 원칙은 형식적인 수지균형은 물론이고 실질적인 수지균형, 즉 순잉여와 순손실 간의 균형까지 포함하는 개념이라는 것이다.

2) 재정구조 탄력성 확보의 원칙

경기는 지속적으로 변화하기 때문에, 때로는 호황의 상황에 있을 수도 있고 때로는 불황을 맞이할 경우도 있다. 호황기에는 재정수입이 증대될 수 있지만 불황기에는 재정수입이 감소될 수 있다. 따라서 도시재정을 탄력적으로 운영해야 한다. 특히, 불황일 경우에는 기존 사업을 원점에서 재검토하고, 신규 사업에 대해 타당성을 철저히 분석하며, 유사 사업들을 통・폐합하고, 선심성・전시성 예산편성을 지양하며, 불필요한 행사성 경비를 최대한 절감하여야 한다.

또한 시민의 행정에 대한 요구와 수요도 끊임없이 변한다. 새로운 행정수요가 나타났음에도 불구하고, 전통적인 행정수요만을 제공하려 해서는 안 된다. 즉, 도시재정은 행정수요 변화에 신속하고 적절하게 대응할 수 있도록 탄력성을 확보하여야 한다.

3) 재정운영 효율화의 원칙

도시정부의 재정수입은 주로 시민의 부담에 의한 것이다. 도시재정을 효율적으로 운영하지 않고 방만하게 운영하면 그 결과는 도시정부와 시민에게 돌아간다. 따라서 세입을 확충하려고 노력하면서 동시에 세출을 효율적으로 집행하여야 한다. 즉, 최소의 부담으로 최대의 효과를 얻도록 도시재정을 효율적으로 운영해야 한다.

4) 국가정책 준수의 원칙

도시정부는 독립적인 위치에서 도시재정을 운영할 수 있으나, 국가와 다른 지방자치단체에게 영향을 미칠 수 있기 때문에, 재정운영의 독립성만을 강조해서는 안 된다. 도시정부는 국가의 구성원에 속하기 때문에, 국가정책의 실현을 위해 노력해야 하며 국가정책과 조화되는 한도 안에서 도시재정을 운영해야 한다.

5) 재정질서 유지의 원칙

국가와 도시정부 간, 지방자치단체 상호 간, 도시정부와 시민 간 경비부담이 적정해야 한다. 도시정부의 정책수행에 필요한 경비를 부담시킴에 있어서 법률이 규정한 바를 지키지 않거나 혹은 전가하는 일이 발생해서는 안 된다. 또한 부당한 재정운영으로 인해 중앙정부 또는 특정 지방자치단체의 경비를 증가시키거나 혹은 감소시켜서는 안 된다.

6) 장기적 재정안정의 원칙

도시정부의 예산을 편성·집행하거나, 도시정책을 결정·집행하거나, 수지증감의 원인이 될 행위를 하고자 할 때에는 해당 연도는 물론이고, 다음 연도와 그 이후의 재정사정을 충분히 고려하여야 한다. 그리하여, 장기적으로 도시재정의 안정성이 확보되도록 하여야 한다.

3. 도시재정 구조

가정이나 회사에 수입과 지출이 있듯이, 도시재정도 세입과 세출로 분류된다. 세입은 도시정부의 재정수입을 의미하고, 세출은 도시정부의 재정지출을 뜻한다. 이에 대해 간략하게 살펴보면 다음과 같다.

도시정부의 세입은 도시정부가 지출하기 위해 얻는 모든 현금 수입을 말한다. 도시정부의 세입은 도시정부의 모든 수요를 충족시키기 위해 필요한 지출의 재원이 되는 1회계연도 동안의 일체의 현금적 수입을 말한다. 세입의 대부분은 조세 수입이 차지한다. 세입에는 우편저금의 예입 등과 같이 도시정부의 지출의 재원이 되지 않는 것은 포함되지 않지만, 재산의 처분, 지방채 발행 수입, 회계 간의 전입, 이체 등은 포함된다.

도시정부의 세입은 <표 11-1>에서 보는 바와 같이 크게 자주재원과 의존재원으로 분류된다. 자주재원은 도시정부의 자체 재원으로부터 자주적으로 거두어들이

표 11-1 도시정부 재정수입

도시정부 재정수입	자주재원	지방세수입
		세외수입
	의존재원	국고보조금
		지방교부세
		시·군 조정교부금
		자치구 조정교부금

는 수입으로서, 지방세수입과 세외수입으로 나눌 수 있다. 지방세수입은 도시정부가 공공경비를 조달하기 위해 그의 구성원으로부터 특정한 보상 없이 강제적으로 징수하는 조세이다. 세외수입은 일반적으로 도시정부의 재정수입 중에서 지방세 이외의 자체수입을 말하는 것으로 지방세에 대응하는 개념으로 사용되고 있다.

의존재원은 중앙정부 혹은 광역자치단체의 지원해주는 수입을 말한다. 국가가 지원해주는 의존재원에는 국고보조금, 지방교부세가 있다. 광역자치단체가 시에 지원하는 의존재원에는 시·군 조정교부금과 자치구 조정교부금이 있다. 이에 대해서는 뒤에서 자세하게 설명하기로 하고, 여기에서는 개념만 간략하게 살펴보기로 한다.

국고보조금은 국고에서 지출되는 보조금이다. 국가가 추진하는 정책을 장려하기 위해 그 재원의 일부를 교부하는 것으로서 국고부담금[1)]과는 구별된다. 과학기술의 연구비 보조금이나 무역진흥보조금, 공공사업에의 보조금 등 여러 가지가 있다. 국고보조금은 특정 사업의 장려가 주목적이지만, 지방자치단체에 대한 중앙정부의 통제력 강화를 위한 수단으로 활용되기도 한다.

지방교부세는 지방자치단체의 자주성을 저해함이 없이 지방자치단체의 재원을 보장하고 재정불균형을 완화하기 의한 것으로서, 지방재정교부금이라고도 불린다. 이 제도의 특징은 지방자치단체가 지방교부세를 자율적으로 활용할 수 있다는 데 있다.

조정교부금은 시·군 조정교부금과 자치구 조정교부금으로 구별된다(지방재정법 제29조와 제29조의2). 시·군 조정교부금은 광역자치단체인 도와 일부 광역시

1) 국고부담금은 법령에 의해 지방자치단체가 수행하는 사업비의 일정액을 국고에서 교부토록 의무화되어 있는 자금이다. 국고부담이 의무화되어 있는 점이 국고보조금과 다르다. 의무교육비관계 국고부담금, 공공사업비 보조부담금, 재해복구사업 보조부담금 등이 그 예이다.

산하의 시·군 간의 재정력 격차를 조정하기 위해 재정력이 약한 시·군에게 교부하는 지원금이다. 자치구 조정교부금이란 자치구들 간의 재정력 격차를 해소하고 상호 합리적인 재원조정과 균형발전을 위해 특별시와 광역시가 산하의 재정력이 약한 자치구에게 차등 교부해주는 지원금을 말한다.

도시정부의 세출은 1회계연도 동안 발생하는 도시정부의 수요를 충족시키기 위한 일체의 지출을 말한다. 여기에는 우편저금의 환급 등과 같이 도시정부의 재정적 수요와 관계가 없는 지출은 포함되지 않지만, 재산의 취득, 채무 감소를 위한 지출(공채 매입금 포함), 회계 간 전입, 이체 등은 포함된다. 도시정부는 조직을 유지하기 위해서, 그리고 도시 내에서 발생하는 많은 문제들을 해결하기 위해서 다양한 형태로 지출한다.

제2절

도시정부의 세입

1. 자주재원

자주재원(또는 자체수입)은 도시정부를 포함한 지방자치단체의 관할 내에 있는 자체 재원으로부터 도시정부가 자율적으로 거두어들이는 수입이다. 즉, 자주재원은 지방자치단체가 직접 징수하는 수입을 말한다. 자주재원에는 지방세수입과 지방세외수입이 있다.

1) 지방세수입

(1) 지방세수입의 의의

지방세수입은 지방자치단체가 그 자체에 속한 세원을 대상으로 징수하는 세금이다. 지방자치단체가 징수하는 지방세와 국가가 징수하는 국세는 성격이나 조세원칙 등이 유사하다. 그러나 국세와 비교할 때, 지방세는 그 세원이 국지화되어 있기 때문에, 소득재분배기능이나 경기조절기능의 수행에는 상대적으로 약한 특징을

표 11-2 지방세목

도세 · 시세 · 군세			특별시세 · 광역시세 · 자치구세		
도세		시세 · 군세	특별시세 · 광역시세		자치구세
보통세	목적세	보통세	보통세	목적세	보통세
취득세 등록면허세 레저세 지방소비세	지역자원시설세 지방교육세	담배소비세 주민세 지방소득세 재산세 자동차세	취득세 레저세 담배소비세 지방소비세 주민세 지방소득세 자동차세	지역자원시설세 지방교육세	등록면허세 재산세

* 서울시는 특별시와 자치구 간 재산세 공동과세.
출처: 「지방세기본법」 제8조와 제9조.

가지고 있다. 그러므로 지방세의 주된 기능은 지방자치단체가 지역사회의 복지를 증진시키기 위한 공공서비스를 제공하는 데 필요로 하는 재원을 조달하는 데 있다. 지방세의 세목은 <표 11-2>와 같다. 보통세는 일반 목적을 위한 세금이고, 목적세는 특별히 지정한 목적을 위한 세금이다.

(2) 지방세수입의 특징

한국의 지방세의 특징을 살펴보면 다음과 같다. 첫째, 한국은 조세의 세원(세금을 부과하는 원천인 재산, 소득 등)이 국세로 편향되어 있기 때문에 지방세 세원이 빈약하다. 따라서 대도시를 제외한 대부분의 지방자치단체들은 지방세의 재원조달 기능이 매우 취약하다.

둘째, 지방세목이 재산과세 중심적이다. 재산과세 중심적인 지방세제는 경기변화에 따라 신축적으로 세수입을 확보하는 것을 어렵게 만들 뿐만 아니라 특정 재산, 예컨대 부동산에 대한 세부담을 증대시킬 수 있다. 미국 캘리포니아(California) 주의 경우, 부동산에 대한 세부담이 조세저항운동으로 발전하면서 주민발의에 의해 '주민발의 13호(Proposition 13)'를 제정하게 되었다. 또한 조세는 응능성(應能性: 공평한 조세를 위해 과세표준을 개인의 부담능력에 두는 것)과 보편성을 가져야 하지만, 현행 지방세제는 소득 및 소비과세의 비중이 낮아 응능성도 약하고, 세원이 도시에 편중되어 있어 보편성도 결여되어 있다.

셋째, 세원의 지역 간 편차가 심하다. 이는 바로 앞에서 언급한 재산과세 중심적인 지방세제와 관련성이 매우 높다. 산업과 인구가 집중하는 도시에서는 부동산 수요가 증대되어 부동산 가격이 상승함으로써, 세원의 가치가 높아져 지방세수입이 증대된다. 반면, 산업과 인구의 유출이 발생하는 도시에서는 부동산 수요가 감소하여 부동산 가격이 하락함으로써, 세원의 가치가 떨어져서 지방세수입이 줄어든다.

2) 세외수입

(1) 세외수입의 의의

지방세와 함께 도시정부를 포함한 모든 지방자치단체의 수입원으로 중요한 위치를 차지하고 있는 지방세외수입에 대한 개념 정의는 인식의 차이에 따라 다르다. 주로 광의와 협의의 관점에서 혹은 회계의 성질의 관점에서 개념 정의를 한다.

먼저, 광의의 관점과 협의의 관점에서 세외수입에 대한 정의를 살펴보면 다음과 같다. 광의의 세외수입은 [지방재정수입-지방세수입-의존재원]이다. 즉, 사용료, 수수료, 분담금과 부담금, 전입금, 기부금, 지방채수입, 재산처분수입, 특별회계로 처리되는 각종 수입 등 지방재정수입에서 지방세수입과 의존재원을 제외한 모든 수입을 말한다. 협의의 세외수입은 광의의 수입 중에서 지방채수입, 기부금, 재산처분수입 등과 같이 일시적 수입을 뺀 나머지 수입을 뜻한다.

회계 종류의 관점에서 보면 세외수입은 일반회계수입과 특별회계수입으로 구분된다. 일반회계에는 경상적 수입과 임시적 수입이 있으며, 특별회계에는 사업수익과 사업외수익이 있다. 경상적 수입과 사업수익은 실질적 세외수입이며, 임시적 수입과 사업외수입은 명목상 세외수입이라 한다. 이에 대한 대표적인 항목들을 살펴보면 다음과 같다.

- 경상적 수입: 사용료, 수수료, 사업장수입, 이자수입 등
- 임시적 수입: 재산 매각대, 이월금, 기부금, 지방채 등
- 사업수입: 상·하수도 사업수입, 주택 사업수입, 병원 사업수입 등
- 사업외수입: 이월금, 전입금, 과년도 수입 등

여기에서 자세히 살펴보면 광의와 협의의 관점에서 내린 정의와 회계 종류의 관점에서 내린 정의에서 공통점을 찾을 수 있다. 실질적 세외수입(경상적 수입과

사업수익)과 명목상 세외수입(임시적 수입과 사업외수입)을 합한 정의는 광의의 정의에 해당한다. 협의의 정의는 실질적 세외수입만을 의미한다.

(2) 세외수입의 특징

지방세, 국고보조금, 지방교부세 등과 비교할 때 세외수입은 다음과 같은 특징을 가지고 있다. 첫째, 법령에 저촉되지 않는 한 비교적 자유롭게 세외수입이 증대될 수 있다. 도시정부를 포함한 모든 지방자치단체의 노력에 따라 세외수입이 확대될 수 있기 때문에, 지방자치단체의 중요한 잠재수입원이 될 수 있다. 둘째, 세외수입은 수입 근거와 종류가 매우 다양하다. 세외수입의 수입 근거는 법률, 대통령령, 부령, 조례 또는 사법상의 계약 등으로 다양하다. 세외수입의 종류도 행정서비스에 대한 사용료 및 수수료, 경제활동에 의한 재산임대수입 및 사업장수입, 전입금, 이월금 등을 포함하여 위에 열거된 것처럼 매우 다양하다. 셋째, 세외수입의 많은 부분은 행정서비스에 대한 반대급부 또는 대가로서 징수하는 것이기 때문에, 조세와 달리 이를 부담하는 것에 대한 저항이 비교적 적다.

2. 의존재원

의존재원은 국가가 지방자치단체에게 그리고 광역자치단체가 기초자치단체에게 이전하는 지원금을 말한다. 의존재원은 중앙정부의 일방적인 재정 원조라기보다는 공공재원에 대한 재원 분할의 성격을 띠면서, 중앙정부와 지방자치단체 사이의 공통된 정책목표를 수행하고 있다는 점에서 이전재원(이전수입)이라고도 한다. 의존재원은 아래에서 보는 바와 같이 국고보조금, 지방교부세, 시 · 군 조정교부금, 자치구 조정교부금 등이 있다(임재현, 2023: 332-338).

1) 국고보조금

(1) 국고보조금의 의의

국고보조금은 중앙정부가 특정 사업의 수행과 관련하여 지방자치단체에게 교부하는 자금이다. 즉, 국고보조금은 중앙정부가 국가적 사업을 수행할 때 지방자치단체에게 사업의 시행을 위임하고, 그 경비의 일부를 제공하는 것이다. 「지방재정법」 제23조 제1항에 의하면, 국가는 정책상 필요하거나 혹은 지방자치단체의 재정

사정상 필요할 경우에는 예산의 범위에서 지방자치단체에게 보조금을 교부할 수 있다. 그런데 국고보조금은 국가 전체적 차원에서 교부하는 것이 아니라 중앙정부의 각 부처에서 개별적으로 제공한다. 국고보조금을 지원할 때는 재원 사용의 목적과 범위를 엄격하게 제한하는 것은 물론이고, 집행과정에 대해서도 엄격하게 통제하고 있다.

보조금은 중앙정부가 지방자치단체에게 교부하는 것이 있으며, 또한 광역자치단체가 개인이나 법인·단체 혹은 기초자치단체에게 교부하는 것이 있다. 따라서 「지방재정법」은 국고보조금과 지방보조금을 구분하기 위해 중앙정부가 지원하는 것은 국고보조금으로 표현하고, 광역자치단체가 지원하는 보조금은 지방보조금이라고 규정하고 있다. 다만, 「보조금 관리에 관한 법률」에서 말하는 보조금은 국고보조금을 지칭하는 것이다.

국고보조금은 협의의 관점에서 보느냐 아니면 광의의 관점에서 보느냐에 따라 아래와 같이 구분된다.

협의의 관점에서 보면, 국고보조금에는 장려적 보조금과 지방재정보전보조금이 있다. 장려적 보조금은 중앙정부가 특정 사업을 장려하기 위해 지원하는 것이고, 지방재정보전보조금은 지방자치단체의 재정상 특별히 필요하다고 인정될 때 지방자치단체에게 그 사업의 시행을 위해 제공하는 것이다.

광의의 관점에서 보면, 국고보조금에는 장려적 보조금, 지방재정보전보조금 외에 부담금과 교부금이 포함된다. 부담금은 자치사무이지만 국가와 지방자치단체 상호 간에 이해관계가 있는 사무를 원활하게 처리하기 위하여 국가가 부담하는 경비이다. 교부금은 지방자치단체에게 위임하여 수행하는 국가사무를 처리하기 위하여 교부하는 경비이다.

(2) 국고보조금의 특징

국고보조금의 특징은 다음과 같다. 첫째, 사용목적이 구체적으로 정해져 있다. 사용목적 이외의 용도로 국고보조금을 사용해서는 안 된다. 둘째, 대부분의 경우에 국고보조금은 지방자치단체에게 일정 부분의 부담, 즉 매칭펀드(matching fund)[2]를

2) 매칭펀드 방식에 대한 정의는 재정, 경영학, 금융 분야에서 약간씩 다르다. 첫째, 재정에서는 중앙정부가 지방자치단체나 민간에 예산을 지원할 때 자구노력에 연계해 자금을 배정하는 방식을 말한다. 한국에서는 1993년 지방 중소기업 지원사업에서 이 매칭펀드를 처음 도입했다. 지방이 무조건 중앙정부에 예산을 달라고 요구할 것이 아니라, 먼저 자체적으로 노력을 하면 그에 상응

요구한다. 즉, 국가가 특정 사업의 경비 전액을 부담하는 것이 아니라, 경비의 일부를 지방자치단체가 부담하도록 한다.

2) 지방교부세

(1) 지방교부세의 의의

지방교부금이라고도 불리는 지방교부세는 지방자치단체의 재원을 보전하고 지방자치단체들 간의 재정격차를 조정하기 위해 국가가 사용목적을 정하지 않고 지방자치단체에게 지원하는 교부금이다. 따라서 재정 상태가 좋은 지방자치단체에게는 교부금을 적게 주거나 혹은 주지 않고 재정 상태가 어려운 지방자치단체에게는 상대적으로 많은 교부금을 줌으로써, 지방자치단체들 간의 재정 상태의 균형화를 꾀하고자 한다. 또한 부수적인 조건도 없고 운영에 대한 감독도 하지 않는다.

지방교부세의 재원은 ① 해당 연도의 내국세(목적세 및 종합부동산세, 담배에 부과하는 개별소비세 총액의 100분의 45 및 다른 법률에 따라 특별회계의 재원으로 사용되는 세목의 해당 금액은 제외) 총액의 1만분의 1,924에 해당하는 금액, ② 종합부동산세 총액, ③ 담배에 부과하는 개별소비세 총액의 100분의 45에 해당하는 금액, ④ 내국세 예산액과 결산액의 차액으로 인한 교부세의 차액, ⑤ 종합부동산세 예산액과 결산액의 차액으로 인한 교부세의 차액, ⑥ 담배에 부과되는 개별소비세 총액의 100분의 45에 해당하는 예산액과 그 결산액의 차액으로 인한 교부세의 차액(지방교부세법 제4조 제1항). 교부의 방법은 「지방교부세법」과 시행령에 구체적으로 명시되어 있다.

(2) 지방교부세의 종류

지방교부세의 종류는 보통교부세, 특별교부세, 부동산교부세, 소방안전교부세로 구분된다.

한 지원을 하는 것이다. 둘째, 경영학에서는 공동자금출자라는 의미로 쓰인다. 흔히 컨소시엄의 형태로 자금을 여러 기업이 공동출자할 때 매칭펀드라고 부른다. 셋째, 금융에서는 혼합기금이라는 의미로 쓰인다. 투신사가 국내투자자들과 외국투자자들을 대상으로 수익증권을 발행, 판매된 투자자금을 국내증권과 해외증권에 동시에 투자하는 것을 말한다. 즉, 투자신탁회사를 통한 간접적 방법에 의해 외국 투자자들에게는 국내증권투자를, 내국인에게는 해외증권투자를 할 수 있는 기회를 부여한 펀드이다. 이는 해외투자비중과 국내투자비중을 여건에 따라 탄력적으로 조정할 수 있다.

① 보통교부세

보통교부세는 아래에 해당되는 금액을 재원으로 한다. 이를 재원으로 보통교부세는 해마다 기준재정수입액이 기준재정수요액에 못 미치는 지방자치단체에게 그 미달액을 기초로 교부하되, 자치구의 경우에는 기준재정수요액과 기준재정수입액을 각각 해당 특별시 또는 광역시의 기준재정수요액 및 기준재정수입액과 합산하여 산정한 후, 그 특별시 또는 광역시에 교부한다(지방교부세법 제6조 제1항).

보통교부세의 재원

(해당 연도의 내국세 총액의 19.24%+내국세 정산액)×100분의 97

위에서 언급된 기준재정수요액과 기준재정수입액에 대해 구체적으로 살펴보면 다음과 같다.

기준재정수요액은 지방자치단체가 그 기능을 수행하는 데 기본적으로 필요하다고 생각되는 재정을 말한다. 즉, 지방자치단체가 기본 행정을 수행하기 위해 미리 예측하여 계산한 기본적인 경비이다. 기준재정수요액은 각 측정 항목별로 측정단위의 수치를 해당 단위비용에 곱하여 얻은 금액을 합산한 금액이며, 측정 항목과 측정 단위는 대통령령으로 정하고, 단위비용은 대통령령으로 정하는 기준 이내에서 물가 변동 등을 고려하여 행정안전부령으로 정한다(지방교부세법 제7조 제1항, 제2항).

기준재정수입액은 지방자치단체가 자주적으로 거두어들일 수 있는 기본 수입을 말한다. 즉, 지방자치단체의 재정수입을 합리적으로 측정하기 위하여 아래의 방법에 의하여 산정한 금액이다. 기준재정수입액은 기준세율로 산정한 해당 지방자치단체의 보통세 수입액으로 하며, 기준세율은 「지방세법」에 규정된 표준세율의 100분의 80에 해당하는 세율로 한다(지방교부세법 제8조 제1항, 제2항).

② 특별교부세

특별교부세의 재원은 아래와 같다. 이를 재원으로 다음과 같은 기준에 의거하여 교부한다(지방교부세법 제9조 제1항). 첫째, 기준재정수요액의 산정 방법으로는 파악할 수 없는 지역 현안에 대한 특별한 재정수요가 있는 경우에는 특별교부세 재원의 100분의 40에 해당하는 금액을 교부한다. 둘째, 보통교부세의 산정기일 후에 발생한 재난을 복구하거나 재난 및 안전관리를 위한 특별한 재정수요가 생기거나 재정수입이 감소한 경우에는 특별교부세 재원의 100분의 50에 해당하는 금액을 교부한다. 셋째, 국가적 장려사업, 국가와 지방자치단체 간에 시급한 협력이 필요한 사업, 지역 역점시책 또는 지방행정 및 재정운용 실적이 우수한 지방자치단체에 재정 지원 등 특별한 재정수요가 있을 경우에는 특별교부세 재원의 100분의 10에 해당하는 금액을 교부한다.

특별교부세의 재원

(해당 연도의 내국세 총액의 19.24%+내국세 정산액)×100분의 3

③ 부동산교부세

부동산교부세의 재원은 (「종합부동산세법」에 의한 종합부동산세 총액+종합부동산세 예산액과 그 결산액의 차액으로 인한 교부세의 차액)으로 한다. 부동산교부세는 지방자치단체에게 전액 교부한다. 부동산교부세의 교부기준은 지방자치단체의 재정여건이나 지방세 운영상황 등을 고려하여 대통령령으로 정한다(지방교부세법 제9조의 3).

④ 소방안전교부세

소방안전교부세와 관련된 내용은 「지방교부세법」 제9조의4의 제1항과 제2항에 규정되어 있다. 이를 살펴보면 다음과 같다. 행정안전부 장관은 지방자치단체의 소방 인력 운용, 소방 및 안전시설 확충, 안전관리 강화 등을 위하여 소방안전교부세 전액을 지방자치단체에게 교부하여야 한다. 이 경우, 소방 분야에 대해서는 소방청장의 의견을 들어야 한다. 소방안전교부세의 교부기준은 지방자치단체의 소방 인력, 소방 및 안전시설 현황, 소방 및 안전시설 투자 소요, 재난예방 및 안전강화 노력, 재정여건 등을 고려하여 대통령령으로 정하되, 소방안전교부세 중 「개별소비세법」에 따라 담배에 부과하는 개별소비세 총액의 100분의 20을 초과하는 부분은 소방 인력의 인건비로 우선 충당하여야 한다.

3) 시 · 군 조정교부금

시 · 군 조정교부금은 광역자치단체인 도와 일부 광역시 본청이 소속 시 · 군이

징수한 광역시세 및 도세의 일부를 재원으로 하여 시·군에 배분하여 상·하위 지방자치단체 간 수직적 재정조정제도의 역할 뿐만 아니라 시·군 간의 재정력 격차를 조정하여 시·군 간 수평적 재정조정제도의 역할을 수행하는 제도이다. 현재의 시·군 조정교부금은 「지방재정법」 개정 전에는 재정보전금으로 불렸으나, 「지방재정법」 개정 후에는 시·군 조정교부금으로 명칭이 바뀌었다.

시·군 조정교부금의 재원 확보 방법과 배분 방식은 아래와 같다(지방재정법 제29조 제1항, 제2항, 제3항, 제4항). 시·도지사(특별시장은 제외)는 아래 금액의 27퍼센트(인구 50만 명 이상의 시와 자치구가 아닌 구가 설치되어 있는 시의 경우에는 47퍼센트)에 해당하는 금액을 관할 시·군 간의 재정력 격차를 조정하기 위한 조정교부금의 재원으로 확보하여야 한다.

- 시·군에서 징수하는 광역시세·도세(화력발전·원자력발전에 대한 지역자원시설세, 소방분 지역자원시설세 및 지방교육세는 제외)의 총액
- 해당 시·도(특별시는 제외)의 지방소비세액(지방세법 제71조 제3항 제3호 가목 및 동항 제4호 가목에 따라 시·도에 배분되는 금액은 해당 지방소비세액에서 제외)을 전년도 말의 해당 시·도의 인구로 나눈 금액에 전년도 말의 시·군의 인구를 곱한 금액

시·도지사는 확보된 조정교부금의 재원을 인구, 징수실적(지방소비세는 제외), 해당 시·군의 재정 상황, 그 밖에 대통령령으로 정하는 기준에 따라 해당 시·도의 관할 구역의 시·군에 배분한다. 또한 시·도지사는 화력발전·원자력발전에 대한 각각의 지역자원시설세의 100분의 65에 해당하는 금액(지방세징수법 제17조 제2항에 따른 징수교부금을 교부한 경우에는 그 금액을 뺀 금액)을 화력발전소·원자력발전소가 있는 시·군에 각각 배분하여야 한다. 그리고 시·도지사는 「지방세법」 제43조 제2호의 장외발매소(동법 동조 제1호의 경륜 등의 사업장과 함께 있는 장외발매소는 제외)에서 발매한 동법 제42조에 따른 승자투표권, 승마투표권 등에 대하여 시·군에서 징수한 레저세의 100분의 20에 해당하는 금액을 그 장외발매소가 있는 시·군에 각각 배분하여야 한다.

시·군 조정교부금의 종류와 배분 방식은 다음과 같다(지방재정법 시행령 제36조). 시·군 조정교부금은 두 종류로 구분된다. 하나는 일반조정교부금으로서, 시·군의 행정 운영에 필요한 재원을 보전하는 등 일반적 재정수요에 충당하기 위

한 것이다. 일반조정교부금의 재원은 조정교부금 총액의 90%에 해당되는 금액으로 한다. 일반조정교부금을 배분할 때에는 일반조정교부금 총액의 100분의 50에 해당하는 금액은 해당 시 · 군의 인구 수에 따라 배분하고, 100분의 20에 해당하는 금액은 해당 시 · 군의 광역시세 · 도세 징수실적에 따라 배분하며, 100분의 30에 해당하는 금액은 재정력지수(「지방교부세법」에 따라 산정한 매년도 기준재정수입액을 기준재정수요액으로 나눈 값)가 1 미만인 시 · 군을 대상으로 1에서 해당 시 · 군의 재정력지수를 뺀 값을 기준으로 배분한다. 또 다른 하나는 특별조정교부금으로서, 시 · 군의 지역개발사업 등 특정한 재정수요를 위한 것이다. 특별조정교부금의 조정교부금 총액의 10%에 해당되는 금액으로 한다. 일반조정교부금의 배분시기 등 집행에 관한 사항과 특별조정교부금의 구체적인 배분 기준, 산정 방법, 배분 시기 등에 관한 사항은 시 · 도의 조례로 정한다.

4) 자치구 조정교부금

자치구 조정교부금은 광역자치단체인 특별시와 광역시가 징수하는 세수의 일부를 재원으로 하여, 재정력이 취약한 산하 자치구에 재정력을 보충해 주는 것을 목적으로 하는 지원금이다. 일단 교부되면 지방교부세와 마찬가지로 해당 자치구의 일반 재원처럼 활용된다.

자치구 조정교부금의 확보 방법과 배분 방식은 다음과 같다(지방재정법 시행령 제36조의2). 자치구 조정교부금의 재원은 특별시 · 광역시의 시세 중 「지방세기본법」 제8조 제1항 제1호 각 목에 따른 보통세(취득세, 레저세, 담배소비세, 지방소비세, 주민세, 지방소득세, 자동차세)로 하되, 아래의 금액은 제외한다.

- 특별시: 「지방세법」 제71조 제3항 제3호 가목에 따라 배분되는 지방소비세
- 광역시: 「지방세법」 제71조 제3항 제3호 가목에 따라 배분되는 지방소비세, 동법에 따른 주민세 사업소분과 주민세 종업원분

「지방세법」 제71조 제3항 제3호 가목에 따라 배분되는 지방소비세

지방소비세의 세액은 지방소비세의 과세표준(부가가치세의 납부세액에서 부가가치세의 감면세액 및 공제세액을 빼고 가산세를 더하여 계산한 세액)에 253/1,000을 적용하여 계산한 금액으로 한다. 이에 따라, 계산한 세액의 100/253분에 해당하는 부분은 광역자치단체장

또는 「지방세기본법」에 따라 설립된 지방자치단체조합의 장 중에서 행정안전부 장관이 지정하는 납입관리자가 다음과 같이 납입한다. 즉, 국가에서 지방으로 전환되는 사업의 비용을 보전하기 위하여 대통령령으로 정하는 금액을 지역상생발전기금으로 설치한 광역자치단체는 지방자치단체조합을 설립하여야 하며, 납입관리자는 위 지방자치단체조합장에게 납입한다. 지방자치단체조합장은 납입관리자로부터 납입받은 세액을 대통령령에 따라 국가에서 지방으로 전환되는 사업의 비용 보전을 위해 지방자치단체장에게 안분하여 배분한다.

자치구 조정교부금의 교부율, 산정 방법, 교부 시기 등에 관하여 필요한 사항은 특별시·광역시의 조례로 정한다.

제3절

도시정부의 세출

1. 도시정부 세출의 개념과 원칙

도시정부의 세출은 도시정부가 1회계연도 내에 자신의 목표를 달성하기 위하여 지출한 공공경비를 의미한다. 즉, 도시정부의 1회계연도에 도시정부의 모든 수요를 충족시키기 위한 일체의 지출을 말한다. 도시정부의 재정적 수요와 관계가 없는 지출은 세출에서 제외된다. 「지방재정법」 제3조의 규정에 기초한 도시정부의 재정운용 기본원칙은 다음과 같다.

- 도시정부는 시민의 복리 증진을 위하여 그 재정을 건전하고 효율적으로 운용하여야 하며, 국가의 정책에 반하거나 국가 또는 다른 지방자치단체의 재정에 부당한 영향을 미치게 하여서는 안 된다.
- 도시정부는 예산이 여성과 남성에게 미치는 효과를 평가하고, 그 결과를 도시정부의 예산에 반영하기 위하여 노력하여야 한다.

「지방재정법」 제3조를 기반으로 「지방재정법」 시행령과 「지방공무원법」에 규정되어 있는 도시정부의 세출의 주요 원칙은 다음과 같다.

1) 국가정책에 반하는 재정지출의 금지

「지방재정법」 제3조에 의거한 원칙으로서, 도시정부는 국가의 정책에 반하거나 국가 또는 다른 지방자치단체의 재정에 부당한 영향을 미치는 재정지출을 하여서는 아니 된다. 여기에서 국가정책은 정부가 법령 · 지침 또는 예산으로 추진하는 모든 사업을 뜻한다.

2) 당해 도시정부 사무와 관련 없는 경비지출의 금지

「지방재정법」 시행령 제32조에 규정된 원칙으로서, 도시정부는 경비를 지출함에 있어 당해 도시정부의 소관에 속하는 사무의 처리에 한하여 지출해야 한다. 법령에 근거 없이 국가 또는 다른 지방자치단체의 사무 및 교육사무를 처리하기 위하여 경비를 지출해서는 안 된다.

3) 세출예산의 목적 외 사용 금지

「지방재정법」 제47조에 규정된 원칙으로서, 세출예산에 정한 목적 외의 용도로 경비를 사용하거나 세출예산에서 정한 각 정책사업 간에 서로 이용할 수 없다. 다만, 예산 집행에 필요하며 미리 예산으로서 시의회의 의결을 얻었을 때에는 이용할 수 있다.

4) 회계연도 독립의 원칙

「지방재정법」 제7조에 명시된 원칙으로서, 각 회계연도의 경비는 해당 연도의 세입으로 충당하여야 한다. 즉, 세출예산은 회계연도 개시 전은 물론, 당해 회계연도를 경과한 후에는 집행할 수 없다. 전년도에 발생한 업무와 관련하여 현년도 예산에서 집행해서는 안 된다.

5) 기부 또는 보조의 제한

「지방재정법」 제17조의 원칙으로서, 도시정부는 그 소관에 속하는 사무와 관련하여 다음의 어느 하나에 해당하는 경우와 공공기관에 지출하는 경우에만 개인·법인·단체에 기부·보조하거나, 그 밖의 공금 지출을 할 수 있다. 다만, 아래 4번째에 따른 지출은 해당 사업의 지출근거가 조례에 직접 규정되어 있어야 한다.

- 법률에 규정하고 있는 경우
- 국고 보조 재원(財源)에 의한 것으로서 국가가 지정한 경우
- 용도가 지정된 기부금의 경우
- 보조금을 지출하지 아니하면 사업을 수행할 수 없는 경우로서 도시정부가 권장하는 사업을 위하여 필요하다고 인정되는 경우

6) 출자 또는 출연의 제한

「지방재정법」 제18조에는 다음과 같은 세 가지 규정이 명시되어 있다. 첫째, 도시정부는 법령에 근거가 있는 경우에만 출자를 할 수 있다. 둘째, 도시정부는 조례에 근거가 있는 경우에만 출연을 할 수 있다. 셋째, 도시정부가 출자 또는 출연을 하려면 미리 해당 시의회의 의결을 얻어야 한다.

7) 법령에 근거한 공무원 관련 경비 집행

「지방공무원법」 제44조의 규정으로서, 공무원의 보수는 직무의 곤란성과 책임의 정도에 맞도록 계급별·직위별 또는 직무등급별로 정한다. 다만, 다음에 해당하는 공무원의 보수는 따로 정할 수 있다. 공무원의 보수는 일반의 표준생계비, 물가수준, 그 밖의 사정을 고려하여 정하되, 민간부문의 임금 수준과 적절한 균형을 유지하도록 노력하여야 한다. 경력직 공무원 간, 경력직 공무원과 특수경력직 공무원 간에 보수의 균형을 도모하여야 한다. 이 법이나 그 밖의 법령에서 정한 보수에 관한 규정에 따르지 아니하고는 어떠한 금전이나 유가물도 공무원의 보수로 지급될 수 없다.

- 직무의 곤란성과 책임도가 매우 특수하거나 결원을 보충하기 어려운 직무에 종사하는 공무원
- 계급 구분이나 직군 및 직렬의 분류를 적용하지 아니하는 공무원
- 임기제 공무원

8) 예산 집행 절차 준수

예산을 집행하는 경우, 관련 법령 · 조례 · 규칙 · 예규 등으로 기준과 절차를 정한 경우에는 그 절차와 기준을 반드시 준수하여 예산을 집행하여야 한다.

2. 도시정부 세출의 종류

도시정부의 지출은 여러 가지로 분류될 수 있으나, 여기에서는 많이 이용되고 있는 기준으로 분류해보기로 한다.

1) 기능적 분류

세출에만 적용되는 분류로서, 예산정책 수립과 예산심의를 용이하게 하는 분류이다. 정부활동에 관한 개략적인 정보를 시민에게 제공하기 때문에, 시민이 예산을 가장 잘 이해할 수 있어서 시민을 위한 분류라고도 불린다. 대표적인 기능 몇 가지만 살펴보면 다음과 같다.

(1) 일반행정비

도시정부의 행정조직을 관리 · 운영하는 데 필요한 비용이다. 시민에게 직접 공공서비스를 제공하는 데 쓰이는 비용이 아니라, 행정조직의 내부를 위한 간접 경비의 특징을 보인다.

(2) 사회복지비

개개인이 스스로의 힘이나 민간경제를 통해서 충족시킬 수 없는 사회적 욕구를 충족시키기 위한 서비스와 생활 능력이 없는 사람의 인간다운 기본생활을 보장하기 위한 서비스에 소요되는 경비이다. 즉, 기초생활 보장, 취약계층 지원, 보육 · 가족 · 여성 지원, 노인 · 청소년 지원, 노동, 보훈, 주택, 사회복지 일반, 보건의료, 식품의약안전 등에 쓰이는 비용이다.

(3) 산업경제비

산업경제비는 도시의 산업개발과 경제성장을 위해 사용되는 경비이다. 이에는 산업금융 지원, 산업기술 지원, 무역 및 투자 유치, 산업 진흥 · 고도화, 에너지 및 자원 개발 등이 포함된다.

(4) 지역개발비

도시에 필요한 공공시설이나 사업을 위해 쓰이는 경비이다. 수자원, 산업단지 등에 투자되는 경비이다.

(5) 교육비

도시의 교육환경을 조성하고 교육의 질적 수준을 향상시키기 위한 경비이다. 유아 교육, 초·중등교육, 고등교육, 평생·직업교육 등에 사용되는 경비이다.

(6) 문화·관광비

도시의 문화를 개발·보존하고 관광사업을 촉진시키며, 시민의 체육을 진흥시키기 위한 경비이다. 문화예술, 관광, 체육, 문화재 등에 사용되는 경비이다.

2) 품목별·성질별 분류

(1) 인건비

도시정부의 목적을 달성하기 위한 인적 활동에 소요되는 비용이다. 급여, 상여금, 각종 수당, 피복비, 급량비 등이 인건비에 포함된다. 도시정부는 시민의 행정수요를 충족시키기 위해 시민들과 항상 밀접한 관계를 유지하기 때문에, 세출에서 인건비가 차지하는 비중이 높은 것이 일반적인 경향이다(박병식 외, 2010: 265).

(2) 물건비

물건비는 도시정부의 기관 유지와 행정 집행에 필요한 경비이다. 주로 행정내부적 경비라 할 수 있으며, 경비 전체가 소모적인 경상적 경비이다. 일반운영비, 여비, 업무추진비, 직무수행경비, 공공요금 및 제세, 각종 이용료, 재료비, 시설장비 유지비, 연구개발비 등이 물건비에 포함된다.

(3) 경상이전비

도시정부가 다른 지방자치단체 또는 가계, 기업에 지출하는 경상적·이전적 지출이다. 구호피복비, 배상금, 보상금, 출연금, 교부금 등이 여기에 속한다. 이전적 경비라고 하더라도 지방자치단체에 대한 자본 보조나 민간에 대한 자본 보조는 여기에 포함되지 않는다.

(4) 자본거래비

시설비와 같이 자본 형성과 직·간접적으로 연결되는 경비이다. 도로 건설비, 교량 건설비, 하천 개수비, 토지매입비, 시설비, 자산취득비, 출자금 등과 같이 도시정부의 고정자본 형성과 관련된 경비이다.

3) 경상적 경비와 임시적 경비

경상적 경비는 도시정부가 매 회계연도마다 주기적으로 계속하여 지출해야 하는 경비로서, 도시정부가 해야 하는 기능을 수행하기 위해 필요한 고정경비이다. 따라서 경상적 경비의 규모는 일반적으로 일정하거나 혹은 변동이 발생한다 할지라도 대체로 예측이 가능하다는 특징이 있다. 이러한 경상적 경비에 속하는 것으로는 인건비 중 급여, 상여금, 제수당 등 시공무원에 대한 보수 및 제세공과금, 시설·장비의 유지관리비, 이자 지급, 매년 계속되는 사업 등에 소요되는 경비를 들 수 있다. 이러한 경상적 경비는 정책의 변동이 있거나 혹은 임시적인 사정의 변동이 있어도 지출해야 하는 법정·의무적 경비를 포함하고 있어, 재정구조의 경직성과 밀접한 관계에 있다.

임시적 경비는 돌발적·일시적인 행정수요에 대처하기 위하여 지출되는 경비로서, 가변적인 경비이다. 세출예산에서는 경상적 경비의 비중이 낮을수록 그리고 경상적 수입이 경상적 지출보다 많을수록 바람직하다.

4) 의무적 경비와 임의적 경비

의무적 경비란 매 회계연도마다 그 지출이 도시정부의 의무로 되어 있는 경비를 말한다. 인건비, 구호비가 이에 해당된다. 따라서 의무적 경비는 탄력성이 없는 경비로서, 이 경비의 다소는 재정구조의 경직성을 나타내는 지표로 사용된다. 임의적 경비는 필요에 따라 지출 여부를 결정할 수 있는 경비이다. 의무적 경비가 많을수록 재정구조의 경직성이 높다.

5) 소비적 경비와 투자적 경비

소비적 경비는 일반 행정을 위해 지출되는 인건비, 물건비 등을 말한다. 도시정부의 순자산 규모에는 아무런 영향을 미치지 않는다. 소비적 경비의 지출 효과는 단기적이며 일회적이다. 투자적 경비란 내구재, 생산시설 등에 대한 자본적 지출을 말하는 것으로, 도시정부의 순자산 규모를 증대시킨다. 투자적 경비의 지출 효과는 장기적이며 지속적이다.

6) 이전적 경비와 비이전적 경비

이전적 경비는 소득 또는 재원의 재분배와 관련된 경비이다. 즉, 보조금, 교부금 등이 이전적 경비에 해당된다. 보조금, 연금 등과 같이 인적 · 물적 자원을 얻는 것 없이 일방적으로 이전되는 경비 형태이다. 따라서 직접적 자원효과가 전혀 없는 것이 그 특징이다. 비이전적 경비 혹은 실질적 경비는 직접적인 재화와 서비스의 구입에 지출되는 경비이다. 즉, 인적 · 물적 자원을 획득하는 목적으로 지출되는 경비이며, 인건비와 물건비가 이에 해당된다.

제4절

한국의 도시정부 재정수입의 현황

지금까지 우리나라 도시정부의 세입과 세출의 특징과 종류에 대해 살펴보았다. 도시정부의 세입과 세출은 각각 매우 중요한 이슈이기 때문에 면밀한 검토가 필요하다. 그러나 세입은 세출에 영향을 미치고, 세입은 지방재정자립도와 지방재정자주도를 산정하는 요인이며, 이외에 여러 이유로 인해 여기에서는 도시정부의 세입과 관련된 중요한 현황을 중심으로 살펴보기로 한다.

지방재정자립도와 지방재정자주도

지방재정자립도는 지방자치단체가 재정활동에 필요한 자원을 어느 정도 자체적으로 조달할 수 있느냐를 나타내는 지표이다. 즉, 재원 조달 측면에서의 자립 정도를 나타낸다.

재정자립도 = {(자주재원 − 지방채)/일반회계세입(자주재원 + 의존재원)} × 100

지방재정자주도는 지방자치단체가 자율적으로 사용할 수 있는 자원의 정도를 나타내는 지표이다. 즉, 재원 사용 측면에서의 자율성을 나타낸다.

재정자주도 = {(자주재원+지방교부세+조정교부금)/일반회계세입)}×100

1. 국세와 지방세

전 세계적으로 '한강의 기적'이라는 칭송을 받을 정도로 우리나라의 경제규모가 빠른 속도로 성장함에 따라 중앙정부의 재정지출이 급속하게 확대되었고, 또한 지방자치를 실시함에 따라 도시정부의 재정지출도 커지고 있음은 익히 아는 사실이다. 이는 경제규모의 확대에 따라 많은 새로운 기반시설들이 필요하게 되었을 뿐만 아니라, 시민들의 행정수요도 양적으로 확대되고 질적으로 다양하게 나타났기 때문이다.

국가재정은 국가가 존립과 활동을 위하여 필요한 재력(財力)을 취득하고, 수입과 지출을 관리하는 경제활동을 일컫는다. 도시재정은 도시정부의 존립과 활동을 위하여 필요한 경제활동을 말한다. 도시재정을 살펴보기 위해서는 도시정부의 재정 규모를 제시하여야 하는데, 이에 대한 자료를 확보하기 힘들어서 도시를 포함한 모든 지방자치단체의 재정 규모를 검토하기로 한다.

<표 11-3>은 최근의 국가재정 규모와 지방재정 규모를 보여주고 있다. <표 11-3>에 따르면, 국가재정과 지방재정이 모두 증가하고 있지만, 2015년에서 2019년까지의 [지방재정/총재정(국가재정+지방재정)]은 35.4%에서 38.1% 사이에 머무르고 있다.

표 11-3 국가재정과 지방재정

(단위: 억 원, %)

구분	2015	2016	2017	2018	2019
국가재정(A)	2,578,816	2,739,981	2,804,840	2,999,460	3,308,841
지방재정(B)	1,418,789	1,502,876	1,631,103	1,738,429	2,034,931
B/(A+B)	35.5	35.4	36.8	36.7	38.1

출처: 행정안전부(2020), 『2019년도 지방재정연감』.

표 11-4 국세와 지방세

(단위: 억 원, %)

구분	2015	2016	2017	2018	2019
국세(C)	2,178,851	2,425,617	2,653,849	2,935,704	2,934,543
지방세(D)	709,778	755,317	804,091	843,183	904,604
D/(C+D)	24.6	23.7	23.3	22.3	23.6

출처: 행정안전부(2020). 『2020 지방세 통계연감』.

기본적으로 중앙정부의 재정지출은 국세에 의해 이루어지고, 지방자치단체의 재정지출을 위한 기본적인 수입은 지방세이다. 물론, 중앙정부이든 지방자치단체이든 간에 세수입 외의 다양한 수입이 있다. 예를 들어, 지방자치단체의 세입은 지방세수입 외에 세외수입, 그리고 의존재원이 있음은 앞에서 설명되었다. 그러나 지방자치단체의 가장 중요한 세입은 세수입이다.

그런데 <표 11-4>에서 보는 바와 같이, 2015년에서 2019년까지의 [지방세/(국세+지방세)]의 비율은 2019년에 전년도보다 상승하였지만, 전체적으로는 점차 감소하고 있는 모양을 보이고 있다. 또한 2015년에서 2019년까지의 [지방세/(국세+지방세)]의 비율은 22.3%에서 24.6% 사이에 있다. 이는 국세 대비 지방세의 비율이 매우 낮음을 의미한다. 즉, 세원(source of taxation, 稅源)[3]이 국세 중심적임을 보여주고 있다.

<표 11-3>과 <표 11-4>를 비교해 볼 때, 국가재정과 지방재정, 그리고 국세와 지방세는 모두 증가하고 있다. 그러나 전체 재정에서 지방재정이 차지하는 비중과 전체 세수입에서 지방세가 차지하는 비중을 비교해보면, 전체 세수입에서 지방세가 차지하는 비중이 상대적으로 낮음을 알 수 있다. 이는 지방자치단체의 활동을 위해 필요한 지방재정을 충당해야 하는 지방세수입이 매우 적다는 것을 의미한다. 즉, 지방세가 지방재정을 담당하기에 크게 부족하다는 것을 보여주고 있다.

2. 도시정부 재정수입의 세입원별 구성

<표 11-5>는 도시정부 재정수입의 세입원[4]별 구성을 보여준다. 지방재정수입은 자주재원과 의존재원으로 나누어진다는 것은 앞에서 서술되었다. 자주재원은

3) 세금을 거두어들이는 원천으로서, 납세자의 소득, 재산, 자본 등을 말한다.
4) 지방재정수입의 원천으로서, 크게 자주재원과 의존재원으로 구분된다.

표 11-5 2019년 도시정부 재정수입의 세입원별 구성

(단위: 백만 원)

구분	지방자치단체 합계	특별시·광역시	시	자치구
세입 합계	367,718,456	88,334,885	104,501,494	41,938,927
지방세 수입	86,747,973	34,266,855	18,799,455	5,789,141
세외 수입	27,256,145	8,739,675	10,800,223	3,195,061
국고 보조금	125,671,382	20,571,262	29,280,033	20,982,254
지방 교부세	56,180,936	6,184,425	20,982,229	1,053,790
조정 교부금	12,821,087	–	5,198,483	6,131,407
지방채	4,031,586	3,300,693	458,210	8,000
보전수입 등 기타	55,009,346	15,271,975	18,982,859	4,779,273

출처: 행정안전부(2021). 『2019년도 지방재정연감』.

지방세수입과 세외수입으로 구성되고, 의존재원은 국고보조금, 지방교부세, 조정교부금 등으로 구성된다.

<표 11-5>에 따르면, 지방자치단체별로 세입원의 구성이 조금씩 다름을 알 수 있다. 특별시와 광역시의 경우 지방세수입이 가장 큰 비중을 차지하고, 시와 구의 경우 국고보조금의 비중이 가장 높다.

2019년도 지방재정수입 전체를 대상으로 세입원별 구성을 보면 다음과 같다. 자주재원과 의존재원의 비중은 약 [37 : 63]으로서 의존재원의 규모가 자주재원의 규모보다 더 크다. 자주재원에서 지방세수입와 세외수입의 비중은 약 [76 : 24]로 지방세수입이 훨씬 많다. 의존재원은 주로 국고보조금과 지방교부세로 구성되어 있으며, [국고보조금 : 지방교부세]는 [69 : 31]으로서 의존재원은 국고보조금 중심임을 알 수 있다.

2019년도 도시정부를 대상으로 재정수입 세입원별 구성 비율을 살펴보면 다음과 같다.

특별시・광역시의 자주재원과 의존재원의 비중은 약 [62 : 38]로서 자주재원의 규모가 의존재원의 규모보다 더 크다. 자주재원에서 지방세수입와 세외수입의 비중은 약 [80 : 20]으로서 지방세수입이 훨씬 많다. 의존재원은 국고보조금과 지방교부세로 구성되어 있으며, [국고보조금 : 지방교부세]는 약 [77 : 23]으로서 의존재원은 국고보조금 중심임을 알 수 있다.

시의 자주재원과 의존재원의 비중은 약 [35 : 65]로서 의존재원의 규모가 자주재원의 규모보다 더 크다. 자주재원에서 지방세수입와 세외수입의 비중은 약 [64 : 36]으로 지방세수입의 비중이 훨씬 크다. 의존재원은 주로 국고보조금과 지방교부세로 구성되어 있으며, [국고보조금 : 지방교부세]는 약 [58 : 42]로서 의존재원은 국고보조금의 비중이 조금 더 크다는 것을 알 수 있다.

자치구의 자주재원과 의존재원의 비중은 약 [24 : 76]으로서 의존재원의 규모가 자주재원의 규모보다 훨씬 더 크다. 자주재원에서 지방세수입와 세외수입의 비중은 약 [64 : 36]로 지방세수입의 비중이 훨씬 크다. 의존재원은 국고보조금, 지방교부세, 조정교부금으로 구성되어 있으며, [국고보조금 : 지방교부세]는 약 [95 : 5]로서 의존재원은 지방교부세에 비해 국고보조금의 비중이 매우 크다는 것을 알 수 있다.

3. 도시정부 재정자립도

<표 11-6>은 전국 그리고 도시정부 유형에 따른 연도별 지방재정자립도를 보여주고 있다. <표 11-6>에 의하면, 2015년에서 2021년까지의 전국 지방재정자립도는 조금씩 상승하다가 2017년을 기점으로 서서히 하락하는 추세를 보이고 있다.

표 11-6 연도별・유형별 재정자립도

(단위: %)

구분	2015	2016	2017	2018	2019	2020	2021
전국	45.12	46.58	47.18	46.80	44.90	45.16	43.58
특별시・광역시・도	44.42	46.06	47.56	47.31	45.33	46.27	43.63
시	31.06	32.13	33.34	32.30	31.02	29.09	27.85
자치구	25.79	26.03	25.94	24.65	23.80	23.81	24.02

참조: 2014년 세입과목 개편으로 잉여금, 이월금, 전입금, 예탁・예수금 등이 세외수입에서 제외.
출처: 행정안전부(2021), 『2021년도 행정안전통계연보』.

표 11-7 도시정부 유형별 재정자립도 최고 · 최저(2022년)

구분	서울 특별시	세종 특별시	광역시	시	자치구
최고	78.14	55.04	인천 (51.08)	경기 성남 (62.22)	서울 강남 (58.86)
최저			광주 (37.64)	경북 상주 (8.20)	부산 영도 (10.18)

출처: 행정안전부(2022), 『지방재정 365』.

동일한 기간 동안 특별시 · 광역시 · 도의 재정자립도와 시의 재정자립도는 전국 지방재정자립도와 비슷한 추세를 나타내고 있다. 자치구의 재정자립도는 조금씩 등락을 거듭하고 있다. 도시정부 유형별 지방재정자립도를 보면, 상대적으로 지방재정자립도가 낮은 도를 포함한 광역자치단체의 재정자립도가 다른 도시정부 유형보다 상대적으로 높다. 시의 재정자립도가 자치구의 재정자립도를 조금 상회하는 것을 알 수 있다. 시의 재정자립도와 자치구의 재정자립도는 전국 평균 재정자립도보다 낮다.

<표 11-7>은 동일한 유형의 도시정부들 중에서 재정자립도가 가장 높은 도시와 가장 낮은 도시를 보여주고 있다. 2022년을 기준으로 할 때, 모든 도시정부 유형 중에서 서울특별시의 재정자립도가 가장 높다. 광역시 중에서는 인천광역시의 재정자립도가 가장 높으며, 광주광역시의 재정자립도가 가장 낮다. 인천광역시의 재정자립도는 광주광역시의 재정자립도보다 약 1.36배 높은 수준이다. 시의 경우, 성남시의 재정자립도는 상주시의 약 7.59배이다. 자치구 중에서는 서울시 강남구의 재정자립도가 가장 높았고, 부산광역시 영도구의 재정자립도가 가장 낮았으며, 강남구의 재정자립도는 영도구의 재정자립도의 약 5.78배인 것으로 나타났다.

4. 지방세로 인건비 미해결 도시정부

<표 11-8>은 2008년과 2015년에 지방세수입으로 해당 도시정부에 근무하는 공무원들의 인건비를 해결하지 못하는 도시정부의 수와 비율을 보여준다. <표 11-8>에 따르면, 광역자치단체인 특별시, 광역시는 지방세수입으로 당해 공무원들의 인건비를 지불할 수 있다. 시의 경우, 2008년을 기준으로 75개의 시의 16.0%에 해당되

표 11-8 지방세로 인건비 미해결 도시정부

구 분		계	시·도	시	자치구
2008년	총 지자체	246	16	75	69
	미해결 지자체(%)	114(46.3)	-	12(16.0)	41(59.4)
2015년	총 지자체	243	17	75	69
	미해결 지자체(%)	126(51.9)	-	20(26.7)	37(53.6)

는 12개 시, 2015년을 기준으로 75개 시의 26.7%에 해당되는 20개 시는 지방세수입으로 인건비를 해결하지 못하는 것으로 나타났다. 자치구의 경우, 2008년에는 전체 69개 자치구의 59.4%에 해당되는 41개 자치구, 2015년에는 전체 69개 자치구의 53.6%에 해당되는 37개 자치구가 지방세수입으로 인건비를 해결하지 못하는 것으로 나타났다.

2008년을 기준으로 2015년에 당해 지방세수입으로 인건비를 해결하지 못하는 도시정부를 비교하면 다음과 같다. 시의 수는 각각 8개가 증가한 반면에, 자치구의 수는 4개 줄어들었다.

제5절

한국 도시정부 재정수입의 문제점과 개선방안

지방자치를 실시하기 전, 중앙정부 차원에서 이루어진 지방재정의 운영기조는 자주성 확보와 건전성 유지였으며, 이를 위해 취약한 지방재정수입을 확충하기 위한 여러 대안이 강구되었다. 1989년 담배소비세를 지방세로 전환한 것과 1990년 종합토지세를 도입한 것이 대표적인 사례이다. 이러한 조치를 통해 지방재정수입을 확보하기 위해 노력하였으나, 지방재정수입의 구조적인 취약으로 인해 여전히 도시정부의 지방재정자립도가 낮고, 도시정부 간 재정력의 불균형이 심한 실정이다. 아래에서는 우리나라 도시정부의 재정수입의 문제점과 개선방안에 대해 살펴보기로 한다.

1. 한국 도시정부 재정수입의 문제점

앞에서 우리나라 도시정부의 재정수입에 대한 대표적인 현황을 살펴보았다. 현황을 자세히 검토하지 않더라도 쉽게 알 수 있는 것처럼, 우리나라 도시정부의 재정수입은 개선이 쉽지 않은 근본적인 문제들을 안고 있다. 이러한 문제들을 개선하지 않으면 지방자치의 활성화를 저해하는 요인이 될 수 있다. 따라서 도시정부의 재정상황을 개선하기 위해 앞에서 검토한 재정수입 현황을 토대로 문제점들을 구체적으로 검토하기로 한다.

1) 국세 중심적인 세수입

<표 11-3>과 <표 11-4>에 나타나 있는 바와 같이, 국가재정, 지방재정, 국세, 지방세가 지속적으로 증가하고 있다. 그러나 국가재정 대비 지방재정의 비율과 국세 대비 지방세의 비율을 보면 국세 대비 지방세의 비율이 많이 낮다. 국세 대비 지방세의 비율이 조금씩 개선되고 있지만, 여전히 국세가 차지하는 비중은 70%대이고, 지방세가 차지하는 비중은 20%대에 머무르고 있다. 2019년을 기준으로 할 때 국세수입과 지방세수입의 비율이 약 [76.4 : 23.6]으로서 세원이 지나치게 국세에 편중되어 있다. 국가와 지방정부 간의 세원 배분은 그 나라의 정부형태, 민주화의 정도, 지방분권화 정도, 국가와 지방 간의 기능배분 정도 등에 따라 달라지지만, 이들을 감안하더라도 우리나라의 세원은 지나칠 정도로 국세에 집중되어 있고, 따라서 지방세원이 매우 빈약하다.

2) 도시정부의 낮은 재정력

그동안 담배소비세의 지방세 전환, 종합토지세 도입 등을 비롯하여 지방재정수입을 확충하기 위한 다양한 노력이 있었지만, <표 11-6>과 <표 11-7>에서 보는 바와 같이 지방재정자립도가 여전히 낮은 수준이다. 2021년을 기준으로 전국 지방재정자립도는 43.58%이다. 2021년 특별시 · 광역시 · 도를 합한 지방재정자립도는 43.63%이다. 2022년을 기준으로 서울특별시의 재정자립도는 78.14%이고, 광역시 중에서 지방재정자립도가 가장 높은 인천광역시는 51.08%이다. 이외에 도시정부의 유형별로 재정자립도가 제일 높은 지역을 보면 성남시 62.22%, 서울 강남구 58.86%

의 수준이다.

<표 11-8>은 우리나라 도시정부의 재정력 수준이 어느 정도인지를 확실하게 설명하고 있다. 2015년을 기준으로 지방세로 인건비조차 감당하지 못하는 도시정부를 유형별로 살펴보면 다음과 같다. 시의 경우, 75개 시의 26.7%에 해당되는 20개 시는 지방세수입으로 인건비를 해결하지 못하는 것으로 나타났다. 자치구의 경우, 전체 69개 자치구의 53.6%에 해당되는 37개 자치구가 여기에 속하는 것으로 나타났다. 여기에서 알 수 있는 것처럼, 절반 이상의 자치구가 지방세로는 인건비를 지불할 수 없는 상황이다. 더구나, 2008년과 2015년을 비교하면, 시의 숫자는 각각 8개가 증가하여 상황이 더욱 악화되었고, 자치구는 그 숫자가 4개 줄어들었다.

도시정부의 기본적인 목적은 해당 도시에서 발생한 문제들을 해결하고 시민들의 행정수요를 충족시키는 것이다. 그런데 지방세수입으로는 인건비조차 해결하지 못하는 도시정부가 자력으로 본연의 목적을 수행할 수 있으리라고 생각하는 사람은 없을 것이다. 그렇다고 세외수입이 많은 것도 아니다. <표 11-5>에서 알 수 있는 바와 같이, 도시정부의 세외수입과 지방세수입을 비교해보면 세외수입은 지방세수입에 비해 매우 낮은 수준이다. 인건비를 해결할 수 있는 도시정부조차도 재정상황이 좋다고 말하기는 어렵다. <표 11-6>과 <표 11-7>에서 보는 바와 같이 전체적으로 도시정부의 재정자립도 수준이 낮기 때문이다.

이러한 자료들을 종합해 보면, 우리나라의 도시정부들은 행정 목적을 달성하기 위하여 중앙정부에 의존할 수밖에 없다. 도시정부가 중앙정부에 의존하는 정도는 도시재정에서 의존재원이 차지하는 비중을 보면 알 수 있다. <표 11-5>에 보듯이, 특별시·광역시를 제외한 나머지 도시정부들의 의존재원의 규모는 자주재원의 규모보다 훨씬 더 크다. 이는 중앙정부에 대한 도시정부의 의존 정도가 높다는 것을 의미한다.

3) 도시정부 간 과도한 재정자립도 격차

전체적으로 도시정부의 재정자립도 수준이 낮아 중앙정부에 대한 의존이 심한 상황에서, 같은 유형의 도시정부 간에도 재정자립도 격차가 심하다. <표 11-7>은 2022년도 동일한 유형의 도시정부들 중에서 재정자립도가 가장 높은 도시정부와 가장 낮은 도시정부를 보여주고 있다.

광역시의 경우, 인천광역시의 재정자립도는 광주광역시의 재정자립도보다 약 1.36배 높다. 시의 경우, 경기도 성남시의 재정자립도는 경상북도 상주시의 재정자립도보다 약 7.59배 높다. 자치구의 경우, 서울시 강남구의 재정자립도는 부산광역시 영도구의 재정자립도보다 약 5.78배 높았다.

4) 지방재정조정제도의 비효율적 운영

도시정부 간의 재정자립도 격차가 크기 때문에, 이를 조정하기 위해 실시되고 있는 제도가 지방재정조정제도이다. 우리나라의 지방재정조정제도의 주요 수단은 국고보조금과 지방교부세이다.

앞에서 살펴본 바와 같이 국고보조금은 사용 목적이 정해져 있고 매칭펀드 방식으로 운영된다. 국가가 도시정부에 국고보조금을 교부하는 가장 중요한 목적의 하나는 전국적인 행정 통일성을 유지하는 데 있지만, 이를 위해 사용 목적을 획일적이고 구체적으로 결정함으로써 그것 이외의 것을 인정하지 않는 경향이 있다. 이는 도시정부의 재정 운영의 자주성을 저해하고, 도시 특성에 맞는 창의성을 발휘하지 못하게 한다. 또한 국고보조금은 매칭펀드 방식으로 지원되기 때문에 도시정부 간 재정력 격차를 더욱 확대시킬 가능성이 있다. 즉, 부유한 도시정부는 국고보조금의 수혜를 많이 받을 수 있는 반면에, 재정규모가 빈약한 도시정부는 국고보조금 지원사업에 투자할 여력이 부족하기 때문에 국고보조금의 수혜가 작을 수밖에 없다. 이리하여, 부유한 도시정부의 가용 예산은 크게 확대되는 반면에 재정력이 약한 도시정부의 가용 예산은 조금 늘어나기 때문에, 도시정부 간 재정력의 격차는 더욱 벌어진다.

반면에, 지방교부세는 사용목적을 정하지 않을 뿐만 아니라, 부유한 도시정부에게는 적게 혹은 지원을 하지 않을 수 있고 재정력이 약한 도시정부에게는 많이 지원할 수 있기 때문에 도시정부의 자주성을 해치지 않으면서 도시정부의 재정력 격차를 줄일 수 있다.

따라서 지방재정조정제도가 추구하는 목적을 달성하기 위해서는 지방교부세 중심으로 운영되는 것이 바람직하다. 그러나 <표 11-5>에 따르면, 모든 유형의 도시정부에서 국고보조금의 비중이 지방교부세의 비중보다 매우 높음을 알 수 있다.

5) 미진한 경영수익사업

경영수익사업은 우리나라에 도입되어 시행된 역사가 길지 않기 때문에, 공공서비스 증대와 도시정부 수익 증대를 위한 제도로서 완전히 정착되었다고 보기 어렵다. 현재의 경영수익사업은 공익성과 경제성 간의 조화에서 어려움이 있고, 새로운 사업을 발굴하기보다는 관행을 답습하고자 하는 경향이 있어서 사업 영역이 협소하다. 또한 경영수익사업을 위한 설치·설비의 대부분이 국·공유재산으로써 무상으로 이용하기 때문에 경영능력을 제고하기 위한 자극을 비교적 덜 받고, 그리고 경영수익사업을 성공적으로 운영했을 때 담당 공무원에게 돌아가는 혜택이 작거나 거의 없기 때문에 경영수익사업을 위해 전문성을 확보하고자 하는 동기부여가 약하다. 경영수익사업을 효율적으로 수행하기 위한 전담기구가 없는 경우도 많고, 경영수익사업에 대한 적절한 평가체제와 보상체제도 미비한 실정이다(임재현, 2016: 261-262).

2. 한국 도시정부의 재정수입의 개선방안

도시재정의 궁극적인 목적은 시민의 생활 수준을 향상시키고 도시의 발전을 도모하는 데 있기 때문에, 충분하고 자주적인 재정수입 기반이 구축되어야 한다. 그러나 위에서 살펴본 문제점들은 도시재정의 목적을 달성하는 데 장애요인으로 작용하고 있다. 이를 개선하기 위한 방안을 살펴보면 다음과 같다.

1) 세원의 재분배

현재는 세원이 국세 중심적이기 때문에 지방세수입이 작을 수밖에 없고, 따라서 도시정부의 재정자립도가 낮고 중앙정부에 대한 의존도는 높다. OECD 국가들과 비교해도 지방세의 비중이 낮다. 2013년을 기준으로 대표적인 OECD 국가들의 지방세 비율을 보면 미국 48.3%, 독일 47.4%, 일본 41.3%, 핀란드 33.0%이다. 국내적 상황과 외국의 사례를 종합해볼 때, 국세의 전체 세목에 대해 면밀하게 분석하여 국세 중에서 지방세로 전환해도 되는 것, 예를 들면 현재는 국세이지만 예전에 지방세이었던 것 혹은 사회변화에 따라 지방세로 전환해도 무방한 것들은 지방세로 전환할 필요가 있다. 이것이 적절하게 이루어지면 위에서 언급된 국세 중심적인 세원이라는 문제점과 도시정부의 낮은 재정력이라는 문제점들은 크게 개선될 수 있다.

2) 지방재정조정제도의 효율적 운영

지방자치의 활성화, 도시정부의 재정 확충 등을 생각할 때 세원을 재배분해야 하는 것은 당연한 일이다. 그러나 도시정부 간의 경제력 격차로 인해 도시정부 간 재정자립도의 격차가 심한 현재의 상황에서 단순히 세원을 도시정부로 이양하면 '빈익빈 부익부' 현상을 더욱 확대시킬 수 있다. 즉, 지방세목을 확대하는 방향으로 세원을 재배분하는 것은 모든 도시정부의 지방세수입을 증대시키지만, 세수입 증가의 정도는 도시정부에 따라 다르다. 즉, 부유한 도시정부는 세원 재배분으로 인해 세수입이 크게 증대되지만, 재정력이 약한 도시정부의 지방세수입은 증대는 그에 미치지 못할 것이다. 따라서 세원을 재배분하기 전보다 도시정부의 재정자립도 격차는 더욱 확대될 것이다.

이러한 문제를 보완하기 위해 지방재정조정제도가 있지만, 위 문제점에서 지적한 것처럼 우리나라의 지방재정조정제도는 지방교부세보다 국고보조금의 비중이 더욱 높아서 도시정부의 재정력 격차를 더욱 확대시킬 가능성이 높다. 따라서 국고보조금의 비중을 낮추고 지방교부세의 비중을 확대하여야 한다.

그러나 지방교부세의 규모는 법으로 정하기 때문에 그 비중을 확대하기 위해서는 입법 절차를 거쳐야 한다. 입법과정에서 도시정부의 의견이 수용되기보다는 중앙정부의 의견에 따라 결정되기 쉽다. 따라서 중앙정부가 도시정부와 상생한다는 생각에서 이를 해결해야 한다.

3) 필요한 부분에서 수익사업 확대

도시정부가 재정적인 어려움을 겪고 있는 상황에서 경영수익사업을 시행하는 것은 쉽지 않을 수 있다. 그러므로 민간자본의 도입을 더욱 활성화하면서 경영수익사업의 영역을 확대하여야 한다. 여기에서 유의해야 할 점은 문어발식으로 아무 분야로나 사업 영역을 확대해서는 안 된다는 것이다. 기본적으로 공공부문은 민간부문에 비해서 효율성이 떨어지기 때문에, 민간부문과 직접적으로 경쟁을 해야 하는 분야에 진출해서는 안 된다는 점을 명심해야 한다. 이 점을 항상 유념하는 가운데 새로운 아이디어로 사업 영역을 확대하면서 수익사업 담당자를 대상으로 교육을 강화하여 전문성을 갖추도록 하는 한편, 경영수익사업의 추진과정에서 빈번하게 발생되는 융통성과 신축성의 부족을 해결하기 위해 전담기구를 설치 · 운영하여 경영능력을 제고하여야 한다. 또한 중 · 장기적으로 경영수익사업을 활성화시키기 위해서는 잘못되거나 미비한 점을 개선하고 실적을 인사와 연계시키는 노력을 해야 하는데, 이를 위해 실적평가제도를 정착시켜야 한다.

제12장 광역행정정책

제1절

광역행정의 의의

1. 광역행정의 정의

산업혁명 이후 인구의 이동이 빨라지고 교통·통신 기술이 발달하면서 행정구역을 넘어서는 사회적·경제적 활동이 증가하기 시작하다가, 20세기에 들어와서 도시화가 지속적으로 진행되면서 지역의 중심도시를 중심으로 그러한 경향은 더욱 확대되어, 행정구역을 넘어선 행정문제와 행정수요가 폭발적으로 증대하게 되었다. 점차 심각해지는 환경오염문제, 그리고 주택부족문제를 해결하기 위한 지역개발 등이 대표적인 사례이다. 이러한 행정문제와 행정수요는 개별 지방자치단체만으로는 효율적으로 처리하기 어렵고, 지역의 중심도시와 주변 지방자치단체들 간의 긴밀한 협조와 공동 대응을 요구하였다.

또한 교통발달로 인한 인구 이동성의 증대와 도시 체계상의 상호 의존성 확대로 인해, 도시공공서비스가 경계성이 없는(boundary-free) 특징을 지니는 경향이 뚜렷하게 나타났다. 즉, 주변 지역의 주민이 중심도시의 서비스를 이용한다든지 혹은 중심도시의 시민이 주변 지역의 자연자원을 이용한다든지 하는 일들이 많이 발생함으로써, 중심도시와 주변 지역 간의 차별성이 약해졌다.

이러한 현상들은 중소도시와 농촌지역에서도 나타나지만, 주로 대도시를 중심으로 발생하였다. 그리하여, 광역도시가 주요 관심사로 떠올랐다. 광역도시란 중심도시의 역할을 하는 대도시와 주변의 복수의 지방자치단체들이 '동질적 도시성(homogenous urbanity)'을 띠고 있는 경우를 일컫는다.

광역도시가 지속적으로 등장함에 따라 광역행정에 대한 관심도 크게 증대하였다. '광역행정(area-wide administration)'이란 '광역권 도시행정'이라고도 불리는 것으로서, 지방자치단체의 법정 구역을 넘어서서 발생하는 행정문제와 행정수요를 해결하기 위해 복수의 지방자치단체들의 협력을 필요로 하는 행정이다. 주로 지역의 중심도시와 주변 지역들 간에 공통으로 요청되는 통합적 도시행정이라 할 수 있다(박종화 외, 2013: 244). 따라서 지역의 공공 행정문제와 행정수요에 대응하여 행정의 능률성, 민주성, 효과성, 합목적성, 경제성 등을 제고시키기 위한 도시행정의 방식이라 할 수 있다(박병식 외, 2010: 167-168). 이러한 광역행정을 처리하기 위해 해당 지방자치단체들이 협력하는 시스템을 광역행정체계라 한다.

2. 광역행정체계의 필요성

산업화와 더불어 나타나는 현상이 도시화라는 것에 대해서는 도시화 과정에서 논의하였다. 도시화가 진행되면서, 도시는 다른 지역과 협조 혹은 경쟁해야 하는 분야가 확대되는 현상을 경험하였다. 이를 효과적·효율적으로 해결하기 위해서 도시정부는 폐쇄시스템(closed system)을 버리고, 개방시스템(open system)을 지향하는 움직임을 보이기 시작하였다. 그 후 정보지식화와 세계화는 개방시스템을 더욱 확대하였다. 개방시스템으로 인해 발생하는 다양한 요인들은 행정문제와 행정수요를 더욱 증폭시키는 동시에, 그 해결을 복잡하게 만든다. 즉, 개별 도시가 독자적으로 대응하는 것보다 도시들 간의 협조를 요구하기 때문이다. 그렇기 때문에 향후 광역행정은 도시들의 지속적인 관심사가 될 것이다. 광역행정이 필요한 대표적인 이유를 살펴보면 다음과 같다.

1) 행정의 효율성과 민주성의 향상

일반적으로 중앙집권은 효율성 향상에 유리하고 지방분권은 민주성 달성에 유리하다고 알려져 있다. 광역행정은 중앙집권의 장점과의 지방분권의 장점을 조화시켜서 행정의 효율성과 민주성을 동시에 모색하기 위해 필요하다.

먼저, 광역행정체제는 행정의 효율성을 향상시키는 데 이바지한다. 현대사회에서 교통과 통신의 발달로 인해 지역주민들의 사회적 · 경제적 활동의 범위가 크게 확대되면서, 지방자치단체의 법정 구역을 넘어서서 발생하는 사무, 즉 광역행정사무가 크게 증대하고 있는 상황에서 개별 지방자치단체들이 따로 광역사무를 처리하면 비효율성이 높아지는 반면에, 광역행정체제가 구축되어 있으면 광역사무를 효율적으로 달성하기 쉬워진다. 예를 들어, 서울시에 자원회수시설(쓰레기 소각시설)은 4개, 즉 강남 자원회수시설, 노원 자원회수시설, 마포 자원회수시설, 양천 자원회수시설이 있는데, 이들 자원회수시설에서 다른 구의 쓰레기를 절대로 받아들이지 않겠다고 한다면 어떤 문제가 생길 것인가? 이는 가정이 아니라 실제로 발생한 일이다. 이 일이 발생하자 서울시는 중재 역할을 하다가, 중재가 어려워지자 25개 구에게 각기 자원회수시설을 건설하도록 하였다. 만약 서울시 산하의 25개 구 모두가 자원회수시설을 보유하는 것이 현실화되었다면, 그 건설에 엄청난 비용이 투자되었을 뿐만 아니라 개별 자원회수시설의 가동률은 지극히 낮아졌을 것이다. 이는 예산의 낭비, 즉 예산의 비효율적 집행이라 할 수 있다. 다행스럽게 광역행정체제가 구축되어 4개의 자원회수시설에서 다른 구들의 쓰레기를 받아들임으로써 예산의 낭비를 막을 수 있었다. 이 사례에서 알 수 있듯이, 복수의 지방자치단체들의 구역을 관리하는 광역행정시스템은 행정의 효율성 향상에 이바지한다.

또한 광역행정체제는 민주성 향상에도 기여한다. 예를 들어, 반드시 필요한 도시공공서비스를 예산상의 이유를 포함하여 다양한 이유로 인해 개별 지방자치단체들이 제공하지 않으면, 중앙정부가 개입하여 제공할 수밖에 없다. 중앙정부의 개입은 지방자치, 즉 민주성을 위협할 수 있다. 지방자치단체들이 합의를 하여 광역행정체계를 구축하면 중앙정부의 개입 없이 해당 공공서비스를 제공함으로써 민주성을 확보할 수 있다.

이처럼 광역행정체계가 구축되면 광역사무를 처리하는 과정에서 중복행정을 방지하고 과소 경영을 피함으로써, 행정의 효율성을 달성할 수 있다. 또한 광역행정체계는 광역사무를 해결하는 과정에 중앙정부의 개입을 최소화함으로써, 민주성을 확보할 수 있게 한다.

2) 주민의 행정권과 생활권의 일치

교통·통신·과학·기술의 발전, 교육 수준의 향상, 정보매체의 발달 등으로 인해 사람들의 사회적·경제적·문화적 활동이 행정구역을 넘어서서 발생하여 통근권, 경제권 등과 같은 동적(dynamic)인 성격을 띠는 생활권이 크게 확대되고 있다. 이로 인해, 도시와 농촌 간의 지역성이 약화되며, 문화적 획일성이 증대되고 있다. 즉, 중심도시에 거주하는 사람들과 주변 지역에 거주하는 사람들의 행정수요가 유사해지면서 행정수요의 광역화가 빠른 속도로 진행되었다. 그럼에도 불구하고, 행정권역은 역사성과 정적(static)인 특징으로 인해 생활권의 변화에 제대로 대처하기 어렵다. 행정권과 생활권이 불일치하면 행정의 비효율성이 발생하고 주민들의 불편·불만이 심해진다. 예를 들어, 1990년대 초반에 건설된 당시의 신도시에 거주하는 사람들 중에서 많은 사람들은 서울로 통근을 하는데, 서울시 내에서는 버스와 지하철의 환승이 가능했지만 서울시와 경기도의 입장이 달라서 두 지역 간에는 환승제도를 마련하지 못한 적이 있었다. 이에 주민들은 동일한 행정권이었다면 환승제도가 시행되었을 것이라고 주장하면서 불만이 매우 높았던 적이 있다. 다행히 환승제도가 도입됨으로써, 주민들의 불편·불만이 해결되었다. 또한 환승제도가 도입되기 전에는 서울시와 경기도의 버스요금관리체계가 완전히 달랐으나 광역행정체계를 구축하여 환승제도를 도입함으로써, 하나의 기구가 요금체계를 통합 관리하여 행정의 효율성을 향상시킬 수 있었다. 이 사례는 광역행정체계를 통해 행정권과 주민의 생활권을 일치시킴으로써, 행정의 효율성과 주민 편의를 높인 대표적인 사례이다.

3) 주민들의 생활편의 도모

서구 국가들처럼 산업화가 서서히 진행되면서, 이에 따라 도시화의 진행 속도가 늦으면 도시화 과정에서 나타나는 다양한 도시문제들을 해결할 시간적 여유를 가질 수 있다. 그러나 우리나라처럼 산업화와 도시화가 급속하게 진행되면 도시문제들이 거의 해결하지 않은 상황이 지속된다. 즉, 중심도시에서 과밀화, 생활환경의 악화 등이 심각한 문제가 되고, 주변 지역에도 그 파급효과가 확산되어 주거문제, 상·하수도 문제, 교통문제, 환경문제 등이 발생한다. 이러한 문제들은 상호 의존성이 강하기 때문에, 개별적으로 대처하는 것보다 광역행정체제의 구축을 통해 지역 전체가 협력하여 대처할 때 효율적으로 해결될 수 있다. 즉, 광역행정체제는 급속한 도시화로 인한 부작용을 해소하여 지역주민들의 생활편의를 도모하기 위해서 필요하다.

4) 도시들 간 불균형 해소

급속한 산업화·도시화가 진행되면 인구, 지역경제, 소득 등의 측면에서 지역 간의 불균형이 확대된다. 대부분의 나라들에서 경험한 바와 같이 산업화의 초창기에는 인적 자원과 물적 자원이 부족하기 때문에, 일부 도시들을 중심으로 불균형성장정책을 추진할 수밖에 없다. 이 당시에는 이에 대한 불만이 적을 수 있지만, 경제발전과 더불어 소득 수준과 교육 수준이 높아지면서 국민들의 의식이 변하면 상황은 달라진다. 지역불균형에 대해 침체지역 혹은 미개발지역에 거주하고 있는 주민들의 불만이 점차 증대되고 균형개발에 대한 목소리가 높아진다. 이러한 지역 간의 불균형 문제를 해소하고 지역을 균형있게 개발하는 방안으로 광역행정의 필요성이 제기될 수 있다.

그런데 지역균형개발을 위해서는 기존의 행정구역에 구애받지 않고, 그보다 넓은 구역을 기반으로 종합적·체계적으로 계획을 수립하고 집행해야 한다. 예를 들어, 서울시의 용산구만 지역균형개발을 추진하는 것은 소기의 목적을 달성하기 어렵고, 주변에 있는 구들과 협력하든지, 서울시 전체적으로 협력하든지 혹은 서울시와 수도권이 협력할 때 지역균형개발의 목적을 달성하기가 용이하다. 왜냐하면, 지역균형개발을 위해서는 지역별로 기능을 합리적으로 배분해야 하기 때문이다. 기능의 합리적 배분은 넓은 광역권을 필요로 하며, 다양한 기능들이 각 지역에 합리적으로 분산·재배치되어야 광역권 전체의 균형 있는 개발이 이루어질 수 있다.

5) 지역 간 균질화된 행정서비스 실현

중심도시는 도시행정서비스를 제공하기 위해 필요한 재정, 인력 등이 주변 지역보다 우위에 있다. 즉, 주변 지역은 재원과 인력 등의 부족으로 인해 특정 도시행정서비스를 중심도시에 의존하여 주민들에게 제공하는 경우가 많다. 예를 들면, 소도시의 경우 화재 시에 반드시 필요한 소방서비스를 제공하기 위한 소방서를 만들 재정적 여유가 없기 때문에, 서구의 소도시들은 인접한 도시와 광역행정체계를 구축하여 화재가 발생하면 소방서비스를 제공받고, 이에 대한 비용을 지불하는 경우가 많다. 또한 미국의 델라웨어(Delaware)강의 사례에서 보듯이 이 강이 흐르고 있는 주들이 협력하여 광역행정체계인 '델라웨어강 유역위원회(Delaware River Basin Committee)'를 구성하여 강의 수질을 보호하고 강 주변의 개발계획을 합의 하에 결정함으로써, 관련 주들의 모든 주민들이 깨끗한 식수원을 가질 수 있었다.

광역행정체계가 구축되면 도시공공서비스 비용을 지역 간에 합리적으로 배분함으로써 타 지역에 의존하지 않으면서, 지역 간 동일한 수준의 공공서비스를 제공할 수 있어서 주민복지의 평준화를 이룰 수 있다.

6) 행정의 경제성 제고

인접한 지역에서 유사한 기능을 중복적으로 시행한다는 것은 국가 전체적인 입장에서 보면 예산의 낭비이다. 이 경우, 광역행정체계를 구축하여 인접한 지역들에 존재하는 유사한 기능을 통합하면 중복 투자, 과소 경영 등을 방지할 수 있다. 이러한 관점에서 '혐오시설 빅딜'에 대한 관심이 높아졌다. 광역행정체제에 의해 혐오시설을 빅딜한 대표적인 사례는 구로구와 광명시 간의 빅딜과 구리시와 남양주시 간의 빅딜이다.

혐오시설 빅딜과 관련하여 우리에게 큰 충격과 교훈을 준 사건이 구로구와 광명시 간의 빅딜이다. 당시 구로구는 자원회수시설(쓰레기소각장)이 필요하고, 광명시는 하수종말처리장이 필요하였다. 이러한 상황에서 서울시, 경기도, 구로구, 광명시가 협의를 계속한 끝에 구로구는 광명시의 자원회수시설을 이용하고, 광명시는 서울시의 하수종말처리장을 이용하는 빅딜을 성공시킴으로써 매우 큰 규모의 예산 절약이 있었다.

구리시와 남양주시는 각각 자원회수시설과 쓰레기매립장을 건설하여 공동으로 이용하는 데 합의를 본 후 구리시는 예정대로 자원회수시설을 건설하였으나, 남양주시는 주민들의 반대에 부딪혔다. 주민들의 반대를 극복하지 못해 빅딜이 무산되면 두 시는 각각 쓰레기소각시설과 쓰레기매립장을 건설해야 한다. 다행히 빅딜을 성공적으로 진행하여 쓰레기소각시설은 구리시에 건설하고 쓰레기매립장은 남양주시에 건설하여 공동으로 이용함으로써, 예산의 절약은 물론이고, 시의 자랑거리로 자리매김하였다.

구로구와 광명시의 혐오시설 빅딜

광명시는 생활하수를 자체적으로 처리할 수 있는 시설을 갖추지 못하여, 1985년의 서울시와 광명시 간의 협약에 의하여 서울시의 가양하수처리장에 위탁·처리하고 있다. 점차 생활하수량이 증가하는 상황에서 1992년 서울시는 하수정비기본계획을 변경하여 2001년부터는 광명시가 생활하수를 직접 처리할 것을 요구하였다. 광명시는 비용부담과 주민 반대로 인해 입지를 선정하기 어려운 상황에 처했다.

구로구는 일반 쓰레기를 김포쓰레기매립지에서 처리했으나 운반비용과 매립지 주변 주민들의 반대로 인해 어려움을 겪고 있었다. 서울시는 대규모 쓰레기매립장 확보가 현실적으로 불가능해지자, 쓰레기처리정책을 매립에서 소각으로 바꾸면서 '1구 1소각장'을 유도하기 위해, 건설비 전액을 서울시가 부담하는 조건을 제시했다. 이에 구로구는 광명시 인접지역인 천왕동에 쓰레기소각장을 건설하기로 결정하였으나, 광명시민의 반대에 직면하였다. 이러한 반대에 환경부는 소각장 설치 계획을 보류하도록 하였다.

이러한 상황에서 1998년 환경부의 주관 하에 서울시, 경기도, 구로구, 광명시는 소각시설 공동이용에 대한 논의를 시작하여, 약 2년 동안 두 달에 한 번씩 논의를 계속하였다. 그 결과, 광명시는 가양하수처리장을 계속 이용하고, 구로구는 쓰레기를 광명시 소각장에서 소각하게 되었다. 소위 말하는 빅딜이 성사되었다.

빅딜로 인한 재정적 효과는 광명시가 1,258억 원의 예산 절감과 342억 원의 세외수입을 얻게 되었고, 서울시는 137억 원의 예산을 절감하게 되었다.

구리시와 남양주시의 혐오시설 빅딜

구리시와 남양주시가 자원회수시설(쓰레기소각시설)과 쓰레기매립장이 필요한 상황에 처하자, 두 시는 협의를 거듭한 끝에 구리시에는 자원회수시설, 남양주시에는 쓰레기매립장을 건설하기로 합의를 하였다. 구리시에서는 주민들을 설득하여 자원회수시설을 건설하여 운영하면서 구리시의 자랑거리가 되었다. 서울외곽순환도로를 따라 가면 멀리서도 눈에 띠는 '구리타워'가 보이는데, 이것은 일반 타워처럼 보이지만 2001년 12월 완공된 쓰레기소각장 굴뚝을 이용한 높이 100m의 30층 전망대로서 엘리베이터를 타고 올라가면서 통유리 밖으로 보이는 풍경이 일품이고, 밤이 되면 화려한 불빛을 내뿜어 호기심을 자극하는 구리시의 명물이 되었다. 2016년에 구리시 자원회수시설은 행정자치부에서 선정한 전국의 27건의 혁신우수사례가 되었다.

그러나 남양주시에서는 쓰레기매립장 예정 부지의 바로 인근에 아파트단지가 있으며, 구리시 자원회수시설에서 나오는 잔재에 유해성이 있다는 주장이 제기되었고, 또한 주민들과의 합의 없이 시가 쓰레기매립장 건설을 강행해서는 안 된다는 항의농성이 벌어지는 등

주민들의 강한 반대에 부딪혀 예정대로 쓰레기매립장이 건설되지 못하였다. 다행히 남양주시가 전향적인 자세로 주민들을 설득하여 쓰레기매립장을 완공하였다. 지금은 '에코랜드'라는 명칭에서 보듯이 친환경과 자연친화적인 공원을 조성하여 남양주시의 자랑거리가 되었다.

출처: 남양주뉴스(2004년 11월 12일), 경도일보(2005년 7월 25일), 오마이뉴스(2008년 5월 18일), 경기도 공식블로그(2011년 3월 22일), 환경일보(2016년 7월 21일)에서 부분 발췌 · 재서술

두 사례는 주민들과의 갈등을 해결하면서 혐오시설을 공동으로 이용함으로써 예산을 절약했을 뿐만 아니라, 혐오시설을 둘러싼 지역이기주의를 해결하는 방안을 제시해주었다는 평가를 받고 있다. 이외에도 광역행정체계가 구축되면 도시 및 지역계획, 교통, 상 · 하수도, 보건위생, 환경 등의 사업을 광역적으로 수행할 수 있어서 비용 절감효과를 기대할 수 있다.

7) 지역들 간 행정협조

앞에서도 여러 사례를 통해 서술되었듯이, 지방자치단체들은 각기 자신들의 이익을 우선시하는 경향이 강하기 때문에, 행정협조가 어려운 경우가 많다. 특히, 대도시에 아주 많은 소규모 지방자치단체들이 포함되어 있을 때는 소규모 지방자치단체들의 문제들 뿐만 아니라 대도시 차원에서 해결해야 하는 문제들까지 복잡하게 얽혀서 문제의 해결을 어렵게 만든다. 예를 들어, 1988년을 기준으로 미국의 47개의 대도시 내에 20,703개의 지방정부가 존재하여 평균적으로 1개의 대도시에 91개의 지방정부가 존재하는데, 시카고(Chicago)시에는 1,060개의 지방정부가 존재하는 것으로 나타났다. 이로 인해, 나타나는 분열되고 단편적인 행정은 시카고시뿐만 아니라 미국의 골칫거리 중의 하나가 되었다.

우리나라에서도 점차 지역 간의 협조체제를 필요로 하는 사무가 증가하고 있지만 협조체제 구축이 매우 어려운 실정이다. 특히, 지방자치는 기본적으로 경쟁시스템을 지향하기 때문에, 지역 간의 이해관계에 따라 지역협조는커녕 오히려 지역갈등을 유발하는 경향을 보이고 있다. 실제로 지방자치가 실시되면서 중앙정부와 지방정부 간, 그리고 지방정부들 간에 갈등이 빈번해지고 있음을 우리는 보아 왔다. 지역 내에 혐오시설이 설치되는 것을 반대하는 'NIMBY 현상'과 지역 내에 선호시

설의 설치를 요구하는 'PIMFY 현상'이 자주 발생하고 있다. 이러한 지역이기주의를 약화시키고 불필요한 경쟁을 줄이기 위해서 관련 지방자치단체들 간의 타협과 조정이 요구되는데, 광역행정체제는 이러한 요구를 충족시켜 줄 수 있는 수단 중의 하나이다.

제2절

광역행정체계의 경향

1. 광역사무의 분류 기준

광역행정체계에 대해 논의할 때 매우 중요한 문제 중의 하나는 어떤 사무를 광역사무로 정할 때 효율성과 민주성을 달성하기가 용이하냐는 것이다. 즉, 도시행정사무 가운데 어떤 사무를 광역사무로 하고, 어떤 사무를 고유사무(지방사무, 자치사무)로 하는 것이 좋은가 하는 문제이다. 어떤 사무를 광역사무로 할 것이냐에 대해서는 학자마다 약간의 차이가 있을 수 있다. 박종화 외(2013: 246-248)는 주변 요소 의존형, 지역연결형, 기능연계형, 입지제한형, 기반 규모 의존형으로 분류하고 있다. 존스(Jones, 1966)는 전 지역적 조정이 필요한 사무, 전 지역을 대상으로 '응익의 원칙'에 의한 부담을 적용해야 하는 사무, 규모의 경제가 발생하는 사무, 주민참여를 필요로 하는 사무를 광역사무로 해야 한다고 제시한다. 펄로프(Perloff, 1967: 720-729)는 골격 기준과 세부 기준으로 광역사무를 구별하였다. '정부 간 관계 자문위원회(Advisory Commission on Intergovernmental Relations: ACIR, 1966)'는 행정서비스 편익의 지역적 경계, 규모의 경제, 관할 구역의 적정성, 행·재정력, 행정기능의 다원화와 주민의 이해관계 상충, 행정의 근거리 원칙, 주민참여의 기회를 고려하면서 광역사무를 결정해야 한다고 제시하고 있다.

이들의 견해를 종합하면서, 이 책에서는 골격 기준·세부 기준, 환경체계 기준, 고도의 전문서비스 기준, 협력체제 기준, 형평성 기준을 제시하고자 한다.

1) 골격 기준(skeletal criteria)과 세부 기준(cellular criteria)

골격 기준에 속하는 사무는 광역권 내에 있는 도시들 간의 이해관계가 연결되어 있는 사무(interrelated function)로서, 인접한 도시들이 서로 협력할 때 효율적으로 수행될 수 있기 때문에 광역적으로 해결되는 것이 바람직하다. 예를 들어, 도시계획, 교통 및 통신시설, 복지, 주택, 상·하수도 등과 같은 도시기반시설이 여기에 해당한다.

세부 기준에 속하는 사무는 지방주민들의 이익과 직결된 업무로서, 개별 지방자치단체가 공급할 수 있는 사무들이다. 예를 들면, 초등학교, 중학교, 소방, 경찰, 병원 등이 세부 기준에 속하는 사무이다.

2) 환경체계 기준(environmental setting criteria)

환경과 관련된 사무, 특히 수계(watershed)와 대기권(airshed)과 관련된 사무는 여러 도시들의 협력을 필요로 하는 사무이다. 이 사무들을 처리하기 위해서는 광역적 접근이 필요하다. 수질, 대기오염, 산업폐기물, 상수도, 홍수방지 등이 이 기준에 속하는 사무들이다.

3) 고도의 전문서비스 기준(highly specialized services)

고도로 전문화된 지식과 서비스를 필요로 하는 사무는 개별 지방자치단체에 의해 공급되는 것보다 광역적으로 공급되는 것이 바람직하다. 대학교, 연구소, 종합병원, 박물관, 문화시설 등은 고도의 전문서비스를 요구하는 광역사무이다.

4) 협력체제 기준(cooperation)

지방자치단체들이 서로 협력하여 수행할 때 효율성이 높아지는 사무는 광역적으로 처리되는 것이 바람직하다. 특수 경찰업무(마약, 범죄, 교통사범 등), 쓰레기 수거 및 처리 등이 이 기준에 속하는 사무이다.

5) 형평성 기준(equity criteria)

동일한 광역권 내에 있는 도시들 간에 조세, 서비스, 소득 등이 고르지 못하면 여러 가지 복잡한 도시문제들이 나타난다. 깊이 생각하지 않아도 떠오르는 것은 세금을 많이 부과되는 지역의 주민들은 세금을 적게 내는 지역으로 이주하려 하고, 도시행정서비스 수준이 낮은 지역의 주민들은 도시행정서비스 수준이 높은 지역으로 거주지를 옮기려 하며, 소득 수준이 낮은 지역의 주민들은 고용기회가 높은 지역으로 이주하려 한다는 것이다. 이는 인구 과대지역과 인구 과소지역을 발생시킬 것이다. 이러한 문제들을 일으킬 가능성이 있는 사무는 광역사무로 결정하는 것이 적절하다.

2. 주요 국가의 광역행정의 경향

광역행정은 최근에 등장한 문제가 아니기 때문에, 서구 국가들은 이미 오래전부터 이에 대한 논의가 있었을 뿐만 아니라 실제로 광역행정체계를 실시하였다. 그러나 국가마다 처한 상황이 다르기 때문에, 광역행정체계를 추구하는 방향도 달랐다. 광역행정체계를 구축하는 방향은 기능적 광역행정체계를 지향하느냐, 혹은 정치적 광역행정체계를 추구하느냐로 대별할 수 있다. 기능적 광역행정체계는 행정적 광역행정체계로 불리우며, 지방자치단체의 자율성보다 행정의 효율성을 강조하는 시스템이다. 반면에, 정치적 광역행정체계는 지방자치단체의 자율성을 중시하는 시스템이다. 광역행정체계가 다른 나라에 비해 상대적으로 일찍 발전한 대표적인 국가인 미국, 영국, 프랑스의 경우를 비교하여 살펴보면 다음과 같다.

미국에서는 1929년에 시작된 세계대공황을 극복하기 위한 수단으로 광역행정체계의 필요성이 제기되었으나 큰 관심을 끌지 못하였다. 1960년대와 1970년대에 들어와서 광역사무가 크게 증대하자 광역행정체계에 대한 논의가 활발하게 전개되었다. 미국은 기본적으로 기능적 광역행정체계를 지향하고 있다. 지방자치단체의 자주성보다 광역행정체계가 추구하는 목적 달성을 더욱 중시한다.

영국은 1940년 바로우(Barlow) 위원회의 보고서에서 광역사무가 증가함에 따라 이를 해결하기 위한 광역행정체계가 구축되어야 한다는 주장이 제시되었다. 미국처럼 영국도 기능적 광역행정체계를 추구하고 있다.

프랑스는 다른 서구 선진국들과 달리 오랫동안 중앙집권체제를 유지하였다. 즉, 제2차 세계대전이 끝나고 드골(C. de Gaulle)에 의해 만들어진 신헌법, 즉 드골헌법은 강력한 중앙집권체제를 구축하는 것을 선호하는 헌법이다. 이에 따라, 프랑스는 1981년 미테랑(F. Mitterrand)이 대통령이 되어 「코뮌, 데파르트망과 레지옹의 자유와 권리에 관한 법률」을 제정할 때까지 강력한 중앙집권국가이었다. 중앙집권체제이었던 때인 1964년 이후에 우리나라의 도에 해당하는 데파르트망(département) 위에 광역권 정부인 레지옹(région)을 설치하는 개편운동이 촉진되면서 광역행정체계가 채택되었다. 그 후 1980년대에 와서 자주재정권을 가진 광역협의회가 등장하였다. 프랑스는 중앙집권체제에서 벗어나 지방분권체제를 구축하면서 효율성보다 지방자치단체의 자주성과 자율성을 중시하는 정치적 광역행정체계를 추구하고 있다.

제3절

광역행정체계의 유형

광역행정체계의 방식은 시대, 나라, 지방자치단체에 따라 다양하다. 즉, 전통적인 행정사무 처리방식, 광역사무가 처리되는 지리적 범위, 광역사무의 종류 등 여러 가지 요인에 따라서 광역행정체계의 방식이 달라진다. 이론적으로는 행정권과 생활권을 일치시키면서 광역사무를 수행하는 것이 바람직하다. 그러나 발생 가능한 광역적 문제의 종류와 진행 과정에 대해 예측이 가능한 것도 있지만 불가능한 것도 있기 때문에, 최근에 들어와서 서구 국가들은 행정권과 생활권을 일치시키는 방식에 얽매이지 않는 추세이다.

광역행정체계의 방식에 대한 연구들을 보면 비슷한 방식들이 제시되고 있다. 박병식 외(2010)는 협조 방식, 단일정부 방식, 특별기관 설치 방식으로 분류하고 있다. 협조 방식을 다시 행정협의회, 행정협정, 사무위탁, 행정응원으로 세분하고, 단일정부 방식을 도시합병, 도시연합, 구역변경으로 재분류하며, 특별기관 설치 방식을 지방자치단체조합, 특별자치구, 광역의회, 특별지방행정기관으로 세분하고 있다.

박종화 외(2013)는 구조적 개편을 수반하지 않는 방식과 구조적 개편을 수반하는 방식으로 분류한 후, 구조적 개편을 수반하지 않는 방식에 비공식적 합의, 협조,

지방정부 간 계약을 포함시키고, 구조적 개편을 수반하는 방식에 특별구, 단일정부, 연합제가 있다고 주장한다.

광역행정체계에 대한 많은 연구들이 자주 인용하는 볼렌스와 슈만트(Bollens & Schmandt)의 연구는 광역행정체계 방식을 협력체제 방식, 단일정부 방식, 이원적 방식으로 대분류한다. 협력체제 방식에는 협정, 사무위탁, 협의회가 있고, 단일정부 방식에는 편입, 합병, 시·군 통합이 있으며, 이원적 방식에는 시·군 종합화와 연합이 있음을 제시하고 있다.

이 책에서는 이 의견들을 종합하여 협력체제 방식, 단일정부 방식, 이원적 방식, 특별기관 방식으로 분류하기로 한다. 또한 협력체제 방식은 협정, 사무위탁, 행정협의회, 행정응원으로 세분하고, 단일정부 방식은 편입과 합병으로 재분류하며, 이원적 방식은 시·군 종합화와 연합으로 나누고, 특별기관 방식은 지방자치단체조합, 특별구, 특별지방행정기관으로 세분하여 살펴보기로 한다.

1. 협력체제 방식(cooperative approach)

지방자치단체들 간에 협정이나 규약을 맺어 광역행정을 수행하는 방식이다. 이 방식에는 협정, 사무위탁, 행정협의회, 행정응원 등이 있다.

이 방식의 장점은 지방자치단체의 구역을 변경하지 않으면서 행정서비스를 공간적으로 확대할 수 있고, 지방자치단체의 자율성을 유지하면서 광역행정서비스를 제공할 수 있으며, 규모의 경제를 실현할 수 있고, 광역사무를 수행하는 절차가 간편한 점 등을 들 수 있다,

이 방식의 단점은 다음과 같다. 첫째, 지방자치단체들 간에 맺은 협정이나 규약의 법적 구속력이 약하기 때문에 지속성이 약하다. 즉, 협정이나 규약을 맺은 당사자들 중 일부가 협의의 내용을 무효로 하거나 혹은 합의된 내용의 집행에 소극적인 태도를 보여도 이에 대한 제재가 어렵다. 둘째, 협정이나 규약을 맺은 당사자들 간에 의견 불일치가 있을 때 중재하기가 어렵다. 예를 들어, 협정이나 규약을 맺을 당시에 예상했던 비용과 편익에 변화가 발생할 때, 예상보다 편익이 많이 발생하는 측은 합의를 계속 준수해야 한다고 주장할 것이고, 예상보다 비용이 많이 발생하는 측은 합의를 변경해야 한다고 주장할 것인데, 당사자들의 양보와 자제를 부탁하는 것 외에 이를 적절하게 중재할 수단이 없다. 따라서 이는 광역행정수요를 근원적으

로 해결할 수 있는 방식이 아니다.

1) 협정(agreements)

광역권 내에 있는 지방자치단체들 간에 약간의 법적 구속력이 있는 협정을 맺어 광역행정서비스를 제공하는 방식이다. 특히, 재정력과 기술력이 약한 도시정부가 인접한 도시정부와 협조하여 보건, 도서관, 상수도, 경찰, 소방 등의 광역행정서비스를 제공하고자 할 때 이 방식이 자주 활용된다. 협정의 방법은 매 회계연도를 기준으로 계약하고, 기간이 초과하면 재계약된다. 협정 방식은 특정 지방자치단체가 주변의 지방자치단체에 단일 서비스를 제공하는 형태, 복수의 지방자치단체가 계획 단계부터 협력하여 공동으로 단일 서비스를 제공하는 형태, 복수의 지방자치단체가 비상사태 시에 서로 돕고 사태를 수습한 후에는 평상상태로 전환하는 형태 등으로 나누어진다. 세 번째 형태는 '대기계약(standby contract)'으로 불린다.

2) 사무위탁

사무위탁은 지방자치단체가 다른 지방자치단체, 공공단체, 기타 법인체 등에게 특정 사무를 위임하여 처리하는 방식이다. 이는 협정 방식의 일환으로서, 어떤 지방자치단체가 수탁단체에게 특정한 사무의 처리를 위탁하면, 수탁단체가 위탁 지방자치단체에게 혹은 위탁 지방자치단체를 대신하여 주민에게 행정서비스를 제공하는 방식이다. 프랑스, 일본, 영국 등에서 많이 활용되고 있으나, 가장 대표적인 사례로는 미국의 대도시 주변의 소규모 지방자치단체가 중심도시에게 상·하수도, 청소, 공해방지대책, 소방, 세무 등에 관한 사무를 위탁하는 경우이다. 우리나라도 체육·여가 시설 등을 비롯하여 많은 부분에서 사무위탁 방식을 활용하고 있다.

3) 행정협의회

행정협의회 방식은 개별 지방자치단체의 사무 중의 일부를 공동으로 처리하거나, 사무에 대한 연락·조정을 시도하며, 광역적 계획을 공동으로 수립하기 위하여 관련된 지방자치단체들이 협의를 통해 규약을 정하고, 행정협의회를 설치·운영하는 방식이다. 행정협의회는 법인격을 갖고 있지 않기 때문에, 행정사무는 개별 지방자치단체의 권한으로 시행되고 책임도 개별 지방자치단체에게 귀속된다. 행정협의회 방식의 실질적인 효과는 크지 않다. 그러나 지방자치단체가 본래의 지위를 그대로 유지하면서 공동으로 사무를 처리할 수 있고 또한 그 절차가 간편하기 때문에 현재 많이 활용되고 있으며, 앞으로도 활용도가 지속적으로 증가하리라 예상된다. 우리나라에서 가장 많이 채택되고 있는 광역행정체계의 하나이다. 협력 대상사무에 제한은 없지만 도시계획의 수립 및 변경, 공공시설의 설치 및 관리운영, 주택 및 공업단지의 조성, 공해 및 환경오염 방지대책 등에서 자주 활용된다.

「지방자치법」상의 행정협의회

제169조(행정협의회의 구성)

① 지방자치단체는 2개 이상의 지방자치단체에 관련된 사무의 일부를 공동으로 처리하기 위하여 관계 지방자치단체 간의 행정협의회(이하 "협의회"라 한다)를 구성할 수 있다. 이 경우 지방자치단체의 장은 시ㆍ도가 구성원이면 행정안전부 장관과 관계 중앙행정기관의 장에게, 시ㆍ군 또는 자치구가 구성원이면 시ㆍ도지사에게 이를 보고하여야 한다.

② 지방자치단체는 협의회를 구성하려면 관계 지방자치단체 간의 협의에 따라 규약을 정하여 관계 지방의회에 각각 보고한 다음 고시하여야 한다.

③ 행정안전부 장관이나 시ㆍ도지사는 공익상 필요하면 관계 지방자치단체에 대하여 협의회를 구성하도록 권고할 수 있다.

제170조(협의회의 조직)

① 협의회는 회장과 위원으로 구성한다.

② 회장과 위원은 규약으로 정하는 바에 따라 관계 지방자치단체의 직원 중에서 선임한다.

③ 회장은 협의회를 대표하며 회의를 소집하고 협의회의 사무를 총괄한다.

4) 행정응원

행정응원은 상호 원조라고도 불리고 있으며, 특정 지방자치단체가 사무를 원활하게 처리하기 위해 다른 지방자치단체에게 특별한 행위를 요구하거나, 공무원의 파견을 요청하거나 혹은 기타 협력을 부탁하는 방식이다(박병식 외, 2010: 171-172). 행정응원은 법의 근거가 없어도 가능하지만, 특히 법의 규정이 있을 때에 요구받은 관청은 이를 거부하지 못한다. 재해ㆍ사변 혹은 기타 비상시에 특정 지방자치단체의 기능만으로는 행정목적을 달성할 수 없을 때에, 해당 지방자치단체의 청구에 의하여 다른 지방자치단체가 자기의 기능 전부 또는 일부를 동원하여 이를 응원하는 경우가 있다. 행정응원이라고 할 때에는 이를 말하는 경우가 일반적이다. 이 방식은 미국에서 소방, 경찰, 상수도 등의 분야에서 많이 활용되고 있고, 우리나라의 경우에도 응원경찰관의 파견(경찰직무 응원법 제1조), 소방업무의 응원(소방기본법 제11조) 등이 있다.

2. 단일정부 방식(one-government approach)

단일정부 방식이란 말 그대로 단일정부를 구성하는 방식이다. 즉, 특정 지방자치단체가 주변 지역을 흡수하거나 혹은 복수의 지방자치단체를 통·폐합하여 하나의 지방자치단체를 신설하는 방식을 말한다. 우리나라에서 매우 자주 활용되고 있는 방식이다. 이 방식에는 아래에서 보는 바와 같이 편입과 합병이 있다.

단일정부 방식의 장점은 다음과 같다. 첫째, 광역적 차원에서 과세 근거를 마련함으로써, 과세 구역과 서비스 제공구역을 일치시킬 수 있다. 둘째, 광역권 전체를 대상으로 균질화된 서비스를 제공할 수 있다. 셋째, 소규모 지방자치단체들을 통합함으로써 사무의 중복과 마찰을 최소화할 수 있다.

이 방식의 단점을 살펴보면 다음과 같다. 첫째, 지방자치단체의 인구와 면적이 과대할 경우, 행정관리상 어려움이 발생할 수 있다. 둘째, 인구가 많을수록 면적이 넓을수록 주민참여가 위축될 수 있다. 이는 주민통제(citizen control)를 어렵게 하고, 주민의 행정수요에 대한 대응성을 약화시킬 수 있다. 셋째, 단일정부로 통합이 되면 통합된 관점에서 지방자치단체의 발전과 행정수요의 충족을 고려하기 때문에, 통합되기 전의 구역이 경시될 가능성이 있다. 넷째, 주민의 저항으로 인해 실제로 채택되기 어려운 경우가 많다.

1) 편입(municipal expansion)

법적 지위를 갖춘 대도시가 주변 지방자치단체의 영역 중의 일부를 흡수하는 방식이다. 1950년대 이전에는 도시의 확장 방법으로 가장 많이 이용되었다. 우리나라의 경우에도 대도시들이 도시의 확장 방법으로 많이 활용하였다. 그러나 편입을 둘러싼 주민들의 갈등이 많아 편입의 시도가 좌절되는 경우도 많다. 즉, 재정력이 높은 지역의 주민들은 재정력이 낮은 지역을 편입할 경우 자신들의 세금이 그 지역으로 들어가는 것이 아니냐는 의문을 가지고, 편입을 당하는 주민들은 혐오시설만 떠안게 되는 것이 아니냐는 의구심을 가지는 경우가 많다. 따라서 지역 간 갈등이 발생할 수밖에 없다.

2) 합병(municipal annexation)

합병은 2개 이상의 기존 지방자치단체를 통·폐합하여 하나의 법인격을 가지는 지방자치단체를 신설하는 방식이다. 규모가 큰 지방자치단체인 모(母)지방자치단체)가 주변의 영세한 지방자치단체를 흡수하면서 새로운 법인체를 창설하는 방식이다. 모(母)지방자치단체가 새로운 도시정부의 기반이 되지만, 법률적 관점에서는 동일한 조건에서 법인격이 소멸한 뒤에 새로운 법인체가 탄생한다.

영세한 지방자치단체의 규모를 적정화시키기 위해 1960년대에 활발하게 추진되었으나, 최근에 와서는 주춤한 상태이다. 그 이유는 주민들 간의 일체성 희박, 주민들의 이해 대립, 세금 증가 등이다.

우리나라에서 1994년 이후 단행된 시·군 통합이 이에 해당된다. 일본에서는 1953년에 「시·정·촌 합병촉진법」을 제정하여 정·촌을 폐합하는 작업을 계속한 결과, 전국적으로 약 1만 개에 달하던 시·정·촌이 약 3,200여 개로 감소하였다. 1960년대에 영국, 독일, 벨기에, 덴마크, 스웨덴 등 세계 각국에서 지방자치단체의 합병이 대대적으로 진행된 바 있다.

3. 이원적 방식(two-level approach)

이원적 방식이란 기존의 지방자치단체를 그대로 유지하면서 상위 지방자치단체를 구성하여 광역사무를 수행하는 방식을 말한다. 이 방식에는 시·군 종합화 방식과 연합 방식이 있다.

이 방식의 장점은 상위 지방자치단체는 전문성을 갖춘 인적 자원과 물적 자원이 상대적으로 많기 때문에, 광역사무를 능률적이고 전문적으로 처리할 수 있고, 광역권 내에서 행정의 통일을 기할 수 있다는 점이다. 이 방식의 단점은 기초자치단체의 고유 권한이 약화될 수 있고, 광역기구에 대한 주민참여가 약해질 수 있으며, 상위 지방자치단체와 하위 지방자치단체 간에 권한을 배분하는 기준이 모호하다는 것이다.

1) 시 · 군 종합화 방식(comprehensive urban county plan)

시 · 군 이원화 방식이라고도 불리는 방식이다. 이 방식은 별도의 광역자치단체를 구성하지 않고, 광역기능은 카운티(county)가 수행하고, 나머지는 카운티 내의 지방자치단체들이 수행한다.

2) 연합 방식(federation)

지방자치단체연합으로 불리는 방식으로서, 광역기구를 설치하여 광역사무를 처리하고, 기존의 지방자치단체는 예전처럼 지방사무(자치사무, 고유사무)를 처리하는 방식이다. 즉, 2개 이상의 지방자치단체가 각각 독립적인 법인격을 그대로 유지하면서 새로운 연합체를 신설하고, 이 광역기구가 기존 지방자치단체들의 상위조직으로서 광역행정사무를 처리하도록 하는 방식이다. 연합 방식은 협력체제 방식의 약점을 보완하기 위하여 새로운 단체(연합체)가 사업 주체가 되어 스스로 의결권 · 과세권 등 각종 권한과 집행권을 가지는 특징이 있다.

특히, 도시권에서 많이 채택되었는데, 캐나다의 토론토 도시연합, 대(大)위니펙 도시연합, 영국의 대(大)런던회의, 독일의 대(大)하노버 연합, 네덜란드의 아인트호벤연합, 일본의 광역연합 등이 해당된다.

4. 특별기관 방식

특별기관 방식이란 일정 지역에서 특정 광역사무를 처리하기 위하여 일반 지방자치단체가 아닌 특별기관을 설치하여 처리하는 방식을 말한다. 이 방식에는 지방자치단체조합, 특별구, 특별지방행정기관 등이 있다. 최근에 들어와서 지방자치단체의 구역을 변경하지 않고, 특별기관을 설치하여 기능적인 관점에서 광역행정을 처리하려는 경향이 증대되고 있다. 이러한 경향이 나타나는 이유는 일반 지방자치단체가 주민의 복리증진에 기여하지 못했다는 인식이 확대된 점, 과학 · 기술의 발전에 따라 행정의 집중 관리가 가능해진 점, 국민의 생활권과 경제권이 크게 확대된 점 등을 들 수 있다.

특별기관 방식의 장점은 다음과 같다. 첫째, 지방자치단체의 구역을 인위적으로 개편함이 없이 광역사무를 처리할 수 있다. 둘째, 기능적인 기관이기 때문에 광역행정사무를 효율적이고 합리적으로 처리할 수 있다. 셋째, 기존의 지방자치단체의 행·재정력 수준을 뛰어넘는 사무를 처리할 수 있다. 이 방식의 단점으로는 지방행정의 이중화가 발생하여 종합행정으로서의 특징이 약해질 수 있다는 점과 주민의 참여와 통제가 줄어들 수 있다는 점 등을 들 수 있다.

1) 지방자치단체조합

지방자치단체의 사무들 중의 특정 사무를 공동으로 수행하기 위하여 복수의 지방자치단체들이 합의에 의하여 규약을 정하고, 새로운 법인인 조합을 설치하는 방식이다. 사무조합이라고도 불린다. 지방자치단체조합은 특별자치단체로서 법인격을 가지고, 직원을 두며, 독자적으로 재산을 보유할 수 있고, 조례를 제정할 수 있다. 그러나 사무조합은 주민을 보유하지 않기 때문에, 세금이나 기타 징수에 대해 직접 청구할 수 없다는 점에서 일반 지방자치단체와 다르다.

「지방자치법」상의 지방자치단체조합

제176조(지방자치단체조합의 설립)

① 2개 이상의 지방자치단체가 하나 또는 둘 이상의 사무를 공동으로 처리할 필요가 있을 때에는 규약을 정하여 지방의회의 의결을 거쳐 시·도는 행정안전부 장관의 승인, 시·군 및 자치구는 시·도지사의 승인을 받아 지방자치단체조합을 설립할 수 있다. 다만, 지방자치단체조합의 구성원인 시·군 및 자치구가 2개 이상의 시·도에 걸쳐 있는 지방자치단체조합은 행정안전부 장관의 승인을 받아야 한다.

② 지방자치단체조합은 법인으로 한다.

제177조(지방자치단체조합의 조직)

① 지방자치단체조합에는 지방자치단체조합회의와 지방자치단체조합장 및 사무직원을 둔다.

② 지방자치단체조합회의의 위원과 지방자치단체조합장 및 사무직원은 지방자치단체조합 규약으로 정하는 바에 따라 선임한다.

③ 관계 지방의회의원과 그 지방자치단체의 장은 지방자치단체조합회의의 위원이나 지방

자치단체조합장을 겸할 수 있다.

제178조(지방자치단체조합회의와 지방자치단체조합장의 권한)

① 지방자치단체조합회의는 지방자치단체조합의 규약으로 정하는 바에 따라 지방자치단체조합의 중요 사무를 심의·의결한다.

② 지방자치단체조합회의는 지방자치단체조합이 제공하는 서비스에 대한 사용료·수수료 또는 분담금을 조례로 정한 범위에서 정할 수 있다.

③ 지방자치단체조합장은 지방자치단체조합을 대표하며 지방자치단체조합의 사무를 총괄한다.

2) 특별구

특별구 방식은 도시구 방식 또는 특별자치단체 방식으로도 불리는데, 특별자치단체를 설치하여 광역행정을 수행하는 방식이다. 즉, 특정한 광역행정사무를 처리하기 위하여 일반 행정구역이나 자치구역과는 별도의 구역을 설정하는 방식인데, 별도 구역에 대한 과세권, 조례제정권 및 집행권을 가진다.

특별구 방식에는 단일목적 특별구 방식과 다목적 특별구 방식이 있다. 단일목적 특별구로는 교육구, 항만관리구, 하수처리구, 홍수대책구, 공원구 등이 있고, 다목적 특별구로는 보스턴 대도시구역위원회를 들 수 있다.

3) 특별지방행정기관

특별지방행정기관 방식이란 특정 광역사무를 처리하기 위하여 특정 기능만을 수행하는 하급행정기관을 지방에 설치하는 방식이다. 즉, 특별지방행정기관은 특정한 광역행정사무를 처리하기 위하여 인접 지방자치단체들 간의 합의에 의하여 지방에 설치하는 국가의 하급행정기관이며, 일반 지방자치단체와 달리 특정 기능만을 수행한다.

제4절

광역행정의 유의점과 발전 방향

1. 광역행정의 유의점

광역행정의 문제점은 광역행정이 시행되는 지역이나 방식에 따라 다르게 나타나기 때문에, 일반적인 문제점을 지적하기는 쉽지 않다. 따라서 여기에서는 대체로 많이 제기되는 문제점들을 지적하고자 한다.

1) 편익과 비용의 불일치

광역행정체계를 구성하고 있는 지방자치단체들 간에 편익과 비용을 동등하게 배분하는 것은 현실적으로 거의 불가능하다. 사람의 예측 능력에 한계가 있고 또한 상황이 수시로 변하기 때문에, 비용을 더 내거나 혹은 편익을 더 받는 지역이 있을 수밖에 없다. 예를 들어, 상수원보호구역 지정은 상류지역과 하류지역 간에 편익과 비용의 불일치를 발생시키고 또한 혐오시설의 설치도 지역 간 편익과 비용의 불일치를 발생시키기 때문에 해결하기가 매우 힘들다는 것을 많은 사람들은 이미 알고 있다. 편익을 상대적으로 많이 받는 지방자치단체들은 현재의 상황을 유지해야 한다고 주장할 것이고, 비용을 많이 부담하는 지방자치단체들은 이를 개선해야 한다고 주장할 것이다.

2) 일상적 · 기초적 도시행정 경시

광역행정체계에서 취급하는 광역사무는 시민들이 도시정부에 직접적으로 기대하는 일상적이고 기초적인 도시공공서비스와는 다른 경우가 많다. 광역행정체계가 구성되면 광역적 수요가 일차적인 수요가 되고, 시민들이 기대하는 일상적 · 기초적인 수요는 부차적인 수요가 된다. 즉, 시민이 원하는 일상적 · 기초적인 도시행정수요를 희생하면서 광역행정수요를 우선적으로 충족시키는 데 초점을 맞추는 경향이 있을 수밖에 없다. 예를 들어, 서울시 송파구는 오랜 기간 동안 '친환경 송파 건설'을 구정의 목표로 삼았는데, 서울시에서 중상층이 원하는 주택수요를 충족시키기 위해 송파구와 성남시 복정동 일대를 신주거지역으로 공표·시행함으로써, 송파구와 송파구민들이 원하는 쾌적한 도시로의 기초적인 꿈은 상당한 정도로 깨어졌다.

3) 지방자치 위축

본질적으로 광역행정체계는 자원과 기술을 통합하는 시스템이라는 측면에서 중앙집권적 행정방식과 유사한 형태라고 볼 수 있다. 이러한 측면에서 볼 때 광역행정체계는 기초자치단체의 권한이나 기능을 잠식할 가능성이 있고, 기초자치단체에 대한 감독과 통제를 확대할 가능성이 높다. 이는 지방자치를 심각할 정도로 위협하는 요인이 될 수 있다.

2. 광역행정체계의 발전 방향

위에서 광역행정체계의 문제점에 대해 살펴보았다. 사회의 변화 방향이 개방체제로 빠르게 진행되고 있기 때문에, 앞으로 광역적 사무는 더욱 증대하리라 예상된다. 따라서 위의 문제점들을 개선하면서 광역행정체계가 나아가야 할 방향을 살펴보면 다음과 같다.

1) Win-win 전략을 위한 인식 개선

광역행정체계가 유지되고 원활하게 운영되기 위해서는 편익과 비용을 일치시켜야 한다. 편익을 상대적으로 많이 받는 지역은 비용을 많이 지불하는 지역을 이해하려고 노력해야 한다. 비용을 많이 지불하는 지역도 자신의 지역 이익만을 추구하려는 자세에 대해 깊이 생각해야 한다.

광역행정체계를 구성·운영하고 있는 지방자치단체들과 주민들은 비용과 편익을 제로섬(zero-sum) 게임으로 인식하여 비용을 조금이라도 적게 지불하고 편익을 더 많이 받기 위해 모든 수단과 방법을 동원하려 하지 말고, 광역권 내의 모든 지역이 편익을 얻기 위한 윈-윈(win-win) 전략을 함께 고안해야 한다. 그러기 위해서는 무엇보다도 인식의 전환이 필요하고, 아울러 비용을 종합적으로 분석하여 이에 대해 적절하게 보상해야 한다.

2) 일상적 · 기초적 도시행정 충족

광역적 행정수요는 일상적 · 기초적인 행정수요에 비해, 더 넓은 지역을 대상으로 더 많은 사람들에게 영향을 미치는 것이다. 그러기 때문에 광역행정체계에서는 광역적 수요를 우선시할 수밖에 없다. 그렇다고 시민들이 평소에 원하는 일상적 · 기초적인 행정수요를 소홀하게 다루어서는 안 된다. 중앙정부이든, 광역행정체계이든, 지방자치단체이든 간에 주민을 무시하는 행정을 실시하면 정당성이 위협을 받을 수밖에 없기 때문이다. 따라서 주민들이 직접적으로 원하는 행정수요를 충족시키기 위하여 노력해야 한다.

이를 위해서는 주민들이 원하는 행정수요를 종합적이고 체계적으로 분석하여, 최소의 비용으로 최대의 효과를 내기 위해 노력해야 한다. 아울러, 광역행정체계의 비효율성 감소, 협의 · 조정기능의 강화, 광역계획과 예산의 연계시스템 확보 등의 측면에서 광역시설에 대해 지속적이고 체계적으로 정비하여야 한다. 이러한 노력을 통해 예산의 낭비를 최대한으로 줄여서, 일상적 · 기초적인 도시행정을 충족시키는 데 도움이 되도록 해야 한다.

3) 지방자치와 공존

앞에서 광역행정체계가 운영되는 경향은 기능적 광역행정체계와 정치적 광역행정체계로 대별된다고 하였다. 그러나 많은 서구 국가들은 기능적 광역행정체계를 더욱 선호하고 있다. 즉, 광역행정체계를 구성하는 목적을 효율적으로 달성하는 데 집중하고 있다. 그러나 효율성을 지나치게 강조하면 지방자치가 추구하는 중요한 목적 중의 하나인 민주성이 위협받을 수 있다.

따라서 중앙정부, 광역행정체계, 지방자치단체 간의 관계를 협조적이고 수평적 관계로 인식하면서, 이에 따라 광역행정체계를 민주성과 효율성을 보장하는 방향으로 운영하여야 한다. 이를 위해서는 중앙정부, 광역행정체계, 기초자치단체 간에 기능 · 권한 · 책임을 적절하게 배분하고, 국가의 통제는 최소화해야 하며, 광역행정체계는 도시정부의 민주성, 효율성, 특수성을 향상시키도록 노력해야 한다(박병식 외, 2010: 176-177).

제13장 도시공공서비스정책

제1절

도시공공서비스의 의의

우리는 생활을 하면서 많은 재화와 서비스를 필요로 한다. 개인이 스스로 생산할 수 있는 재화와 서비스도 있지만, 많은 재화와 서비스는 중앙정부 혹은 지방자치단체에 의해 제공된다. 20세기에 들어와서 재화와 서비스의 공급에 있어 정부의 역할이 크게 증가하였다. 특히, 도시에 거주하는 시민들의 공공재와 공공서비스에 대한 수요가 폭발적으로 증가하면서 도시정부는 시민들의 수요를 충족시키지 않을 수 없게 되었다. 그러나 도시정부는 재정적 압박으로 인해 공공재와 공공서비스를 시민이 원하는 수준만큼 제공하기 어려운 상황에 처하게 되었다. 이에 시민들은 기대보다 낮은 수준의 공공재와 공공서비스에 대해 불만을 가지게 되고, 나아가서 정부의 역할을 점차 강하게 비판하였다. 특히, 1980년대부터 거스를 수 없는 대세로 자리잡기 시작한 '시민참여'는 정부에 대한 비판의 목소리를 더욱 확대시키는 역할을 하게 되었다. 이러한 상황을 타개하기 위해서 1980년대 중반부터 공공재와 공공서비스를 효율적으로 제공하기 위한 도시정부의 역할에 대한 논의가 활발하게 진행되었다.

1. 도시공공서비스의 특징

도시공공재와 도시공공서비스는 구분되어야 한다는 주장도 있지만, 이들을 구분할 기준이 항상 명확한 것은 아니고 또한 구분할 의미가 없다는 점에서 이들을 구분하지 않으려는 경향이 일반적이다(박종화 외, 2013: 220). 따라서 이하에서는 도시공공재와 도시공공서비스를 구분하지 않고, 도시공공서비스로 서술하기로 한다. 전통적으로 도시공공서비스는 비시장적(non-marketable), 복지(welfare), 집합적 소비(collective consumption), 외부성(externalities) 등의 특징들을 가지는 것으로 알려져 왔다. 그러나 최근에 와서는 다음과 같은 특징이 있는 것으로 보는 경향이 있다.

1) 비경쟁성(non-rival consumption)

우리가 일상생활에서 사용하는 많은 서비스는 경쟁적인 특징을 지니고 있다. 일정량이 생산되는 서비스를 어떤 사람이 많이 소비하면 다른 사람은 소비를 적게 할 수밖에 없다. 그러나 공공서비스의 경우에는 상황이 다를 수 있다. 예를 들어, 친환경시대를 맞이하여 도시정부가 공기오염을 줄이기 위한 정책을 시행하면, 그 정책의 혜택은 일부 시민이 아니라 전체 시민에게 돌아간다. 이는 우리 주변의 다양한 공공서비스들, 즉 기상예보, 홍수특보, 국방, 공원, 교량 등을 포함하여 많은 부분에서 사례를 찾을 수 있다. 공원도 누구나 이용할 수 있도록 허용되기 때문에, 많은 사람들이 동시에 이용 가능하다. 이러한 사례들은 경쟁적 특징이 아니라 비경쟁적 특징을 갖는다. 이처럼 비경쟁성은 많은 사람이 동시에 동일한 서비스를 소비할 수 있다는 것을 의미하기 때문에, '집합적 소비(collective consumption)' 혹은 '편익의 불가분성(indivisibility of benefits)'으로 불리기도 한다.

그러나 공공서비스가 비경쟁성이 있다고 하더라도, 공공서비스의 종류에 따라 그리고 지역에 따라 편익이 다를 수 있다. 즉, 기상예보, 국방, 공원 등이 제공하는 편익의 범위는 다르다.

2) 비배제성(non-exclusion)

비배제성이란 비용을 지불한 사람이나 지불하지 않는 사람을 차별하지 않고 서비스를 제공하는 것이다. 일부 사람들에게 특정 공공서비스를 제공하지 않는 것이 불가능하거나 혹은 비용이 엄청나게 큰 경우가 있을 수 있다. 예를 들어, 서울의 남산으로 올라가는 것에 대해 입장료를 부과하면서 입장료를 지불하지 않는 사람들의 입장을 금하는 것이 가능한 일인가? 또한 그것이 가능하다고 하더라도 비용이 어느 정도일까? 이 두 가지 질문에 대해 명확한 답을 하기는 매우 힘들 것이다. 그러나 남산을 올라갈 수 있는 통로가 매우 많다는 것을 생각하면 입장료의 지불 여부에 따라 남산 통행을 허락하는 것이 거의 불가능할 뿐만 아니라, 가능하더라도 비용이 엄청나게 크리라고 누구나 예상할 수 있다. 이는 비배제성이 존재하는 대표적인 사례이다.

일반적으로 비경쟁성과 비배제성은 동시에 발생하지만, 소비가 비경쟁적이라 하더라도 일부 사람에게 특정 비용을 부과해서 소비를 억제할 수 있다는 것은 배제성이 발생할 수 있음을 의미한다. 예를 들어, 서울의 남산 터널은 동시에 많은 차량들이 이용할 수 있기 때문에 비경쟁성의 특징을 지니고 있었지만, 교통체증이 심해지자 이를 완화하기 위해 통행료를 부과하면서 통행료를 지불하지 않는 차량들의 통행을 금지한 것은 배제성이 발생하는 대표적인 사례이다.

2. 도시공공서비스의 투자이론

스미스(A. Smith)는 도시공공서비스에 대한 투자를 도시재정과 투자라는 두 관점에서 분류하는 이론을 제시하였다. 그는 투자대상을 도시기반시설과 인적 서비스로 구분하고, 도시재정을 연결재(joint goods)와 선별 혜택재(merit goods)로 분류하였다. 연결재란 도시 전체의 기능과 활동과 관련된 공공서비스이고, 선별 혜택재는 혜택의 범위가 선별적이며 제한적인 공공서비스이다. 이러한 분류기준을 가지고 유형화한 결과, 도시시반시설이면서 연결재에 속하는 것으로는 도로와 상수도시설 등이고, 도시기반시설이면서 선별 혜택재에 속하는 것으로는 병원, 학교, 박

표 13-1 도시공공서비스 투자이론

도시재정＼투자	도시기반시설	인적 서비스
연결재	도로, 상수도시설	경찰, 쓰레기수거
선별 혜택재	병원, 학교, 박물관, 공원	복지, 학교교사, 교도관

물관, 공원 등이며, 인적 서비스이면서 연결재인 것으로는 경찰, 쓰레기수거 등이고, 인적 서비스이면서 선별 혜택재에 속하는 것에는 복지, 학교교사, 교도관 등이다.

도시기반시설이면서 연결재에 속하는 것은 주로 공공재적 특성을 가지는 반면, 인적 서비스이면서 선별 혜택재에 속하는 것은 공공서비스적 특성이 강하다. 도시기반시설이면서 연결재에 속하는 것은 투자비용이 크고 내구성이 강하기 때문에, 그 시설을 개발하는 세대만이 모든 비용을 부담하는 것은 세대 간 형평성의 측면에서 옳지 않다는 생각이 확산되었다. 그리하여, '비용확산개념(cost spreading concept)'을 도입하여 재정을 조달해야 한다는 의견에 많은 사람들이 동조하였다. '비용확산개념'이란 도시공공재에 투자되는 전체 비용을 시설수명으로 나눈 다음, 현세대는 자신의 몫만 담당하고 나머지는 다음 세대에 전가함으로써, 비용부담을 수세대에 걸쳐 균형 있게 배분하는 것이다.

제2절

도시공공서비스 공급에 대한 공공부문 개입 논쟁

도시공공서비스를 제공하는 데 있어서 공공부문이 개입하는 것이 옳으냐 아니면 시장에 맡기는 것이 옳으냐의 문제는 고전적인 질문이면서 동시에 매우 중요한 질문이기도 하다. 시대적 상황에 따라 그 질문에 대한 답도 지속적으로 변하여 왔다. 공공부문의 개입을 찬성 혹은 반대하는 학자들은 자신들의 주장에 대해 나름의 논리적 근거를 제시하고 있다. 이들의 주장을 살펴보면 다음과 같다.

1. 공공부문 개입 주장

도시공공서비스를 제공하는 데 공공부문이 개입해야 한다고 주장하는 사람들은 다양한 근거들을 제시하고 있지만, 그 근거들 중에서 많은 사람들로부터 광범위한 지지를 받는 근거는 시장실패(market failure)에 대한 대안으로서 공공부문의 개입이 필요하다는 것이다. 시장실패란 자유경쟁시장에서 자원이 '파레토 최적(Paretooptimum)'이 아닌 상태로 배분되는 것을 말한다. '파레토 최적'이란 자원이 가장 효율적으로 배분된 상태를 말한다. 즉, 파레토 최적이 이루어진 상태란 어떤 재화의 생산량을 증가시키기 위해서는 다른 재화의 생산량을 감소시켜야만 하는 상태, 혹은 어떤 소비자의 효용을 증가시키려면 다른 소비자의 효용을 감소시켜야만 하는 상태를 말한다. 시장실패의 대표적인 원인에는 외부효과, 집합재, 규모의 경제, 시장의 불완전성 등이 포함된다.

1) 외부효과(외부성; externalities)

외부효과란 어떤 경제적 행위가 아무런 대가의 교환 없이 다른 사람에게 이익이나 손해를 끼치는 것을 말한다. 이는 자원의 효율적 이용을 저해함으로써 자유시장체제가 해당 재화 혹은 서비스를 사회가 필요로 하는 만큼 공급할 수 없다는 것을 의미한다. 외부효과는 '정(正)의 외부효과(외부경제)'와 '부(負)의 외부효과(외부불경제)'로 구분된다.

(1) 정(正)의 외부효과(외부경제)

정의 외부효과란 제3자에게 의도하지 않는 혜택을 입히면서도 이에 대한 보상을 받지 못하는 것이다. 예를 들어, 거주하고 있는 집 주변에 공원이 조성되어 조망권이 좋아지거나, 새로운 도로가 개설되거나, 시의 청사가 건설되거나 혹은 역세권이 되면, 부동산 가격이 상승하면서 생각하지도 않던 혜택을 입는 것을 말한다.

제3자에게 이익을 주었는데도 그것에 상응하는 대가를 받지 못한다면, 경제적 합리인은 그러한 행위를 하지 않으려 할 것이다. 따라서 사회적으로 유익한 정의 외부효과는 사회적으로 필요한 만큼 발생하지 않는다. 즉, 정의 외부효과는 사회적으로 바람직한 최적의 수준보다 자원을 적게 생산하는 과소생산의 문제를 발생시키기 때문에, 시장실패를 일으키는 원인이 된다. 또한 수요곡선이 정의 외부효과만큼 상승함으로써 가격이 상승하여 과잉 가격의 문제가 나타난다.

정의 외부효과로 인한 사회적 편익은 생산자의 사적 편익과 제3자가 얻는 사적 편익을 합한 것이 되기 때문에, 사회적 편익이 사적 편익보다 크다. 정의 외부효과를 내부화[1]하려면, 정부가 개입하여 생산 보조금을 지원하거나 특허제도를 통해

1) 외부효과의 내부화란 사람들의 유인구조를 바꾸어, 자신들의 행동이 초래하는 외부효과를 의사결정에서 감안하도록 만드는 과정을 말한다.

표 13-2 정의 외부효과와 부의 외부효과 비교

정의 외부효과	부의 외부효과
사적 비용>사회적 비용	사적 비용<사회적 비용
사적 편익<사회적 편익	사적 편익>사회적 편익
과잉가격, 과소생산	과소가격, 과잉생산

재산권을 인정해 줌으로써, 생산자가 균형 수준보다 더 많이 생산하도록 유도해야 한다.

(2) 부(負)의 외부효과(외부불경제)

부의 외부효과란 제3자에게 의도하지 않은 손해를 입히고도 이에 대한 대가를 지불하지 않는 것이다. 예를 들어, 수질을 오염시키는 물질을 배출하는 공장에서는 폐수처리장치를 설치·운영해야 하는데 이를 어기는 것을 말한다. 폐수를 강으로 무단 방류하면 많은 사람들에게 손해를 입히지만, 공장은 생산비가 절감되는 이득을 얻을 수 있다. 따라서 언론을 통해 자주 접하는 것처럼 많은 공장들은 폐수처리시설을 가동하지 않으려 한다. 즉, 사회적으로 해로운 부의 외부효과는 사회적으로 필요한 수준보다 더 많이 생산하는 과잉생산의 문제를 발생시키기 때문에, 시장실패를 일으키는 원인이 된다. 또한 오염을 유발하는 공장이 생산하는 상품의 비용은 사회적 비용보다 작다. 왜냐하면, 이 공장은 오염물질에 대한 비용을 지불하지 않기 때문이다. 즉, 사회가 부담해야 하는 비용이 기업의 비용보다 높은 경우가 발생한다. 따라서 사회적인 관점에서 본다면 오염을 유발하는 공장의 최적 산출량은 감소되어야 한다. 그러나 공장은 사회적인 관점이 아니라 이윤극대화의 관점에서 산출량을 결정하므로, 사회적 관점에서의 최적 산출량보다 더 많이 생산하는 과잉생산의 문제가 발생한다. 또한 외부비용만큼 사회적 비용이 증가하므로 시장가격은 사회적으로 바람직한 가격보다 낮은 과소 가격의 문제가 발생된다.

부의 외부효과가 발생하면 사회적 비용은 생산자의 사적 비용과 제3자가 부담하는 비용을 합한 것이기 때문에, 사회적 비용은 사적 비용보다 크다. 또한 생산자의 사적 편익은 사회적 편익보다 크다. 부의 외부효과를 내부화하기 위해 정부가 개입하여 오염물질 배출량 제한, 정화장치 설치의 의무화, 세금이나 벌금 부과 등과 같은 규제를 통해 공급을 줄여야 한다.

2) 집합재

시장실패는 도로, 항만, 등대, 교량, 소방, 국방 등과 같이 집합재적 특성을 가진 공공서비스로 인해 발생된다. 위에서 언급된 바와 같이 집합재적 특성을 가지는 공공서비스는 비경쟁성과 비배제성의 특징을 지닌다. 비배제성이라는 특징으로 인해 무임승차(free riding)의 문제가 발생한다. 예를 들어, 세금을 내지 않는다고 해서 적의 침입으로부터 보호해주는 국방서비스의 혜택을 박탈할 수는 없다. 사람들은 집합재적 특성이 강한 공공서비스에 높은 가치를 부여하지만, 가능하면 돈을 안 내고 사용하고자 한다. 이에 따라, 기업은 집합재적 특성을 가진 공공서비스의 공급을 꺼리게 된다. 즉, 소비자가 원하는 만큼의 공공서비스가 공급되지 못하는 비효율성이 발생한다. 이것이 시장실패의 한 원인이다.

'공유지의 비극'을 방지하고 공공서비스의 공급을 안정적으로 확보하기 위해서는 집합적 행동이나 집합적 기여를 필요로 한다(Hardin, 1968: 1243-1248). 따라서 집합적 행동이나 집합적 기여를 위해 공공부문의 개입이 요구된다.

공유지의 비극(The Tragedy of the Commons)

공기, 물 등과 같은 공유 자원이나 소유권이 없는 공유지는 소비에 제한이 없으므로 과다 소비로 고갈될 수 있다. 공유 자원이나 공유지가 개인의 지나친 욕심으로 황폐해져 공동체 전체가 파멸되는 현상을 '공유지의 비극'이라고 한다.

이는 하딘(G. Hardin)이 제시한 개념으로서, 개인과 공공의 이익이 서로 맞지 않을 때 개인의 이익만을 극대화한 결과 경제 주체 모두가 파국에 이르게 된다는 것이다. 그의 설명은 다음과 같다. 한 마을이 비옥한 초지를 공유하고 있어 각 집에서 기르는 양들을 적절히 배분한다면 모든 양이 충분히 풀을 뜯어 먹을 수 있었다. 어느 약삭빠른 농부가 이득을 더 보기 위해 남들보다 더 많은 양을 풀어놓았다. 그러자 다른 농부들도 상대적으로 손해를 보지 않기 위해 양들을 모두 초지에 풀어놓았다. 초지는 양들로 가득찼고 얼마 되지 않아 초지에는 풀이 하나도 남아 있지 않게 되었다.

3) 규모의 경제

일부 재화와 서비스는 생산량을 늘릴수록 1단위당 생산비가 감소하여 이윤이 점점 증가하는 현상이 나타난다. 이와 같은 현상을 '규모의 경제'라고 한다. 규모의 경제가 발생하는 이유로는 원자재의 대량 구매로 인한 생산비 절감, 생산설비 증대, 기술 발전, 전문성 향상 등을 들 수 있다. 자유경쟁시장에서는 규모의 경제가 작용하는 경우가 많다. 특히, 경쟁이 치열한 산업 분야, 즉 전자제품, 자동차 등의 산업 분야에서 규모의 경제를 쉽게 확인할 수 있다. 예를 들어, 자동차를 소량 생산하는 기업과 대량 생산하는 기업 중에서 어느 기업이 생산비용을 더 많이 절감시킬 수 있을까? 답은 간단하다. 대량 생산하는 기업이 생산비용을 훨씬 더 많이 절감할 수 있다. 자동차를 대량으로 생산하는 기업은 소량으로 생산하는 기업과의 경쟁에서 우월한 위치에 있게 되고, 시간이 지남에 따라 시장을 지배하게 된다. 이 기업은 독과점기업으로서 시장에서 결정되는 가격을 수용하는 가격수용자(price taker)가 아니라, 가격을 마음대로 조정할 수 있는 가격결정자(price maker)가 된다. 이 기업은 생산비용보다 높은 시장가격을 설정하고, 공급량을 완전경쟁시장보다 적게 한다.

이러한 상황에서는 이 독과점기업이 양질의 제품을 생산하려고 노력하지 않아도 이윤을 확보하는 것이 가능하며, 이는 소비자의 만족도를 떨어뜨린다. 결국, 규모의 경제는 독과점을 형성하는 가장 중요한 원인이고, 또한 독과점을 형성하기 위해 악용되기도 한다. 사회 전체적으로 자원이 낭비되는 등 비효율적으로 자원이 배분된다는 사실은 자명하다. 규모의 경제는 독과점으로 이어져 시장실패를 발생시키기 때문에, 이를 방지하기 위해 공공부문의 개입이 요구된다.

4) 시장의 불완전성

시장의 불완전성은 시장의 자동조절기능을 약화시킴으로써, 자원을 효율적으로 배분하지 못하는 시장실패를 발생시킨다. 자유경쟁시장에서 시장실패를 일으키는 대표적인 원인이 정보의 불완전성이다. 정보의 불완전성은 정보가 완전하지 않다는 것을 의미한다. 예를 들어, 소비자는 싸고 좋은 상품이 존재함에도 불구하고, 이에 대한 정보가 부족해 왜곡된 소비를 하는 경우가 많다. 또한 기업가와 투자자는 미래를 정확하게 예측하면서 이를 근거로 의사결정을 하려 하지만, 세계의 유수한 전문가들의 예상과 달리 영국 국민들이 국민투표를 통해 2016년 6월 23일 '브렉시트(Brexit)'[2]를 결정한 것에서 보듯이 정확한 예측을 하지 못하는 경우가 많다. 때

2) '브렉시트(Brexit)'는 '영국(Britain)'과 '탈퇴(Exit)'의 합성어로 영국의 유럽연합(EU) 탈퇴를 뜻한다.

로는 미래에 대한 예측이 맞기도 하지만, 대부분의 경우에는 정확하지 못하다. 이는 정보의 불완전성에 기인한다. 정보의 불완전성이 존재하는 한, 시장은 효율적으로 기능하기 어렵다. 이는 시장이 자연적으로 치유할 수 있는 것이 아니기 때문에, 공공부문이 개입할 필요가 있다.

2. 공공부문 개입 반대

도시공공서비스를 제공하는 데에 공공부문이 개입해서는 안 된다는 주장을 펼치고 있는 측은 시장기능을 신뢰하는 경향이 강하다. 이들이 제시하고 있는 대표적인 반대 논거는 다음과 같다.

1) 공공부문 스스로의 이익 추구

많은 사람들은 공공부문이 국민을 위한 공익 실현에 앞장서고 있다는 믿음을 가지고 있지만, 이는 그렇게 되기를 바라는 국민의 마음에 불과하다. 공공부문의 대표적인 문제들 중의 하나로 부처이기주의가 자주 거론되는데, 공공부문이 국민을 위한 공익 실현을 최우선의 목표로 삼고 노력한다면 부처이기주의가 왜 발생하느냐고 비판하는 사람들이 적지 않다. 모든 부처는 스스로가 행정에서의 주도권을 잡고 또한 가장 많은 이익을 얻고 싶어하기 때문에 부처이기주의가 나타난다. 제도주의자들이 주장했듯이, 공공부문은 국민의 이익을 위해서가 아니라 공공부문 스스로의 이익이 최대가 되도록 움직이는 경우가 있다(Hill, 1997: 85-92).

2) 외부효과 원인제공자에게 책임 부과

시장실패를 주장하는 사람들은 시장실패의 가장 중요한 원인으로 외부효과를 제시하는 경우가 많다. 그런데 외부효과가 발생할 경우 외부적 비용을 원인제공자에게 부과하면 시장실패의 영향을 감소시킬 수 있다. 따라서 외부효과를 방지하기 위해 정부의 개입을 주장할 필요는 없다.

3) 시장 메커니즘의 공동이익 창출

시장 메커니즘은 공동의 이익을 창출하는 데 기여한다. 기본적으로 시장 메커니즘은 소비자와 생산자가 자신의 이익을 극대화할 수 있는 개인별 의사결정에 기초하여 서로 간에 합의를 하는 구조를 가진다. 즉, 스미스(A. Smith)가 표현한 '보이지 않는 손(invisible hand)'에 의하여 소비자와 생산자는 시장 메커니즘 하에서 각자의 이익을 극대화할 수 있으며, 이는 개인의 의도와 별개로 사회적 목적을 증대시키는데 기여한다. 린드블롬(L. E. Lindblom)이 상호 충돌하는 이해관계를 가진 집단들이 타협을 통해 정책을 결정하는 것이 민주적이라고 했듯이, 개인적 이익을 극대화하고 싶은 개인들이 시장 메커니즘을 통해 타협하는 것은 궁극적으로 공익을 달성하는 데 이바지한다(Hill, 1997: 101-104).

4) 시장 환류장치의 장점

시장의 환류장치는 우리가 얻기 어려운 정보의 필요성을 감소시키는 역할을 한다(박종화 외, 2013: 229-230). 우리나라에서 지역을 발전시키기 위한 수단으로 지방공항을 건설한 적이 있었다. 대부분의 지방공항들이 잘못된 수요 예측으로 인해 만성 적자에 시달리고 있고, 일부 지방공항들은 폐쇄된 적이 있었다. 이는 공공부문에서 수요 예측이 매우 힘들다는 것을 보여주는 대표적인 사례이다. 공공부문과 달리, 시장 메커니즘 하에서는 정확한 수요와 공급을 예측하기 위해 많은 노력을 기울일 필요가 없다. 소비자들이 사고 싶은 수량과 기꺼이 지불하고자 하는 가격의 범위 안에서 서비스를 제공하면 판매자는 살아남을 수 있다. 즉, 수요와 공급에 대한 정확한 정보도 중요하지만, 이를 얻기 어려울 때에는 시장의 환류장치를 통해 획득이 가능한 구매자의 구매 수량과 가격의 범위에 의존하여 공급하는 전략으로 판매자는 생존이 가능하다.

5) 시장의 혁신 기능

시장은 사회적으로 바람직한 방향으로 혁신을 이끌 수 있는 잠재적 능력을 지니고 있다(박종화 외, 2013: 230). 시장의 유인체계나 가격은 혁신을 촉진시키는 역할을 수행한다. 예를 들어, 지금 세계는 '지구온난화' 문제로 많은 고통을 경험하고 있다. 지구온난화의 가장 큰 원인이 CO_2임은 누구나 알고 있는 사실이다. 시장에서 CO_2의 배출을 줄여야 한다는 목소리가 조금씩 확대되면서, 석유와 석탄 등의 화석연료 사용을 감소시키기 위해 청정연료인 신재생에너지(태양광, 풍력, 조력 등)와 관련된 기술을 개발하는 노력이 증대하고 있다. 또한 수소 자동차를 개발함에 있어서 가장 핵심적인 장치가 수소를 전기에너지로 변환시키는 장치인데, 그 장치의 핵심 부품에 금이 사용되었지만 금의 시장 가격이 워낙 높기 때문에, 상대적으로 훨씬 싼 탄소를 사용하는 연구가 진행되어 결실을 맺고 있다. 이러한 사례들은 시장의 혁신적 역할을 보여준다.

3. 도시공공서비스의 공급 주체

전통적으로 도시공공서비스의 공급은 공공부문, 특히 중앙정부 혹은 지방정부에서 주로 담당하였지만, 민간부문이 전혀 공급하지 않는 것은 아니었다. 더구나, 20세기에 들어와서 급격하게 진행된 도시화, 산업화, 정보지식화로 인해서 시민들의 행정수요가 양적으로 팽창하고 질적으로 다양화되었고, 한편으로 도시정부는 심각한 재정 압박을 받아 왔기 때문에 다른 대안이 적극적으로 검토되었다. 또한 도시정부가 제공하는 서비스 중에서 순수한 공공서비스의 비중이 크지 않을 뿐만 아니라, 순수한 공공서비스의 경우에도 제공은 도시정부가 하고 생산은 민간부문이 맡는 경우가 점차 증대하였다. 따라서 도시공공서비스의 공급주체는 아래와 같이 공공부문과 민간부문으로 대별해 볼 수 있다.

도시공공서비스를 공급하는 공공부문은 정치성과 경제성에 따라 정부부문과 공기업부문으로 분류된다. 정부부문은 중앙정부와 지방정부를 말하며, 도시공공서비스의 공급에 정치적 메커니즘이 작용한다. 이로 인해, 비효율성이 높다는 비판이 지속적으로 제기되어 왔다. 공기업부문은 공익성과 수익성을 동시에 추구하기 때문에, 정치적 메커니즘과 경제적 메커니즘이 동시에 작용한다. 공기업부문에서는 경제적 메커니즘이 작용함에도 불구하고, 많은 공기업이 적자를 내고 있기 때문에 사회적으로 큰 파장을 일으키고 있다.

민간부문은 영리성에 따라 영리 민간부문과 비영리 민간부문으로 분류된다. 영리 민간부문은 개인 또는 기업으로서, 시장 메커니즘이 주로 작용한다. 비영리 민간부문은 가족이나 자원봉사자를 의미한다.

위에서 언급된 각 주체들은 서로 복잡하게 연계되어 있으면서 견제, 통제, 경쟁, 협력하는 관계를 맺고 있다. 즉, 도시공공서비스 공급 주체로서 민간부문이 괄목할 만한 성장을 이루면서, 공공부문과 민간부문이 서로 협력하여 도시공공서비스를 제공하는 경향이 강해지고 있다.

제3절

도시공공서비스 공급체계의 유형

앞에서 지적된 바와 같이 도시공공서비스의 공급체계는 도시정부에 의해 주도되다가, 점차 공공부문과 민간부문과의 협조가 강조되고 있다. 도시공공서비스의 공급체계는 누가 공급하느냐 그리고 누가 생산하느냐에 따라 다음과 같이 유형화할 수 있다. 즉, 도시정부가 공급하는 경우 도시정부가 생산하거나 민간부문이 생산할 수 있으며, 민간부문이 공급할 경우 도시정부가 생산하거나 민간부문이 생산할 수 있다.

표 13-3 도시공공서비스 공급 유형

공급	생산	유형
정부공급	정부생산	정부서비스(government service)
		정부 간 협정(intergovernmental agreement)
	민간생산	(위탁)계약(contracting-out)
		허가(franchise)
		보조금(grants or subsidies)
민간공급	정부생산	정부판매(government vending)
	민간생산	구입증서(voucher)
		시장(market)
		자원봉사(voluntary service)
		자조서비스(self-help or self-service)

1. 정부서비스(government service)

전통적으로 도시공공서비스는 중앙정부 혹은 도시정부에 의해 공급되는 것이 일반적이었지만, 다른 공급주체에 의해 공급되기도 하였다. 어떠한 경우이든 간에 그 과정에서 정부가 큰 역할을 했음은 분명하다. 특히, 공공성이 강하거나 수익성이 낮은 서비스의 경우, 공급과정에 민간부문이 참여하는 것을 기대하기는 어렵다. 정부서비스란 정부기관이 자체의 인적 자원과 물적 자원을 동원하여 도시공공서비스를 생산하여 공급하는 것을 말한다. 이 방식은 대표적인 전통적 도시공공서비스의 공급 형태이다. 주민등록증 발급, 경찰 순찰, 국립공원 관리, 환경오염 통제 등과 같이 정부서비스를 통해 우리에게 제공되고 있는 도시공공서비스는 우리 주변에서 자주 볼 수 있다.

정부서비스에 의해 도시공공서비스를 공급할 경우의 재원은 대부분 조세에 의해 조달되고, 도시공공서비스를 이용하는 요금은 무료이거나 혹은 부과되더라도 형식적이어서 매우 낮다. 이리하여, 서비스의 질을 높이고 재원의 한계를 극복하기 위해 이용자 요금을 현실화해야 한다는 목소리가 높았다.

2. 정부 간 협정(intergovernmental agreement)

도시공공서비스는 정부 간 협정을 통해 공급될 수도 있다. 주로 규모가 작은 도시정부가 주위에 있는 규모가 큰 도시정부와 협정을 맺고 협정에 기초하여 주민들에게 공공서비스를 제공하는 형태이다. 예를 들어, 고등교육시설이 없는 도시가 그 시설을 갖춘 인근 지역에 학생을 배정하고, 그에 따른 비용을 지불하는 경우가 이에 해당된다. 또한 소방서비스 혹은 응급구급차 서비스 등의 분야에서도 규모가 작은 도시정부는 이러한 서비스를 제공해야 하는 경우에 대비하여 주위의 규모가 큰 도시정부와 협정을 맺은 후, 그러한 상황이 발생했을 때 주위 도시정부로부터 서비스를 제공받고 그에 상응하는 비용을 지불하는 사례를 발견할 수 있다. 이 방법은 주변 도시정부들 간에 기존에 있는 시설을 공동으로 이용하게 하는 장점이 있기 때문에, 서구 국가에서는 매우 보편적으로 사용되는 방법이다. 우리나라에서는 하수종말처리장, 쓰레기 소각, 쓰레기 매립 등과 같은 혐오시설이 필요할 때, 인접된 도시정부에 그러한 시설이 있을 경우 자주 활용된다.

정부 간 협정 방식은 두 유형, 즉 정부 간 결합서비스 협정(intergovernmental joint service agreement)과 정부 간 서비스 계약(intergovernmental service contract)으로 분류된다. 정부 간 결합서비스 협정은 특정 도시공공서비스를 제공하기 위해 복수의 정부가 공동으로 계획하고 자금을 조달하는 것이다. 정부 간 서비스 계약는 특정 도시공공서비스를 공급하기 위해 계약을 통해 타 도시정부에 서비스 생산을 위탁하는 것이다.

3. 계약(contracting-out)

계약이란 도시정부가 특정 도시공공서비스를 제공하기 위해 전문성과 설비를 갖춘 영리 민간조직 혹은 비영리 민간조직과 계약을 맺어 생산하는 방법을 말한다. 시민이 조세 또는 이용자요금의 형식으로 도시정부에게 도시공공서비스에 대한 비용을 지불하면, 이를 받은 도시정부는 계약업자에게 다시 비용을 지불하는 것이 계약에서 일반적으로 사용되는 비용 지불 방식이다. 이는 효율성 확보, 비용 절감 효과, 수준 높은 서비스 제공, 수요에 신축적인 대응 등 민간기업이 가지고 있는 장점을 활용할 수 있기 때문에, 민영화의 방법 중에서 가장 널리 활용되는 방안이고 그 사례가 매우 다양하다. 다만, 민간기업이 이윤극대화를 추구함으로 인해 발생하는 가격 인상, 서비스 질 저하, 민간기업의 책임성 확보 등은 이 방식의 커다란 문제점이다.

이 방식은 많은 분야에서 다양하게 활용되고 있으며, 향후 그 활용의 범위는 더욱 커지리라 예상된다. 정부의 건물을 건축할 경우 혹은 정부에서 사용하는 문구, 식품, 집기 등을 구매할 경우 민간업체와 계약하는 방법이 많이 활용된다. 또한 쓰레기 수거, 응급구급차 서비스, 도로 포장·보수, 교통신호등 수리, 경찰서비스(주차단속, 불법주차견인 등), 공원시설, 소방서비스 등에서도 계약 방식이 자주 활용된다. 최근에 와서는 탁아서비스, 가정상담, 유치원, 기능훈련원, 어린이보호원, 장애인 식사서비스 등 사회복지사업에서도 계약 방식이 사용되고 있다. 많은 나라에서 도시 간 고속도로를 건설할 경우에 계약 방식이 활용되고 있는 추세이다. 즉, 계약을 통해 도시 간 고속도로를 민간부문이 건설하고, 그 민간기업이 일정 기간 동안 고속도로 통행료를 받으면서 유지한 후, 그 기간이 지나면 정부에 이양하는 방법이다.

4. 허가(프랜차이즈; franchise)

허가 방식은 지리적 경계를 두고 특정 도시공공서비스를 제공할 수 있는 권한을 민간조직에 부여하는 것을 말한다. 계약과는 달리, 허가는 시민이 서비스 생산자에게 직접 비용을 지불한다.

허가 방식은 요금제를 적용할 수 있는 공공서비스에 적합하다. 허가 방식이 많이 활용되는 분야는 고형폐기물 수거, 공항운영, 전기와 가스 등 공익시설의 검침 및 사용료 부과, 레크리에이션 시설 운영, 차량견인, 긴급 의료서비스 등이다.

5. 보조금(grants or subsidies)

보조금이란 소비가 장려되어야 하는 특정 도시공공서비스를 제공하는 민간조직에게 보조금을 지급하는 방법이다. 즉, 도시정부가 서비스 생산자에게 현금을 지원하거나, 세금을 감면해주거나, 필요한 자금을 저리 대출해주거나, 필요한 자금의 대출에 보증을 서거나 하는 등의 방법이 주로 활용된다. 주로 비영리기관이 생산자가 되지만, 영리기관이 생산자가 되는 경우도 있다.

보조금 방식이 많이 활용되는 분야는 저소득층의 주거, 대중교통시설, 보건의료시설, 박물관, 도서관 등이다. 이 방식의 문제점으로 자주 제기되는 것은 서비스에 대한 가격이 무료이거나 너무 낮은 경우 수요가 폭증할 수 있다는 점이다.

6. 정부판매(government vending)

이 방식은 일반적으로 도시공공서비스의 소비자가 서비스 제공자에게 서비스를 요구하고 그에 대한 대가를 지불하는 것으로서, 서비스 소비자가 서비스 생산 주체를 결정하는 특이점을 가지고 있다(박병식 외, 2010: 152).

도시공공서비스를 제공하는 다른 방식과 달리, 정부판매는 사례를 찾기가 쉽지 않을 만큼 흔하지 않은 방식이다. 예를 들면, 사설 스포츠 경기장 소유자가 자체적으로 경비원을 고용하는 대신에 경찰에 의뢰하고 비용을 지불하는 방식이다.

7. 구입증서(바우처; voucher)

구입증서 방식이란 정부가 특정 도시공공서비스를 소비하는 데 필요한 비용을 특정 소비자에게 직접 보조해 주기 위하여, 지불을 보증하는 전표(쿠폰)를 제공하는 방식이다. 이는 특정 계층의 특정 소비를 장려하기 위한 방식이다. 이용자인 시민에게 화폐적 가치를 가진 전표를 직접 보조함으로써, 수혜를 받는 시민이 공급주체를 자유롭게 선정할 수 있는 방식이다. 따라서 시장지향적이라는 평가를 받고 있다. 어떤 도시공공서비스에 대해 구입증서를 발급하느냐는 것은 정부가 결정한다.

구입증서 방식이 자주 활용되는 분야는 대중교통서비스, 탁아시설, 양로원, 약물중독치료프로그램, 레크리에이션 서비스, 저소득층 식품구입증서 등이다. 가장 널리 알려진 것은 미국에서 저소득층에게 제공하는 식품구입증서(food stamps)이다.

8. 시장(market)

시장 방식은 공공서비스이든 아니면 민간서비스이든 간에 서비스의 생산과 공급에서 가장 보편적이고 공통적으로 활용되고 있는 방식이다. 요금제가 적용되고 있는 공공서비스의 대부분에서 활용되고 있으며, 특히 시민들에게 필수적으로 필요한 서비스, 예를 들면 물, 전기, 주택, 보건, 교육, 교통 등을 공급하는 데 활용된다(박병식 외, 2010: 156).

시장 방식이란 이용자가 원하는 서비스의 종류와 생산자를 결정하고, 도시정부는 표준 서비스를 규정하고 서비스의 생산과 공급을 감독하는 등의 제한적 역할만 수행하는 방식이다. 도시공공서비스의 전달 과정이나 거래 과정에 도시정부는 개입하지 않는 것이 일반적이다.

9. 자원봉사(자발적 서비스; voluntary service)

자원봉사 방식이란 자선단체, 종교단체 등과 같이 자발적으로 구성된 자원봉사단체의 구성원들의 지원에 의해, 특정 도시공공서비스를 필요로 하는 사람에게 제공하는 것을 말한다. 자원봉사단체는 서비스를 직접 생산하면서 동시에 제공하는 역할을 할 수도 있고, 혹은 서비스를 제공하는 역할만 하고 민간기업에게 비용을 지불하면서 서비스 생산을 의뢰할 수도 있다.

대표적인 사례로는 세계의 많은 나라들로부터 극찬을 받은 적이 있는 '88서울 올림픽'의 자원봉사와 1993년 '대전 EXPO'의 자원봉사를 들 수 있다. 이외에도 자발적으로 교통안전서비스를 제공하거나 자율방범대를 조직·운영하는 것도 이 방식에 속한다. 서구 국가에서도 자원봉사에 의해 도시공공서비스를 제공하는 것이 활성화되어 있다. 공공도서관, 박물관, 공원시설 등에서 자원봉사에 의해 서비스가 제공되는 것을 보는 것은 어렵지 않다.

10. 자조서비스(self-help or self-service)

자조서비스 방식이란 지역주민단체, 가족, 주민 개인이 스스로 공공성을 띤 서비스를 공급하는 것을 말한다. 예를 들어, 화재 예방을 위해 스스로 불조심을 하거나 혹은 도난방지를 위해 문단속을 하는 것 등이 여기에 해당한다.

제4절

도시공공서비스 공급체계의 방향

1. 도시공공서비스의 효율화: 민영화

산업화 이후 경제가 빠른 속도로 성장하고, 이에 따라 소득 수준이 높아지면서, 시민들의 도시행정서비스에 대한 요구가 양적으로 크게 확대되고 질적으로 다양화되었다. 이러한 변화는 많은 재원을 요구함에도 불구하고, 도시정부는 교외화와 역도시화로 인해 시민들과 산업시설들이 도시를 빠져나가서 도시재정의 수입원이 감소함으로써 재정적 압박을 받게 되었다. 이로 인해, 시민들이 원하는 수준의 도시공공서비스를 제공하기가 힘들어지자, 시민들 사이에 도시공공서비스의 양과 질이 떨어진다는 인식이 확산되었다. 이를 타개하기 위해 일부 도시정부들은 세금 인상 방안을 고려하였다. 그러나 캘리포니아(California)에서 발생한 '주민발의 13호(Proposition 13)'와 같은 조세저항운동에 직면하여 그 목적을 달성하는 데 실패하였다.

이런 상황에서 유력하게 제안된 방안이 민영화(privatization)를 통해 도시공공서비스를 효율적으로 제공하는 것이었다. 민영화는 1970년대까지는 널리 보급되지 않았으나, 1980년대에 들어와서 많은 나라와 많은 분야에서 널리 활용되면서, '민영화의 시대(decade of privatization)'로 일컬어지게 되었다. 도시공공서비스의 민영화를 주장하는 대표적인 논리적 근거는 다음과 같은 두 가지를 들 수 있다.

첫째, '사용자부담의 원칙'을 적용할 수 있다. 도시공공서비스를 제공하는 것을 민간에 이양하면 해당 서비스에 대해 사용자부담개념을 도입함으로써, 실수요자에게 서비스공급에 대한 비용을 부과할 수 있다. 즉, 도시공공서비스를 제공받는 사람은 반대급부(수수료, 사용료, 입장료)를 지불해야 한다는 '응익원칙(應益原則)'을 적용할 수 있다.

사용자부담의 원칙을 적용하면 다음과 같은 장점이 있다. 첫째, 사용자에게 비용을 부담시키지 않을 경우에 서비스에 대한 수요가 폭발할 수 있다. 서비스에 대한 비용을 부과하면 서비스에 대한 수요가 감소할 것이다. 즉, 꼭 필요한 서비스만 제공하면 된다. 둘째, 도시공공서비스에 대해 가격제도를 도입할 수 있다. 공공서비스의 공급을 원하는 사람은 이에 대한 반대급부를 지불해야 하기 때문에, 공공서비스에 대한 적정 가격이 자연스럽게 형성될 수 있다. 이러한 반대급부가 공공서비스 수준을 높이는 데 사용되면, 공공서비스 요금이 무료 혹은 지나치게 낮을 경우에 제기되었던 질적 수준이 떨어진다는 비판을 감소시킬 수 있다. 셋째, 시간대에 따라 차등 요금을 부과하면 혼잡을 감소시킬 수 있다. 출퇴근 시간대에 교량이나 터널을 통과하는 차량에 대해 요금을 부과함으로써, 교통체증을 줄이는 효과를 보는 경우가 이에 해당한다.

둘째, 민영화는 민간기업의 이윤 동기와 규모경제의 원리를 이용할 수 있게 한다. 민간부문은 수익 창출이라는 목표를 달성하기 위해 비용을 절감하거나 생산성을 향상시키는 등의 다양한 노력을 한다. 그러나 공공부문에서는 그러한 동기부여가 잘 이루어지지 않는다. 또한 민간부문에서는 규모경제의 원리를 활용하여 서비스의 생산 단가를 낮추지만, 공공부문에서는 규모경제의 원리를 활용할 이유를 느끼지 못한다. 그러나 민영화를 통해 도시공공서비스를 공급할 경우, 도시공공서비스를 제공하게 된 민간부문은 수익을 창출하기 위해 합리적인 경영을 하거나 혹은 규모경제의 원리에 입각하여 서비스를 제공하는 범위를 타 도시로 확대하여 생산 단가를 낮추려 한다. 또한 민간부문은 도시공공서비스를 생산하고 공급하는 과정에서 혁신적인 방법을 사용하려고 노력한다.

2. 민영화의 장점

민영화를 주장하는 논거에서 지적된 바와 같이 민간부문은 수익을 창출하지 못하면 생존이 어렵기 때문에, 수익 창출을 위해 다양한 노력을 한다. 그러나 공공부문은 수익을 창출하지 못한다고 생존이 크게 위협받지는 않는다. 민간부문과 공공부문의 이러한 차이로 인해 민영화의 장점이 많이 부각되어 왔다. 민영화의 장점에 대해 살펴보면 다음과 같다.

1) 저렴한 비용으로 높은 서비스

저렴한 비용으로 질적 수준이 높은 도시공공서비스를 제공할 수 있다. 민간기업은 도시공공서비스의 공급권을 획득하기 위해 타 민간기업과 경쟁을 해야 한다. 도시공공서비스의 공급권자는 다양한 기준에 의해 결정되지만, 무엇보다 중요한 것은 소비자를 만족시킬 수 있을 정도로 서비스의 질적 수준이 높아야 하고, 동시에 가격경쟁력도 갖추어야 한다. 이러한 조건을 갖추기 위해 민간기업들은 지속적으로 노력하기 때문에, 민영화를 실시하면 높은 수준의 도시공공서비스를 값싸게 제공할 수 있게 된다.

2) 민간의 전문적 노하우 · 기술 이용

민간조직에 축적된 전문적 노하우와 기술을 이용할 수 있다. 예전에는 공공부문이 민간부문보다 더 많은 전문적인 노하우와 기술을 보유하고 있어서 공공부문이 민간부문을 지원하였다. 그러나 경제의 발전과 더불어 민간기업들이 급격하게 성장하면서 능력 있는 인적 자원들이 많이 민간부문에 많이 모이게 되었다. 공공부문과 달리, 민간부문은 이러한 인적 자원들을 개발하기 위해 당근과 채찍을 효과적이고 효율적으로 활용하였다. 이리하여, 민간부문에서 많은 전문가들이 양성되고 있다. 최근에는 공공부문이 민간부문의 도움을 필요로 하고 있을 정도이다. 이처럼 유능한 전문가들을 보유한 민간부문은 다양한 창의적인 관리방식과 생산방식을 시도하면서 전문적인 노하우와 기술을 축적하고 있다. 특히, 전문성을 축적하기 어려운 영세한 중소도시의 경우, 계약을 통해 민간부문의 전문성을 이용할 수 있다.

3) 정부 확대 방지

특수 직종 전문가가 상근직원으로 반드시 있어야 할 경우가 아니라면, 상근직원을 채용하지 않고 민간부문을 이용하여 도시공공서비스를 제공할 수 있다. 상근직원의 채용은 정부 조직을 확대시킨다. 정부 조직의 확대는 향후 국가와 정부에 큰 부담으로 작용할 수 있고, 또한 세계적인 추세에 역행하는 것이다. 특히, 조직의 확대에 따른 재정적 부담을 해결하기 어려운 도시정부는 민영화를 통해 특수 직종 전문가를 활용함으로써 예산과 인원을 절약할 수 있다(박종화 외, 2013: 239).

4) 시설비 투자 감소

시설비에 대한 투자를 줄일 수 있게 한다. 정부부문과 비교할 때, 민간부문은 재활용이 가능한 물건을 수거 · 처리하여 재활용하는 경향이 강하다. 지금은 재활용률이 많이 높아진 이면지 사용이 정부부문보다 상대적으로 빨리 민간부문에서 정착된 것이 하나의 사례이다. 이면지를 재활용하지 않을 경우 종이를 생산하는 시설이 더 많이 필요하고, 또한 사용한 종이를 처리하는 시설도 더 많이 필요해진다. 민영화를 실시하면, 자원에 대한 재활용률이 높아져서 관련 시설에 대한 추가 투자비가 감소한다.

5) 수요 변화에 신속 대응

다른 서비스와 마찬가지로, 도시공공서비스에 대한 수요도 변한다. 민영화를 실시하면, 도시공공서비스의 수요 변화에 신축적으로 대응할 수 있다. 공공부문은 관료적 타성이 있을 수 있기 때문에 수요 변화에 둔감하지만, 민간기업은 고객만족에 의해서 성공 혹은 실패가 결정되기 때문에 수요 변화에 매우 민감할 수밖에 없다. 또한 특정 도시공공서비스에 대한 수요가 발생할 경우에만 계약을 통해 서비스를 제공하면 되기 때문에, 수요 변화에 대해 공무원과의 마찰을 최소화하면서 신축성 있게 서비스를 운용할 수 있다(박종화 외, 2013: 239-240).

6) 공공과 민간의 업무효율성 비교

도시공공서비스의 공급체계가 이원화되어 있는 경우, 즉 일부는 도시정부가 공급하고 다른 일부는 민간부문이 공급하는 경우에, 양자 간 업무효율성을 비교할 수 있다. 도시정부와 민간부문 간 업무효율성을 비교하게 되면, 경쟁의 원리가 작용하여 도시정부와 민간부문 모두에서 효율성을 높일 수 있다. 서울에서 쓰레기 수거가 처음 실시될 때 강남지역은 민간부문과 계약을 하고, 강북지역은 구청에서 직접 시행하는 경향이 있었다. 도로가 잘 구축되어 있던 강남지역에서는 민간기업이 참여했던 반면에, 그렇지 못했던 강북지역에서는 민간기업이 참여를 꺼려했기 때문이다. 이원화된 쓰레기 수거에 대해 효율성을 비교하는 연구가 발표되자 강북지역에서 쓰레기 수거의 효율성을 높이는 방안을 마련하고자 노력했던 적이 있다. 이처럼 이원화된 공급체계가 시행되면 관련자들 간에 선의의 경쟁이 발생할 수 있다.

7) 관료의 목표에 대한 인식 제고

민영화의 실시는 도시정부 관료들의 목표성을 높이는 계기가 될 수 있다. 일반적으로 정부의 관료들은 업무를 효과적·효율적으로 수행해야 한다는 목표지향성이 약한 경향이 있다. 목표지향적인 인식과 행태를 촉진할 만한 유인체계가 정부부문에는 약하기 때문이다. 그러나 민영화를 통해 도시공공서비스를 공급할 경우, 도시정부는 민간기업의 업무효율성을 객관적으로 평가해야 한다. 그 평가를 통해 민간기업에게 그 업무를 계속 맡길 것인지의 여부를 결정해야 하기 때문이다. 이러한 과정은 도시정부 관료들의 목표 달성에 대한 인식을 향상시키는 역할을 한다.

8) 도시경영 효율성 향상

민영화를 실시하면 도시정부 관료들은 도시의 장기계획에 집중할 수 있으므로, 도시경영의 효율화에 이바지할 수 있다. 도시정부가 직접 도시공공서비스를 공급할 경우, 도시정부 관료들은 도시공공서비스를 공급하는 전 과정에 대해 신경을 쓰야 하기 때문에, 도시발전을 위한 장기적인 계획은 우선순위에서 밀릴 수 있다. 민영화를 실시하면, 도시공공서비스 공급의 전 과정이 아니라 핵심 과정에만 관여하고, 나머지 과정은 민간기업에 맡기면 된다. 나머지 시간을 도시의 장기적 발전을 위한 계획을 수립·실시하는 데 사용하면 도시의 발전에 더 크게 기여할 수 있다.

9) 민간경제 활성화

민영화는 민간부문의 고용을 창출하는 데에 이바지한다. 민영화가 실시되는 도시공공서비스 분야에서 새로운 민간기업이 생기거나 혹은 기존에 있던 민간기업에 새로운 일거리를 제공하기 때문에 민간경제가 활성화될 수 있다. 민간경제가 활성화될수록 고용창출 효과가 더욱 커지는 것은 당연한 일이다.

3. 민영화의 단점

위에서 민영화의 장점에 대해 살펴보았다. 그러나 민영화는 장점만 가지고 있는 것이 아니라, 단점도 지니고 있다. 민영화의 대표적인 단점을 살펴보면 다음과 같다.

1) 공급 비용 상승

도시공공서비스의 공급 비용이 상승할 위험이 있다. 기업의 궁극적 목표는 이윤 추구이기 때문에, 민영화에 참여하는 기업도 이윤극대화를 위해 노력한다. 특히, 도시공공서비스를 독점(과점)적으로 공급할 경우, 시장가격보다 높은 공급가격이 형성될 가능성을 배제하기 어렵다. 독과점가격이 경쟁가격보다 높다는 것은 이미 알려진 사실이다.

2) 서비스 공급에 문제 발생

도시공공서비스를 공급하는 민간기업이 적자가 예상될 경우, 계약과 달리 서비스 수준을 낮추거나, 혹은 적자가 계속되면 서비스 공급을 중단할 위험도 있다. 민간기업은 도시공공서비스 공급권을 획득하기 위해 최저 가격으로 입찰에 참여하고, 낙찰을 받아 도시공공서비스를 제공하는 과정에서 적자가 예상되면 서비스 수준을 낮추는 경우가 적지 않다. 정부사업에 참여하는 민간기업이 계약과 달리 수준 이하의 부품을 사용하는 경우가 이에 해당한다. 적자가 지속될 경우 민간기업은 정부와 가격 협상을 다시 하려고 시도하고, 이 과정에서 소기의 목적을 달성하지 못할 경우 서비스를 중단하는 경우도 있다.

3) 불법적 행위 증대

민영화는 업무를 담당하는 공무원을 불법적으로 유혹하는 행동을 증가시킬 수 있다. 언론을 통해 민간과의 계약과정에서 비리가 발생하는 경우를 자주 접한다. 정부와의 계약 규모와 수익성이 클수록 민간기업들 간의 경쟁이 확대되고, 따라서 민간기업들은 기업의 사활을 걸고 할 수 있는 모든 수단을 동원하려 한다. 업무 담당 공무원을 유혹하는 것은 성공적 계약을 위한 많은 수단들 중의 하나이면서 기업들이 가장 많이 이용하는 방법이다.

4) 정부의 대응 능력 약화

민영화는 정부 내의 필요한 기술 축적을 저해함으로써 정부의 능력을 약화시킬 수 있다. 특히, 비상시에 정부의 탄력적 대응력을 제한하고 민간기업에 대한 의존도를 높일 우려가 있다(박종화 외, 2013: 240).

4. 민영화의 미래

민영화에 대한 이러한 비판에도 불구하고, 민영화의 바람은 강도의 차이는 있을지 몰라도 지속되리라 예상된다. 민영화가 지속되리라 예상하는 이유는 다음과 같다.

첫째, 1980년대는 '민영화의 시대'라고 불릴 정도로 민영화가 널리 확대되었으며, 1990년대에도 '작고 효율적인 정부'를 추구하는 경향으로 인해 민영화는 지속되었다. 정부에 관한 21세기의 화두는 '작고 강한 정부'이다. 작은 정부를 지향한다는 것은 정부는 핵심 전략부분에 집중하고, 전통적으로 정부가 담당했던 업무의 상당부분은 민간과의 협조체제를 통해 제공한다는 의미이다. 따라서 민영화는 하나의 사회적 추세로 인식해야 한다.

둘째, 민간부문이 더 효율적이라는 인식이 널리 퍼져 있는 것이 현실이다. 민간부문과 비교할 때, 정부부문을 포함한 공공부문에는 업무효율성을 향상시킬 유인도 적으면서 동시에 효과적인 통제도 어려운 것이 사실이다. 즉, 민간부문에서는 연봉 인상, 승진 등의 당근 전술과 동시에 연봉 삭감, 해고 등의 채찍 전술을 효과적으로 사용할 수 있지만, 공공부문에서는 당근 전술을 사용할 재원이 충분하지 않은 것은 물론이고 신분 안정으로 인해 채찍 전술을 효과적으로 사용하기도 힘들다.

셋째, 민간기업은 소비자를 만족시킬 때 번영이 약속되지만, 공공부문은 소비자의 만족에 상관없이 확대되었다. 민간기업의 경우, 소비자의 만족도가 낮으면 향후 도시공공서비스를 제공하기 어려워질 수 있다. 따라서 민간기업은 소비자의 수요 변화에 민감하게 대응함으로써 소비자의 만족도를 높이기 위해 노력하여야 한다. 그러나 공공부문의 경우, 관편의주의와 시혜자(施惠者)적 자세가 관행화되어 왔기 때문에, 소비자의 만족도에 큰 관심이 없었다. 경우에 따라서는 소비자의 불만이 큰 상황에서도 공공부문이 팽창하기도 했다. 예를 들어, 성남시의 경우 시청사를 건립하는 데 3,000억 원 이상의 시 예산을 투자했으며, 시청사를 건설하는 것이 매우 시급한 사안도 아니었다. 이러한 사실이 알려지자 시에 대한 시민들의 불만이 높았고, 이에 따라 다음 지방선거에서 성남시장이 바뀌는 일이 발생하였다. 이처럼 시민들의 불만이 고조되었지만 성남시는 지속적으로 팽창하여 왔다.

이상의 이유들로 인해 민영화는 계속되리라 예상되지만, 민영화가 소위 '만병통치약'은 아님을 유의해야 한다. 따라서 도시공공서비스 공급에 있어서 효율성과 공익성이 대립될 경우에는 공익성이 우선시되어야 함은 당연한 일이다.

제14장 도시마케팅정책

우리나라에 지방자치가 다시 실시된 지 30여 년이 되었지만, 그동안 많은 도시들은 '충효의 도시', '문화관광의 도시' 등과 같은 유사한 슬로건을 내걸고 있고, 농촌지역의 많은 지방자치단체들은 '쌀의 고장', '과일의 고장' 등을 표방하고 있었다. 지방자치단체에서 제시하는 상징에 있어서도 산, 물, 음식 등을 소재로 어디나 비슷한 디자인과 색상이다. 주제가 똑같다 보니 지역축제도 비슷한 수준이라는 것은 지극히 당연한 현상이다. 그래서 항상 중복투자로 인한 예산 낭비와 전시행정의 표본이라는 비난을 언론으로부터 받고 있다.

그렇다면 과연 차별성이 없는 도시, 유사한 축제 등의 비난으로부터 도시정부가 탈피할 수 있는 대안은 없을까? 감동을 주고 개성 있는 도시를 만들 수 있는 전략은 없는 것일까? 이에 대한 대안으로 현재 집중적인 관심을 받고 있는 것이 도시마케팅이다.

최근 몇 년 간 각 도시정부들은 도시를 하나의 상품으로 브랜드화하고 있다. 이른바 도시브랜드라는 것으로서 도시마케팅 전략의 하나인데, 도시의 경제적인 성장이 어느 정도 궤도에 오른 상태에서 그 도시를 문화적으로 잘 꾸미는 것이라고 할 수 있다. 개별 도시마다 가지고 있는 고유한 특색을 잘 살려 상품화를 거친 뒤 대내·외적으로 잘 알려 누구나 한 번쯤은 꼭 가보고 싶은 도시 또는 꼭 가봐야 하는 도시로 만들어내는 것이 도시브랜드화의 최종 목적이라고 할 수 있다. 이러한 도시브랜드화 움직임에 앞서 개별 도시정부는 자신의 도시를 알릴 수 있는 슬로건을 만들어 내기 시작했다.

제1절

도시마케팅의 정의와 등장 배경

1. 도시마케팅의 개념 정의

마케팅이란 소비자의 욕구를 밝히고, 그 욕구를 충족시킬 제품을 개발하며, 상품이 주는 편익을 개인이나 조직에게 소개·전달하고, 적절한 시장으로 유통시키는 것을 말한다(이성근, 2013: 172). 즉, 마케팅은 상품과 용역을 생산자로부터 소비자에게 원활히 이전하기 위한 비즈니스 활동을 말한다. 필요로 하는 상품을 원하는 가격과 방법으로 적절한 시기에 구입하고자 하는 소비자의 희망과 생산된 상품을 적절한 가격으로 빨리 공급하고자 하는 생산자의 희망을 결합해서, 상품을 생산자로부터 소비자에게 능률적이고 원활하게 이전하기 위한 비즈니스 활동이다. 이를 위한 활동으로 시장조사, 상품화 계획, 판매촉진, 선전광고 등이 있다.

그러나 마케팅의 정의에서도 변화가 일어났다. 21세기 이전까지 마케팅(marketing)은 수요를 관리하는 활동으로 정의되었다. 마케팅은 광고, 영업 등을 포함하여 창의성을 갖는 산업으로 비쳐왔으며, 또한 소비자가 가질 만한 미래의 요구와 욕구를 예측하는 일로 한정되었다. 21세기 이후의 마케팅은 어떤 잠재적인 욕구를 자극하여 표면상으로 이끌어내는 행위나 동기로 정의되면서, 용어의 범위가 시장에서 벗어나 일상의 행위로 확대되었다. 마케팅은 시장에서 출발하였으나 일상생활로 영향력을 확대한 것이다.

마케팅에 대한 개념 정의를 바탕으로 도시마케팅에 대한 대표적인 정의를 살펴보면 다음과 같다. 정의를 소개하기 전에 알아야 할 것은 지역마케팅을 협의의 의미로 도시마케팅 혹은 장소마케팅으로 부른다는 주장도 있지만, 도시마케팅, 지역마케팅, 장소마케팅은 연구자의 편의에 따라 사용되고 있으며 동일한 개념으로 파악해도 무방하다는 것이다. 여기에서는 도시정부가 가장 활발하게 마케팅 활동을 전개하고 있으므로, 도시마케팅이라는 단어를 사용하기로 한다. 다만, 동일한 개념이므로 때에 따라 지역마케팅 혹은 장소마케팅을 사용하기도 한다.

유승권(2006: 54)에 의하면, 도시마케팅이란 도시의 유·무형의 자산과 이러한 자산을 통해 만들어진 유·무형의 산물을 기초 자원으로, 그 도시의 구성원인 공공부문과 민간부문들이 협력해서 대상고객인 기업, 주민, 관광객들이 선호하는 이미지, 제도, 공간들을 개발하여 외부에 알리고 마케팅을 펼침으로써, 도시의 브랜드 가치를 포함한 전체 자산 가치를 높이는 일련의 활동이다.

이성근(2013: 172-173)은 도시마케팅 대신에 지역마케팅을 사용하는데 그의 정의에 따르면, 지역마케팅이란 지역을 관리하는 개인이나 조직에 의해 추구되는 일련의 경제·사회적 활동을 함축하는 현상으로, 공적·사적 주체들이 기업가와 관광객뿐만 아니라 그 지역주민에게 매력적인 곳이 되도록 하기 위해 특정한 지역의 이미지를 판매함으로써, 지역을 활성화시키기 위한 다양한 방식의 노력이다. 즉, 지역 자체를 하나의 상품으로 인식하고 지역에 관한 모든 문화와 생산품, 즉 지역의 유·무형의 자산과 이러한 자산을 통해 만들어진 유·무형의 생산물들을 자원으로, 그 지역의 구성원들이 협력하여 대상고객인 기업, 관광객, 지역주민들이 선호하는 이미지, 제도, 시설들을 개발하여 이를 외부에 알리고, 상품화함으로써 지역의 발전을 추구하는 모든 활동이 지역마케팅이라는 것이다.

최재헌(2005: 14)은 장소마케팅 혹은 지역마케팅이란 장소를 판촉함으로써 도시이미지를 재조직하려는 것으로, 특정 장소나 도시를 하나의 상품으로 인식하여 공적·사적 주체들이 협력을 통해 기존 도시의 부정적 이미지를 탈피하고 장소에 대한 매력도를 증대시킴으로써, 장소의 상품 가치를 상승시켜 지역경제 활성화를 꾀하려는 전략이라고 정의하고 있다.

이들을 종합해보면, 도시마케팅이란 도시 자체를 하나의 상품으로 인식하면서, 도시의 유·무형의 자산과 이러한 자산을 통해 만들어진 유·무형의 생산물들을 기반으로 하여, 그 도시의 구성원(공공과 민간부문)들이 협력하여 대상고객(기업, 주민, 관광객)들이 선호하는 이미지, 제도, 시설들을 개발하고, 이를 외부에 알리며 상품화함으로써 도시의 전체적인 자산가치(브랜드가치 포함)를 높이는 모든 활동이라 할 수 있다. 따라서 도시마케팅은 도시정부의 개별 부서를 중심으로 산발적으로 추진되던 단편적인 계획들을 하나로 묶어서 종합적으로 도시를 마케팅하는 활동을 말한다(황태규·김형남, 2005).

2. 도시마케팅의 등장 배경

세계화와 정보지식화가 진행되면서 사람, 상품, 자본, 정보, 지식의 이동이 전 세계적으로 빠르게 확대되면서 국가 간, 그리고 지역 간의 상호 의존성이 크게 증대되었다. 특히, 도시 간의 경쟁이 더욱 심해지면서 도시는 자본, 기업, 관광객을 유입하기 위해 '장소 경쟁'을 본격적으로 시도하였다(Bradley et al., 2002). 도시정부는 장소의 매력을 높이기 위해 장소의 이미지, 삶의 질, 투자 여건, 쾌적성(amenity) 등을 중시하는 '장소 전략'을 도시정부의 핵심적 개발전략으로 인식하였다(Kearns & Philo, 1993). 이처럼 장소의 중요성이 부각하는 이유는 정보지식화・세계화로 인해 전 세계적인 동질화가 진행되는 과정에서 타 도시와의 차별화를 모색하는 데 필요한 장소의 고유성이 중요하기 때문이다. 장소의 고유성이란 장소의 이미지, 경쟁성, 힘을 상징하는 핵심적 요소이면서, 도시의 정체성을 형성하는 가장 중요한 요소이기도 하다(Paddison, 1993). 이에 따라, 도시마케팅은 도시경제 활성화뿐만 아니라 도시의 이미지 제고를 위한 핵심 전략이라는 인식이 확대되면서, 도시의 모든 자원, 특히 문화자원을 동원한 장소마케팅이 활발하게 추진되고 있다(전영옥, 2004). 도시마케팅은 세계화 속에서 나타나는 경제적 위기를 대처하기 위한 방안으로 인식되어, 많은 도시정부들은 도시 고유의 문화적 요소를 대상으로 다양한 장소마케팅, 특히 스포츠, 이벤트, 지역축제 등을 통한 여러 가지 장소마케팅을 활성화하고 있다(이희연, 2005: 36).

도시라는 장소에 대한 가치와 인식이 변하면서, 도시의 상품화와 판매를 통한 도시마케팅 논의가 활발하게 이루어지게 된 배경으로는 크게 세 가지 측면에서 설명할 수 있다(이희연, 2005: 38).

첫째, 서구 국가의 도시들이 겪었던 탈산업화와 경제의 재구조화로 인해 도시마케팅이 등장하였다. 특히, 1970년대 이후 포드주의(fordism)에서 포스트 포드주의(post-fordism)로 경제구조가 변화함에 따라, 제조업 중심적인 도시들은 제조업의 쇠퇴로 인해 도시경제의 침체, 일자리 축소 등의 문제에 직면하게 되었고, 이에 따라 일자리와 기업 유치를 둘러싼 도시 간의 경쟁이 심각해지면서 많은 도시정부들은 기업과 투자를 유치하기 위한 차별화 전략으로 도시마케팅 전략을 추진하였다. 즉, 사람, 자본, 상품의 이동이 전 지구적으로 확산되는 상황에서 자본, 기업, 전문인력, 관광객 등을 유치하여 도시경제를 활성화하려는 전략의 하나로 도시마케팅을 채택하였다.

둘째, 소득 증대, 노동시간 단축, 여가시간 확대, 자기계발 욕구의 증대 등으로 인해 시민의 문화적 욕구가 다양화 · 고급화되었으며, 이에 따라 도시정부는 시민의 문화적 욕구를 충족시키고 또한 삶의 질을 향상시키는 방안의 하나로 장소마케팅에 집중하게 되었다. 또한 후기산업사회로 진행되면서 제조업을 대체할 새로운 부문으로 첨단산업, 생산자서비스, 여가 · 레저산업과 함께 문화산업이 관심의 대상이 되었다. 도시정부는 이러한 새로운 산업들을 유치하기 위해서 도시이미지를 개선하고, 환경적 쾌적성을 확보하며, 문화 관련 시설과 활동을 증대시키는 등 삶의 질과 관련된 요인들을 향상시키기 위해 노력하였다. 특히, 문화는 사회적 가치와 경제적 가치를 증대시킬 뿐만 아니라 도시 시민들의 도시에 대한 자긍심을 심어주기 때문에, 도시정부는 도시 고유의 문화를 활용한 다양한 도시마케팅을 전개하고 있다.

셋째, 도시정부가 관료주의에서 기업가주의로 변하면서 도시발전을 위한 적극적인 수단으로 장소마케팅 전략을 활발하게 이용하고 있다. 소위 말하는 '경제 전쟁'이 확대 · 심화되면서, 도시정부는 스스로 경영능력을 갖춘 기업가로 변할 수밖에 없었다. 즉, 민간부문과 파트너십을 구축하면서 도시의 삶의 질과 도시이미지를 향상시켜 기업, 투자, 관광객, 시민들을 유인하여 경제성장을 시도하게 되었다. 이에 따라, 장소를 더 이상 기업활동을 위한 무대로 여기지 않고, 상품화와 판매의 대상으로 인식하는 성향을 가진 기업가형 도시정부가 관심을 받게 되었다. 기업가적 도시정부는 투자환경, 삶의 질, 도시이미지를 향상시키려는 전략으로 도시마케팅을 자주 활용한다.

제2절 도시마케팅의 목적과 효과

1. 도시마케팅의 목적

도시마케팅의 목적은 시민들의 통합과 소속감 향상을 통한 자긍심 고취, 도시인지도 및 선호도 향상을 통한 관광객의 확보, 도시경제 활성화를 위한 기업과 투자의 유치이다(유승권, 2006: 71). 즉, 다른 도시와 차별화된 매력적인 도시를 만들어 시민, 기업, 관광객의 만족도를 높여 많은 사람들이 찾는 도시, 많은 기업들이 투자할 수 있는 도시를 만드는 것이 도시마케팅의 목적이다. 이에 대해, 구체적으로 살펴보면 다음과 같다.

1) 도시이미지의 제고와 시민의 자긍심 확보

도시마케팅은 도시의 이미지를 개선 혹은 강화하여 도시에 대한 시민들의 자긍심을 높이는 것을 목적으로 한다. 도시의 이미지가 부정적인 도시는 이미지를 긍정적으로 바꾸기 위해 도시마케팅을 활발하게 수행한다. 예를 들어, 어떤 도시에 좋지 않은 사건이나 사고가 많이 발생하는 경우, 이로 인해 도시의 이미지가 부정적으로 형성될 수 있다. 이 도시의 부정적인 이미지가 지속된다면 기존의 시민들조차 가능하면 빨리 그 도시를 떠나기를 원할 것이고, 새롭게 유입되는 사람을 기대하기 힘들 것이다. 결국, 이 도시의 인구는 점차 줄어들고, 이로 인해 도시의 산업에도 부정적인 영향을 미치며 점차 도시는 황폐하게 될 수도 있다. 이러한 상황에 처한 도시는 사건이나 사고의 방지를 위한 활동과 더불어 도시의 좋은 점들을 적극적으로 홍보하여 시민들의 인식을 전환시킬 필요가 있다.

반면에, 좋은 이미지를 형성한 도시에서는 시민들 간의 유대관계가 강하여 도시에 대한 애착심과 자긍심이 높은 것이 일반적인 현상이다. 이러한 도시에서는 사람과 기업의 유출은 크지 않고, 오히려 사람들과 기업들의 유입이 확대될 것이다.

시민은 도시의 가장 중요한 구성요소이다. 즉, 시민은 도시의 주인이며 도시의 운명을 결정하는 핵심적 요소이다. 도시인구가 성장해야 도시의 활력이 넘치고 이야기와 낭만이 생기며 다양한 사업이 활성화될 수 있다. 도시의 인구규모는 도시의 이미지와 도시에 대한 시민의 자긍심에 의해 크게 영향을 받는다. 따라서 도시정부는 도시의 좋은 이미지를 강화하고 나쁜 이미지를 개선하여, 시민들의 자긍심을 확보하기 위해 다양한 도시마케팅에 집중한다.

2) 관광 이미지 구축

도시마케팅은 관광 이미지를 구축하여 관광객들을 많이 유치하려는 목적을 가지고 있다. 경제가 발전하고 소득이 증대되는 상황에서 사회가 개방시스템으로 변함에 따라 물류와 사람의 이동이 활발해졌다. 이와 더불어 문화활동과 여가생활에 대한 관심이 커지면서 관광객도 급속도로 증가하였다. 이에 따라, 과거와 달리 현재의 관광산업은 서비스산업으로서의 역할이 크게 증대되고 있다. 도시가 부가가치를 창출할 수 있는 방법이 여러 가지가 있지만, 그 중에서 관광산업의 매력은 결코 무시될 수 없다. 우리나라의 경우에도 내국인들의 외국 여행은 물론이고, 외국인들의 우리나라 여행도 크게 증대되었다. 예전과 달리, 지하철이든 거리이든 간에 외국 관광객들을 보는 것은 일상적인 현상이 되었다.

관광객 유치는 직접적인 효과도 크지만, 부수적인 파급효과가 더욱 큰 경우가 많다(유승권, 2006: 73). 예를 들어, 2002년에 방영되어 폭발적인 인기를 모았던 <겨울연가>의 경제적 파급효과가 무려 1조 860억 원에 이른다고 일본 다이니치 생명경제연구소가 평가하였다. 이는 한국 문화에 관심을 갖게 된 일본 관광객이 한국에 와서 관광하는 데 사용한 비용과 한국의 이미지가 상승한 효과를 금액으로 환산한 것이다.

이러한 사실들이 알려지면서 많은 도시들은 관광객을 유치하기 위한 전략적 활동을 시도하고 있다. 관광객들을 유치하면 도시의 활력, 이미지, 경제 등에 긍정적인 영향을 미치기 때문에, 도시정부는 볼거리, 먹거리, 즐길 거리를 적극적으로 활용하면서 도시마케팅을 강화하고 있다. 볼거리, 먹거리, 즐길 거리가 있는 도시는 더욱 다양하고 새로운 볼거리, 먹거리, 즐길 거리를 창출하여 경쟁에서 우위를 점하려고 노력하고 있다. 볼거리, 먹거리, 즐길 거리가 없거나 부족한 도시는 새로운 볼거리, 먹거리, 즐길 거리를 생성하는 데 혼신의 노력을 다하고 있다. 그러한 노력을 하지 않는 도시는 관광이라는 측면에서 경쟁에서 뒤쳐질 수밖에 없다. 이는 도시의 이미지, 활력, 경제에 적지 않은 부정적 효과를 야기할 수 있다.

3) 신산업의 유치

도시마케팅의 또 다른 목적은 산업의 고도화, 즉 새로운 산업을 유치하는 데 있다. 서구 국가의 제조업 중심의 대도시들은 정보지식화와 역도시화가 진행되면서 쇠퇴와 불황을 경험하여 '도시황폐화(urban wilderness)' 현상을 경험하였다. 산업사회를 주도하던 도시들에서 경제침체가 나타난 이유는 다양하겠지만, 노동조합활동으로 인한 지나친 임금 상승, 중앙정부의 보조금 삭감, 다국적 기업의 유출 등은 중요한 이유에 속한다. 도시황폐화를 경험한 도시들 중에서 많은 도시들은 제조업에 의존하여 도시를 회생시키는 것은 더 이상 어렵다고 판단하여 산업재구조화를 추진할 수밖에 없다는 인식을 하게 되었다. 이를 위해, 도시정부는 도시마케팅에 적극적인 관심을 보였다. 도시마케팅을 통해 새로운 산업을 유치한 지역은 다시 성장을 시작하였다. 외국의 대표적인 사례로는 보스턴시를 들 수 있다. 보스턴시는 전통 제조업이 쇠퇴하여 일자리 감소와 도시황폐화가 진행되자, 이를 반전시키기 위해 도시가 지닌 모든 문화자원을 동원하여 도시마케팅을 펼친 끝에, 첨단 금융산업을 유치하여 뉴욕시와 더불어 미국의 대표적인 금융도시가 되었다. 또한 자동차제조 도시에서 컨벤션 도시로 변모한 영국의 버밍엄도 도시의 변화 과정에서 도시마케팅을 적극적으로 활용한 대표적인 사례이다.

2. 도시마케팅에서의 지역정체성

도시 간의 경쟁이 확대됨에 따라 도시개발의 패러다임은 국가주도형 관리주의에서 도시정부가 주도하는 기업주의적 개발 패러다임으로 바뀌었으며, 이에 따라 도시정부는 도시의 차별성을 바탕으로 하여 도시 고유의 이미지 창출과 홍보 전략을 통한 외부자본 유치를 꾀하고 있다(최재헌, 2005: 1). 국가가 경쟁의 주체였던 시대에서 벗어나 도시정부의 역할이 강조되는 시대로 변한 것이다.

이러한 상황에서 지리적 경계의 중요성이 약해짐에 따라, 타 도시와의 차별성을 확보하기 위해 정체성은 더욱 중요한 의미를 가지게 되었다. 정체성은 지리적 요소는 물론, 문화, 경제, 정치 등의 요소와 복잡한 상호작용을 통해 나타난다(최재헌, 2005: 10-11). 정체성은 시민들에게 응집력, 소속감, 공동체의식을 강화하는 역할을 한다. 이리하여, 도시마케팅에서 정체성이 차지하는 비중은 매우 크다. 도시마케팅에서 정체성이 하는 역할을 살펴보면 다음과 같다(최재헌, 2005: 12-14).

첫째, 정체성은 과거 지향적이고 고정된 것이 아니라 현재의 수요와 미래의 기대를 충족시키는 데에 기여한다.

둘째, 정체성은 문화·관광산업의 활성화, 도시이미지의 창출 등과 같은 도시의 차별성을 통해 시장에서 비교우위를 확보하는 과정에서 중요한 역할을 한다.

셋째, 정체성은 상징자본으로서 문화와 불가분의 관계가 있다. 현대 소비활동이 대량적·대중적인 패턴에서 차별화되고 세분화된 패턴으로 바뀌는 경향을 고려할 때, 도시이미지도 수요자에 맞추어 다양화시킬 필요가 있다. 문화에 초점을 둔 장소는 상품화, 공간화를 통하여 소비와 판매의 대상이 되고, 세계화된 경쟁 속에서 경쟁을 위한 중요한 요소로 자리잡고 있다(Harvey, 1989).

넷째, 정체성은 시간에 따른 다차원적 요소를 지니고 있다. 정체성을 도출하기 위해서는 현재까지 연속되어 있는 과거의 복원이 필요하다. 이는 오늘날의 도시가 과거와 단절된 것이 아니라, 발전과정 자체가 연속성을 가지고 있기 때문이다. 그러므로 정체성을 도출하기 위해서는 시간이 흐름에 따라 나타나는 정체성의 변화 요소와 공동체의 정체성을 지속시키는 요인을 함께 고려하는 것이 중요하다.

3. 도시마케팅의 효과

앞에서 설명한 바와 같이, 도시마케팅은 시민들의 자긍심 고취, 관광객 유치, 도시경제 활성화를 위한 기업과 투자의 유치 등을 목적으로 하고 있다. 이러한 도시마케팅이 도시에 미치는 효과는 다음과 같다(이성근, 2013: 174-175).

첫째, 도시의 고유한 역사와 문화를 통해 도시의 이미지와 정체성을 확립하면 시민들에게 도시에 대한 애착심을 유발한다. 이는 시민통합을 달성할 뿐만 아니라 타 지역으로의 이주를 막으면서 타 지역주민들의 유입을 유도한다. 이는 도시의 활력 증진에 기여한다.

둘째, 유동 자본, 신산업, 관광객을 유치함으로써 도시경제를 활성화시킨다. 이는 더 많은 전문인력들과 기업들을 끌어들이고, 도시기반시설과 도시공공시설을 확대할 수 있게 한다. 도시마케팅은 도시경쟁력을 확보하는 수단이 된다.

셋째, 시민참여와 내발적 도시발전 전략을 활성화시킨다. 도시의 생활공간을 창의적인 의지와 노력에 의해 능동적으로 바꾸어 나가는 내발적 도시개발활동에 시민들의 참여를 촉진시키는 효과를 가진다. 내발적 도시개발이란 도시의 기술·산업·문화를 바탕으로 해서 도시 내의 시장을 주요 대상으로 하면서 시민이 스스로 도시개발을 계획·추진하고, 환경보전과 쾌적한 주거환경을 중시하며, 특정 산업에 치중하는 개발을 지양하고, 다방면에 걸친 개발을 통해 획득되는 가치를 도시로 귀속될 수 있도록 도모하고, 도시발전 전략의 계획과정부터 시민참여를 제도적으로 보장하는 것을 특징으로 한다.

넷째, 도시 고유의 문화와 역사를 도시발전의 원동력으로 활용하기 때문에, 도시만의 독창적인 발전전략을 추진할 수 있게 한다. 따라서 도시 갈등이 긍정적이고 생산적인 형태로 표출되고, 지역불균형이 해소되는 데 이바지한다.

다섯째, 도시문화의 중요성을 인식하게 하고, 시민의 삶의 질 향상과 연결된 문화의 상품화를 추구하는 미래지향적이고 창조적인 아이디어를 결집하도록 하는데 기여한다. 이로 인해, 도시마케팅은 '문화의 시대'라고 일컫는 21세기에서 중요한 도시개발방식으로 기능할 수 있다.

제3절

도시마케팅 과정

도시마케팅 과정은 특화된 공간 구성, 창의적인 방법과 수단 등을 통해 도시의 차별화를 달성함으로써 시민과 방문객, 기업 투자 등을 증가시키기 위한 매력적이고 풍요로운 도시로 만들기 위한 것이다(유승권, 2006: 60). 도시마케팅을 위한 과정은 다음과 같다(이희연, 2005: 46-49).

첫째, 도시마케팅의 목표를 수립하여야 한다. 도시의 구성원인 도시정부, 민간기업, 대학, 연구소, 시민들이 도시마케팅 추진 주체를 설정하고, 도시의 고유한 특성과 외부 상황을 고려하면서 도시의 비전과 목표를 제시해야 한다.

둘째, 도시마케팅 추진 목표가 설정되면 장소자산의 가치를 평가해야 한다. 도시에 존재하는 모든 유·무형의 공간요소들은 장소자산에 해당하지만, 모든 장소자산은 마케팅될 수 있는 것이 아니며, 또한 그 가치는 시간과 외부환경의 변화에 따라 달라진다. 장소자산의 가치평가는 마케팅이 가능한 요소를 추출하는 데 초점을 두어야 한다. 고유성, 인지도, 경쟁력, 지속성 등을 중심으로 마케팅 요소들을 추출하고, 이에 대한 장소자산의 가치를 평가하여야 한다.

셋째, 장소자산에 대한 평가가 마무리되면 마케팅을 추진하는 과정에서 가장 핵심활동에 착수해야 한다. 이것은 마케팅을 위한 장소자산에 대해 이미지 메이킹을 하는 것이다. 장소자산에 대한 이미지 메이킹은 도시 정체성을 토대로 하여야 한다. 장소자산에 대한 이미지가 부정적이면 이미지 개선 혹은 대체가 필요하고,

이미지가 긍정적이면 이를 강화하며, 부각되는 이미지가 없으면 새로운 이미지를 창출해야 한다.

넷째, 도시마케팅의 성패는 도시마케팅 추진 주체인 도시정부, 시민, 전문가, 기업, 대학, 연구소들의 네트워킹이다. 이들 간에 네트워킹을 구축하여 이들이 서로 신뢰하고 협조하면서, 도시마케팅의 계획과 실행에 적극적으로 참여하도록 유도되어야 한다.

다섯째, 도시마케팅 전략을 수행하기 위한 최종 단계는 목표시장을 구체화하고, 수요를 분석하며, 시장접근성을 높이고, 최종 산물을 마케팅하는 방법과 채널을 밝히는 것이다. 먼저, 마케팅 전략에서 중요한 것은 고객을 누구로 설정하느냐는 것이다. 시장경쟁이 치열한 최종 산물을 마케팅하는 경우에는 표적시장을 세분화, 즉 지역별, 세대별, 계층별, 방문목적별로 세분화하여 구체적인 표적시장을 설정하는 것도 중요하다. 또한 세분화된 주요 고객에 대한 수요 예측과 경쟁 도시에 대한 분석도 병행할 필요가 있다. 고객 표적 전략을 수립한 후에 마케팅할 최종 산물을 만들어내고, 이를 판매할 방법을 구체적으로 구상한다. 최종 산물이란 소비자의 욕구와 수요를 반영하여 만드는 것으로서 도시마케팅의 목적에 따라 달라진다. 일반적으로는 문화지구, 문화역사 유물, 문화상품, 관광지, 사회간접자본, 인적 자원, 쾌적한 주거환경 등이다. 기업이 주요 고객인 경우에는 매력적인 기업환경과 도시이미지가 중요하므로, 규제 완화, 도시기반시설, 쾌적한 주거환경, 정체성 홍보 등이 중요한 최종 산물이다. 시민을 대상으로 할 경우의 주요 최종 산물은 향토애 고취, 정체성 홍보, 시민행사와 이벤트 등이다. 관광객이 대상이 되면 축제와 이벤트, 자연경관, 쇼핑, 오락공간, 역사적 유산, 문화시설, 문화상품 등이 중요한 최종 산물에 해당한다.

제4절

한국의 도시마케팅

1. 한국의 도시마케팅 현황

우리나라의 도시마케팅은 초보적 단계에 있다고 할 수 있다. 우리나라의 어떤 도시도 고유의 정체성에 기반한 도시마케팅을 하지 못하고 있다. 거의 모든 도시들은 좋은 아이템만을 찾기 때문에, 마케팅프로그램 자체가 유사할 수밖에 없다. 근본적으로 도시 고유성에 대한 진지한 고찰이 없어서 차별화 자체가 불가능한 상황이다.

최근에 우리나라에서는 도시브랜드화가 일종의 붐이 되어 많은 도시들이 막대한 예산을 투자하여 영어로 표현된 슬로건을 만들고, 그에 맞는 계획을 실시한다고 홍보한 적이 있었다. 영어로 표현하는 이유는 세계화시대에 발맞춰 외국인에게 홍보하기 쉽다는 점과 철자마다 의미를 부여하여 형식적으로 강한 느낌을 줄 수 있다는 점 등이었다.

그러나 우리나라 도시들이 내거는 슬로건에는 도시마케팅이 지향하는 바와 전혀 다른 많은 문제들을 내포하고 있었다. 즉, 많은 예산을 들여 만든 슬로건의 의미를 그 도시에 사는 시민들조차 제대로 알지 못하였으며, 외국인을 겨냥해 만든 영어식 슬로건은 그 뜻이 애매하여 도시의 특색을 전달하기보다는 외국인을 혼란스럽게 하였다. 두 도시를 사례로 들기로 하자.

한때 대전광역시의 슬로건은 'It's Daejeon'이었는데, 직역하면 '그것은 대전이다'이다. 아마 대부분의 외국인 관광객들도 그렇게 생각할 것이다. 그러나 대전시의 설명은 다르다. 'I'는 'Interesting'으로서 '삶이 재미있고 풍요로운 도시'를 의미하고, 'T'는 'Tradition and Culture'로서 '전통과 다양한 문화의 도시'라는 의미이며, 'S'는 'Science and Technology'를 뜻하는 것으로서 '과학의 도시, 미래의 도시'라는 의미를 가지고 있다고 한다. 대전시의 설명에 따르면, 'It's'에는 이러한 다양한 뜻이 숨겨져 있다.

경기도 파주시의 슬로건은 'G&G PAJU'이었던 때가 있었다. 파주시 관계자를 제외하고 'G&G'가 무엇인지를 아는 사람이 과연 얼마나 될까? 파주시의 설명에 따르면, '변화와 경쟁'을 통해 시민이 살기 좋은(Good) 도시, 품격이 높은(Great) 도시를 만들어 대한민국의 대표도시로 파주를 재창조하자는 비전을 제시한 것이라고 한다.

이처럼 해당 도시에 거주하는 사람은 물론이고, 외부인이나 외국인도 그 의미를 알지 못하는 슬로건이 무슨 역할을 할 수 있을지에 대해 심사숙고해야 한다. 다행스럽게도 이 두 도시의 슬로건은 바뀌었다. 대전광역시의 경우, 'Daejeon is U 대전이 바로 당신입니다'로 바뀌었고, 파주시는 '시민중심 더 큰 파주'로 변경하였다. 우리나라 주요 도시들의 슬로건을 보면 다음과 같다. 서울특별시의 슬로건은 'Hi, Seoul'에서 'I · SEOUL · U'로 변하였다. 부산광역시의 슬로건은 'Dynamic Busan'에서 '부산 먼저 미래로, 그린스마트 도시 부산'으로 바뀌었다. 대구광역시는 'Colorful DAEGU'에서 '파워풀 대구(POWERFUL DAEGU)'로 슬로건을 변경하였다. 인천광역시의 경우에도 최근에 슬로건이 자주 변하였다. 2016년에는 '플라이 인천(Fly Incheon)'이었는데, 플라이가 파리를 연상한다는 비판을 받았다. 2017년에는 시민과 전문가의 의견을 거쳐서 '올웨이즈 인천(all ways INCHEON)'으로 바뀌었고, 잘 만들었다는 평가를 받았다. 2019년에는 '상반된 매력, 공존의 도시, 인천'으로 슬로건을 바꾸었으며, 인터내셔널 비즈니스 어워드(IBA)에서 마케팅 캠페인 부문 금상을 수상하였다. 2020년에는 '살고 싶은 도시 함께 만드는 인천'으로 다시 변경하였고, IBA에서 비디오 어워드 부문 금상을 수상하였다. 광주광역시의 슬로건은 'Your Partner Gwangju'이고, 울산광역시의 슬로건은 'ULSAN, THE RISING CITY'이다.

이러한 사례에서 알 수 있듯이, 도시의 슬로건이 영어 위주에서 한글이 포함되는 형식으로 변하고 있다. 물론, 여전히 영어에 의존하고 있는 도시도 많다. 그럼에도 불구하고, 도시의 특색을 살린 슬로건도 있다. 대표적인 사례가 전주시인데, 전주시의 슬로건은 다음에서 보는 바와 같이 '한바탕 전주 세계를 비빈다'이다. '비빈다'라는 표현만 봐도 전주의 명물인 비빔밥을 쉽게 떠올릴 수 있다. 더불어 '세계를 비빈다'라는 표현에서 전주시의 세계를 향한 포부가 느껴진다. 또한 디자인 역시 지극히 한국적이어서, 전주라는 도시에서 왠지 모르게 한국적 미가 더욱 느껴진다. 그러나 전주시와 같은 사례는 지극히 제한적이다.

〈한글로 도시슬로건을 선정한 전주〉

2. 도시마케팅의 방향

1) 성공적 도시마케팅의 선결과제

도시마케팅은 도시 고유의 유·무형의 자산을 토대로 도시 구성원들이 협력하여 독창적인 아이디어를 통해 차별화되고 경쟁력 있는 최종 산물들을 생산할 때, 도시이미지를 제고하고 도시경제를 활성화시킬 수 있다. 도시마케팅이 소기의 목적을 달성하기 위해서는 두 가지 선결과제가 있다(이무용, 2002).

첫째, 도시문화의 진정한 의미를 명확하게 인식해야 한다. 기존의 도시문화정책은 레저와 오락용 여가·관광 공간을 물리적으로 제공하는 하드웨어적 물량 공급정책에 초점을 두거나, 음악·미술·문학 등 예술분야를 중심으로 진행되어 왔다. 이러한 도시문화정책으로는 도시마케팅이 추구하고자 하는 목적을 달성하는 데 한계가 있다. 도시마케팅은 공동체가 형성·활성화되도록 자양분을 제공하는 방향으로 추진되어야 한다. 즉, 시민들이 정체성을 확인하고 강력한 소속감을 지니는 장소가 되도록 마케팅 전략을 수립하여야 한다.

둘째, 도시마케팅은 도시정부와 시민이 도시의 미래와 비전을 함께 공유하며, 합의를 통해 구체적인 과정과 추진방안을 도출해내고 실천함으로써, 시민들 스스로가 자신의 삶의 공간을 디자인해 나가는 내발적 지역개발전략이 되어야 한다. 이를 위해서는 강력한 민관파트너십이 먼저 구축되어야 한다.

2) 도시마케팅의 전략적 방향

이러한 선결과제를 바탕으로 도시마케팅이 추구해야 하는 전략의 핵심적인 내용을 살펴보면 다음과 같다(이성근, 2013: 174).

첫째, 도시의 장기적인 비전과 목표를 수립해야 한다. 도시정부만이 장기 비전을 확립하지 말고, 도시 구성원들과의 협의를 통해 도시의 미래상, 궁극적인 목표 등을 수립하고, 도시 구성원들이 이를 정확하게 이해하도록 해야 한다. 이러한 관점에서 볼 때, 우리나라 도시들이 표방하는 슬로건은 도시의 얼굴에 해당함에도 불구하고, 대다수의 시민들이 슬로건의 뜻을 이해하지 못하는 문제를 안고 있다. 따라서 전주시처럼 도시가 가진 차별적인 특징을 기반으로 하여, 도시의 미래상과 목표에 대해 누구나 공감할 수 있는 슬로건을 내걸어야 한다.

둘째, 도시가 처해 있는 상황을 정확하게 이해해야 한다. 즉, 도시의 장·단점, 기회 요인, 위협 요인 등에 대한 정확한 조사가 필요하다. 이를 토대로 도시마케팅 전략을 수립해야 한다. 도시마케팅이란 궁극적으로 차별적인 도시를 만듦으로써, 기업, 관광객, 주민을 유치하고자 하는 것이다. 이를 위해서는 '남이 하니까 따라 한다'는 발상을 가져서는 안 된다. 도시의 특유한 상황을 명확하게 분석한 후 비교우위에 있는 분야를 강조하는 방향으로 도시마케팅 전략을 수립해야 한다.

셋째, 누구를 주요 고객으로 할 것인지를 명확하게 설정해야 한다. 도시마케팅의 고객은 매우 다양하다. 먼저, 기업으로 할 것이냐, 관광객으로 할 것이냐, 시민으로 할 것이냐, 혹은 이들 중에서 복수의 대상으로 할 것이냐를 결정해야 한다. 이것이 결정되더라도 국가별, 지역별, 세대별, 계층별, 방문목적별로 대상을 세분화할 필요가 있다. 그런 후에 대상들이 진정으로 원하는 것이 무엇인지를 정확하게 분석하여야 한다.

넷째, 고객의 요구에 맞는 제도·시설을 구축해야 한다. 도시마케팅의 성공 여부는 대상 고객인 기업, 주민, 관광객들을 얼마나 유치하느냐에 달려 있다. 따라서 이들의 구미에 맞는 이미지, 제도, 시설, 공간 등을 개발하여 구축해야 한다.

다섯째, 경쟁자가 누구인지 정확하게 파악해야 한다. 세계화·정보지식화로 인해 전 지구적인 경쟁이 확대되는 상황이기 때문에, 대부분의 도시들은 경쟁에서 이기기 위해 다양한 시도를 한다. 특히, 유사한 상황에 처해 있는 도시 간의 경쟁은 매우 치열할 수밖에 없다. "지피지기면 백전백승이다"라는 말이 있듯이, 경쟁 상대가 어느 도시이며 경쟁 상대가 추진하는 것이 무엇인지에 대해 알고, 이에 대비하면 경쟁에서 우위를 점할 가능성이 높아진다.

여섯째, 차별성이 있는 독특한 상품을 개발할 필요가 있다. 다른 도시가 한 것을 그대로 모방하는 것은 도시마케팅 대상 고객의 관심을 끌지 못한다는 것을 우리는 여러 사례를 통해 알고 있다. 예를 들어, 일반적으로 석탄의 수요가 감소하면 탄광지역의 경제가 매우 어려워지는데, 이러한 상황에서 다른 나라의 상황과 국내의 상황을 명확하게 분석하면서, 기업가 정신에 입각하여 스키사업으로 전환한 도시들은 불황을 타개하였지만, 그 도시들이 성공하는 것을 지켜보다가 후발 주자로 스키사업에 참여한 도시들은 매우 어려운 상황을 겪게 되었다. 따라서 도시만의 고유성을 토대로 차별화된 상품을 만들어야 한다. 만약 인적 자원, 물적 자원 등 여러 원인으로 인하여 차별적인 상품을 만들 수 없는 도시들은 다른 도시들을 모방하더라도 단순 복제가 아닌 차별적이고 창조적인 모방을 해야 한다.

일곱째, 도시가 하나의 목소리를 내야 한다. 성공적인 도시마케팅을 위해서는 도시를 구성하는 많은 조직 간의 협조체제가 필요하기 때문에, 도시마케팅에 관련된 조직들은 많을 수밖에 없다. 이 조직들이 서로 다른 목소리를 내면 대상 고객들에게 혼란을 줄 수 있다. 따라서 도시마케팅에 직·간접적으로 관련된 다양한 조직들은 고객들에게 너무 많은 이미지와 메시지를 전하면 안 된다.

창조적 모방

우리는 창조라고 하면 무조건적으로 어렵게 힘들게만 생각해 왔다. 창조는 거창하지도 어렵지도 않다. 현재 있는 것을 조금만 변화시켜도 창조가 될 수 있다. 하늘 아래 새로운 것은 아무것도 없다. 원래 있던 것에 자신만의 색깔을 입히고, 자신만의 독특함을 표현해 내면 창조가 될 수 있다. 모방과 창조는 서로 연결되어 있다. 모방을 할 줄 알면 창조도 할 수 있다. 위대한 창조는 모방에서 시작한다. 화가 피카소도 모방의 천재이다. 하지만, 단순 복제는 안 된다. 모방해서 그대로 짜집기를 했다고 한다면, 그것은 창조가 아닌 도용에 그치지만 모방을 해서 자신만의 색깔로 재탄생을 시킨다면 그것은 아마도 창조일 것이다. 차별적이고 창조적인 모방이어야 한다.

출처: 김종춘(2011)에서 부분 발췌·재서술

제15장 도시경제정책

제1절 도시경제정책의 의의

1. 도시경제정책의 중요성

도시경제가 도시의 성장과 쇠퇴에 미치는 영향이 매우 크다는 것을 우리는 역사적 경험을 통해 잘 알고 있다. 아울러, 도시경제의 번영 여부는 사회변화에 대한 적응 정도와 관련이 있음도 알고 있다. 도시경제, 도시발전, 사회변화 간의 관계는 결코 분리될 수 없을 정도로 직접적으로 연결되어 있으며, 이러한 관계를 가장 잘 보여주는 대표적인 사례가 보스턴 시, 피츠버그 시, 디트로이트 시이다.

산업사회에서 보스턴 시는 다양한 제조업을 통해 1800년대 미국에서 경제가 가장 번창하는 도시이었다. 피츠버그 시는 '세계 철강산업의 상징'라고 불릴 정도로 철강산업이 발전하면서 다른 부차적 산업과 서비스산업의 발전을 이끌어 도시경제가 급속도로 발전하였고, 이에 따라 도시도 성장을 지속하였다. 디트로이트 시는 '세계 자동차산업의 메카'라고 불릴 정도로 세계 자동차산업을 주도하여 한때 미국에서 4번째로 인구가 많은 도시였고, 1960년에는 미국 최고의 1인당 소득을 올렸던 도시이었다.

그러나 사회가 산업사회(포디즘)에서 후기산업사회(포스트 포디즘)로 바뀌는 과정에서 제조업 중심의 보스턴 시, 피츠버그 시, 디트로이트 시는 다 같이 쇠퇴를 경험하게 되었다. 디트로이트 시의 경우, 침체를 거듭하던 끝에 2013년 파산을 선언하기도 하였다. 이러한 경험을 한 끝에 보스턴 시는 금융, 교육, 관광, 첨단산업 위주로 도시의 주력산업을 변화시켰고, 피츠버그 시는 오랜 침체기를 지나 1980년대에 하이테크놀로지, 헬스케어, 관광, 교육으로 산업구조를 변화시켰다. 파산선언까지 했던 디트로이트 시는 자동차산업에 대한 강력한 구조조정과 함께 영화산업, 대체에너지산업을 신성장동력으로 삼으면서 도시의 활기가 되살아나고 있다.

이러한 사례들을 통하여 도시경제정책의 중요성을 인식하였지만, 종래에는 도시정부 스스로가 도시경제정책을 위해 할 수 있는 일이 제한적이었다. 특히, 중앙집권체제 하에서의 도시정부는 도시경제에 활력을 불어넣기 위한 대표적인 정책수단인 조세 지원, 금융 지원, 민간투자 유치, 산업공단 조성, 사회간접자본 건설 등을 스스로 할 수 있는 입장이 아니었다. 이러한 정책 수단들은 중앙정부 차원에서 이루어지기 때문이었다. 그러나 지방자치가 실시되면서 도시정부가 도시경제를 활성화하기 위한 정책 수단을 어느 정도 확보하게 되었다. 이는 도시정부의 자치권의 확대라는 긍정적인 측면이 있지만, 동시에 도시경제정책의 결과에 따른 1차적 책임을 도시가 져야 한다는 것을 의미한다.

2. 도시경제정책의 목표

1) 실업률 감소

중앙정부의 거시경제정책이 모든 도시에서 작동한다고 볼 수는 없으며, 오히려 거시경제정책의 효과가 미치지 않는 도시가 발생하는 것이 세계적인 현상이다. 중앙정부의 실업률 감소 정책의 효과가 크게 나타나는 도시가 있는 반면에, 효과가 거의 나타나지 않는 도시도 있다. 실업은 개인적 측면, 사회적 측면, 경제적 측면에서 문제를 일으킬 수 있다. 개인적 측면에서는 물질적 상실감을 초래하고 자존심을 손상시킬 수 있다. 사회적 측면에서는 범죄의 증가 등 사회적 불안정성을 높이는 문제를 야기할 수 있다. 경제적 측면에서는 인적 자원을 비효율적으로 활용함에 따라 경제적 생산성을 감소시킬 수 있다. 실업은 이러한 문제들을 발생시키기 때문에, 도시정부는 실업률을 낮추기 위해 도시를 산업활동에 적합하도록 변모시킬 필요가 있다. 즉, 지역기업이 성장할 수 있는 상황을 만드는 데 초점을 두면서 외부기업을 유치하는 도시경제정책을 실시해야 한다. 이러한 노력이 성공하면 도시경제가 활성화되고 실업률을 감소시킬 수 있다.

실업의 문제: 니트족

실업, 특히 청년실업이 사회의 중요한 문제로 떠오르고 있다. 그 중의 하나가 니트족(Not in Education, Employment or Training: NEET)의 발생이다. 니트족은 교육이나 훈련을 받지 않고 일도 하지 않으며, 구직활동도 하지 않는 15~34세의 젊은 사람을 일컫는다. 주로 부모에 기생해 생활하며, 돈이 필요한 경우 1~2일 간 아르바이트를 하기도 한다. 일할 의사가 있는데도 일하지 못하고 있는 실업자와 구분해 무업자(無業者)라고도 칭한다. 경기침체기인 1990년대 영국 등 유럽에서 처음 나타났다. 니트족은 경기악화로 청년실업자가 늘어남에 따라 증가하는 경향을 보이는데, 이런 니트족의 증가는 경제의 잠재성장력과 국내총생산을 감소시키는 결과를 가져온다. 니트족은 니트 상태를 탈출하지 못하고 그대로 지속하면 '은둔형 외톨이'로 전락할 가능성이 있어, 이에 대한 사회적 대책 마련이 시급하다는 지적이 나오고 있다.

2) 성장의 지속성 강화

도시경제정책은 사회변화에 맞추어 도시경제가 지속적으로 성장하도록 하는 목표를 가진다. 앞에서 살펴본 바와 같이 세계화·정보지식화가 진행됨에 따라 도시들 간의 경쟁이 치열해졌다. 특히, 첨단산업을 유치하기 위해 도시들 간의 경쟁은 '출혈경쟁'조차 불사할 정도이다. 사회변화에 따르지 않는 도시들의 사례로서 위에서 살펴본 피츠버그, 디트로이트 등의 경우를 보면서 많은 도시들은 첨단산업의 중요성을 더욱 실감했기 때문이다. 첨단산업 유치의 중요성은 사회변화에 적응하여 도시의 산업구조를 개편함으로써 도시의 성장동력을 확보하는 것 뿐만 아니라, 첨단산업을 지원하는 관련 제조업을 성장시킬 수 있다는 데에서 찾을 수 있다.

도시의 지속적 성장은 첨단산업 유치로만 가능한 것은 아니다. 다양한 방면에서 도시경제를 지속적으로 상장시킬 수 있다. 대표적인 분야가 문화관광산업이다. '축제공화국'이라고 일컬어지는 스코틀랜드의 에든버러, '산타마을'로 유명한 핀란드의 로바니에미, 젊은이의 축제와 맥주축제로 유명한 뮌헨 등을 포함하여 세계의 많은 도시들이 축제를 통하여 도시의 지속적인 발전을 추구하고 있다.

3) 안정성 확보

서구 국가의 제조업 중심의 구산업도시들이 침체한 원인을 보면 그동안 도시의 성장을 견인해 왔던 제조업에 대한 의존이 지나치게 강한 점과 더불어, 노동조합의 강력한 활동으로 인해 임금이 지나치게 상승한 점, 다국적 기업이 유출한 점, 중앙정부의 보조금이 삭감한 점 등을 꼽을 수 있다. 결국, 도시경제의 침체는 내부요인뿐만 아니라 외부요인들에 의해 발생되었다고 볼 수 있다.

외부요인이 도시경제를 침체시키는 것을 약화시키면서 도시경제의 안정성을 확보하기 위한 하나의 방안으로 내생적 도시경제정책이 등장하였다. 이는 도시의 외부요인보다 도시 특유의 인적·물적 자원을 이용하는 도시경제정책이다. 내생적 도시경제성장정책을 실시하면 '민관파트너십(public-private partnership)'이 형성될 수 있어서 도시경제의 안정성은 더욱 강화될 수 있다.

내생적 성장이론(endogenous growth theory)

기업이 새로운 생산 과정을 발견하여 적용하면 원가를 더욱 절감할 수 있고, 이는 높은 이윤을 창출하는 데에 기여한다. 또한 기업이 연구개발에 투자한 결과 새롭게 개발된 상품이 시장에서 성공적으로 판매되면 기업은 높은 이윤을 획득하게 된다. 따라서 새로운 생산 과정 개발, 연구개발을 통한 신상품 개발 등과 같이, 사내 교육에 투자한 결과 발생하는 기술혁신은 이윤을 추구하는 경제적인 요인이 내적으로 작용하는 것이다. 따라서 기술의 변화는 경제외적인 요인이 아니라 경제내적인 요인에 의해 결정된다고 볼 수 있다. 내생적 성장이론은 기술진보가 외생적으로 결정된다는 신고전학파 성장모형에서 벗어나, 경제 내에서 내생적으로 발생하는 기술진보를 통하여 장기적인 경제성장이 이루어지는 과정을 설명한 성장이론이다.

출처: blog.naver.com/dygksanrtlfh/40141577451에서 부분 발췌·재서술

제2절

포스트 포디즘사회의 주요 도시경제개발 이론

도시경제개발과 관련된 이론들은 다양하지만, 여기에서는 포스트 포디즘사회

와 관련된 주요 이론을 소개하기로 한다. 대표적인 이론으로는 유연생산체제 이론과 지역혁신체제(Regional Innovation System: RIS) 이론을 들 수 있으며, 이에 대해 살펴보면 다음과 같다.

1. 유연생산체제 이론

유연생산체제 이론이란 소비자의 취향과 행태가 개성화와 다양화로 변하고, 과학 · 기술의 발전이 제품의 첨단화 · 다양화 · 고급화를 가능하게 함에 따라 생산과정의 유연화와 분업화를 강조하는 이론을 말한다. 이 이론의 주요 특징을 살펴보면 다음과 같다.

첫째, 생산방식의 분업화를 지향한다. 하나의 기업에서 많은 부품들과 완성품을 생산하는 것이 아니라 많은 협력업체들이 협동하여 제품을 생산한다.

둘째, 생산제품의 첨단화 · 다양화 · 고급화를 추구한다. 많은 협력업체들이 자신이 담당한 부품에 대해 집중적으로 연구 · 개발함으로써, 첨단적이고 다양하며 고급스러운 부품을 생산하고, 이를 통해 시대적 변화에 앞서가고 수요자의 요구에 부응하며 품질이나 수준이 높은 완제품을 생산하는 것을 강조한다.

셋째, 다품종 소량생산체제를 강조한다. 소비자의 다양한 욕구를 충족하기 위해 많은 협력업체들이 공조하여, '범위의 경제'를 추구하는 다품종 소량생산체제를 구축할 것을 제안한다.

넷째, 환경변화에 신속하고 융통성 있게 대응하는 것을 중시한다. 종래의 계층제 구조 중심의 대규모 생산체제에서 탈피하여 분야별 · 개별 조직에게 권한과 책임을 부여함으로써, 환경변화에 신속하고 융통성 있게 대응할 수 있어야 한다고 이 이론은 주장한다. 따라서 평면구조(flat structure)로의 변화, 리엔지니어링(reengineering)과 감량경영(down-sizing) 등을 통해 조직구조의 혁신을 도모할 것을 제안한다.

이 이론에 따라 유연생산체제가 도입되면 대다수의 협력업체들이 인접하여 전방적 · 후방적 연계관계를 구축함으로써 첨단산업도시(technopolis), 과학공원(science park), 산업단지(industry district) 등을 형성하기가 용이해진다.

범위의 경제(Economies of Scope)

두 가지 이상의 제품을 함께 생산할 경우, 각각의 제품들을 따로 다른 기업들에서 생산하는 경우보다 하나의 기업에서 생산함으로써, 생산비용을 낮추는 현상을 규모의 경제라고 한다. 범위의 경제는 하나의 제품을 생산하는 과정에서 다른 제품을 생산할 때 추가 투여가 필요 없이 전용 가능한 공통생산요소가 존재하기 때문에 발생한다. 이는 인적 자원, 물적 자원, 재무 자원, 정보, 노하우 등을 공동으로 사용할 수 있도록 최적 조합을 기하는 것이라는 측면에서 조합의 경제성(Economy of Combination)이라 불리기도 한다. 범위의 경제가 존재한다는 것은 생산품의 다양화가 특화보다 효율적이라는 것을 의미한다.

2. 지역혁신체제(Regional Innovation System: RIS) 이론

도시정부는 유동자본을 잡아 생산성을 높이기 위해 가능한 한 많은 분야, 즉 생산구조, 노동시장, 환경 등의 분야를 유연하게 만드는 정책을 사용하였다. 그러나 유연화정책은 다음과 같은 점에서 '퇴행적 유연화'라는 비판을 받게 되었다.

첫째, 유동자본이 무제한적이 아니기 때문에, 이를 유치하기 위한 도시 간의 경쟁은 제로섬 게임(zero-sum game)일 수밖에 없다. 이로 인해, 출혈경쟁이 나타난다면, 비록 유동자본을 유치하더라도 도시경제에 득이 되지 않는다. 오히려, 유동자본만이 최대의 이익을 확보할 것이다.

둘째, 유동자본을 유치하기 위한 정책들은 시민들의 환경적·문화적 희생을 요구하는 경우가 있다. 즉, 유동자본은 궁극적으로 개발을 통해 경제 발전을 추구할 것을 요구하는 데, 개발은 당연히 도시의 아름다운 환경을 파괴할 것이다. 또한 유동자본의 유치에 대한 격렬한 찬·반 논쟁이 발생하여 시민 간의 갈등을 야기하여 시민통합을 저해할 수 있다. 이는 주민들의 삶의 질을 저하시킬 수도 있다.

이러한 비판에 직면하자, OECD국가를 비롯한 선진국들은 도시경쟁력을 강화하기 위해 유연화정책 대신에 지역산업클러스터(Regional Industrial Cluster)를 구축하는 데 정책적 지원을 강화하였다. 지역산업클러스터의 구축을 지지하는 이론인 지역산업클러스터 이론은 산업클러스터가 지역기업의 경쟁력 향상에 중요한 역할을 한다는 이탈리아 북부지역의 경험을 바탕으로 제기된 이론이다. 특히, 1990년 포터(M. E. Porter)가 『국가 경쟁우위(*The Competitive Advantage of Nations*)』에서 경쟁력이 높은 국가의 핵심요소는 소수의 지역산업클러스터가 있음을 주장하면서, 지역산업클러스터는 많은 국가와 많은 도시들의 관심을 받게 되었다. 지역산업클러스터는 종래의 산업집적지와는 차이가 있다. 산업집적지가 생산 · 거래비용을 축소하는 데 목적이 있다면, 지역산업클러스터는 기술혁신과 지식창출의 근원지로서의 역할을 강조하는 개념이다. 이를 바탕으로 구축되는 지역혁신체제(Regional Innovation System: RIS)는 도시경제 발전의 새로운 모델이 되어 왔다. 지역산업클러스터와 관련된 주요 이론들은 여러 가지가 있지만, 여기에서는 이 이론들을 체계적으로 종합한 것이라고 할 수 있는 지역혁신체제 이론을 살펴보기로 한다.

지역혁신체제란 도시정부, 지방대학, 지역기업, 연구소 등 도시 내의 혁신 주체들이 다양한 영역, 즉 연구개발, 신제품 생산, 행정제도 개선, 문화활동 등의 영역에서 함께 학습 · 협력하면서 혁신을 추구하고 도시발전을 꾀하는 체계를 말한다. 즉, 지역혁신체제는 새로운 기술과 혁신을 창안 · 확산시키는 다양한 제도들의 네트워크를 강조한다.

이러한 지역혁신체제를 구축하기 위해 지역혁신체제 이론은 다음과 같은 여덟 가지 핵심 사항을 강조한다.

첫째, 도시의 장점과 단점에 대해 철저하게 분석해야 한다. '남이 하니까 따라 한다'는 식의 접근은 도시경제를 발전시킬 수 없다는 것을 강조한다. 도시만이 가지고 있는 독특성이나 비교우위에 있는 부분을 중심으로 경쟁력을 확보하기 위해 노력하면서 동시에, 도시의 단점을 찾아 이를 개선하는 노력이 있어야 한다고 제시한다.

둘째, 도시 내에 혁신주체들이 존재하는 부분에 투자해야 한다. 혁신체제 구축을 위해서는 도시 내에 있는 혁신주체들의 활동이 매우 중요하다. 특히, 혁신의 초창기에는 이들이 선구자적 역할을 수행해야 한다. 따라서 비록 숫자가 적더라도 혁신주체들이 존재하는 분야에서 혁신활동을 추구해야 한다. 이러한 측면에서 도시 내에 있는 대학들의 역할이 매우 중요하다. 대표적인 세계적 혁신도시 내에는 유명대학이 있다는 것이 우연의 일치는 아니다. 예를 들어, 실리콘 밸리의 스탠포드대학, 보스턴의 루트 128의 MIT공대, 프랑스 소피아 앙티폴리스의 니스대학은 그 혁신도시들을 이끄는 동력의 역할을 수행해 왔다.

셋째, 도시 내에 다양한 형태의 네트워크가 형성되어야 하고, 혁신활동은 혁신네트워크를 통해 전 도시에 확산되어야 한다. 다시 말하면, 경성적 측면의 네트워크와 더불어 연성적인 측면의 네트워크, 즉 비공식적 관계, 신뢰 등이 구축되어야 하며, 혁신활동이 개시되면 도시 내의 모든 혁신네트워크를 활용하여 혁신효과를 증폭시켜야 한다. 이러한 과정에서 중요한 역할을 수행하리라 기대되는 것이 도시 내의 대학이다. 대학은 혁신 역량이 부족한 상황을 타개하기 위해 도시의 특화된 산업과 연관된 인재를 육성하고, 기업과의 산학협동을 시행하며, 혁신기업의 창업을 지원할 수 있기 때문이다.

넷째, 집단학습과 이를 위한 문화가 형성되어야 한다. 집단학습과 이를 소중히 인식하는 분위기가 형성되면 전방적 · 후방적 연계관계가 구축되어 일방향적인 의사소통이 아니라 쌍방향적인 의사소통이 활성화됨으로써, 혁신을 위한 새로운 아이디어 창출의 원천이 확대될 수 있다.

다섯째, 경제주체 간에 신뢰와 공감대가 구축되어야 한다. 지역혁신체제를 구축하기 위해서는 경제주체들 간에 네트워크를 구축하는 것이 매우 중요한 과제이다. 그런데 네트워크를 성공적으로 구축 · 운용하기 위해서는 경제주체들 간에 신뢰와 공감대가 반드시 형성되어야 한다. 그렇지 않으면 형식적이거나 비효율적인 네트워크가 될 수밖에 없다.

여섯째, 기업활동을 지원하는 다양한 조직이 형성되어야 하고, 이들이 기업발전을 지원할 수 있도록 하는 새로운 제도와 환경을 조성해야 한다. 즉, 집단학습을 통해 형성된 잠재적 혁신능력을 실질적 수익으로 전환할 수 있도록 지원하는 조직, 즉 법률지원, 경영지원, 회계지원, 자금지원, 기술지원 등을 할 수 있는 조직이 만들어져야 하며, 이들이 기업활동을 지원하는 데 어려움이 없도록 제도와 환경을 개선해야 한다.

일곱째, 기업가 정신, 실패에 대한 관용, 신기술에 대한 열정, 협력정신 등이 사회적 관습으로 자리매김되어야 한다. 위험이 예상됨에도 불구하고 새로운 일자리와 가치를 만들어내고자 하는 정신이 강하고, 실패에서 끝나거나 좌절하지 않고 실패를 반복하지 않기 위해 실패를 사회적 자산화하며, 신기술을 개발하기 위한 도전적 자세와 의지가 투철하고, 주체들 간의 협력을 소중히 여길 때 혁신체제가 효율적으로 구축 · 기능할 수 있다.

여덟째, 도시 내에 존재하지 않는 새로운 혁신을 지속적으로 모색하려는 의지, 노력, 행동 등이 존재해야 한다. 혁신이 일회성으로 끝나면 혁신의 목적을 달성하기 힘들다. 사회가 지속적으로 변함에 따라 혁신도 지속적으로 추구되어야 한다. 이것은 혁신을 위한 의지, 노력, 행동 등이 없으면 불가능한 일이다.

| 제3절 |

주요 도시경제정책

1. 테크노폴리스(Technopolis)

테크노폴리스는 기술(technology)과 도시(polis)가 합성된 단어로서, 첨단산업도시 혹은 첨단산업연구도시라고도 불린다. 테크노폴리스에서는 쾌적한 도시환경, 첨단기술산업, 대학을 기반으로 하여 고급연구능력의 결합이 강조된다. 쾌적한 도시환경과 대학에 대해서는 부연 설명을 할 필요가 없으리라 판단되어, 첨단기술산업의 특징을 간략하게 살펴보면 다음과 같다.

- 신기술을 바탕으로 지식집약적이며 미래지향적이다.
- 에너지 및 자원 절약적이다.
- 상품의 부가가치는 높으면서 대개 가볍고 부피가 작다.
- 제품의 주기가 짧다.

테크노폴리스와 유사한 개념으로 과학공원(science park)이 있다. 과학공원은 지역연구중심체인 지역대학과 공공·민간 연구기관들을 한 장소에 모음으로써, 그들 간의 연계관계를 구축하여 연구활동을 촉진하기 위한 공간 영역이다.

테크노폴리스에서는 쾌적한 도시환경을 토대로 대학과 연구소는 연구개발을 담당하고, 제조업체는 생산기능을 담당하면서 상호 긴밀한 유대관계가 구축된다. 이로 인해, 연구개발·기술혁신이 지역기업을 통해 신제품으로 생산되거나 또는 생산성이 향상될 수 있다. 이는 도시경제를 활성화하는 데 이바지한다. 대표적인 테크노폴리스를 소개하면 <표 15-1>과 같다.

표 15-1 세계적 테크노폴리스

구분	대학	산학협동사례(특징)
실리콘 밸리(미)	스탠포드, 버클리	캠퍼스산업단지, 공동연구
루트 128(미)	MIT, 하버드	분가적 창업, 연구개발지원, 공동연구
리서치 트라이앵글(미)	N. Carolina, 듀크	인적 교류, 연구개발지원
쓰쿠바(일)	쓰쿠바대	고급두뇌공급, 공동연구
소피아 앙티폴리스(프)	니스대	고급두뇌공급, 공동연구

우리나라에도 테크노폴리스를 지향하는 도시들이 많다. 대표적인 도시로는 대구 테크노폴리스와 청주 테크노폴리스를 들 수 있다.

2. 비즈니스 인큐베이터(Business Incubator: BI)

비즈니스 인큐베이터는 기업보육센터 혹은 창업보육시설로 불린다. 비즈니스 인큐베이터는 소규모 작업장이 필요한 중소기업, 그 중에서도 창업기업을 입주시키기 위해 만들어진 공동입주 공장시설물이다. 여기에서는 주변의 절반 정도의 임대료만 있으면 되는 작업장, 장비, 경영·기술, 정보, 자금 등이 지원된다. 이러한 지원이 제공되기 때문에, 비즈니스 인큐베이터는 창업과정에서 발생될 수 있는 위험부담을 감소시켜 창업을 촉진시키고 창업기업의 성장을 지원한다. 이는 도시의 실업을 감소시키고 도시경제를 활성화하는 데 기여한다.

비즈니스 인큐베이터에는 기본적으로 지역네트워크가 구축되어 있고, 복수의 기업을 위한 공간이 있으며, 공용서비스가 제공되고, 경영자문 등을 포함한 다양한 지원체제가 존재한다. 세계적으로 유명한 비즈니스 인큐베이터는 '베를린 비즈니스 인큐베이터'이다. 베를린 비즈니스 인큐베이터는 시정부와 베를린 공과대학이 공동으로 건립한 것으로서, 설립된 지 2년을 넘지 않은 신생 기업만이 입주할 수 있으며, 이 비즈니스 인큐베이터센터 안에서 만들어지는 기업도 적지 않다. 현재 베를린 비즈니스 인큐베이터는 시정부, 대학, 중소기업이 가장 효율적으로 결합하고 있다는 점에서 독일형 산학협동의 대표적 모델로 꼽히고 있다.

베를린 비즈니스 인큐베이터

베를린시는 산업구조상 중소기업이 경제활동의 중요한 역할을 담당하고 있는데, 중소기업들은 자체적인 연구개발능력이 불충분하기 때문에, 국공립 연구기관들로부터 지원을 받기를 원했다. 이리하여, 1978년에 '베를린 기술이전센터'가 설립되었다. 이를 기반으로 1983년에 독일 최초로 '베를린 비즈니스 인큐베이터'가 건립되었다.

베를린 비즈니스 인큐베이터는 연구·기술 관련 연구소, 베를린 공대, 중소기업 간의 연계를 강화하며 상호 협조할 수 있는 여건을 조성하는 데 설립의 주목적을 두었다. 특히, 베를린 공대를 기반으로 기술집약적 중소기업의 성장기반을 강화하여 대도시 지역 내에서 잃어버리기 쉬운 산업기반을 지속적으로 베를린시 내에 뿌리를 내리도록 하는 것이 시정부의 주목적이 있었다. 시정부는 이를 통해 종국적으로 타 기업에 파급효과를 미침으로써, 도시의 산업구조 전반을 개선하고자 의도하였다. 그리고 베를린 시가지 내에 방치되어 있던 노후건물, 폐기된 공장들을 매입·개축하여, 비즈니스 인큐베이터를 만들어 연구기관과 창업기업에게 싼 임대료로 입주하게 함으로써, 도심을 재생시키는 목적도 가지고 있었다. 또한 시정부는 베를린 비즈니스 인큐베이터에서 양육된 기업이 성장해서 독립할 정도가 되어도, 베를린시 내에 뿌리를 내릴 수 있도록 별도의 기술단지를 추가로 건설하였다.

베를린 비즈니스 인큐베이터의 다양한 지원과 이곳을 통한 창업기업의 성공으로 인해, 지금은 여기에 입주하는 것 자체가 기업의 대외 이미지를 크게 향상시키고 신뢰를 획득하는 데 도움을 주고 있다. 한편, 비즈니스 인큐베이터는 낙후 혹은 방치된 건물을 개수·재활용함으로써 도시재생에도 큰 효과를 미쳤다. 또한 베를린 비즈니스 인큐베이터가 산·학·관 협동의 모범적인 사례로 알려지면서, 2008년을 기준으로 독일 전역에 이를 모방한 비즈니스 인큐베이터가 160개 정도 설립되었다.

3. 엔터프라이즈 존(Enterprise Zone)

엔터프라이즈 존은 홀(P. Hall)이 말한 자유개발 개념(planning-free concept)과 자유항(프리 포터: free port)에 기초하여 만들어졌다. 자유항이란 공항, 항만 등에 딸린 한정된 지구로서, 관세가 부과되지 않거나 일체의 세금이 면제되는 지구인데, 자유항이 설립된 주목적은 수출과 해외자본투자를 촉진시킴으로써 고용을 증가시키는데 있다. 한국에서는 기업유치지구 또는 산업장려지구로 불린다.

엔터프라이즈 존은 경제적으로 쇠퇴하고 물리적으로 황폐한 특정 지역에 대해 각종 행정규제나 정부간섭을 배제하고 세제상의 인센티브를 부여함으로써, 지역경제를 활성화시키기 위해 만들어졌다. 즉, 민간부문의 경제활동을 촉진시키기 위해 방치되어 있는 도시 토지를 보다 나은 용도로 사용하기 위한 방안으로 추진되었다.

엔터프라이즈 존은 해당 지구를 설정하고, 그 지구 내에서 개발규제, 임대료규제, 임금·가격규제를 폐지하며, 지방세를 면제하고, 시유지를 민간에게 불하하는 방식으로 진행된다. 엔터프라이즈 존의 대표적인 인센티브 내용은 일정 개발행위는 허가를 필요로 하지 않는 등의 개발규제를 완화하고, 지방재산세를 면제하면서 시정부의 세입결손은 중앙정부의 보조금으로 해결하며, 빌딩에 대한 법인세를 줄이기 위해 100% 자본공제를 하고, 행정규제를 완화하여 행정절차를 간소화하는 것

등이다.

엔터프라이즈 존은 침체를 거듭해 온 도시에 민간투자, 부동산개발, 고용 등을 증대시켜 경제를 활성화하는 데에 상당한 정도로 기여했다는 평가를 받았다. 이와 동시에 엔터프라이즈 존에서는 혁신이 존재하지 않고, 부동산이 과대 공급되며, 도시계획이 실종된다는 등의 비판을 받고 있다.

엔터프라이즈 존

1970년대 세계의 주요 도시들은 역도시화, 정보지식화, 세계 경제의 불황 등의 복잡한 현상이 나타남에 따라 쇠퇴의 길로 접어들었다. 이러한 상황에서 영국의 도시계획가 피터 홀(P. Hall)은 대두되고 있는 도시쇠퇴 문제를 해결하기 위한 최후의 가능한 처방은 자유무역항 해법이라고 하였다. 이는 1960년대의 홍콩과 같이 쇠퇴하는 도심의 일부 지역들에는 최소한의 규제만을 남긴 채 모든 종류의 기업에 개방하는 것이다.

1980년 영국 보수당 정부는 엔터프라이즈 존 규정을 도입하였다. 1981년 15개의 엔터프라이즈 존이 지정되었으며, 그 중의 하나가 런던 도크랜드(Dockland) 중심에 있었다. 엔터프라이즈 존에 이주하는 기업들은 100% 자본공제를 받게 되며, 산업용이나 상업용 건물에 대한 감세, 나아가 토지개발세와 일반적인 도시계획 등의 규제를 받지 않게 되었다.

엔터프라이즈 존이라는 명칭에도 불구하고, 전통적인 산업기반을 대신할 혁신적인 메커니즘은 부족했으며 대부분의 기업들은 세율을 감면받는 목적을 가지고 있었다. 또한 미국의 1,400개 이상의 엔터프라이즈 존에서 보듯이, 상대적으로 적은 공공재원을 사용하여 더 큰 민간투자를 이끌어냄으로써 고용과 일자리가 확충되는 긍정적인 효과가 있었던 반면에, 도시재생을 위한 대규모 부동산개발은 공급과잉과 도시계획의 실종 문제를 야기한다.

출처: 동양일보(2013년 8월 1일)에서 일부 발췌 · 재서술

4. 텔레포트(Teleport)

'텔레포트'는 텔레커뮤니케이션(telecommunication)과 포트(port)를 합성한 신조어이다. 텔레포트는 위성 통신, 광통신 등 세계적 규모의 고도화된 장거리 정보통신망을 갖추고, 세계의 정보를 수집 · 교신하는 거점 역할을 하면서 도시와 도시 주변 지역의 정보통신 서비스 이용자들에게 국내 · 외의 다양한 정보를 제공하는 정보지식사회의 필수적인 기반시설을 갖춘 도시를 말한다. '고도정보통신 처리기지'라고도 불리고 있다.

뉴욕과 뉴저지의 항만국이 항만 지역의 산업 쇠퇴에 대응하기 위해 '정보교류의 항구'라는 개념을 도입하여, 1982년에 세계 최초로 '뉴욕 텔레포트' 구상을 발표하였다. 이어서, 1984년 뉴욕에서 제1회 세계 텔레포트 회의가 개최되었다. 그 후 미국을 비롯하여 유럽, 일본 등의 항구 도시들이 항만 지구를 재개발할 경우에 텔레포트를 건설하는 사례가 자주 발견되었다. 우리나라에서는 인천광역시가 선두주자에 속한다.

5. 연구학원도시

'연구학원도시'란 우수한 자연환경이 보존되고, 첨단의 도시기반시설을 갖추고 있으며, 다양한 교육시설과 서비스 시설이 완비되어 있고, 교육·연구 기관 간 네트워크의 형성이 잘 이루어지고 있는 계획도시이다. 또한 연구기관이 모여 있는 단순한 집적지에서 탈피하여 산·학·연이 조직적으로 결합한 혁신도시이다. 즉, 메인 프레임 컴퓨터(main frame computer)로 네트워크가 형성되어 연구자 간이나 관련 기관 간의 정보교환이 활발하여 연구 교류가 촉진되고, 이를 지원하기 위한 민간과 공공 간의 교류가 활성화되어 있는 도시이다.

대표적인 연구학원도시는 동경의 인구과밀을 해소하기 위해 건설된 위성도시이면서 동시에, 과학·기술 진흥, 첨단연구, 고등교육 등의 기능을 수행하도록 국가적 차원에서 건설된 계획도시인 일본의 쓰쿠바시이다. 2020년 기준으로 총인구가 약 23만 명인데 박사 학위 취득자가 약 5,600명이고, 연구자가 약 1만 3천 명에 이를 정도로 세계적인 학술·연구 도시가 되었다. 우리나라의 대표적인 연구학원도시는 대덕연구단지이다.

6. 인텔리전트 시티(Intelligent City)

'스마트시티(Smart City)'는 여러 학자들에 의해 다양한 이름으로 표현되고 있다. 1992년 라테레시(J. Latterasse)는 '스마트시티'를 '인텔리전트 시티'라고 명명하였다(Kouzeleas, 2012: 237). 인텔리전트 시티는 텔레커뮤니케이션을 위한 기반시설이 인간의 신경망처럼 도시 구석구석까지 연결되어 있는 도시이다. 따라서 사무실에 나가지 않고도 집에서 모든 업무를 처리할 수 있는 텔레워킹(teleworking)이 일반화된 도시이다. 또한 인텔리전트 시티는 도시문제를 해결하기 위하여 기능적인 측면은 물론이고, 가치적인 측면에서도 더 좋은 도시를 목표로 한다. 즉, 인텔리전트 시티는 깨끗한 공기, 맑은 물, 밝은 햇빛을 위해 '에코지능'을 작동시키고, 시민이 주도하는 민주주의를 지원하며, 빅데이터 도시를 지향한다. 인텔리전트 시티는 경제적 측면에서 저비용 고효율의 가치를 추구하고, 사회적인 측면에서 민주주의 가치를 제공한다. 이를 통해 인텔리전트 시티는 도시문제를 해결하고, 나아가서 일자리 창출과 신산업 성장을 통해 범세계적인 경제 전쟁에 대비하고자 한다.

에코지능(Ecological Intelligence)

2009년 대니얼 골먼(Daniel Goleman)이 『에코지능』을 소개하였다. '에코지능'이란 생태적 위기를 극복하기 위해 갖추어야 하는 재능과 능력으로서, 인간과 자연의 상호 영향을 이해하는 인식 능력, 즉 자신의 소비와 생산활동이 지구환경에 미칠 영향을 전체적으로 파악할 줄 아는 예민하고 현명한 통찰력을 가리킨다. 아울러, 타인의 관점을 이해하고 공감하며 사회지능이나 감성지능의 형성을 토대로 모든 생명체에 대한 공감 능력을 결합시킨 후 그러한 능력을 모든 자연시스템으로 확장하는 것을 가리킨다.

출처: 대니얼 골먼(2010)의 에코지능에서 발췌 · 재서술

다시 말하면, 인텔리전트 시티는 고도의 정보지식사회에 대응하여 도시를 정비하는 새로운 도시상이다. '두뇌 도시'라고도 한다. 이는 광섬유, 컴퓨터 등을 사용한 다양한 정보지식처리기술로 도시의 기반인프라를 갖춘 도시, 즉 정보 · 지식으로 무장한 도시를 가리킨다. 세계의 많은 도시들이 인텔리전트 시티를 지향하고 있으며, 우리나라에서는 평택시가 '브레인시티'의 기치를 내걸고 도시를 재생하고자 한다.

7. 산업단지(Industry District)

산업단지란 국가, 지방자치단체, 조합이나 건설회사들이 산업용지 실수요자에게 공장용지를 분양하기 위해, 포괄적인 계획 하에서 공장용지를 집단으로 개발한 곳을 말한다. 산업단지는 산업용지 수요에 대비하고, 집적 경제의 효과를 기대하

며, 쾌적한 노동환경을 확보하기 위해서 조성된다.

「산업입지 및 개발에 관한 법률」에 따르면, 한국에서의 산업단지의 유형은 국가산업단지, 일반산업단지, 도시첨단산업단지, 농공단지, 스마트그린산업단지로 구분된다.

국가산업단지는 국가기간산업 및 첨단과학기술산업 등을 육성하거나 개발촉진이 필요한 낙후지역이나 둘 이상의 특별시·광역시, 또는 도에 걸치는 지역을 산업단지로 개발하기 위하여 국토교통부 장관이 지정한 산업단지이다.

일반산업단지는 산업의 적정한 지방 분산을 촉진하고, 지역경제의 활성화를 위하여 시·도지사 또는 대통령령에 따라 시장이 지정한 산업단지이고, 대통령령으로 정하는 면적 미만의 산업단지의 경우에는 시장·군수 또는 구청장이 지정할 수 있다.

도시첨단산업단지는 지식산업·문화산업·정보통신산업, 그 밖의 첨단산업의 육성과 개발을 촉진하기 위하여 도시지역에 국토교통부 장관, 시·도지사 또는 대통령령으로 시장이 지정한 산업단지이다. 국토교통부 장관, 시·도지사(특별자치도지사 제외)가 지정하는 경우에는 시장·군수 또는 구청장의 신청을 받아야 한다. 다만, 대통령령으로 정하는 면적 미만인 경우에는 시장·군수 또는 구청장이 직접 지정할 수 있다.

스마트그린산업단지란 입주기업과 기반시설·주거시설·지원시설·공공시설 등을 디지털화하고, 에너지 자립 및 친환경화를 추진하는 산업단지를 말한다.

제16장 도시문화정책

제1절

도시문화정책

1. 도시문화정책의 등장 배경

세계가 정보지식화 · 세계화라는 변화의 물결을 거스를 수 없는 상황이 되어 국경과 국적에 의한 공간적 장벽이 붕괴되면서 무한경쟁체제가 되었다. 이리하여, 도시 간의 경쟁이 확대 · 심화되었다. 경쟁이 치열해지는 이유는 매우 다양하지만, 여기에서는 두 가지만 살펴보기로 한다.

첫째, 초국적 기업의 등장이 경쟁을 확대시켰다. 초국적 기업은 이윤을 극대화하기 위해 국경을 초월해서 시장을 개척하려 하는데, 유연생산체제가 도입됨으로써 초국적 기업의 국가 간 이동을 용이하게 하였다. 그런데 초국적 기업의 입장에서 볼 때 국가는 초국적 기업의 이익을 극대화하는 데 하나의 장벽이 되면서, 지사 혹은 공장의 입지장소를 결정하기 위한 협상 파트너로서도 부담이 가는 존재이다. 즉, 초국적 기업의 지사 혹은 공장의 입지를 결정하는 데 국가가 개입하게 되면, 국가가 주도권을 잡고 국가가 원하는 곳에 입지해야 할 가능성이 높다. 따라서 초국적 기업은 국가보다는 도시정부들과 협상하기를 원한다. 특히, 기반시설, 인적 자원, 시장 접근성 등의 측면에서 비교우위가 있는 도시정부들과 협상하고 싶어한다. 거의 대부분의 도시정부는 도시경제 활성화를 위해 초국적 기업의 지사 혹은 공장을 유치하기를 원한다. 따라서 도시정부 간의 경쟁이 치열해지고, 경쟁이 치열할수록 '출혈경쟁'을 벌일 가능성이 높다. 출혈경쟁까지는 아니더라도 도시정부의 경쟁이 격화될수록 초국적 기업은 더 많은 이익을 획득할 수 있다. 이리하여, 도시 간의 경쟁이 확대된다.

둘째, 국가에 대한 의존도를 줄이면서 도시정부 스스로가 도시를 발전시키고 시민의 공공서비스 수요를 충족시켜야 하는 상황이 도래하면서 도시정부 간의 경쟁이 심해졌다. 대부분의 국가는 선진국으로 진입하면서 경제성장률이 둔화되어 재정적으로 점차 어려운 상황에 부딪히게 된다. 특히, 복지정책의 시행은 국가의 재정을 더욱 어렵게 만들었다. 이리하여, 국가는 예전처럼 도시정부에 대해 재정적 지원을 많이 하기가 어려워진다. 이러한 상황에서 시민들의 공공서비스에 대한 요구는 양적으로 많아지고 질적으로 높아져, 도시정부가 이를 해결하기 위해 스스로 노력하면서 경쟁이 심해졌다. 그렇다고 해서 국가가 붕괴한다는 의미는 아니다. 도시정부의 자율성이 확대되면서 국가의 역할이 중재자, 조정자, 촉진자, 지원자로 전환되었다는 의미이다.

이처럼 도시 간의 경쟁이 치열해지면서 도시정부는 다음과 같은 이유에서 도시문화를 활용하려고 노력하는 경향을 보인다.

첫째, 앞에서 논의된 바와 같이 초국적 기업이나 유동자본의 유치를 위해, 도시 특유의 문화적·역사적 자원까지 동원하면서 도시마케팅을 위해 노력한다. 특히, 서구 국가의 도시들은 1960년대와 1970년대를 거치면서 급격한 쇠퇴를 경험하였는데, 이러한 침체에서 벗어나기 위해 도시정부는 도시의 수요자인 기업, 관광객, 주민이 원하는 방향으로 도시가 가지고 있는 독특한 역사적·문화적 자산에 기반하여 도시를 상품화하는 도시마케팅을 적극적으로 추진하였다.

둘째, 정보지식화·세계화로 인한 무한경쟁사회에서 도시의 정체성이 위협받음에 따라, 도시정부는 도시정체성을 확보하기 위해 도시문화를 개발·보전하는 노력을 한다. 정보지식화의 한 가지 특징은 동조화(conformity)와 다양화(variety)가 공존하는 것이다. 즉, 서구 선진국들의 문화가 개발도상국으로 전파되어 동조화 현상이 나타나면서, 동시에 다양한 특유의 문화가 활성화되는 다양화 현상이 확대된다. 정보지식화의 이러한 특징은 세계화로 인해 더욱 확산된다. 동조화를 중시하여 서구 문물을 맹목적으로 따르는 도시들은 도시의 고유한 특성이 없어져 경쟁력을 점차 상실할 수 있다. 도시의 예는 아니지만 우리는 이러한 사례를 자주 접한다. 대표적인 것이 한국의 전통적인 건축기술이다. 영국의 세계적으로 유명한 문화전문가는 한국이 전통 건축기술을 스스로 버리고, 서구식 건축기술을 따르는 것을 보고, "피라미드를 세울 수 있는 마지막 민족이 스스로 그 기술을 버린다"고 안타까워했다. 창조적 모방이 아닌 단순 복제로는 결코 경쟁력을 가질 수 없다. 이러한 의미에서 "가장 지역적인 것이 가장 세계적인 것이다"라는 말이 나온다. 이에 따라, 많은 도시들은 정보지식화 · 세계화로 인한 무한경쟁에서 스스로 정체성을 확보하기 위해, 타 도시와 확실한 차별성을 느끼게 하는 도시문화에 대해 큰 관심을 가지게 되었다.

2. 도시문화정책의 중요성

산업사회를 이끌었던 서구 국가의 제조업 중심의 도시들은 정보지식화, 역도시화, 세계화를 맞이하면서 중심도시는 물론이고, 도시권 전체가 심각할 정도로 침체되는 '도시황폐화(urban wilderness)' 현상을 경험하였다. 이러한 상황을 타개하기 위하여 일부 도시정부는 산업 재구조화를 추진하여 도시경제에 활력을 불어넣을 수 있는 기회를 잡으려고 하였다. 그러나 재정적으로 어려움이 계속되는 상황에서 산업 재구조화를 위한 자금을 확보하기가 쉽지 않았다. 이리하여, 도시정부는 도시마케팅에 적극적인 관심을 보였다. 앞에서 설명된 바와 같이 도시마케팅이란 도시의 다양한 주체들이 산업 재구조화를 통해 도시를 재활성화하기 위해 이동하는 기업, 주민, 관광객들을 유치하려는 자원관리 기술이다. 도시마케팅이 성공하려면 우선적으로 타 도시들과의 차별성이 확보되어야 한다. 이리하여, 제조업 중심의 구산업도시들은 새로운 산업(첨단산업, 금융업, 생산자서비스업, 여가 · 레저산업 등)을 유치할 기회를 잡기 위해, 도시마케팅을 성공시킬 수 있는 핵심적인 수단인 도시만의 독특한 문화를 개발 혹은 활용하는 데에 많은 노력을 기울인다.

3. 도시문화정책의 목표

문화에 대한 인식은 시대에 따라, 국가에 따라, 도시에 따라, 그리고 사회와 문화의 변화에 따라 다르며, 이에 따라 도시문화정책의 목표도 달라질 수밖에 없다. 따라서 도시문화정책의 목표는 매우 다양하게 제시될 수 있지만, 어느 경우에도 수용이 가능한 세 가지 목표에 대해 살펴보기로 한다.

1) 문화 창의성의 향상

도시문화정책은 시민의 문화에 대한 관심을 높이고 전문인력을 확보함에 따라 문화의 본질적인 내용인 창의력과 문화의 질을 향상시키는 것을 목적으로 한다. 문화 창의성을 높이기 위해서는 문화예술교육의 내실화를 기하며, 창작자의 권익을 보호하고, 저작권의 보호를 강화하며, 다양한 문화예술 창작활동에 대한 지원을 확대하는 방안을 실시해야 한다.

2) 문화 수요의 충족

대부분의 사람들은 문화를 즐기고 싶은 욕구를 가지고 있다. 다만, 경제적 상황을 포함하여 여건이 허락되지 않기 때문에, 문화에 대한 수요를 억누를 따름이다. 도시정부는 지역, 세대, 소득, 계급, 성, 인종 등의 측면에서 차별 없이 문화예술을 즐길 수 있는 기회와 접근성을 높여야 한다. 따라서 도시문화정책은 시민의 문화적 욕구를 충족시키는 것을 목적으로 하여야 한다. 이는 포퓰리즘(populism)적 문화정책이라고 비난받을 수도 있지만, 문화민주주의의 정착에 기여할 수도 있다. 따라서 도시문화의 기반시설과 다양한 프로그램을 확대하고, 생활과 문화를 융합하기 위한 창의적인 아이디어를 지속적으로 개발·실시하며, 소외계층을 포함한 모든 시민들이 문화를 즐길 수 있는 기회와 접근성을 높이도록 하여야 한다.

3) 문화와 경제의 시너지 효과 확대

다음에서 서술되는 바와 같이 현재 인류는 문화와 경제를 따로 분리하기 힘든 사회에서 살고 있다. 예전처럼 문화정책은 문화만을 위한 정책이 아니고 경제에도 상당한 영향을 미친다. 또한 경제정책에서 문화가 차지하는 비중이 확대되고 있다. 따라서 문화와 경제를 분리된 것으로 인식하지 말고, 둘 간의 시너지 효과를 확대할 수 있는 도시문화정책을 실시하도록 노력해야 한다. 차별화되고 개성 있는 문화관광사업을 발굴·확대하고, 시장 창출 잠재력이 큰 문화산업을 전략적으로 육성하며, 문화콘텐츠의 경제적 부가가치를 높이는 방안을 적극적으로 모색해야 한다.

제2절

도시문화정책의 내용

많은 사람들이 21세기는 '문화의 시대'라고 말한다. 문화는 특정 이념이나 가치에 얽매여 고정되는 것이 아니고 또한 정해진 방향으로 움직이는 것이 아니라, 사회와 인간의 삶이 변함에 따라 함께 변화하는 살아 있는 사회적 현상이다. 또한 문화는 위에서 아래로 전파되는 것이 아니라, 아래에서 자라서 위로 올라가는 것이다. 문화는 인간 생활양식의 총체적 집합이다. 한편, 인간의 생활에서 경제를 떼어놓고 얘기할 수는 없다. 우리 생활 하나하나가 직·간접적으로 경제와 관련성이 있기 때문이다. 그러므로 문화와 경제는 인간 생활에서 떼어놓을 수 없을 뿐만 아니라 둘 간의 관계도 더욱 밀접해지고 있다. 특히, 21세기에는 문화가 경제에 미치는 영향 그리고 경제가 문화에 미치는 영향이 더 강해질 것이라 예상되기 때문에 문화의 시대라고 한다.

이러한 기류는 도시문화정책에서도 반영되어, 도시문화정책의 핵심 내용이 문화적 경제와 경제적 문화이다. 문화적 경제와 경제적 문화라는 단어는 생소한 것처럼 보이지만, 이것이 나타난 배경은 경제와 문화의 밀접한 관계를 표현하기 위해서이다. 예전에는 문화를 정신적인 것에 영향을 미치는 것으로서 경제와 거리가 먼 것으로 보았지만, 최근에 들어와서 문화와 경제가 하나의 축으로 연결된 두 개의 수레바퀴에 비유되고 있다. 경제와 문화를 주종관계 혹은 전후관계라는 이분법으로 보아서는 안 되고, 서로에게 필요충분조건, 즉 상생의 틀 속에서 시너지효과를 창출하는 관계로 인식하여야 한다. 이러한 인식에서 문화적 경제와 경제적 문화가 탄생하였다.

1. 문화적 경제

1) 문화적 경제에 대한 정의

문화적 경제가 무엇이냐고 질문하면 대부분의 사람들은 문화산업을 떠올릴 것이다. 문화산업이 무엇인지에 대한 질문에는 대부분의 사람들이 문화를 생산하는 산업이라고 답을 할 것이다. '유네스코(UNESCO)'와 '관세 및 무역에 관한 일반협정(GATT)'에서도 문화산업을 저작권의 보호를 받는 문화적 성격의 상품과 서비스를 창조·생산·유통하는 것과 관련된 산업이라고 정의한다. 이러한 정의에 따르면, 대표적인 문화산업은 음악, 방송, 영화, 출판, 디자인 등이다.

그러나 문화산업에 대한 정의가 최근에 와서 조금 바뀌었다. 문화산업이란 한 국가나 사회의 고유한 문화적 내용을 창조적인 기획력을 바탕으로 재창조해내는 벤처사업으로서 대표적인 고위험·고수익 산업이라고 정의하는 경향이 있다. 문화산업의 가장 큰 특징은 창조산업과 벤처산업의 특징이 어우러져 있다는 것이다. 즉, 문화산업은 전문성과 창조성이 제품의 질과 가격을 결정한다는 점에서 창조적 산업이고, 아이디어의 창의력을 발판으로 한다는 점에서 벤처산업이라는 것이다. 이처럼 문화산업은 예전의 정의에서 벗어나 문화와 경제를 융합하는 방향으로 정의가 바뀌고 있다.

이러한 경향에서 볼 때, 문화적 경제란 상징이나 문화와 같이 예전에는 비생산 요소로 분류되던 요소들이 지대한 영향을 미치는 경제이다. 문화적 요소 혹은 상징적 요소는 문화산업뿐만 아니라 비문화산업의 생산과 소비에도 중대한 영향을 미치므로, 문화적 경제를 문화산업에 국한시키기보다 산업 전반에 걸친 현상으로 보는 것이 타당하다.

2) 문화적 경제의 중요성

문화가 경제에 미치는 영향이 커짐에 따라 문화적 경제의 중요성에 대한 관심이 커지고 있다. 이에 대한 대표적인 이유를 살펴보면 다음과 같다.

(1) 상품의 문화적 요소 중시

문화의 영향을 받는 산업들은 전통적으로 생산적 요소로 분류되던 자본·토지·노동보다 비생산적 요소로 분류되던 이미지·서비스·디자인·스타일·광고 등을 더욱 중시하는 경향이 있다. 그런데 문화의 영향이 산업 전반에 빠른 속도로 확대되어, 지금은 문화적 요소의 영향을 받지 않는 상품을 찾기가 힘들어졌다. 전통적인 제조업 분야에서 생산되는 제품조차도 이미지, 디자인, 광고 등을 매우 중시하는 사회가 되었다.

(2) 상품의 미학화

상품을 미학화하는 경향이 나타남에 따라 문화와 경제의 영역이 명확하지 않다. 소위 현대예술이라고 불리는 개념 미술, 설치 미술, 행위 예술 등은 예술계에만 영향을 미치는 것이 아니라 일반인에게도 영향을 미친다. 이들은 특정 공간 속에서 새로운 체험을 하게 함으로써, 인간의 지각과 경험을 풍요롭게 하고 상품의 미학화를 유도했다. 예를 들어, 대형 쇼핑몰이나 백화점의 설계, 전시, 음향 등에 영향을 미쳐 예술과 일상생활 그리고 작품과 상품의 경계를 무너뜨리고 있다. 상품의 미학화는 많은 상품에서 나타나고 있는데, 우리가 보고 생활하는 건축물에서도 미적 감각이 더욱 강조되고 있다.

(3) 문화수요 증대

경제 발전으로 인해 소득 수준이 향상되면서 문화활동에 대한 관심이 높아짐에 따라, 문화산업의 중요성이 크게 부각하고 있다. 책 읽는 사람이 눈에 띄게 늘어나고 있고, 일부 젊은이들이 관람하던 영화·연극에도 나이에 관계없이 관람객들이 증가하는 등 사회 전반적으로 문화수요층이 확대됨에 따라, 이들의 수요를 충족시키기 위한 다양한 문화적 요인들이 반영된 문화산업이 중시되고 있다.

(4) 입지 결정에서 문화의 영향력 확대

기업경영인과 전문인력들은 주거입지를 결정할 때 환경과 문화·여가를 중요시한다. 이들은 좋은 자연환경 속에서 교육·문화·여가 시설들이 잘 구축되어 있는 곳에서 거주하기를 선호한다. 전문경영인을 포함한 전문인력들의 역할이 중요한 상황에서 기업들은 이들을 유치하기 위해, 이들이 거주하고 있는 곳으로 이동하고 있다. 즉, 주택과 기업의 입지 결정에 이러한 요소들의 영향력이 확대되고 있다.

(5) 이미지 중시

소비자들은 상품을 구매할 때 상품의 질도 중시하지만, 이에 못지않게 기업의 이미지를 중요시하는 경향이 있다. 그런데 기업의 이미지는 기업 스스로 구축한 이미지, 즉 사회적 기업 혹은 혁신 기업이라는 인식에 의해 평가된다. 또한 기업의 이미지는 기업이 입지하고 있는 지역의 이미지와 문화, 즉 서울시에 있느냐 혹은 이름이 알려져 있지 않은 지역에 있느냐에 따라서, 그리고 문화를 통한 정체성이 형성되어 있느냐 아니냐에 의해 결정된다. 따라서 기업은 자신의 이미지를 부각시킬 수 있는 도시에 입지하려고 한다.

2. 경제적 문화

1) 경제적 문화에 대한 정의

문화는 넓은 의미에서는 '삶의 방식', 좁은 의미에서는 예술적 활동으로 정의를 내리기도 하지만, 최근에 들어와서 경제적 기반으로서 문화의 역할이 점차 강조되고 있는 추세이다. 이러한 경향을 반영하여 경제적 문화라는 개념이 등장하였다.

경제적 문화란 경제 활성화를 위한 기반으로 작용하는 문화를 말한다. 최근에 우리나라의 많은 지방자치단체들은 지역에 있는 문화유산 혹은 특산물을 이용한 지역축제를 앞다투어 개최하고 있다. 이는 경제적 문화의 관점에서 지역경제 활성화를 위해 지역의 문화자산을 활용하는 좋은 사례이다. 이처럼 경제적 문화에 대한 개념을 모르더라도 실제 생활에서는 경제적 문화의 관점에서 이해될 수 있는 활동이 많이 나타나고 있다.

2) 경제적 문화의 중요성

세계 각국과 많은 도시들이 '경제 전쟁'에 돌입하면서 경제 발전에 도움이 되는 모든 자원을 총동원하는 상황에서 유동자본과 신산업의 유치에 가장 도움이 되는 문화적 유산의 중요성은 더욱 커지고 있다. 좀 더 구체적으로 경제적 문화의 중요성을 살펴보면 다음과 같다.

(1) 경제 발전의 필수요소인 문화유산

도시의 문화적 유산이 도시경제 발전의 필수적인 요소가 되고 있다. 도시들은 도시의 문화유산을 문화상품으로 이용하여 도시에 활력을 불러일으키려 노력하고 있다. 문화유산에는 조상들로부터 물려받은 가치 있는 각종 문화재, 문화 양식 등은 물론이고, 별미 혹은 특산물 등도 포함된다.

브라질의 리우 삼바축제

세계 3대 축제의 하나로서, 세계 3대 미항인 브라질의 리우데자네이루에서 열린다. 매년 2월 말부터 3월 초 사이 4일 동안 밤낮을 가리지 않고 축제가 열린다. 리우 카니발은 포르투갈에서 브라질로 건너온 사람들의 사순절 축제와 아프리카 노예들의 전통 타악기 연주와 춤이 합쳐져서 생겨났다. 1930년대 초반까지는 보통의 거리축제에 지나지 않았지만 그 후 삼바학교들이 설립되고, 학교별로 퍼레이드를 펼치면서 지금과 같은 큰 규모의 축제로 발전하였다. 삼바학교는 카니발을 위한 학교이다. 사람들은 삼바학교에 등록하여 1년 동안 퍼레이드를 준비한다. 리우 카니발의 핵심은 삼바 퍼레이드이다. 삼바 무용수들이 퍼레이드를 할 수 있도록 설계된 거리는 총 6만 명을 수용할 수 있다. 해마다 리우 카니발이 열릴 때면 전 세계에서 약 6만 명의 관광객이 찾아오고, 브라질 국내 관광객도 25만여 명에 이른다. 브라질을 찾는 전체 관광객의 3분의 1에 해당되는 사람들이 리우 카니발이 열리는 시기에 맞춰서 온다고 한다.

출처: cafe.daum.net/ok211/680V/415986에서 부분 발췌 · 재서술

국내 · 외를 막론하고 도시의 문화유산을 이용하여 도시경제를 활성화시키는 사례는 매우 많다. 세계의 유명한 축제인 브라질의 리우 삼바 축제, 독일의 뮌헨 옥토버페스트, 일본의 삿포로 눈꽃 축제, 영국의 노팅힐 거리 축제, 몽골의 나담 축제, 이탈리아의 베네치아 카니발 축제, 태국의 송크란 축제, 멕시코의 세르반티노 축제, 스코틀랜드의 에든버러 축제, 스페인의 토마토 축제, 인도의 푸시가르 낙타 축제 등도 그 지역에서 전통적으로 내려오던 문화유산을 이용하면서 발전했고, 경우에 따라서는 새로운 문화를 창출하기도 하였다.

독일 뮌헨 옥토버페스트

세계 3대 축제로서 세계 최대 규모의 맥주 축제다. 1810년에 시작한 독일의 전통 축제로 매년 9월 말에서 10월 첫째 주 일요일까지 약 16일 동안 열린다. 매년 옥토버페스트에서는 평균 600~700만 리터의 맥주가 소비되며, 유럽 등 세계 각국에서 600만 명 이상의 사람들이 모인다.

축제 기간 뮌헨 시에서 선정한 맥주 회사들은 거대한 천막을 세우고 특별히 제조한 맥주를 판매한다. 천막은 보통 수천 명에서 1만 명까지 수용 가능하며, 천막마다 다른 분위기로 꾸며져 있어 축제 분위기를 더한다. 안에 들어가면 바이에른 전통 의상을 입은 종업원들이 맥주를 판매한다. 천막의 중앙 무대에서는 밴드가 바이에른 지방의 전통 음악 등을

연주한다. 축제 내내 다양한 독일 음식과 음료 등을 즐길 수 있고, 또한 놀이기구와 서커스, 음악회 등 다양한 공연과 행사들도 진행된다. 밤이 되면 본격적인 맥주 축제가 시작되면서 축제는 더 흥겨운 분위기로 바뀐다.

출처: 다음 백과에서 부분 발췌 · 재서술

(2) 경제에서 새로운 문화적 상징의 중요성

사회변화와 사람들의 수요변화에 따라 새롭게 창출된 문화적 상징은 도시경제를 활성화시키는 데 이바지한다. 예전부터 내려오던 문화유산이 많은 도시들은 이를 이용할 수 있지만, 특별한 문화유산이 없는 도시들은 유동자본이나 신산업을 유치할 가능성이 상대적으로 약하다. 이러한 상황을 타개하기 위하여 문화유산이 없는 도시들 중에는 새로운 문화적 상징을 만들면서, 이를 통해 새로운 생산과 고용을 창출하여 도시경제를 발전시키고자 끊임없이 노력하고 있는 도시들도 있다.

'축제공화국'이라고 불리는 스코틀랜드의 에든버러는 전통적인 문화적 유산을 기반으로 새로운 아이디어를 창출하여 도시경제에 활력을 일으키고 있다. 영화제와 어떠한 연관성도 없던 부산은 <친구>라는 영화를 촬영한 것을 계기로 부산국제영화제를 개최하면서 이미지와 경제에 긍정적인 효과를 보고 있다.

(3) 주민 · 기업 · 관광객 유입

도시가 가지고 있는 문화적 매력은 기업과 주민들의 유출을 방지함은 물론이고, 새로운 유입을 유도할 수 있기 때문에 도시의 경제적 활력에 이바지할 수 있다. 도시의 경제 발전은 인구의 성장과 기업의 증대와 불가분의 관계가 있다. 침체하는 도시에서는 기업과 주민이 타 지역으로 이주하고 성장하는 도시에는 기업과 주민이 유입됨을 우리는 이 책의 여러 곳에서 사례들을 통하여 살펴보았다. 제14장에서 도시의 문화적 요소를 이용한 도시마케팅은 기업, 관광객, 주민들의 유입을 촉진시키고, 기존의 기업과 주민의 타 지역으로의 이주를 막는 데 기여한다고 하였다.

정리하면, 도시의 문화적 매력이 기존 기업과 주민의 이탈을 막으면서 새로운 기업과 주민의 유입을 촉진하고, 이는 도시의 경제 활성화에 기여한다. 또한 도시의 문화적 자산을 이용하여 관광객을 많이 유치할수록 도시의 관광수입을 증대시켜 도시경제에 도움이 된다.

일본 삿포로 눈꽃 축제

세계 3대 축제의 하나로 제2차 세계대전에서 패전한 아픔을 극복하고 일어선 삿포로 시민들을 위로하고, 춥고 긴 겨울을 즐겁게 보내자는 의도로 1950년 제1회 행사를 개최한 이후, 매년 2월 초에 열리는 일본 최대의 축제이다. 개최 기간은 1주일 정도이며, 삿포로 시내의 오도리 공원을 포함한 네 곳에서 개최되는데, 오도리 공원에서 열리는 눈과 얼음의 조각 전시회가 가장 볼 만하며, 세계적으로 이름난 건축물을 비롯해 동화 속 주인공들의 모형이 길이 1.5km, 최대너비 105m의 공원 곳곳에 전시된다. 또 세계 곳곳에서 모여든 눈·얼음 조각가들이 제작한 300여 개의 크고 작은 설상이 관광객들의 눈길을 붙잡고, 그 밖에 음악회, 패션쇼, 스키쇼, 레이저쇼, 노래자랑을 비롯해 국제 설상 경연대회, 눈의 여왕 선발대회 등 각종 행사를 한다. 이 기간에 동원되는 눈의 양은 5톤 트럭 7,000대 분량에 이른다.

출처: cafe.daum.net/34-1004/TSfR/31에서 부분 발췌·재서술

제3절

도시문화정책의 전략적 방안

앞에서도 강조한 바와 같이 최근에 들어 문화의 중요성에 대한 인식이 확대되고 있지만, 동시에 문화의 세계화가 진행되면서 서구 문물이 지배하는 분야가 확대되어 많은 지역에서 문화적 상실감을 느끼는 것도 사실이다. 문화는 시민들에게 정체성과 소속감을 제공하고 도시에 활력을 불러일으킬 수 있기 때문에, 도시사회에서 가지는 의미가 매우 중요하다. 그럼에도 불구하고, 문화는 외부의 영향에 의해 쉽게 파괴될 수 있으므로 전략적 방안이 요구된다. 이에 여기에서는 도시문화정책에서 유의해야 할 사항과 더불어 도시문화정책의 전략적 방안에 대해 살펴보기로 한다.

1. 도시문화정책에서 유의점

도시문화정책이 항상 좋은 효과만 가지고 오는 것은 아니다. 이 또한 잘못 계획·시행되면 부정적 효과를 유발할 수 있다. 따라서 도시문화정책을 계획하고 시

행할 때 다음의 사항들은 항상 유의해야 할 필요가 있다.

1) 도시정부 주도적 도시문화정책

우리나라 대부분의 도시들에서는 도시정부가 주도하여 도시문화정책을 추진하고 있다. 도시정부는 시민보다 문화와 관련된 전문성을 상대적으로 더 많이 축적하고 있고, 또한 문화정책을 신속하고 강력하게 추진할 수 있기 때문이다. 그러나 도시정부 주도의 문화정책은 다음과 같은 측면에서 창의적인 아이디어의 폭을 좁게 한다(임재현, 2021: 266-267). 첫째, 이들은 가능하면 신속하게 문화정책을 추진하려고 하기 때문에, 관행을 중시하거나 혹은 다른 도시의 성공 사례를 모방하고자 한다. 관행이나 모방을 중시하면 문화정책에 새로운 아이디어가 도입될 가능성이 줄어들기 때문에, 새로운 아이디어를 창출하려는 시민들의 노력이 감소하게 된다. 둘째, 도시정부가 주도할 경우에는 쌍방향 커뮤니케이션보다는 일방향 커뮤니케이션을 통해 도시문화정책을 계획·실시하는 경향이 강하다. 이는 시민참여에 부정적인 영향을 미침으로써 창의적 아이디어의 원천을 좁게 만든다. 이러한 현상들은 창의적 아이디어를 기반으로 한 도시문화정책을 방해하는 요소로 작용할 수 있다.

2) 전시행정 유혹

도시경제의 전망이 밝지 않은 경우에 전시행정의 수단으로 문화를 이용하는 사례가 많다. 경제침체를 경험한 세계의 많은 도시들은 문화관광사업이 제조업보다 초기 비용이 적게 든다는 이유로 도시경제를 활성화하기 위한 수단으로 도시문화정책을 실시하였다. 특히, 주변에 문화관광 명소가 있는 도시들은 도시문화정책을 기반으로 도시에 활력을 불러일으킬 수 있다는 유혹에 쉽게 빠졌다. 그 결과는 누구나 짐작할 수 있다.

도시경제 활성화를 위한 실질적인 노력을 하지 않으면서 시민들에게 보여주기 위한 수단으로 도시문화정책을 실시하면 절대로 성공할 수 없음을 깊이 명심해야 한다. 도시문화정책이 성공하려면, 도시정부는 물론이고, 모든 도시 구성원들이 장기적·체계적인 전략적 노력을 기울여야 한다는 점을 잊어서는 안 된다.

3) 문화정치적 갈등 유발

도시문화정책은 문화정치를 둘러싸고 새로운 갈등을 발생시킬 수 있음을 유념해야 한다. 아무리 좋은 도시문화정책이라도 모든 시민들의 적극적인 찬성을 기대할 수는 없다. 인식의 차이로 인해 대부분 시민들에게 좋게 보이는 문화정책도 다른 사람들에게는 나쁘게 보일 수 있고, 그 반대도 마찬가지이다.

특히, 도시문화정책은 이데올로기적 갈등과 이해관계적 갈등을 유발할 수 있다는 것을 명심해야 한다. 예를 들어, 문화를 보존하는 사람들과 문화를 이용하여 경제 발전을 꾀하려는 사람들 간에는 도시문화정책을 둘러싸고 대립이 발생할 수 있다. 또한 도시문화정책으로 인해 이익을 많이 향유하는 시민과 이익을 전혀 받지 못하는 시민 간에도 갈등이 일어날 수 있다.

2. 도시문화정책의 전략적 방향

문화적 경제 그리고 경제적 문화가 중요한 사회에서 도시문화정책이 성공하려면, 경제적 · 사회적 · 문화적인 효과가 지속적으로 발생하는 방향으로 정책이 추진되어야 한다. 그런 의미에서 다음과 같은 전략적 방향이 요구된다.

1) 시민 주도적 도시문화정책

성공적인 도시문화정책을 위한 방안은 매우 다양하며, 가장 중요한 방안 중의 하나가 시민이 주도해야 한다는 것이다. 시민이 주도적인 역할을 할 경우 성공적인 도시문화정책의 주요 요소인 창의적 아이디어가 창출될 가능성이 높고, 또한 시민 생활과 도시문화를 융합시킬 수 있다(임재현, 2021: 270-271).

먼저, 지적 호기심이 강한 사람은 당연히 변화를 추구하려는 경향이 강하다. 시민들은 다양한 개성들을 지니고 있다. 변화를 좋아하는 시민들도 있을 것이고, 변화를 싫어하는 시민들도 있을 것이다. 공공부문에 종사하는 사람들도 변화를 추구하는 사람들과 변화를 꺼리는 사람들로 구성되어 있다. 이들 중에는 시민들보다 더 변화와 혁신에 앞장서는 사람들도 있다. 그러나 전체적으로 볼 때 시민들에 비해서 공공부문 종사자들은 변화를 꺼리는 사람들이 많을 수 있다. 그 이유는 다음과 같다. 먼저, 이들은 고위 관료들의 의견을 따르지 않을 수 없기 때문이다. 고위 관료들의 변화에 대한 인식도 개인별로 다르겠지만, 변화를 꺼리는 경향이 있음을 부인하기 어렵다. 또한 이들은 맡은 바 업무를 가능한 한 효율적이고 신속하게 완수해야 하기 때문이다. 이로 인해, 이들은 표준운영절차(Standard Operating Procedure: SOP)를 중시하는 경향이 있다. 표준운영절차에 의존하게 되면 변화를 수용하기 어려워질 수 있다. 따라서 변화를 추구하고자 하는 사람들은 시민들 중에 더 많을 가능성이 높으며, 또한 공공부문 종사자들이 경험하는 변화를 제약하는 요인들로부터 시민들은 자유롭기 때문에, 변화를 추구하려는 의지와 활동이 더욱 적극적일 수 있다.

또한 창의성을 위해서는 집중적 사고능력과 확산적 사고능력이 필요하다. 지적 수준이 높다고 해서 반드시 창의적이라고 단언할 수 없다. 지능은 집중적 사고능력과 확산적 사고능력으로 구분될 수 있다. 집중적 사고능력은 분석적 추리능력을 의미하고, 확산적 사고능력은 사고의 다양성과 독창성을 나타낸다. 창의적 아이디어 혹은 활동을 위해서는 집중적 사고능력과 확산적 사고능력 모두가 필요하다. 직업이나 하는 일의 종류에 따라 집중적 사고능력과 확산적 사고능력의 필요성의 정도가 달라질 수 있다. 공공부문 종사자들은 집중적 사고능력은 필요하다고 인식하겠지만, 확산적 사고능력은 신속하고 효율적인 업무 추진에 방해된다고 생각할 수도 있다. 이는 창의적인 아이디어를 발현하는 데 장애요인으로 작용할 수 있다. 따라서 집중적 사고능력과 확산적 사고능력을 가진 시민들이 도시문화정책을 주도해야 하고, 도시정부는 이들을 지원하는 역할을 해야 한다.

그리고 도시문화를 보존하고 발전시키기 위해서는 시민의 일상생활과 도시문화를 융합할 수 있어야 한다. 즉, 시민의 일상생활과 도시문화를 분리시키지 말고 도시문화를 시민의 현실적 삶의 일부로 인식하는 가운데 도시문화정책을 실시해야 한다. 앞에서 예를 든 세계적인 축제도 모두 시민과 함께하는 축제이다. 시민이 참여하면서 시민이 주도하는 도시문화정책이어야 정책의 전 과정에서 시민의 순응(compliance)을 이끌어낼 수 있기 때문이다.

2) 친기업 문화 조성

기업활동을 촉진시킬 수 있는 환경을 조성하도록 해야 한다. 도시의 특성을 살리고 도시의 인적 자원과 물적 자원을 활용하는 내재적 기업을 창출할 수 있는 문화적 환경과 초국적 기업을 유치할 수 있는 문화적 환경을 창출하는 방향으로 도시문화정책이 추진되어야 한다.

이를 위한 대표적인 세부 전략은 다음과 같다. 첫째, 도시문화정책은 기업가 정신과 혁신을 존중하는 도시문화를 구축하는 것을 지향해야 한다. 둘째, 쾌적한 주거환경과 높은 교육시설 등은 물론이고, 기업과 전문인력에 매력을 주는 소프트한 하부구조를 구축하는 도시문화정책이 되어야 한다.

3) 문화에 대한 인식 변화

도시정부는 물론이고, 시민이 문화와 여가를 도시경제의 활성화를 위한 새로운 상품으로 인식하는 것이 필요하다. 문화는 즐기는 것이라는 소극적인 생각에서 벗어나 문화를 이용하여 새로운 유형의 생산을 창출한다는 적극적인 생각으로 바꾸는 인식적 전환을 꾀할 수 있는 도시문화정책이 되어야 한다.

도시경제에 활력을 주는 방안으로 기업, 주민, 관광객의 유입이 중요하다는 것은 제14장 '도시마케팅정책'에서 논의되었다. 도시의 문화·여가활동을 활성화하는 문화정책이 성공하면 기존 기업과 주민의 유출을 방지하고, 새로운 기업과 주민의 유입을 유도할 수 있다. 이러한 변화는 공동체 형성을 촉진시키고, 시민들이 함께 어우러질 수 있는 활동을 확대하며, 나아가서 도시경제를 활성화시킬 수 있다는 인식을 도시 구성원들이 가져야 한다.

또한 시·공간의 압축현상은 많은 사람들을 관광객으로 만들고 있는데, 패키지화된 구식 관광을 선호하는 관광객은 점차 사라지고 세분화되고 유연화된 주문방식의 새로운 관광이 각광받고 있기 때문에, 이벤트 성격의 다양한 문화활동을 창출하는 도시문화정책이 요구된다. 관광객의 증대는 도시경제를 발전시키는 데 이바지한다는 사실을 도시 구성원들은 인지해야 한다.

4) 도시이미지 통합 관리

도시이미지를 통합적으로 관리할 필요가 있다. 이를 위해서는 다음과 같은 실행방안을 고려해볼 필요가 있다(임재현, 2021: 281-286).

(1) 새로운 경관 조성

도시의 경관을 새롭게 구성해야 한다. 도시의 경관을 깨끗하고 아름답게 재구성하면 시민들은 경관을 구경하기 위해 움직이기 때문에 육체적 건강에 도움이 되고 또한 아름다운 경관을 구경함으로써 정신적 만족감을 증대시킬 수 있다. 도시 경관의 장점은 거기에서 끝나는 것이 아니라 새로운 문화상품으로 활용될 수 있다. 예를 들어, 우리나라의 <마당을 나온 암탉>이나 일본의 <모모와 다락방의 수상한 요괴들> 등에서 나타난 아름다운 경관은 많은 관광객들을 유치하였다.

(2) 이벤트 활동 확대

시민들이 주도하여 관광객들의 호기심을 자극할 수 있는 이벤트 활동을 활성화해야 한다. 도시의 특성을 살린 다양한 이벤트 활동, 즉 축제, 박람회, 전시회, 경연대회, 거리행진 등을 전략적으로 개발·실시하여 문화와 경제를 접목시킬 필요가 있다.

(3) 이미지 광고 강화

도시에 대한 이미지 광고를 강화해야 한다. 이미지 전략이란 필요할 때마다 직관적으로 사용하는 것이 아니라, 이미지를 체계적으로 이용하기 위한 전략적 방안을 개발한 후 광고 혹은 영상을 통해 대상 집단에 영향을 미쳐서 마케팅 목적을 조직적으로 달성하는 것이다. 따라서 성공적인 이미지 광고를 위해 다음의 사항들을 항상 유념해야 한다. 먼저, 관련자 간의 자유로운 논의를 바탕으로 창의적인 아이디어를 바탕으로 다른 도시가 모방하기 어려운 독자적인 주제를 선택해야 한다. 또한 선택된 전략적 핵심 내용을 장기적·연속적으로 광고해야 한다. 그리고 핵심적인 이미지를 명확하고 단순하게 광고해야 한다. 광고 내용이 복잡할수록 사람들의 기억에서 빨리 사라져 광고 치사율이 높아지기 때문이다.

제17장 도시환경정책

제1절 지속가능한 도시환경정책

1. 도시환경

한국의 「환경정책기본법」 제3조에 의하면, 환경은 자연환경과 생활환경으로 구분된다. 자연환경은 지하·지표(해양 포함)·지상의 모든 생물과 이들을 둘러싸고 있는 비생물적인 것을 포함한 자연의 상태(생태계와 자연경관 포함)를 의미하고, 생활환경이란 대기, 물, 토양, 폐기물, 소음·진동, 악취, 일조 등 사람의 일상생활과 관계되는 환경을 말한다. 자연환경은 생태계의 먹이사슬을 통해 질서가 유지되면서, 아울러 끊임없이 변화하고 있다. 자연환경의 자연적인 변화는 평형을 유지하기 위한 과정이기 때문에 별다른 위협이 존재하지 않지만, 인위적인 변화는 파급효과가 크고 원래의 상태로 복원되기 어려운 경우가 자주 발생하기 때문에 조심해야 한다. 즉, 오염되고 훼손된 자연환경을 원상으로 복귀시키는 일은 엄청난 비용, 시간, 노력이 들고 때에 따라서는 회복이 불가능한 경우도 있기 때문에 유의해야 한다는 의미이다.

도시환경도 자연환경과 생활환경으로 구분될 수 있다. 도시의 자연환경은 도시에 있는 생물과 이를 둘러싼 비생물적인 요소로 구성된다. 도시의 생활환경은 시민들의 일상생활과 관련된 환경이다. 이들 간의 역동적이고 복잡한 상호작용에 의해 도시환경은 안정된 상태가 될 수 있다.

인간 생활을 담는 그릇으로서의 기능을 하는 도시는 사회 · 경제 · 정치 · 행정 · 교육 · 문화 · 여가 등의 측면에서 시민들에게 편리성을 제공하고, 이질적 특성으로 인해 인간의 자유와 창의성을 진작시키며, 시민들의 자기발전 기회를 높이는 등의 긍정적인 역할을 한다. 그러나 도시인구의 급증과 과밀화와 더불어 자원과 에너지의 대량 소비, 대기 · 물 · 토양의 부하 가중으로 인해, 도시환경이 빠른 속도로 악화되는 경향을 보이고 있으며, 이는 일부 도시만의 문제가 아니라 모든 도시의 문제이고 범지구적인 문제라고 할 수 있다. 그런데 도시문제는 한 가지 측면으로 인해 발생하기보다 유기적으로 복잡하게 상호작용하는 여러 다양한 원인들에 의해 발생한다. 이로 인해, 예전과 비교할 때 도시환경문제의 원인과 해결방안을 탐색하는 것이 매우 어려운 것이 사실이다.

이러한 도시환경문제는 생성 원인에 따라 자연적인 문제와 인위적인 문제로 구분할 수 있다(김철수, 2008: 204-205). 그런데 도시환경문제는 자연적으로 발생하기보다 인위적으로 발생하는 경우가 더욱 많다. 다양한 도시환경문제들 중에서 주요한 도시환경문제에는 대기오염, 수질오염, 폐기물, 소음 등이 있다.

2. 지속가능한 도시환경정책의 개념

먼저, 지속가능성의 개념에 대해서 살펴보기로 한다. 일반적으로 지속가능성이란 특정한 과정이나 상태를 유지할 수 있는 능력을 의미한다. 현재는 생태체계와 관련하여 주로 쓰인다. 생태학적 용어로서의 지속가능성은 생태계가 생태의 작용, 기능, 생물 다양성, 생산 등을 미래까지 유지할 수 있는 능력을 말한다. 즉, 인간 사회의 환경 · 경제 · 사회적 양상의 연속성에 관련된 체계적 개념으로서, 이웃으로부터 지구 전체에까지 모든 곳에 영향을 미친다는 의미를 내포하고 있다. 지속가능성에 대한 개념 정의 중에서 가장 많이 알려진 것은 1987년 '환경과 개발에 관한 세계위원회(World Commission on Environment and Development: WCED)'의 보고서인 「우리의 공동미래(Our Common Future)」에서 내려진 정의이다. 이에 따르면, 지속가능성이란 미래 세대의 삶의 충족을 위한 그들의 능력에 손상을 주지 않으면서 현재 세대의 요구를 충족시키는 것이다.

도시환경정책이 주목을 받기 시작한 것은 위에서 언급된 바와 같이 밀집과 개발로 인해 도시환경이 점차 악화되고 있기 때문이다. 많은 도시들은 시민이 쾌적하고 편하게 살 수 있는 도시환경을 유지하기 위해 다양한 정책들을 사용하였다. 그러나 이 정책들은 도시환경에 대한 종합적인 판단 하에서 고안·실시되는 것이 아니라 특정 측면에 초점을 맞추고 있다. 이러한 단선적이고 단편적인 도시환경정책은 도시의 환경을 보호하는 데 한계를 드러낼 수밖에 없다. 지속가능한 도시환경정책은 도시의 환경보호만을 강조하는 것이 아니라, 정치·경제·사회적 측면도 포함하는 포괄적 개념으로 이해되어야 한다. 특히, 경제와 생태 간의 조화롭고 균형적인 이용·관리를 특징으로 하는 개념이다. 이러한 측면들을 고려할 때 지속가능한 도시환경정책이란 생태계 재생능력을 넘어서면서까지 자연자원을 수탈하지 않으면서, 자연자원의 총량을 감소시키지 않도록 하는 정책이다. 환경과 개발은 동전의 양면과 같으므로, 경제 발전을 위해 환경을 오염시켜 시민의 건강과 삶의 질에 부정적인 영향을 미친다면 올바른 방향이 아님을 강조하는 의미를 포함하고 있다. 그런데 도시환경의 악화는 범지구적인 문제이므로, 지속가능한 도시환경정책이 원하는 목적을 달성하려면 도시정부와 시민이 자연환경, 경제환경, 문화환경 등의 향상을 위하여, 도시 차원에서 노력함과 동시에 지구 전체의 지속가능한 개발과 합치되는 활동을 해야 한다.

3. 지속가능한 도시환경정책의 필요성

산업화와 도시화가 진행되면서 도시의 환경은 지속적으로 악화되어 시민들의 건강, 삶의 질 등에 부정적인 영향을 미치고 있다. 최근에 들어와서 그러한 부정적인 영향은 더욱 심화되어 시장 메커니즘에만 의존해서는 안 되는 상황에 이르렀다. 그렇다고 도시의 경제가 개발을 등한시해도 될 정도로 풍족한 것도 아니다. 이리하여, '환경적으로 건전하고 지속가능한 개발(Environmentally Sound Sustainable Development)'은 특정 도시만의 이슈가 아니라 세계적인 경향이 되었다. 따라서 앞으로 도시개발정책은 단순히 환경에 대해 배려하는 차원을 넘어서 친환경적으로 이루어져야 한다는 인식의 변화가 필요하다. 지속가능한 도시환경정책이 필요한 이유를 구체적으로 살펴보면 다음과 같다.

첫째, 시민의 삶의 질을 향상시키기 위해 필요하다. 삶의 질 향상은 소득, 의료, 교육, 주거환경, 문화 등 종합적인 의미를 포함한다. 따라서 도로, 상·하수도 등의 기본적인 시설이 갖추어져야 하는 것은 물론이고, 녹지친수공간의 확보 등을 통해서 자연과 인간이 어우러질 수 있는 쾌적한 환경에서 생활하고자 하는 주민의 욕구가 충족되어야 한다.

둘째, 도시의 자연환경자원은 유한하기 때문에, 지속가능한 도시환경정책이 중요하다. 자연환경은 한 번 개발되면 원래의 상태로 복구하는 것이 매우 어렵거나 거의 불가능하거나, 혹은 막대한 비용과 시간이 요구되기 때문이다.

셋째, 후손과 동식물을 포함한 생명공동체를 배려해야 하기 때문에, 지속가능한 도시환경정책이 필요하다. 자연은 현재의 우리만이 살아가는 공간이 아니라, 후손으로부터 빌려 쓰고 있는 것이기 때문에, 깨끗하게 사용하고 돌려주어야 하는 의무가 우리에게 있다. 또한 자연생태계가 파괴되면 중·장기적으로는 인류의 생존 자체가 위협을 받을 수 있다. 따라서 동식물을 포함한 생명공동체와의 공생도 도시사회의 생존과 발전을 위해 필요하다.

넷째, 도시의 특성을 보전하고 발전시키기 위해서 지속가능한 환경정책이 필요하다. 도시의 특성은 예전부터 전해 내려오는 자연적 특성, 역사적 특성, 사회경제적 특성, 문화적 특성 등에 의해 영향을 받는다. 개발을 위해 환경을 파괴하는 도시들을 자세히 살펴보면, 모든 측면이 비슷한 양상을 보여 도시의 고유한 특성이 사라졌음을 알 수 있다. 이러한 도시들이 무한경쟁사회에서 밝은 미래를 보장받기는 어렵다. 많은 도시들이 범하기 쉽고 또한 범하고 있는 이러한 과오를 방지하기 위해 지속가능한 도시환경정책이 필요하다.

제2절 기존 도시환경정책의 문제점

도시환경이 악화되기 시작한 것도 경제 발전과 맥을 같이한다. 경제가 발전하고 소득 수준이 높아지면서 자동차 배기가스와 화석 연료(석탄, 석유 등)에 의한 대기오염이 증가하고, 생활·산업 오폐수가 심각해지면서 도시환경이 점차 나빠진다. 이리하여, 도시환경이 악화되는 것을 막고 시민이 쾌적하고 건강한 삶을 영위할 수 있도록 하기 위해 국가적 차원에서 그리고 도시정부적 차원에서 환경정책을 실시하고 있다. 그럼에도 불구하고, 현재의 도시환경정책에 대해 다음과 같은 문제점들이 지적되고 있다.

첫째, 도시발전은 도시경제 활성화라는 인식이 팽배해 있기 때문에 지속가능한 도시환경정책에 대한 도시 차원의 인식이 성숙되지 못하고 있다. 즉, 경제적 관점에서 개발만이 도시발전을 이룰 수 있다는 인식으로 인해, 도시의 역사, 문화, 환경 등에 대한 고려가 충분하지 못한 경우가 많다. 이에 대한 대표적인 사례들을 살펴보면 다음과 같다. 도시개발사업이 주택단지, 도로, 산업단지 등을 중심으로 이루어지면서 개발을 위한 개발 혹은 정치적 목적의 개발이 이루어지는 경우, 이용인구나 교통량에 대한 예측을 제대로 하지 않는 가운데 자연환경을 훼손하면서 도로를 신설 혹은 확장하는 경우, 자연환경을 훼손하면서 막대한 예산을 들여 조성한 산업단지에 공장들이 입주하지 않는 경우, 체계적이고 종합적인 환경보전계획이 미비한 상태에서 주거단지를 개발하는 경우 등을 발견하는 것은 어렵지 않다.

둘째, 환경단체 외에 도시환경정책에 적극적으로 동참하려는 새로운 참여자를 유도하지 못하고 있다. 도시환경정책이 소기의 목적을 달성하기 위해서는 시민들의 환경에 대한 근본적인 인식과 행동의 변화가 요구된다. 그러나 시민들은 환경문제에 대해 관심을 가지지만, 실행에 있어서는 방관자적 자세를 취하려는 경우가 많다.

셋째, 도시 내의 기업들의 활발한 참여를 이끌어내지 못하고 있다. 기업의 참여는 교통 혼잡, 에너지 효율성, 폐기물처리 등의 문제들을 해결하는 데 중요한 영향을 미칠 수 있으나, 이들의 적극적인 참여가 부족한 실정이다.

넷째, 관료들의 행태에도 변화가 요구된다. 한편으로는 환경보호사업에 대규모 투자를 하면서, 다른 한편으로 오염과 환경파괴를 유발하는 정책과 사업에 예산을 지속적으로 배정하는 것은 관료들의 환경보호 의지를 의심하게 할 수 있다.

제3절

지속가능한 도시환경정책의 전략적 방안

1. 지속가능한 도시환경정책의 기본 방향

1) 지속가능성 원칙의 준수

살기 좋은 도시가 되기 위해서는 시민의 삶의 질이 높아야 한다. 삶의 질에 영향을 미치는 기본적인 요인들에는 깨끗한 물, 맑은 공기, 정온한 생활환경, 쓰레기의 적절한 처리, 편리한 교통시설, 쾌적한 주거환경, 만족할 만한 경제 수준 등이 있다. 삶의 질에 영향을 미치는 요인들을 보면, 환경적 측면과 개발적 측면이 조화를 이룰 때 삶의 질이 높아짐을 알 수 있다. 특히, 소득이 증가하고 교육 수준이 높아짐에 따라 사람들의 인식이 친환경을 지향하는 방향으로 변하고 있다. 살고 싶은 도시환경을 유지·보존하고 싶은 욕구가 점점 높아지고 있다. 이를 충족시키기 위해서는 지속가능성의 원칙이 준수되어야 한다. 지속가능성의 원칙이란 다음의 내용을 포함하는 원칙이다. 첫째, 보다 나은 도시를 위해 일시적인 변화를 추구하는 것이 아니라, 지속적인 변화를 추구하는 것이다. 급속한 발전을 추구하기보다 도시가 감당할 수 있는 수준 하에서 지속적으로 발전을 추구하는 것이다. 둘째, 친환경 성장을 추구하는 것이다. 환경적으로 도시가 받아들일 수 있는 정도의 성장을 추구하는 것을 의미한다. 셋째, 재활용시스템을 활성화하여야 한다. 오염물질 배출을 최소화하고, 재활용 가능한 자원을 사용하는 것을 장려함으로써 환경부하를 가능한 한 줄이도록 하여야 한다.

2) 체계적·종합적 관리

환경문제는 하나의 원인에서 나타나기도 하지만, 여러 원인들이 복잡하게 얽히면서 발생하는 경우가 더욱 많아서 정책적 노력을 수행하는 것이 쉬운 것은 아니다. 이러한 상황은 중앙정부, 도시정부, 민간부문이 환경 관련 정보를 공유할 것을 요구하지만, 현실적으로 정보 공유가 수월하게 이루어지지 않고 있다. 또한 개발과 환경이 충돌할 시에 많은 도시들은 개발을 우선시하여 왔다. 이러한 일련의 행태들로 인해 도시환경정책은 도시환경문제를 체계적이고 종합적으로 관리하지 못하였다. 현재 시행되고 있는 여러 도시환경정책들을 재검토하여 부족한 부분을 개선함과 동시에, 지속가능한 도시환경정책을 마련하여 도시환경문제를 효과적이고 효율적으로 관리할 수 있어야 한다.

2. 지속가능한 도시환경정책의 전략적 방안

도시환경이 점차 악화되고 있는 상황에서 이를 개선하기 위해서는 도시를 구성하는 모든 구성원들이 이에 적극적으로 동참하여야 함은 물론이고, 명령지시적인 타율적 방법에서 탈피하여 자율적이고 시장유인적인 접근방법을 활용하도록 해야 한다. 이에 대해 구체적으로 살펴보면 다음과 같다.

1) 공동 목표 수립과 시민참여

도시정부와 시민들은 공동 목표를 수립하고 이를 위한 구체적인 실행방안을 마련한 후 실행과정에 시민들이 적극적으로 참여하도록 유도하여야 한다. 도시정부는 말할 것도 없지만 시민들도 자연과의 공생이 얼마나 중요한지를 인식해야 한다. 현재의 도시환경문제는 자연을 시민들의 편리를 위한 수단으로 인식하기 때문에 발생한 것이다. 자연의 파괴는 시민들의 생활의 질을 떨어뜨림은 물론이고, 도시를 피폐화시킬 수도 있음을 자각하여야 한다. 이러한 인식을 바탕으로 도시환경 개선을 위한 공동 목표를 설정하고, 이를 구체화하는 방안을 마련하여야 한다.

앞에서 살펴본 주요 도시환경문제들을 개선하기 위한 구체적인 방안을 살펴보면 다음과 같다. 대기오염을 개선하기 위해서는 차량의 연료를 청정연료로 전환하고, 무(저)공해 운송수단을 개발하며, 공장오염에 대한 규제도 총량규제방식을 적용하고, 태양열 · 풍력 · 조력 등의 재생가능한 에너지 사용을 확대하여야 한다. 수질개선을 위해 하수처리시설과 폐수처리시설을 확대하여야 한다. 폐기물 문제를 해결하기 위한 방안으로는 일회용품의 사용을 줄이고, 쓰레기 재활용을 늘리며, 음식물 쓰레기를 줄이고, 현재 시행 중인 쓰레기분리수거와 쓰레기종량제를 유지하여야 한다. 소음을 줄이기 위해서는 건물에 방음벽을 설치하고, 층간 소음 문제를 해결하기 위해서 시민들 스스로 조심을 하는 한편, 층간 소음을 줄이는 건축 자재를 사용하면서 층을 두껍게 하여 완충작용이 되도록 만들어야 한다. 이러한 방안들이 제대로 시행되기 위해 도시정부, 시민, 기업이 적극적으로 참여하여야 한다.

2) 친환경적 도시개발계획 수립 · 실시

친환경적 도시개발계획을 수립 · 실시하여야 한다. 먼저, '선 환경보전계획 · 후 개발의 원칙'을 정하고, 이 원칙을 적용하기 위해 개발계획에 대한 환경성 검토 기준이 되는 도시환경보전계획이 수립되어야 한다.

도시환경보전계획에 입각하여 환경적 가치를 고려하면서 개발을 위한 입지가 선정되어야 한다. 자연에 대한 감각적 체험을 바탕으로 보전하여야 할 지역은 철저하게 보전하고, 개발가능한 지역은 환경친화적으로 개발하는 전략적 접근, 즉 고밀도개발이 요구된다. 가능하면 최소한의 지역에 도시기능(주거, 직장, 여가활동)을 집중시키는 한편, 그곳에 생태공원을 조성하여야 한다.

또한 수요와 효율을 고려한 도시개발을 해야 한다. 개발을 해 놓으면 수요는 창출될 것이라는 안이한 생각을 버리고, 정치적인 이유에 의한 개발도 지양되어야 한다. 즉, 수요예측, 효율성, 시급성 등을 고려한 최적 규모의 도시개발이 되어야 한다. 그리고 상징물이나 역사물은 당시의 환경적 요인을 고려한 경우가 많으므로, 도시개발은 상징이나 역사와 조화를 이루도록 해야 한다.

3) 실효성있는 환경영향평가제도 실시

실효성있는 환경영향평가제도를 실시하여야 한다. 현재의 환경영향평가제도는 개발이 확정된 단계에서 수행되기 때문에, 환경영향평가 결과에 따라 사업 중단 또는 계획 변경이 어렵다. 어떤 측면에서 보면 개발사업에 대한 면죄부를 주는 역할을 한다는 비판을 받을 수도 있다. 따라서 개발계획의 초기 단계부터 환경성을 검토하여 사업추진 여부를 결정하도록 하는 것이 마땅하다.

4) 효과적인 환경정보망 구축

환경정보망을 구축할 필요가 있다. 합리적이고 효과적인 도시개발이 되기 위해서는 해당 도시는 물론이고, 여타 도시에 대한 종합적인 정보가 바탕이 되어야 한다. 그러나 기관별로 분산되어 있는 여러 환경정보를 종합하는 데에는 많은 어려움이 있다. 분산된 정보를 종합할 수 있는 효율적인 시스템이 구축되어 있지 않으며, 특정 도시나 기관에 매우 중요한 정보를 공유하지 않으려는 마음을 가진 사람들도 있다. 그러므로 각 도시와 기관별로 분산되어 있는 환경 관련 자료를 공동으로 처리 · 활용할 수 있도록 하는 환경정보망을 구축하고, 무엇보다 도시환경문제는 관련된 모든 구성원들의 협조가 있을 때 해결이 가능하다는 인식이 형성되어야 한다.

5) 예방적 전략 중시

예방적 전략을 추구해야 한다. 환경문제가 발생한 후 해결하려는 전략이 아니라, 환경문제의 근본적인 원인을 사전에 방지하는 예방적 전략을 시행하는 것이 바람직하다. 환경문제는 발생하고 나면 복원이 원천적으로 불가능하거나, 혹은 복원이 가능하더라도 시간과 비용의 소모가 매우 크다. 따라서 문제가 발생하면 해결한다는 소극적 마음가짐에서 벗어나서 문제가 발생하지 않도록 하는 적극적인 노력이 선행되어야 한다.

6) 범세계적 협조체제 구축

세계와 공동으로 노력하는 마음가짐과 자세를 가져야 한다. 도시환경과 지구환경은 독립적이 아니라 상호 연관이 있으므로, 생태적 지식과 경험을 서로 교환해야 한다. 따라서 국제 사회의 노력에 동참하면서 도시의 특수성을 고려한 환경정책을 실시하여야 한다.

제18장 도시행정의 방향

세계화 · 정보지식화 · 지방화시대에 잘 적응하는 도시는 세계의 중심지, 국가의 중심지 혹은 지역의 중심지로 떠오르는 반면에, 사회변화에 적절하게 대응하지 못한 도시는 사회적 · 경제적 측면을 포함한 많은 측면에서 어려움을 겪으면서 쇠퇴를 반복한다. 중심지적 역할을 하는 도시도 변화에 지속적으로 대응하지 않으면 쇠퇴의 길로 접어들 수 있고, 쇠퇴하던 도시도 사회변화에 잘 적응하면 활력을 얻을 수 있다. 따라서 모든 도시는 항상 사회변화를 예의주시하면서 적절한 대응방안을 마련해야 한다. 개별 도시의 대응방안은 그 도시의 장 · 단점, 처해 있는 상황 등에 따라서 매우 다양하게 나타날 수 있다. 여기에서 모든 도시들의 개별 대응방안을 논의하는 것은 매우 어렵고, 어떤 측면에서는 불가능하다고 할 수 있다. 따라서 여기에서는 모든 도시에 적용가능한 일반적인 도시행정의 방향에 초점을 맞추고 살펴보기로 한다.

제1절 세계 네트워크와 연계

폐쇄체제에서는 도시가 세계의 다른 지역과 교류를 하지 않아도 생존이 가능했다. 그러나 사회는 변하여 개방사회가 되었다. 도시는 세계의 한 구성요소이기 때문에, 다른 지역과의 관계에 의하여 그 기능과 존재에 의미를 부여할 수 있다. 도시는 다른 지역과 효과적인 분업체계를 구축함으로써 생존과 경쟁력을 확보할 수 있다. 세계와의 네트워크에서 배제된 도시는 중심지역 아닌 외곽지역으로 밀린다.

이러한 변화에 대한 적응은 내부의 안정성을 해치고 불확실성과 위험 요소를 증대시킬 수 있기 때문에, 많은 도시들은 단기적이고 땜질식으로 조급하게 변화를 추구하려고 한다. 이는 실패의 가능성을 높인다. 사회적 합리성을 중시하면서 미래를 위한 장기 전략의 관점에서 추진하여야 한다.

제2절

도시의 차별성 · 정체성 확보

1. 도시의 내재적 특성 강조

세계 네트워크에서 중심적 역할을 수행하기 위해서는 다른 도시와 구별되는 차별성을 갖추면서 네트워크와 연계하여야 한다. 즉, 도시 고유의 환경과 비교경쟁력을 이용하여 내재적 특성을 개발하면서, 그 내재적 특성을 중심으로 세계 네트워크와 연계하여야 한다. 그렇지 않고 모방에 의존하면 도시의 특성은 점차 상실되어 경쟁력을 잃게 된다. 차별성을 유지하는 것은 쉬운 일이 아니기 때문에, 끊임없이 연구 · 개발하여야 한다.

이를 위해서는 다음과 같은 요건이 갖추어져야 한다. 첫째, 자치권이 보장되어야 한다. 도시의 상황과 특성을 고려한 다양하고 차별적인 도시정책을 스스로 결정 · 집행할 수 있어야 한다. 둘째, 아래와 같은 이유에서 외부 산업을 유치하는 것보다 지역 고유의 산업을 개발하는 데에 중점을 두어야 한다. 먼저, 외부 산업을 유치하기 위해 제공한 인센티브는 타 도시에서 더 많은 인센티브를 주면 효력이 상실되기 때문이다. 또한 국가 전체의 고용 창출이라는 측면에서도 외부 산업을 유치하는 것은 제로섬(zero-sum) 게임이지만, 고유산업을 개발하는 것은 플러스섬(plus-sum) 게임이기 때문이다. 셋째, 자연 조건보다는 인적 자원을 활용하는 데 무게를 두어야 한다. 도시의 전문인력들의 연계와 협력을 통하여 도시 고유의 변화와 혁신을 유도하여야 한다.

2. 도시의 정체성 확보

도시의 정체성을 확보하기 위한 방법은 여러 가지가 있을 수 있지만, 무엇보다 중요한 것은 도시의 역사적·문화적 전통을 유지·개발하는 것이다. 자신의 것을 과소평가하는 사고나 행태는 결코 바람직하지 않다. 그렇지만 자신의 역사적·문화적 전통만을 중시하여 배타적인 자세를 취하는 것은 삼가야 한다. 포용적이고 지속가능하며 참여적이고 역동적인 도시문화가 형성될 때, 바람직한 정체성이 확보될 수 있다.

제3절

유연한 도시구조 구축

도시를 둘러싸고 있는 환경은 지속적으로 변화하고 있다. 특히, 개방사회가 됨에 따라 도시 간의 경쟁이 확대·심화되고 있다. 이러한 경쟁에서 생존하고 발전하기 위해서는 유동자본, 기업, 주민, 관광객이 원하는 도시가 되어야 한다. 가능하면 기업의 생산비용이 낮고, 규제가 적으며, 삶의 질이 높고, 쾌적한 환경을 갖도록 하여야 한다. 이를 위해서는 다음과 같이 변화에 능동적, 지속적, 유기적으로 대응할 수 있는 도시내부 시스템을 조성하여야 한다.

1. 유연한 정치·행정시스템 구축

환경의 변화에 대해 효과적으로 대응하기 위해서는 도시가 정치적으로 안정되고 행정적으로 효율적이어야 한다. 이를 위해서는 다음과 같은 점들이 실현되어야 한다. 첫째, 도시정책을 결정·집행하는 과정에 시민들이 적극적으로 참여하고, 건설적 비판을 허용하는 정치·행정시스템이 구축되어야 한다. 둘째, 도시의 잠재력을 충분히 발휘하기 위해 소득, 연령, 성, 인종 등에서 불합리한 것을 시정하여야 한다.

2. 유연한 관리방식 도입

1980년대를 '품질(quality)의 시대'라고 하고, 1990년대를 '구조혁신(re-engineering)의 시대'라고 한다. 21세기는 '속도(velocity)의 시대'가 되리라 예측하는 사람들이 있다. 최근에 발생하는 사회변화를 보면 그들의 추측이 틀렸다고 보기 어렵다. 급속한 변화에 신속하게 대응하지 못하면 경쟁에서 뒤쳐질 수밖에 없다.

따라서 도시정부는 다음과 같은 방향으로 관리방식의 변화를 꾀할 필요가 있다. 첫째, 전통적 계층제에서 평면적 조직구조로 바꾸어야 한다. 둘째, 중앙집중적 관리구조를 지양하고, 분권적 관리구조를 갖추도록 해야 한다. 셋째, 부서 중심에서 벗어나 팀 중심으로 운영되어야 한다. 넷째, 정보 · 지식 중심의 관리체제를 구축해야 한다. 다섯째, 연공서열제가 아니라 성과 중심적인 체제가 되어야 한다. 여섯째, 내부조직 중심에서 탈피하여 외부 조달체제를 중시해야 한다.

3. 유연한 생산방식 도입

산업사회에서는 생산 비용의 최소화를 위해 대량생산체제를 통해 '규모의 경제(economy of sacle)'를 실현하고자 하였다. 경제가 발전하면서 사람들은 획일화와 표준화를 추구하던 데에서 다양화와 개성화를 추구하게 되었다. 고객의 선호와 욕구가 변함에 따라 생산방식도 유연한 생산방식으로 바뀌고 있다. 즉, 고객 만족을 최대화하기 위해 '범위의 경제(economy of scope)'를 추구하는 방향으로 바뀌었다. 이리하여, 생산방식이 대량생산체제에서 다품종소량생산체제로 변하고 있다. 전문적인 업체들 간의 '전방적 · 후방적 연계체제(forward and backward linkage)'를 중시하고 있다.

제4절

총체적 협조체제 형성

세계화 · 정보지식화 · 지방화가 진행되면서 국가 간, 그리고 도시 간의 경쟁이 치열해지면서 도시경제의 불확실성이 점차 커지고 있다. 이로 인해, 도시경제에 영향을 미치는 요인들이 증가하였다.

이러한 상황에서 도시가 생존·발전하기 위해서는 도시의 특정 집단의 독자적 노력만으로는 어렵다. 물론, 주도적 역할을 수행하는 집단이 있을 수 있지만, 다른 집단의 협조가 없으면 일회성 혹은 단기적 효과에 거칠 가능성이 높다. 도시가 가지고 있는 모든 자원의 총체적 결집이 요구된다. 즉, 도시의 공공부문과 민간부문이 협조체제를 구축하면서 동반자관계를 형성하도록 하여야 한다.

제5절

인적 자원 육성

정보지식사회에서는 자연·지리적 조건보다 인적 자원을 축적·이용하는 것이 도시의 발전에 더욱 효과적이다. 이를 위해서는 다음과 같은 방안들이 모색되어야 한다. 첫째, 과학·기술 인력을 육성하기 위한 투자가 요망된다. 우수한 과학기술대학이 입지하도록 유도하고, 시민들에게 첨단교육과 고급교육을 제공하여야 한다. 둘째, 도시 특유의 산업을 육성하기 위한 도시정부의 지원이 필요하다. 도시 특유의 산업은 경쟁력 향상과 더불어 이 분야의 기술주도권을 확보함으로써, 정보와 지식의 중심지 역할을 수행하게 할 것이다. 셋째, 도시정부는 연구·개발활동에 적극적으로 투자하여야 한다. 민간부문은 투자금을 단기간에 회수하기 어려운 기초과학부문에 대한 연구·개발에 투자를 꺼리기 때문이다. 따라서 선진국에서도 기초과학부문에 대한 연구는 대학과 공공연구소에서 수행하고, 이를 이용한 연구 혹은 연구결과를 상용화하는 것은 민간부문에서 담당하는 분업체제를 구축하고 있다. 넷째, 첨단산업단지를 조성하여 우수인력이 외부로 유출되는 것을 방지하여야 한다. 예를 들어, '실리콘 밸리'와 '루트 128'의 경우에도 우수한 과학기술대학을 통해 배출된 유능한 과학·기술 인력에게 연구활동과 혁신적 활동을 지원하는 재원을 제공할 뿐만 아니라, 첨단산업단지를 조성하여 이들이 창의력을 실현하도록 돕고 있다. 다섯째, 인적 자원을 육성하기 위한 투자는 장기적이고 계획적으로 이루어져야 함을 명심하여야 한다.

제6절

쾌적한 주거환경 · 산업환경 조성

세계화 · 정보지식화를 발전의 기회로 이용하여 신속하게 경쟁력을 확보한 도시는 생산성을 증가시키고 시민의 소득을 상승시켜, 생활양식과 생산활동에서 큰 변화를 경험하였다. 도시정부와 시민은 문화와 휴식활동을 중시하고 고부가가치를 창출하는 서비스업에 관심을 가진다. 즉, 기술과 감각과 문화가 어우러지는 생활과 산업을 중시한다. 이와 관련된 새롭고 참신한 아이디어 창출이 도시의 발전에 더욱 이바지하며, 이의 핵심적인 역할을 하는 전문인력을 확보하는 것이 매우 중요한 과제로 등장한다. 전문인력을 확보하기 위해서는 산업환경이 좋아야 하며, 동시에 생활의 질을 높일 수 있는 거주 여건이 구비되어야 한다. 따라서 친환경산업시설, 녹지율이 높은 쾌적한 자연조건, 우수한 교육환경, 높은 수준의 문화환경 등을 조성하여야 한다.

참고문헌

[국내 문헌]

국토해양부(2007). 2007년도 주택업무편람.
권용우 외(2009). 도시의 이해. 서울: 박영사.
김수현(1996). 한국 공공임대주택정책의 전개과정과 성격. 서울대학교 대학원 박사학위논문.
김인(2005). 세계도시론. 서울: 법문사.
김정호(1988). 민간주택시장 자율화의 필요성. 민간주택건설 촉진을 위한 정책토론회 결과 보고서.
김정호 · 조영하(1989). 주택생산에 관한 연구. 국토개발연구원.
김제국 외(2010). 경기도 민선 4기 도정의 이해. 경기개발연구원 연구보고서.
김종춘(2011). 베끼고, 훔치고, 창조하라. 매일경제신문사.
김천권(2014). 현대도시행정. 서울: 대영문화사.
김태룡(2007). 행정이론. 서울: 대영문화사.
김항집(2011). 주민수요지향적인 거점확산형 주거환경개선사업의 제도개선 방안. 도시행정학보, 24(3).
남동희(2007). 미래 주택수요의 방향과 주택정책을 위한 제안: 공동주택의 평면구조 개선을 중심으로. 한국행정학회 춘계학술대회 논문집.
남영우(2006). 글로벌시대의 세계도시론. 서울: 법문사.
남영우 · 최재헌 · 손승호(2009). 세계화시대의 도시와 국토. 서울: 법문사.
대니얼 골먼(2010). 에코지능: 미래 경제를 지배할 녹색 마인드. 이수경 옮김. 양주: 웅진지식하우스.
대한간호학회(1996). 간호학대사전.
대한국토 · 도시계획학회(1991a). 도시계획론. 서울: 형설출판사.
______(1991b). 지역계획론. 서울: 형설출판사.
______(2009). 도시, 인간과 공간의 커뮤니케이션. 서울: 커뮤니케이션북스.
______(2016). 도시재생. 서울: 보성각.
데이비드 하비(2001). 희망의 공간. 최병두 외 옮김. 서울: 한울.
마뉴엘 카스텔(2003). 네트워크 사회의 도래. 김묵한 외 옮김. 서울: 한울.
박병식 · 이시경 · 이창기 · 최준호(2010). 현대도시와 행정. 서울: 대영문화사.
박수영(1996). 도시행정론. 서울: 박영사.

박영숙 · 제롬 글렌(2017). 세계미래보고서 2055. 이영래 옮김. 서울: 비즈니스북스.
박용남(2014). 도시의 로빈후드. 서울: 사해문집.
박종화(2003). 도시경영론. 서울: 박영사.
박종화 외(2013). 도시행정론. 서울: 대영문화사.
방성훈 · 변창흠(2012). 정책네트워크 분석을 활용한 주택재개발사업의 이해주체 간 갈등 관계 변화 과정 연구. 도시행정학보, 25(1).
법률연구회 편(2017). 도시재생의 이해. 서울: 법률정보센터.
새뮤얼 헌팅턴(1997). 문명의 충돌. 이희재 옮김. 서울: 김영사.
신무호(2000). 도시정책론. 서울: 학문사.
신승춘 외(2015). 현대행정의 이해. 서울: 대영문화사.
앨빈 토플러(1991). 권력이동. 이규행 옮김. 서울: 한국경제신문사.
______(1995). 미래쇼크. 이규행 옮김. 서울: 한국경제신문사.
에버렛 로저스(2005). 개혁의 확산. 김영석 · 강내원 · 박현구 옮김. 서울: 커뮤니케이션북스.
오세홍(1988). 일선공무원의 행정 행태에 대한 연구. 정책과학논총, 4.
유승권(2006). 도시 마케팅의 이해. 서울: 한솜미디어.
이권희(2021). 도심재생의 미래. 대구: 한티재.
이동진 · 한인규(2014). 행정학개론. 서울: 대영문화사.
이무용(2002). 도시마케팅 전략에 대한 문화적 제 고찰. 도시정보, 247.
이성근 외(2013). 지역개발론. 서울: 도서출판 집현재.
이종수 외(2014). 새 행정학. 서울: 대영문화사.
이창원 · 최창현(1996). 새 조직론. 서울: 대영문화사.
이희연(1991). 경제지리학. 서울: 법문사.
______(2005). 세계화시대의 지역인구에서 장소마케팅의 의의와 활성화방안. 한국도시지리학회지, 8(2).
일본정책투자은행 편(2002). 해외 중심시가지활성화. 김광우 옮김. 전남대학교 출판부.
임도빈(2000). 신공공관리론과 베버 관료제이론의 비교. 행정논총, 38(1).
임승빈(2005). 지방자치론. 서울: 박영사.
임재현(1993). 도시무주택서민의 주택문제를 해결하기 위한 정책방안. 연세대학교 도시문제연구소.
______(1994). 도시의 성장과 쇠퇴. 현대사회발전, 7.
______(1999). 우리나라의 도시별 도시화단계. 주택연구, 7(2).
______(2017). 지방행정론. 서울: 대영문화사.
______(2021). 지역사회개발론. 서울: 박영사.
______(2023). 지방행정론. 고양: 대영문화사.
임재현 외(2008). 주택정책론. 서울: 부연사.
______(2010). 부동산학개론. 서울: 부연사.
장 피에르 바르니에(2008). 문화의 세계화. 주형일 옮김. 서울: 한울.
전영옥(2004). 문화자원 개발과 지역활성화 전략. 삼성경제연구소.

정정길(2000). 정책학원론. 서울: 대명출판사.
제러미 리프킨(2001). 소유의 종말. 이희재 옮김. 서울: 민음사.
조성호(2015). 21C 메가시티 경쟁시대 수도권규제의 진단과 해법. 경기연구원 연구보고서.
조성호 · 윤태웅(2010). 광역자치단체 역량 강화방안 연구. 경기개발연구원 연구보고서.
______(2011). 세계화 · 지방화 시대의 광역자치단체 역할 강화방안에 관한 연구: 통합과 협력을 중심으로. 한국정책연구, 11(3).
조정제(1991). 도시경영. 서울: 법문사.
존 그레이(2016). 가짜 여명. 김승진 옮김. 서울: 도서출판 이후.
최재헌(2005). 세계화시대의 지역과 지역정체성에 대한 개념적 이해. 한국도시지리학회지, 8(2).
클라우스 슈밥(2018). 제4차 산업혁명 더 넥스트(The Next). 김민주 옮김. 메가스터디북스.
한국건설기술연구소(1994). 공동주택의 주거생활 향상을 위한 설계 및 공급체계 개선방향 연구.
한국개발연구원(2002). 2011 비전과 과제: 열린 세상, 유연한 경제. 서울: 한국개발연구원.
한국국정관리학회(2014). 새내기를 위한 행정학. 서울: 대영문화사.
환경부(1996). 환경백서.
황태규 · 김형남(2005). 지역 · 도시마케팅으로 보는 21세기 생존전략 국토이노베이션시대가 열린다. 서울: 문화유람.
황태규 · 유명의(2006). 균형발전시대 지역마케팅 전략. 국가균형발전위원회.
황희연 · 백기영 · 변병설(2002). 도시생태학과 도시공간구조. 서울: 보성각.

경남일보(2022). 부울경 메가시티 서두를 필요 없다. 2022년 8월 7일.
뉴스1(2022). 776만 명 부울경 생활권 하나로… 메가시티 '특별연합' 첫 탄생. 2022년 4월 19일.
매일경제(2016). 미래도시 전쟁 승리 키워드 '유비무환'. 2016년 3월 22일.
서울신문(2017). 대구 시민단체 '순종어가길 백지화하라'. 2017년 8월 29일.
연합뉴스(2022). 부울경 메가시티 '올스톱'… 울산 · 경남 제동으로 표류. 2022년 8월 4일.
영남일보(2017). 순종어가길 무엇이 문제인가. 2017년 10월 10일.
오마이뉴스(2017). 70억 원 들여 친일 미화? '순종어가길' 논란. 2017년 8월 30일.
조선일보(2021). 지방을 '메가시티'로 묶어 수도권과 경쟁. 2021년 10월 15일.
주택건설신문(2021). 부 · 울 · 경 '동남권 메가시티' 전략 발표… 초광역도시 본격 조성. 2021년 2월 25일.
한경경제용어사전(2015).

[국외 문헌]

Advisory Commission on Intergovernmental Relations(1966). *Metropolitan America: Challenge to Federalism*. Washington D.C.: U.S. Government Printing Office.

Alonso, William(1960). A Theory of the Urban Land Market. Papers and Proceedings of the Regional Science Association, 6.

______(1964). The Historic and the Structural Theories of Urban Form: Their Implications for Urban Renewal. *Land Economics*, 46.

A.T. Kearney(2014). 2014 글로벌 도시지수.

Babones, S.(2008). Studying Globalization: Methodological Issues. In G. Ritzer(ed.). *The Blackwell Companion to Globalization*. N.J.: John Wiley & Sons.

Beauregard, R.(1986). The Chaos and Complexity of Gentrification. In N. Smith & P. Williams(eds.). *Gentrification of the City*. Wincheter, Mass.: Allen & Unwin Inc.

Bell, D.(1990). The Third Thechnological Revolution. 한국통신 초청 강연.

Berg, L., R. Drewett, L. Klaassen, A. Rossi & C. Vijverberg(1982). *A Study of Growth and Decline*. New York: Pergamon Press Inc.

Berry, B. J.(1967). *Geography of Market Centers and Retail Redistribution*. Englewood Cliff, N.J.: Prentice-Hall.

Berry, B. J. & J. D. Kasarda(1977). *Contemporary Urban Ecology*. New York: Macmillan Publishing Co., Inc.

Bradley, A., T. Hall & M. Harrison(2002). Selling Cities: promoting new images for meeting tourism. *Cities*, 19.

Burgess, E. W.(1923). The Growth of the City. Proceedings and Papers of the American Sociological Society, 18.

______(1925). The Urban Community as a Spatial Pattern and a Moral Order. In E. W. Burgess(ed.). *The Urban Community*. Chicago: The University of Chicago Press.

______(1928). Residential Segregation in American Cities. *The Annals of the American Academy of Political and Social Science*, 218.

Carswell, A. T.(2012). *The Encyclopedia of Housing*. SAGE Publications, Inc.

Castells, Manuel(1994). Spaces of Flows: Raum der Strome. Eine Theorie des Raums in der Informationsgesellschaft. Noller, P.(Hg.). *Stadt-Welt*. Frankfurt.

Childe, G.(1928). Biological Foundations of Social Integration. Proceedings and Papers of the American Sociological Society, 22.

Clay, P. L.(1979). *Neighborhood Renewal: Middle-class Resettlement and Incumbent Upgrading in American Neighborhoods*. Lexington, Mass.: Lexington Books.

______(1950). The Urban Revolution. *Town Planning Review*, 21.

Crouch, C., Nash, K. & A. Scott(2012). *The Wiley-Blackwell Companion to Political Sociology*. N.J.: John Wiley & Sons.

Delanty, G. & C. Rumford(2008). Political Globalization. In G. Ritzer(ed.). *The Blackwell Companion to Globalization.* N.J.: John Wiley & Sons.

Denhardt, J. V. & K. B. Denhardt(2003). *The New Public Service: Serving, Not Steering.* New York: M. E. Sharpe.

De Souza, A. R.(1990). *A Geography of World Economy.* New York: Macmillan Publishing Co., Inc.

Dornbusch, R. & S. Fisher(1987). *Macroeconomics.* N.Y.: McGraw-Hill Book Company.

Downs, A.(1981). *Neighborhoods and Urban Development.* Washington, D.C.: The Brookings Institution.

Evans, A. W.(1973). *The Economics of Residential Location.* New York: St. Martin's.

Fallis, G.(1983). The Normative Basis of Housing Policy. In G. Gau & M. Goldberg(eds.). *North American Housing Markets into the Twenty-First Century.* Cambridge, Mass.: Ballinger Publishing Company.

Fellmann, J., A. Getis, & J. Getis(1996). *Human Geography.* Brown & Benchmark.

Firey, W.(1982). Sentiment and symbolism as ecological variables. In G. A. Theodorson (ed.). *Urban Patterns: Studies in Human Ecology.* University Park: The Pennsylvania University Press.

Friedmann, J.(1986). World City Hypothesis. *Development & Change,* 17(1).

Friedmann, J. & G. Wolff(1982). World City Formation: an Agenda for Research and Action. *IJURR,* 6(3).

Fröbel, F., Heinrichs, & O. Kreye(1980). *The New International Division of Labor.* Cambridge: Cambridge University Press.

Gale, D. E.(1984). *Neighborhood Revitalization and Post-industrial City.* Lexington, Mass.: Lexington Books.

Garreau Joel(1992). *Edge City: Life on the New Frontier.* N.Y.: Bantam Books.

Graham, S. & S. Marvin(1996). *Telecommunications and the City.* Oxfordshire: Routledge.

Hall, Peter(1966). *The World Cities.* London: World University Library. Weidenfeld & Nicolson.

Hardin, G.(1968). The Tragedy of the Commons. *Science,* 162.

Harris, C. D. & E. S. Ullman(1945). The Nature of the Cities. *The Annals of the American Academy of Political and Social Science,* 242.

Hartman, C.(1975). *Housing and Social Policy.* Englewood Cliffs, N.J.: Prentice Hall, Inc.

Harvey, D.(1989). *The Conditions of Postmodernity.* Oxford: Blackwell.

Hawley, A. H.(1950). *Human Ecology: A Theory of Community Structure.* New York: Ronald Press.

Hawley, A. H. & B. Zimmer(1970). *The Metropolitan Community: Its People and Government.* Calif.: Sage Publications.

Hill, M.(1997). *The Policy Process in the Modern State.* New York: Prentice Hall.

Hoyt, Homer(1939). *The Structure and Growth of Residential Neighborhood in American*

Cities. Washington D.C.: U.S. Government Printing Office.
Jacobs, J.(1984). *Cities and the Wealth of Nations*. N.Y.: Random House.
Jager, M.(1986). Class definition and the esthetics of gentrification: Victoriana in Melbourne. In N. Smith & P. Williams(eds.). *Gentrification of the City*. Wincheter, Mass.: Allen & Unwin Inc.
Jones, V.(1966). Local Government Organization in Metropolitan Areas. In C. Woodbury (ed.). *The Future of Cities and Urban Redevelopment*. Chicago: The University of Chicago Press.
Kearns, G. & C. Philo(1993). *Selling Places: The City as Cultural Capltal, Past and Present*. Oxford: Pergamon Press.
Keen, L. & R. Scase(1998). The new managerialism in local government. In L. Keen & R. Scase(eds.). *Local Government Management: The rhetoric and reality of change*. Philadelphia, PA: Open University Press.
Klaassen, L. & J. Paelinck(1979). The future of large towns. *Environment and Planning A*, Vol.11.
Knos, D.(1962). *Distribution of Land Values in Topeka*. Lawrence, Kansas.
Knox, P. & J. Agnew(1989). *The Geography of the World Economy*. London: Edward Arnold.
Kouzeleas, S.(2012). Architectural, Urban Digital Design and Spatial Simulation Tools in Digital Cities Cartography: Contribution in Spatial Design and Perception. *American International Journal of Contemporary Research*, 2(8).
Legates, R. & C. Hartman(1986). The anatomy of displacement in the United States. In N. Smith & P. Williams(eds.). *Gentrification of the City*. Wincheter, Mass.: Allen & Unwin Inc.
Lipsky, M.(1980). *Streei-Level Bureaucracy: Dilemmas of the Individual in Public Services*. Russel Sage Foundation.
London, B. et al.(1986). The Determinants of Gentrification in the United States: A City-Level Analysis. *Urban Affairs Quarterly*, Vol.21.
Lösch, A.(1954). The Economics of Location. in Carter, H.(ed.). *The Study of Urban Geography*. London: Edward Arnold.
McGuire, C.(1981). *International Housing Policy: A Comparative Analysis*. Lexington, Mass.: Lexington Books.
Mckenzie, R. D.(1967). The ecological approach to the study of the human community. in Park, R. E. & E. W. Burgess(eds.). *The City*. Chicago: The University of Chicago Press.
Modelski, G., Devezas, T. & W. Thompson(2007). *Globalization as Evolutionary Process: Modeling Global Change*. Oxfordshire: Routledge.
Mooney, A. & B. Evans(2007). *Globalization: The Key Concepts*. Oxfordshire: Routledge.
Mumford, Louis(1961). *The City in History: Its Origins, Its Transformations & Its Prospects*.

N.Y.: Harcourt, Brace & World, Inc.
Naisbitt, J.(1984). *Megatrends: The New Directions Transforming Our Lives*. New York: Warner Books Inc.
Osborne, D. & T. Gaebler(1992). *Reinventing Government: How the Entrepreneurial Spirit is Transforming the Public Sector*. New York: Addison-Wesley Publishing Company, Inc.
Paddison, R.(1993). City marketing, image reconstruction and urban regeneration. *Urban Studies*, 30(2).
Palen, John(1981). *The Urban World*. New York: McGraw-Hill Inc.
Park, R. E.(1916). The City: Suggestions for the Investigation for Human Behavior in an Urban Environment. *American Journal of Sociology*, 20.
______(1936). Succession: An Ecological Concept. *American Sociological Review*, 1.
______(1952). *Human Community*. New York: Free Press.
Park, R. E. & E. W. Burgess(1925). *The City*. Chicago: The University of Chicago Press.
Perloff, H. S.(1967). Metropolitan Planning: Comments on Papers. In W. Eldredge(ed.). *Taming Megapolis*. New York: Doubleday.
Peters, B. G.(1996). *The Future of Governing: Four Emerging Models*. Lawrence: University Press of Kansas.
Rhodes, R. A. W.(1997). *Understanding Governance: Policy Networks, Governance, Reflexivity and Accountability*. Buckingham: Open University Press.
Roberston, R.(1992). *Globalization: Social Theory and Global Culture*. London: SAGE Publications.
Roberts, P. & H. Sykes(2000). *Urban Regeneration*. London: SAGE Publications.
Ross, R. & K. Trach(1983). *Global Capitalism: The New Leviathan*. Albany: State University of New York Press.
Sassen, S.(1988). *The Mobility of Labor and Capital*. Cambridge: Cambridge University Press.
______(1991). *The Global City: New York, London, Tokyo*. N.J.: Princeton University Press.
______(2001). globale Stadt. Haug, W. F.(Hg.). *Historisch-Kritisches Worterbuch des Marxismus*. Hamburg: Argument.
Schnore, Leo F.(1964). Urbanization and Economic Development: The Demographic Contribution. *American Journal of Economics and Sociology*, 23.
______(1967). Community. In Neil J. Smelser(ed.). *Sociology*. New York: Wiley.
Scott, A. & M. Storper(2003). Regions, Globalization, Development. *Regional Studies*, 37.
Smith, N.(1986). Gentrification, the frontier, and the restructuring of urban space. In N. Smith & P. Williams(eds.). *Gentrification of the City*. Wincheter, Mass.: Allen & Unwin Inc.
Smith, W.(1970). *Housing: The Social and Economic Elements*. Berkeley: University of California Press.

Soja, E. W.(1996). *Thirdspace: Journeys to Los Angeles and Other Real-and-Imagined Places*. Oxford: Blackwell.

Steger, M.(2003). *Globalization: A Very Short Introduction*. London: Oxford University Press.

Street, J.(1997). *Politics and Popular Culture*. Philadelphia: Temple University Press.

Taylor, P.(2005). Leading world cities: empirical evaluations of urban nodes in multiple networks. *Urban Studies*, 42(9).

Toffler, A.(1980), *The Third Wave*. New York: Morrow.

Toynbee, Arnold(1934). *A Study of History*, Vol.10. London.

UN(2010). World Urbanization Prospects: The 2009 Revision. http://www.land.go.kr

Wallerstein, I.(1974). *The Modern World-System*. New York: Academic Press.

Weber, Max(1966). The City. N.Y. In Gerth, H. & C. Mills(trans & eds.). *Essays in Sociology*. Oxford University Press.

Williams, P.(1986). Class constitution through spatial reconstruction? A re-evaluation of gentrification in Australia, Britain and the United States. In N. Smith & P. Williams(eds.). *Gentrification of the City*. Wincheter, Mass.: Allen & Unwin Inc.

Will, R.(1962). Scale Economies and Urban Service Requirements. Yale Economic Essays, Mar. Yale University.

Wilson, R. A. & D. A. Schulz(1978). *Urban Sociology*. Englewood Cliff, N.J.: Prentice-Hall, Inc.

Wirth, Louis(1938). Urbanism as a Way of Life. *American Journal of Sociology*, July.

http://bbs1.agora.media.daum.net/gaia/do/debate/read?bbsId=D125&articleId=620986

http://blog.daum.net/spacetospace

http://blog.naver.com/jnlee89z/220521000520

http://blog.naver.com/PostView.nhn?blogId=mrhyde&logNo=60022469858

http://blog.naver.com/PostView.nhn?blogId=viohub&logNo=30024834784

http://blog.naver.com/sonkwangshik/220373118188

http://r114.com/z/news/

http://seungboo10.blog.me/80165594236

http://shinsanity1.tistory.com/39

http://vienna-jungdong.com/zbxe/10597

찾아보기

ㅇ

저자 소개

■ 임재현

한국외국어대학교 영어과 학사
연세대학교 행정학과 석사
미국 University of Delaware 도시정책학 박사
한국행정학회 이사 역임
한국정책학회 이사 역임
지방자치단체 · 공공기관 평가위원 역임
국가고시 · 공무원시험 출제 · 채점 위원 역임
오리건주립대학 교환교수 역임
숙명여자대학교 행정학과 학과장 역임
숙명여자대학교 사회과학대학 학장 역임
숙명여자대학교 정책대학원 원장, 인적자원개발대학원 원장 등 역임
현) 숙명여자대학교 행정학과 명예교수

저서: 지방행정론(대영문화사), 지역사회개발론(박영사), 주택정책론(부연사), 부동산학개론(부연사), 공동주택관리론(부연사), 부동산과 현대사회(부연사), 사회복지정책론(법문사), 한국의 환경지속성(대영문화사)

논문: 도시의 성장과 쇠퇴(현대사회발전연구), 우리나라의 도시별 도시화단계(주택연구), 광역행정체계의 활성화에 관한 연구(현대사회연구), 영구임대주택단지의 공동체 활성화에 영향을 미치는 요인에 관한 연구(한국정책과학학회보), 주택특성가격이론의 발전 모색(한국행정학보), 지역개발의 과제(사회 · 교육과학연구), 무주택서민을 위한 지방정부의 주택프로그램이 주택쇼핑의 능률성에 미친 영향(주택연구), 지방자치단체의 자치구역에 관한 연구(한국행정연구), 영구임대주택단지 임차가구의 삶의 질에 영향을 미치는 요인에 관한 연구(GRI연구논총), 국가 지식정보자원 관리체계의 효과적 구축을 위한 제언(한국행정연구), 수자원 분쟁 해결방안(사회 · 교육과학연구), 지방재정 확보에 관한 연구(사회 · 교육과학연구), 지속가능한 발전을 위한 수자원 관리방안(사회 · 교육과학연구), 주택저당채권유동화제도의 활성화 방안(사회 · 교육과학연구), 생태계 보전을 위한 관리방안(사회 · 교육과학연구), 주상복합건물의 매매가격에 영향을 주는 요인에 관한 연구(대한부동산학회지), 서울시 아파트의 전세가격 격차에 영향을 주는 요인에 관한 연구(지적), 영구임대주택단지의 공동체 활성화 요인에 대한 수요분석(한국정책학회보), 주상복합아파트 임대료의 산포에 영향을 주는 요인(지적과 국토정보), 문화지구의 지가의 영향요인에 관한 연구(지적과 국토정보), 성과평가제도의 평가결과 요인이 직무태도에 미치는 영향(한국인사행정학회보) 등 다수

개정판

도시행정론

펴낸날 제1판 제1쇄 2016년 9월 10일
제1판 제2쇄 2021년 8월 30일
제2판 제1쇄 2023년 2월 10일
지은이 임재현
펴낸이 임춘환
펴낸곳 도서출판 대영문화사
주소 (본사) 사무실: 경기도 고양시 일산서구 주화로 70
우신프라자 307호 (㊄ 10387)
(본사) 물류센터: 경기도 고양시 일산서구 덕산로
107번길 68-50 (㊄ 10205)
등록 1975년 12월 26일 제3-16호
전화 (031) 913-3062, (031) 914-3884~5
팩스 (031) 913-3839
홈페이지 http://www.dymbook.co.kr

인지 도서출판 대영문화사

ISBN 978-89-7644-876-7
값 32,000원